UNSERE GESCHICHTE

Band 1

UNSERE GESCHICHTE

Herausgegeben von Wolfgang Hug

Band 1

Von der Steinzeit bis zum Ende des Mittelalters

Von Wolfgang Hug, Franz Bahl und Hejo Busley

Verlag Moritz Diesterweg

Frankfurt am Main

UNSERE GESCHICHTE

Band 1
Von der Steinzeit bis zum Ende des Mittelalters

Band 2
Vom Beginn der Neuzeit bis zum Ende des 19. Jahrhunderts

Band 3
Von der Zeit des Imperialismus bis zur Gegenwart

Bildzusammenstellung: Werner Bautsch, Frankfurt am Main
Kartenzeichnungen: Rudi Hubert, München, Horst Harms, Berlin, und Joachim Zwick, Gießen
Skizzen: Karl-F. Harig, Reinheim, Karl Schilling, Frankfurt am Main und Carmen Lotz, Wiesbaden (nach Vorlagen von Hagen Schneider, Herne, Burghart Kaiser, Oberried und Andreas Schmidt, Badenweiler)

Genehmigt für den Gebrauch in Schulen.
Genehmigungsdaten teilt der Verlag auf Anfrage mit.

ISBN 3-425-03291-7

Satz u. Druck: Oscar Brandstetter Druckerei GmbH & Co. KG, Wiesbaden
Bindearbeiten: C. Fikentscher KG, Darmstadt

Inhaltsverzeichnis

Worauf es ankommt

Wozu Geschichte lernen? Stellt euch vor, Geschichte sei ein riesiges, weitverzweigtes, unfertiges Gebäude, in dem jeder von uns irgendwo steckt. Damit wir uns darin zuhause fühlen oder einrichten können, müssen wir uns im „Haus der Geschichte" auskennen; erst recht, wenn wir mitwirken wollen, es auszubauen oder umzugestalten. Dieses Buch führt durch einige Stockwerke der Geschichte und zeigt einzelne Räume – bei weitem nicht alle. Wie ein Museumsführer macht es auf erhaltene und überlieferte Dinge aufmerksam, leuchtet hinter die Kulissen und zeigt Zusammenhänge, die wichtig sind.

Wie ist dieses Geschichtsbuch aufgebaut? Die Räume im „Haus der Geschichte", das sind im Buch die Kapitel. Jedes Kapitel hat vier Teile:

1. Die erste Seite soll neugierig machen: Was enthält das Kapitel? Wie ein Aushängeschild verweisen einige Sätze auf das, was im Raum folgt, und sie begründen, warum dieser geschichtliche Raum interessiert. Darauf folgen Fragen, die wie Schlüssel den jeweiligen Raum und seine Bestände öffnen. Man kann auch eigene Fragen stellen, die auf weitere Spuren führen.

2. Der zweite Teil jedes Kapitels beschreibt und erläutert, was im jeweiligen geschichtlichen Raum, d. h. in der betreffenden Zeit, geschehen ist, was die Menschen damals getan und erlitten haben, was sie aufgebaut oder abgerissen, wie sie das „Haus der Geschichte" ausgestaltet oder ausgeraubt haben. Wer Bescheid wissen möchte, sollte diesen Teil genau durchlesen. Pfeile mit roten Ziffern verweisen auf Aufgaben und Materialien zum jeweiligen Sachverhalt im Arbeitsteil.

3. Der dritte Teil jedes Kapitels enthält Stoff zum Nachdenken, Ausschnitte aus der jeweiligen Geschichte mit Aufgaben und Arbeitsvorschlägen. Sie fordern zu Einzelbeobachtungen auf und zu Untersuchungen von Details, auch von Problemen und Hintergründen. Wer sich im „Haus der Geschichte" auskennen möchte, muß ja auch lernen, selbst etwas herauszufinden, Dinge zu durchschauen und ihnen auf den Grund zu gehen, um sich ein eigenes Urteil zu bilden. Diese Aufgaben im dritten Teil der Kapitel sind gemeinsam, in kleinen Gruppen oder mit einem Partner leichter zu bearbeiten als für sich allein.

4. Wer ein Kapitel in der Geschichte kennengelernt hat, verliert leicht die Übersicht und vergißt, was er erfahren hat, wenn er sich nicht alles tiefer einprägt. Darum helfen die beiden Abschnitte des vierten Teils dabei, das Gelernte zu festigen. Sie bringen Fragen und Aufgaben zur Wiederholung oder zur Selbstkontrolle, eine Zeittafel und Begriffserläuterungen. Lesetips laden dazu ein, in Jugendbüchern (JB), Sachbüchern (SB), Quellensammlungen (QS) oder gut verständlichen wissenschaftlichen Darstellungen (WD) weiterzulesen.

Unsere Geschichte: unsere Welt. Sicherlich ist es schon klar geworden, daß das „Haus der Geschichte" nichts anderes darstellt als das Haus der Menschen, also unsere Welt. Wenn wir allerdings die heutige Welt betrachten, fragen wir manchmal: Wie weit haben wir Menschen es in unserer langen Geschichte gebracht? Wie kann es weitergehen? Sollen wir mit dem Erreichten zufrieden sein? Wie gut, wie wohnlich, wie ausbaufähig ist denn das Gebäude unserer Geschichte? Was müßte geändert, verbessert, verhindert werden? Solche Leitfragen haben sich auch die Verfasser dieses Geschichtsbuches gestellt. Welche Antworten einer auf diese Fragen findet und was er aus der Geschichte lernt, ist seine ganz persönliche Sache. Seine Antworten werden seine weitere Lebens-Geschichte bestimmen, seine und unsere Welt.

Woher wissen wir, was war? Das Vergangene hat Spuren hinterlassen. Vieles, was Menschen im Lauf der Geschichte hervorgebracht haben, ist zwar verschüttet oder verloren gegangen. Anderes aber hat sich erhalten und ist überliefert worden. Es wurde z. B. von Zeugen berichtet, in Chroniken, Urkunden, Briefen, Tagebüchern u. ä. aufgeschrieben, – oder es ist auf Bildern, Denkmälern, Inschriften, Münzen usw. wiedergegeben, – oder es hat sich als Bauwerk, Ruine, Gerät aus alter Zeit oder als Fundstück erhalten. Das alles sind Überlieferungen der Geschichte. Wir nennen sie Quellen. Drei Arten von Quellen begegnen uns am häufigsten: Sachquellen, Bildquellen und Textquellen. Beispiele zeigt die Bildleiste S. VII. Viele Quellen kommen auch in diesem Geschichtsbuch vor. Sie werden darin zitiert, abgebildet oder auf Fotos gezeigt. Textquellen sind durch ein Q am Ende des Zitates gekennzeichnet. Jeder findet aber auch in seiner eigenen Umgebung geschichtliche Quellen. Er muß solche Spuren der Vergangenheit suchen und sichern. Vielleicht kann er Quellen aus der Geschichte seiner

Pont du Gard
Bauwerk aus der Römerzeit

Bauern mit Abgaben
Holzschnitt aus dem Mittelalter

Goldene Bulle
Mittelalterliche Urkunde mit Siegel

Umgebung sammeln, z. B. in einem Fotoalbum, einem Familienarchiv oder in einem Klassenmuseum.

Wie war es wirklich? Quellen sind eine Grundlage dafür, daß wir wissen, was war. Aber sie sind nur Spuren von dem, was gewesen und geschehen ist. Man muß diese Spuren also deuten, auswerten, „interpretieren", wie die Fachleute sagen. Solche Fachleute sind Geschichtsforscher. Sie bemühen sich, in aller Welt die bisher geborgenen Zeugnisse und Quellen zu sammeln, sie zu sichten und auszuwerten, damit ein Bild zustande kommt, wie Menschen früher gelebt und gearbeitet haben und wie das mit unseren Verhältnissen heute zusammenhängt. Geschichtsforscher haben dabei bestimmte Methoden entwickelt, um ein möglichst verläßliches Bild von der Geschichte entwickeln zu können:

1. Sie versuchen, ein Ganzes aus den erhaltenen Resten wiederherzustellen, wie man aus Scherben eine Vase wieder zusammenfügt. Bei einer solchen „Rekonstruktion" können auch Teile neu eingefügt werden, die ganz verloren waren.

2. Sie bemühen sich, fremde Menschen und Situationen zu verstehen, indem sie sich in ihre Lage und in ihre Zeit hineinversetzen und nach ihren Motiven fragen, um nachzuempfinden, was jene Menschen erlebt haben. Dabei können sie ganz neue Erfahrungen machen.

3. Sie sind bestrebt, das Verhalten der Menschen und die Verhältnisse, in denen sie lebten, zu erklären, indem sie Vermutungen über Ursachen und Zusammenhänge anstellen und diese Vermutungen („Hypothesen") dann anhand von Quellen oder mit Vernunftgründen zu beweisen bzw. zu widerlegen suchen.

4. Sie arbeiten die Eigenart oder Bedeutung einzelner Vorgänge in der Geschichte heraus, indem sie Ähnliches miteinander vergleichen. Dabei achten sie sowohl auf Übereinstimmendes als auch auf die Unterschiede. Das gilt auch, wenn sie Erscheinungen der Vergangenheit mit ähnlichen in unserer Gegenwart vergleichen.

Jeder kann Spuren deuten. Mit den Methoden der Geschichtsforscher läßt sich das Bild der Geschichte immer genauer zeichnen. Dennoch sind die Ergebnisse der Spurendeutung nicht endgültig. Die Arbeit geht weiter. Jeder, der sich ein genaues Bild von seiner und unserer Geschichte machen will, soll sich daran beteiligen. Auch du kannst das lernen, mit diesem Geschichtsbuch.

Erläuterung des Umschlagbildes:

Die Porta Nigra in Trier. 1984 feierte Trier ein Jubiläum: 2000 Jahre Stadt Trier. Der bedrohlich wachsende Druck germanischer Völker war Anlaß dafür, daß Trier, die wichtigste römische Stadt in der Nähe der Rheingrenze, gegen Ende des 2. Jh. mit einem 6418 m langen Befestigungsring umgeben wurde. Die nördliche Stadtmauer wurde durch eine mächtige Torburg gesichert, die man später als Porta Nigra (Schwarzes Tor) bezeichnet hat. Mit eisernen Klammern und Dübeln waren die Steine zusammengefügt. Im Mittelalter hat man dieses Erz herausgeholt, um Waffen und Geräte daraus zu fertigen.

1. Frühzeit der Menschen: Die Anfänge unserer Geschichte

1.1. Menschen in der Altsteinzeit

Modell der Kartsteinhöhle aus der Neandertaler-Zeit (bei Weyer in Nordrhein-Westfalen).

Wie diese Abbildung es darstellt, könnten vielleicht unsere Urahnen vor 50 000 Jahren gelebt haben. Wir wüßten gern mehr über sie.

- Wie sahen unsere Urahnen aus? Wovon lebten sie?
- Welche Eigenschaften, welche Fähigkeiten besaßen sie?
- In welchen Stufen hat sich der Mensch entwickelt?

Vormenschen und Urmenschen. Hast du gewußt, daß die Erde nach Schätzung von Wissenschaftlern rund 5 Milliarden Jahre alt ist? Die Erdoberfläche muß zuerst glühend und flüssig gewesen sein, bevor sie allmählich erkaltete. Man schätzt, daß es seit mehr als 3 Milliarden Jahren Leben auf der Erde gibt.

Von einem „Vormenschen" sind Schädel und andere Knochen gefunden worden, von denen Fachleute vermuten, daß sie 1,5 Millionen Jahre alt sind. Dieser „Vormensch" war nur etwa 1,20 m groß, konnte nicht ganz aufrecht gehen, und sein Gehirn war viel kleiner als unseres. Zwischen Vormenschen und Menschenaffen entdeckten Wissenschaftler auffallende biologische Ähnlichkeiten. Sie vermuten, daß beide gemeinsame Stammeltern haben. Aber schon vor 10 bis 15 Millionen Jahren trennte sich, wie man heute annimmt, ihre Entwicklung. In einer unvorstellbar langen Zeit hat sich danach der „Vormensch" entwickelt; wie, wissen wir nicht.

Bei dem Dorfe Mauer in der Nähe von Heidelberg wurde tief in einer Kiesgrube ein menschlicher Unterkiefer gefunden, der über 500 000 Jahre alt ist. Das Wesen, von dem er stammt, konnte aufrecht gehen, wie die Skelettreste beweisen. Auch an anderen Orten, z. B. in Steinheim (Württemberg), bei Nizza, bei Peking, auf der Insel Java sind ähnliche Skelettreste gefunden worden, die von einem solchen „Urmenschen" stammen, bei dessen Anblick man wohl gesagt hätte: Das kann kein Affe sein, das ist ein Mensch.

Die weitere Entwicklung des Menschen war begleitet von Veränderungen in der Natur. Vor ungefähr 600 000 Jahren legten sich über weite Gebiete Europas, Asiens und Nordamerikas gewaltige Eismassen. Erst nach vielen Jahrtausenden änderte sich das Klima, und das Eis schmolz. Eine längere Warmzeit setzte ein, Pflanzen und Tierwelt verbreiteten sich rasch. Doch es folgte wieder eine Vereisung, danach wieder eine Warmzeit, und dieser Wechsel wiederholte sich viermal (vgl. Zeittafel, S. 5).

Sprache, Werkzeug und Feuer. Der Urmensch hat sich vermutlich von den tropischen Zonen der Erde in die Gebiete mit gemäßigtem Klima ausgebreitet. Sein Gehirn war größer als das Gehirn des Vormenschen, und so wie sein Kiefer gebaut war, konnte er sprechen. Er entwickelte die Fähigkeit, Steinwerkzeuge herzustellen und sie zu gebrauchen. Zuerst nahmen die Menschen wohl Baumäste als Prügel oder Steinbrocken, um kräftiger zuschlagen zu können. Aber dann lernten sie, Steine für ganz bestimmte Zwecke zu behauen. Eine Art Vielzweckgerät war wohl der *Faustkeil**.[1] Aus den Abschlägen machte man steinerne Schaber, Pfeilspitzen, Messer und Bohrer. Außer Stein oder Holz dienten Knochen als Werkstoff. Viele behauene Steine aus jener Zeit sind ausgegraben worden, und weil Stein der wichtigste Werkstoff war, nennt man diesen ersten bekannten Abschnitt in der Entwicklung des Menschen die *Steinzeit**.

Wichtig wurde auch, daß die Menschen die Furcht vor dem Feuer verloren und sich das Feuer zunutze machten:

„Als die ersten Menschen das Feuer erbeutet hatten, lernten sie, es in ihren Feuerstellen zu erhalten. Ihre Feuer müssen viele Male erloschen sein, bevor sie entdeckten, wie man die Glut bewahrt. Vielleicht legten sie Grasnarbe darauf (wie es in einigen Ecken der Erde geschieht, wohin das Streichholz noch nicht vorgedrungen ist). Der Umgang mit dem Feuer ermöglichte es ihnen, im Norden zu existieren . . . Als der Mensch das Garen erst einmal entdeckt hatte – vielleicht aus Versehen, als ein Stück Fleisch auf die brennende Feuerstelle fiel und danach verspeist wurde –, scheint er viel von dem, was er fing, gegart zu haben . . . Die Beobachtung, daß Knochen oder Geweihe in der Hitze eines Lagerfeuers hart wurden und grünes Holz nicht immer völlig verbrannte, sondern sich statt dessen härtete, muß ihn dazu geführt haben, Feuer zur Werkzeugherstellung zu verwenden." (1) → (1)

Neandertaler und Crô-Magnon-Menschen. Im Neandertal (nahe bei Düsseldorf) stießen Arbeiter 1856 beim Kalkabbau auf Skelettreste, die Wissenschaftler als Knochen einer primitiven Menschenrasse erkannten. Als auch an anderen Orten solche Knochen gefunden wurden, stand fest: Diese Menschen mußten schon vor der letzten Vereisung gelebt haben. Man bezeichnet sie nach der ersten Fundstelle als *Neandertaler**. Wie sahen sie aus?

Den Skelettresten zufolge waren sie klein, langarmig, plump, mit kräftigen Augenwülsten, kleiner Stirn, aber schon mit einem ziemlich großen Gehirn. Es gibt zugespitzte Steine und Schaber aus jener Zeit, was beweist, daß Neandertaler sich primitive „Werkzeuge" machten. Sie lebten vor über 100 000 bis vor ca. 30 000 Jahren in Europa. → (2) (3)

Ob diese Menschenrasse später ausgestorben ist oder in andere Gebiete abgedrängt wurde, weiß man nicht. Jedenfalls folgte ihr eine höher entwickelte Menschenart. Das beweisen Knochenfunde bei Crô-Magnon in Südfrankreich und an anderen Orten. Der Körper des „Crô-Magnon-Menschen" gleicht dem unsrigen. Die gefundenen „Werkzeuge" aus dieser Zeit sind besser gemacht als früher. Man nimmt an, daß sich dieser Mensch nicht nur äußer-

1 Worte, die als Begriff am Ende des Kapitels erläutert werden, sind jeweils mit Sternchen gekennzeichnet.

lich vom Tier unterschieden hat: Er konnte denken, sich erkennen, sich fühlen, d. h. er besaß ein Bewußtsein, war also ein Vernunftwesen, ein „homo sapiens", wie die lateinische Bezeichnung lautet. Man weiß, daß er seit der letzten Vereisung, seit etwa 40 000 Jahren, existiert.

Jäger und Sammler: Der Mensch nutzt die Natur. Die Menschen der Steinzeit lebten von der Jagd. Als *Nomaden** folgten sie dem Wild, wohin es zog. Das Wild war der gefährlichste Feind des Menschen, zugleich aber auch seine Hauptnahrung. Mit Wurfkeule und Holzspieß erlegten die Steinzeitjäger ihre Beute: Mammut und Bison, Rentiere, Elche und Auerochsen, Wildschweine, Hasen, Rehe und Füchse. Mit Speer, Angelhaken und Netzen fingen sie Fische. Die Frauen und Kinder sammelten eßbare Wurzeln, Kräuter, Knollen, Nüsse und Samen, während die Männer auf Treibjagd gingen und das Wild über steile Felshänge oder in geschickt angelegte Fallgruben trieben. Bei manchen Ausgrabungen wurden Fangriemen entdeckt: Schleudersteine waren in Lederbeutel eingenäht und an ledernen Riemen befestigt. Damit konnte man flüchtende Tiere zu Fall bringen.
Solche Treibjagden konnte kein einzelner unternehmen. Die Steinzeitjäger lebten, so muß man annehmen, in Horden zusammen. Man wohnte unter Felsvorsprüngen oder in Höhleneingängen, baute Fellhütten und Wohngruben, die mit Fellen überspannt waren. → (1) (3)

Religion und Kunst in der Altsteinzeit. Ob jene Menschen, die noch ganz von der Natur abhängig waren, an etwas glaubten? Ob sie Geister fürchteten? Durch Funde aus der Zeit um 30 000 v. Chr.[1] weiß man, daß den Toten Beigaben – vor allem Schmuck wie z. B. Ketten und Armbändern aus durchbohrten Muscheln und Zähnen und Jagdwaffen – ins Grab gelegt worden sind. Jene Menschen glaubten also, daß mit dem Tod nicht alles zu Ende war. Der „homo sapiens" hat, wie Funde belegen, Tieropfer dargebracht, aber auch Tiere auf die Felswände steinzeitlicher Höhlen gemalt, besonders in Frankreich und Spanien.
Die meisten Bilder stellen Tiere und Jagdszenen dar. Sie sollten die Höhle nicht schmücken, sondern dazu dienen, die Tiere zu beschwören. Vielleicht haben Zauberer die Jäger in solche Höhlen geführt und vor den Bildern getanzt und beschwörende Sprüche vorgetragen; bestimmte Fußspuren sowie die Darstellung eines Flötenspielers auf einem Felsbild deuten auf eine solche Form des Jagdzaubers hin. Man nimmt aber auch an, daß diese Felsmalereien religiöse Weihebilder darstellen, mit denen die Menschen das Tier als höheres Wesen und Schutzgeist verehrten. → (4)

1 Wir betrachten heute die Geburt Christi als das Datum der „Zeitwende" und bezeichnen die Jahre davor mit „v. Chr.", die Zeit danach mit „n. Chr.".

(1) **Leben in einer Steinzeithöhle: Wie man es sich vorstellen kann**

(a) Erklärt, was die Menschen, die auf S. 1 abgebildet sind, tun, wo sie leben, wie sie sich schützen und ernähren.

(b) Woher weiß man, wie die Menschen damals lebten?

(2) **Knochenfunde vom Neandertaler und wie sie ergänzt worden sind**

(a) Berichtet, wo Skelettknochen gefunden worden sind.

(b) Erklärt, welche Teile der Nachbildungen durch Funde abgesichert sind und was man aufgrund von Vermutungen ergänzt hat.

(c) Versucht, einen Neandertaler zu zeichnen.

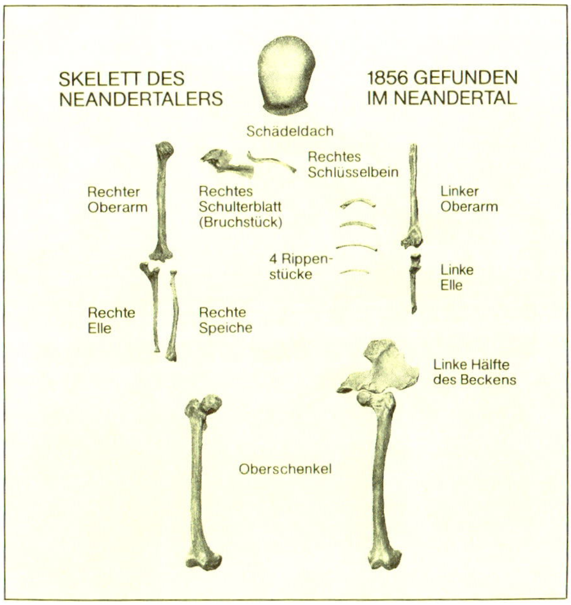

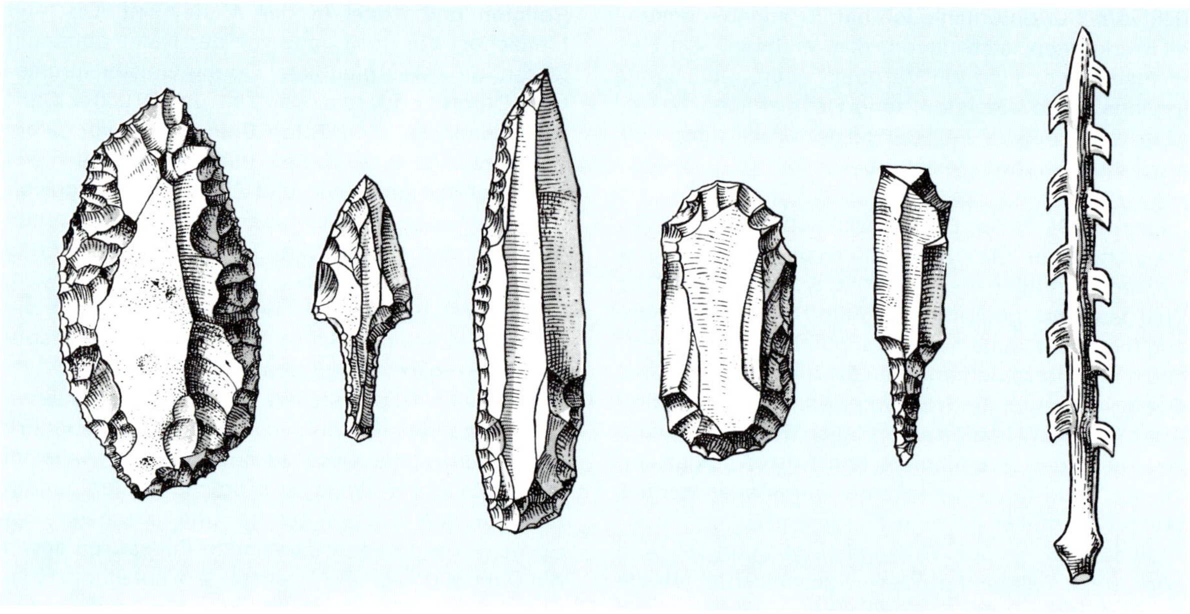

(3) **Was man aus Stein machen konnte**

(a) Beschreibt die hier abgebildeten Werkzeuge und Geräte.

(b) Wie wurden sie hergestellt? Wozu wurden sie verwendet?

(c) Was für Fähigkeiten besaßen diese Menschen offenbar im Unterschied zum Tier?

(4) **Felsbilder aus der Altsteinzeit und ihre Deutung**

(a) Die linke Zeichnung schildert eine Szene bei einer Treibjagd. Berichtet, was sich ereignet.

(b) Was zeigen die Abbildungen unten rechts und auf S.6? Wie gefällt euch die Darstellung? Wie denkt ihr über den Maler?

Jahre		Erdgeschichte		Menschheitsgeschichte in Europa
n. Chr. / v. Chr.		Nacheiszeit (Gegenwartszeitalter)		Eisenzeit ab 800 Bronzezeit 1800 – 800 Jungsteinzeit ab 2 500
10. 000	T I	4. Vereisung	T I	Höhlenmaler (homo sapiens)
120. 000		3. Warmzeit	E	Neandertaler
180. 000	E	3. Vereisung	Z	
240. 000	Z S	2. Warmzeit	N I E	Steinheimer
430. 000		2. Vereisung	T	
480. 000	I	1. Warmzeit	S T	Heidelbergmensch
540. 000	E	1. Vereisung	L	
600. 000			A	

Die Steinzeit in Europa.

1. Erläutere die Zeittafel, erkläre die einzelnen Begriffe und vergleiche die verschiedenen Zeitabschnitte miteinander.

2. Was für Werkzeuge benutzten die Menschen in der Altsteinzeit?

3. Die Abbildung S. 1 beruht auf einer Rekonstruktion, d. h. einer Nachbildung. Was für Funde waren notwendig, um eine solche Rekonstruktion anfertigen zu können?

4. Vergleiche die folgenden Skizzen von Geräten aus der Steinzeit und aus unserer Zeit und beschreibe die Unterschiede (Zweck, Material, Brauchbarkeit, Haltbarkeit usw.).

5. Erkläre anhand der beiden Abbildungen, was für Wohnstätten die Menschen in der Altsteinzeit benutzten.

6. Was für Tiere erlegten die Steinzeitmenschen? Was mußten sie bei der Jagd berücksichtigen? Wie gingen sie dabei vor?

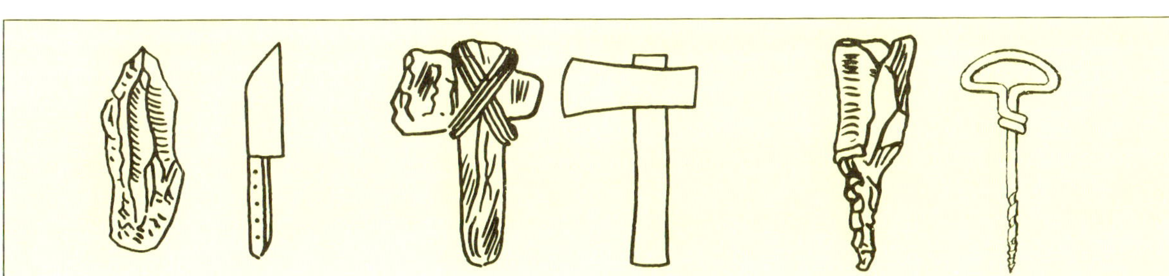

Faustkeil: In der Steinzeit das wichtigste Gerät der Menschen, das durch gezielte Schläge aus etwa handgroßen Steinen hergestellt wurde und in der Zeit zwischen 500 000 und 50 000 v. Chr. am weitesten verbreitet war.

Neandertaler: Menschentyp der Altsteinzeit, so benannt nach den 1856 im Neandertal bei Düsseldorf entdeckten Knochenfunden. Er war vor allem in Mittel- und Westeuropa verbreitet.

Nomaden: Völker, Stämme oder Horden, die keine festen Wohnsitze haben, sondern ihre Wohnplätze von Zeit zu Zeit aufgeben, um sich an anderer Stelle niederzulassen, wo sie bessere Lebensbedingungen (z. B. Jagdwild, Weiden) antreffen.

Steinzeit: Zeitraum von den Anfängen der menschlichen Entwicklung bis zum Aufkommen von Metallen als Werkstoff (etwa ab 4000 v. Chr.). Man teilt die Steinzeit in Abschnitte ein. Die Altsteinzeit dauerte etwa bis 8000 v. Chr.

Quellennachweis

(1) Die Frühzeit des Menschen: Die ersten Menschen. Rowohlt Life 66. Reinbek bei Hamburg 1977, S. 21 ff.

ca. 5 Mrd. Jahre	Alter der Erde
ca. 600 000 v. Chr.	Beginn der ersten Eiszeit
ca. 120 000 v. Chr. bis 30 000 v. Chr.	Neandertaler
ca. 40 000 v. Chr.	Crô-Magnon-Mensch (homo sapiens)
ca. 10 000 v. Chr.	Ende der letzten Eiszeit

Lesetip

E. André/D. Vogellehner: Wir entdecken die Vorzeit. Herder, Freiburg o. J. (SB)

H. Baumann: Die Höhlen der großen Jäger. Ravensburger Tb. 57 (JB)

A. McCord: Ich erforsche die Vorzeit. Bertelsmann, München 1978 (SB)

Die Urwelt lebt. dtv junior 7051 (SB)

A. Ronen: Das Abenteuer der Vorgeschichte. Benzinger, Köln 1978

K. Sinos: Der Stamm der Mammutjäger. Franckh, Stuttgart (JB)

H. Wendt: Ich suchte Adam – Die Entdeckung des Menschen. dtv 1437 (WD)

B. Wood/G. Caselli: Die Welt des Urmenschen. Neuer Tessloff Verlag, Hamburg 1976 (JB)

Altsteinzeitliches Felsbild aus der Höhle von Lascaux bei Montignac.

1.2. Fortschritt in der Jungsteinzeit

Die Häuser, die hier abgebildet sind, wurden nach den Funden wiederhergestellt, die man bei einer Ausgrabung in Köln-Lindenthal gemacht hatte. Dort hat man vor rund 50 Jahren die Überreste einer großen Siedlungsanlage entdeckt, die aus über 30 langgestreckten Holzbauten, jeweils 5 m breit und 25 m lang, bestand. Sie stammen, wie errechnet wurde, aus der Zeit um 2500 v. Chr.

Wir Menschen von heute wohnen in Häusern, leben in Dörfern und Städten, sind seßhaft und üben Berufe aus. Der Ursprung für diese Lebensform liegt in der Jungsteinzeit.

- Womit hängt es zusammen, daß die Menschen nicht mehr als Wildbeuter leben, sondern Siedlungen geschaffen haben, in denen sie seßhaft wurden?
- Wie haben die Menschen damals Ernährung, Kleidung, Werkzeuge und Geräte entwickelt – und was verdanken wir dieser Entwicklung?

Der Fortschritt: Ackerbau und Viehzucht. Nach dem Ende der letzten Eiszeit war das Wild immer weiter nach dem Norden abgewandert. Die Menschen, die zurückblieben, mußten neue Nahrung suchen. Die Jagd allein genügte ihnen nicht. Sie suchten Wasserstellen auf, Flußtäler oder Oasen, in denen Pflanzen mit eßbaren Früchten wuchsen. An Abhängen zu den feuchten Niederungen im Gebiet östlich des Mittelmeeres wuchsen, wie man nachweisen konnte, die Grassorten, die als Urweizen und Wildgerste die Vorstufen des Getreides darstellen. Die Menschen müssen offenbar erkannt haben, daß man die Körner sammeln, zermahlen und zu einem Brei kochen kann. Sie lernten aber auch, daß man die Körner dort in die Erde legt, wo die Frucht wachsen soll, und sie haben aus den Wildsorten dieser Gräser die Getreidearten entwickelt, die mehr und größere Körner trugen. Man fand sichelförmige Steinklingen, die bezeugen, daß man Getreide erntete. Durchbohrte Steine oder Mörser, die man fand, dürften als Handmühlen gedient haben, und bei den ausgegrabenen Häusern fand man Gruben, in denen man vermutlich Vorräte aufbewahrt hat. →(2)
Zur selben Zeit gelang den Menschen ein weiterer Fortschritt: Sie lernten Wildtiere zähmen. Zeichnungen aus der Zeit nach 8000 v. Chr., die in Felsen eingeritzt sind, sowie zahlreiche Knochenfunde machen deutlich, daß der Wildhund zum Jagd-, Haus- oder Hofhund, dann die Ziege und das Schaf, später auch Rinder und Schweine und schließlich auch das Pferd zu Haustieren gemacht worden sind. Die Tiere wurden als Schlacht- oder Milchvieh gehalten, später auch als Zug- oder Reittiere benutzt. →(1)

Technische Neuerungen. Aus Jägern und Sammlern waren seßhafte Bauern geworden. Sie siedelten sich an festen Orten an und waren als Ackerbauern an ihren Boden gebunden: Die Felder, die man bearbeitet hatte, gab man so rasch nicht mehr auf. Die Menschen wollten die Erde, die sie ernährte, planmäßig bewirtschaften. Sie legten Vorräte an und gewöhnten sich, in größeren Gemeinschaften zu leben. So lernten sie einer vom andern und verbesserten ihre Fähigkeiten und Arbeitsmethoden ständig. Sie bauten nicht nur Getreide an, sondern veredelten auch Obst und zogen Gemüse. Sie erfanden den Pflug und erhöhten dadurch den Bodenertrag. Die Technik des Steinschliffs und der Bohrung verbreitete sich: Bei Ausgrabungen fand man an zahlreichen Orten z. B. feingeschliffene Steinbeile mit Bohrungen für hölzerne Stiele. Vermutlich wurden schon Räder und Wagen hergestellt.
Neben Stein, Knochen und Holz wurde in dieser Zeit auch die Tonerde zu einem wichtigen Werkstoff. Man entdeckte bei Ausgrabungen unzählige Scherben von Tongefäßen; sie waren von Hand geformt und in der Sonne getrocknet oder im Feuer gebrannt (*Keramik**). Die Gefäße wurden oft kunstvoll bemalt; in andere hat man Verzierungen eingeritzt oder mit Schnüren und Bändern bestimmte Muster aufgetragen. Man lernte Fäden aus Flachs und Wolle zu spinnen und sie zu Stoffen zu weben. Die Häuser wurden im Laufe der Zeit geräumiger, die Formen vielfältiger. Man nennt diese Epoche wegen der höher entwickelten Bearbeitungstechnik die *Jungsteinzeit**. →(3) (4)

Vom Leben in der Gemeinschaft. Die Jäger und Sammler der Altsteinzeit hatten in Horden gelebt – wie, das wissen wir nicht. Von den Bauern der Jungsteinzeit, die in größeren Gemeinschaften lebten, wissen wir mehr. Gräberfunde bezeugen, daß Mann und Frau gleiche Achtung genossen, weil beiden z. B. Schmuck von gleichem Wert ins Grab beigegeben wurde; gelegentlich findet man Doppelgräber, in denen der Mann seinen Arm um die Frau geschlungen hat. Kindergräber wurden mit besonderer Sorgfalt angelegt. Es gibt aber auch Gräber, die darauf schließen lassen, daß einzelne Familien höhergestellt waren. Nur im Zusammenwirken mehrerer Männer war es z. B. möglich, die „Hünengräber" zu errichten. Im Tiefland vom Rhein bis zur Weichsel, von Jütland bis zum Harz wohnte in der Jungsteinzeit ein Bauernvolk, das seine Toten in solchen Großsteingräbern bestattete.

„Das Hünenbett glich, aus geraumer Entfernung betrachtet, einem stattlichen Wohnhaus, und ein Wohnhaus sollte es ja auch sein, ein Wohnhaus der Toten ... Die Gräber waren gleichsam ‚für die Ewigkeit' gebaut, so akkurat und sauber, daß die Anlagen, die den Anschlägen der Schatzräuber entgingen, noch nach fast 4000 Jahren keinerlei Verfallserscheinungen zeigten ... Die Toten wurden in Schlafstellung mit leicht angezogenen Knien bestattet, gelegentlich zwischen hochkant gestellten Steinen. Freilich fanden Forscher die Skelette nur selten in ursprünglicher Bettung vor. Da es sich um Familiengräber handelte, um ‚Erbbegräbnisse', wie wir heute sagen würden, waren Neubelegungen an der Tagesordnung. Dabei pflegte man die Reste der Altinsassen nicht eben zimperlich zusammenzukehren ..." (1) →(6)

Das Leben in größeren Gemeinschaften hatte noch eine andere Folge: Man wollte Besitz verteidigen oder vermehren. Es wurden Mauern gebaut, um die Siedlungen gegen Nomaden oder feindliche Nachbarn zu verteidigen. Die Menschen entwickelten Waffen, die nicht mehr zur Jagd dienten, sondern zum Kampf. Auf Felszeichnungen aus der Jungsteinzeit sind Kämpfe zwischen Menschen dargestellt. Waren die Menschen kriegerisch geworden?

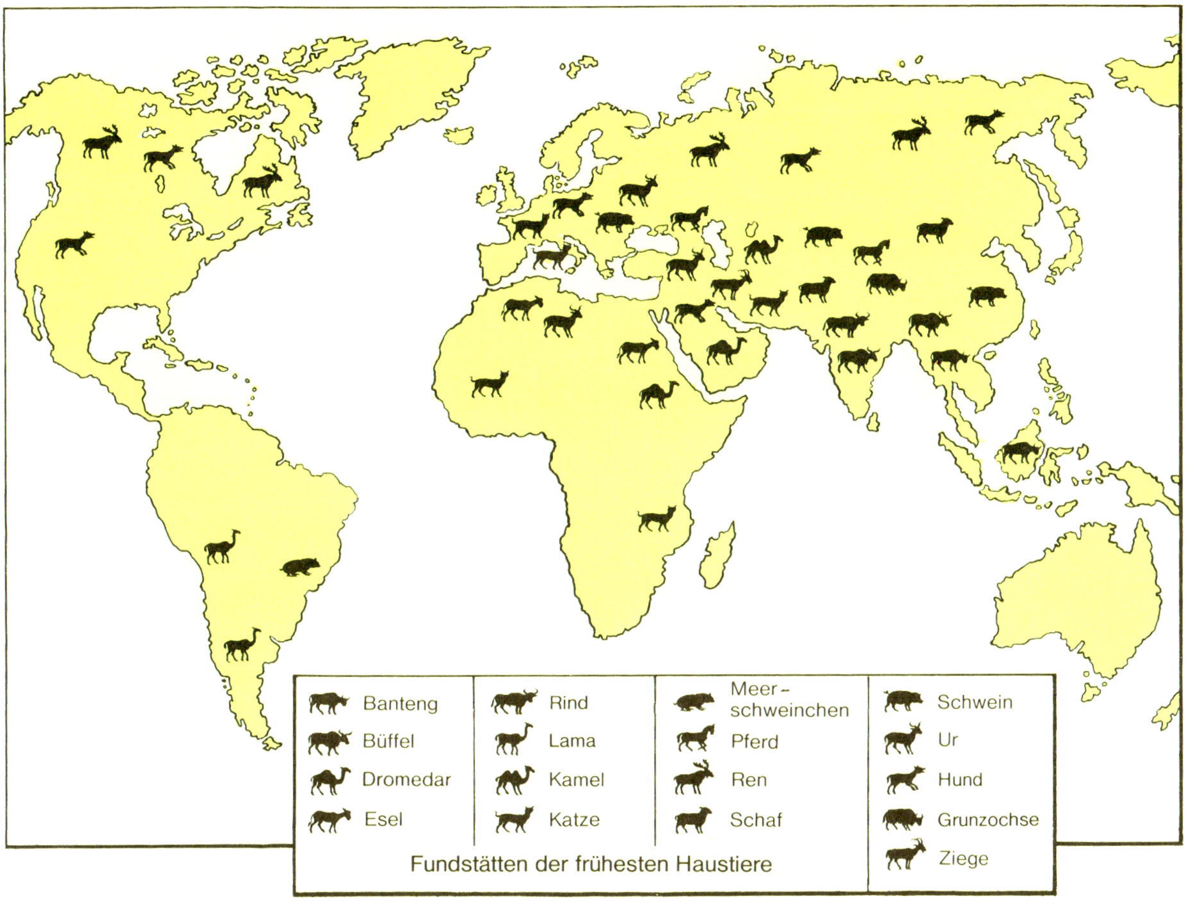

(1) Woher unsere Haustiere stammen

(a) Stellt fest, wo diejenigen Haustiere gefunden wurden, die es hierzulande gibt.

(b) Beschreibt den Nutzen, den die Menschen von einzelnen Haustieren (z. B. Ziege, Hund, Schwein, Pferd, Rind) hatten und haben.

(2) Aus der Geschichte unserer Nahrung

(a) Was sagt das Schaubild über den Wandel in der Ernährungsweise?

(b) Welche Arten von Getreidenahrung magst du? Welche wird in anderen Ländern bevorzugt? Nennt Beispiele.

Bronzezeit ca. 1800–800 v. Chr. Eisenzeit ab ca. 800 v. Chr.	**Brei**	**Fladen** ungesäuert in Haubenform auf heißen Steinen "gebacken" Fladen in Scheibenform	gesäuertes **Brot**
Griechen und Römer			
Völkerwanderung			Lochbrote
Gegenwart	dicke Suppen Knödel Makkaroni Haferschleim usw.	Pfannkuchen Reibekuchen u. ä.	Hefe- und Sauerteigform mit über 400 Arten Gebäcke mit chem. Triebmitteln hergestellt

Grafik nach einer Wandtafel im Brotmuseum Ulm.

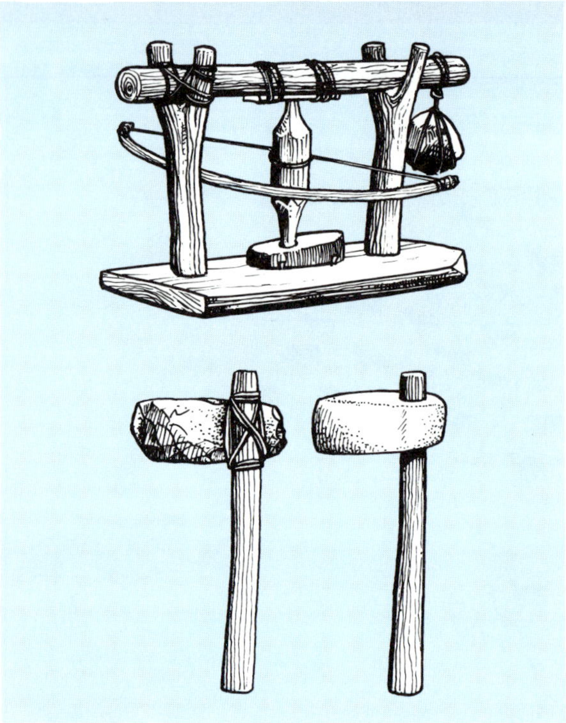

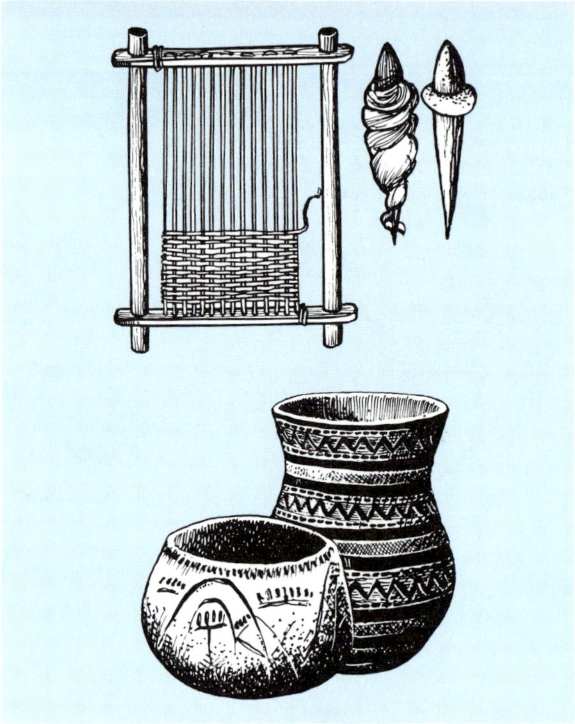

(3) **Steinbohrer – die ersten „Maschinen"?**

(a) Schildert anhand der Skizze, wie man in der Jungsteinzeit einen Stein durchbohren und ein Beil „schäften" konnte.

(b) Angenommen, du hättest in der Jungsteinzeit gelebt und würdest eine Axt benötigen. Was hättest du tun können? Was tut heute jemand, der eine Axt braucht?

(4) **Seit Jahrtausenden: Gebrauchsgüter für den Alltag**

(a) Schildert einzelne Arbeitsgänge bei der Herstellung von Geweben oder Töpfen in der Jungsteinzeit.

(b) Was für Nutzen und Vorteile brachte den Menschen die Kunst des Webens und Töpferns?

(5) **„Steinzeitmenschen", auch in der Gegenwart**

(a) Könnt ihr erklären, wie hier Feuer entzündet wird?

(b) Informiert euch im Lexikon oder im Geographiebuch über die Lebensweise der Tasaday (Philippinen), der Pygmäen (Kongo) oder der Maori (Neuseeland) und vergleicht mit den Lebensverhältnissen in der Steinzeit.

Ureinwohner in Neuguinea beim Feuermachen.

Hünengrab in der Lüneburger Heide.

(6) **Von wem stammen die „Hünengräber"?**

(a) Überlegt, wie die Menschen in der Jungsteinzeit solche Großsteingräber gebaut haben.

(b) Kennt ihr andere Grabbauten, die man mit den „Hünengräbern" vergleichen kann?

(c) Jemand könnte Abbildungen von Stonehenge in England besorgen und erklären.

1. Ein Wissenschaftler schreibt:

„Während eine Gruppe von 25 Wildbeutern für ihren Unterhalt eine Fläche von 650 Quadratkilometern brauchte, reichen schon knapp 16 Quadratkilometer aus, um die 150 Bewohner eines frühen Bauerndorfes mit Nahrung zu versorgen." (2)

Wie ist diese Behauptung zu verstehen?

2. Erkläre das nebenstehende Schaubild mit eigenen Worten.

3. Inwiefern sind Bauern und Hirten nicht in dem Maße von der Umwelt abhängig wie Jäger und Sammler der Altsteinzeit?

4. Versuche, die zweite Schlüsselfrage von S. 7 zu beantworten.

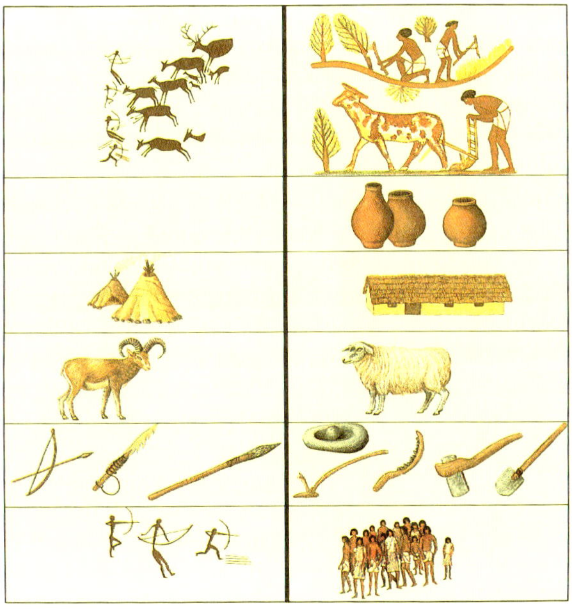

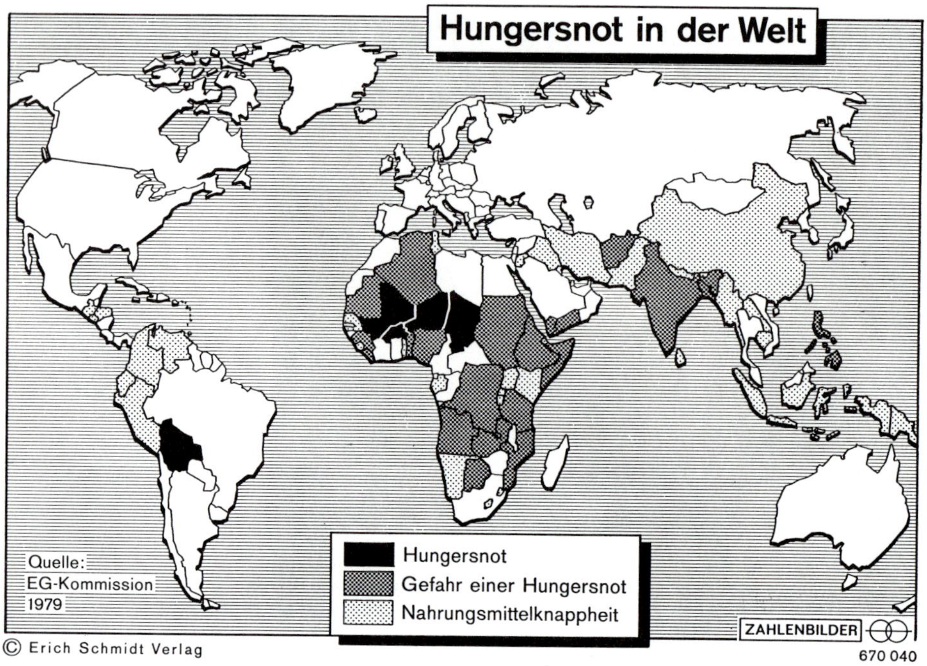

5. *Die Satten und die Hungernden. Äußere dich zu dem Schaubild.*

Jungsteinzeit: In der Jungsteinzeit veränderten die Menschen ihr Leben grundlegend, indem sie seßhaft wurden, Pflanzen anbauten und Vieh züchteten. So entstand die bäuerliche Lebensform. Sie unterscheidet sich von der Lebensart der Jäger und Sammler so sehr, daß man auch von einer „jungsteinzeitlichen Revolution" spricht. Es handelt sich allerdings um einen langsamen Übergang, nicht um einen plötzlichen Umbruch. Er begann im Vorderen Orient schon in der Zeit nach 8000 v. Chr., erreichte Mitteleuropa erst um 2500 v. Chr., Amerika, Afrika südlich der Sahara, Südostasien und Australien erst Jahrtausende später.

Keramik: Erzeugnisse aus Ton. Man formte Ton zu Gefäßen (Töpfen usw.) oder Bausteinen (Ziegeln), trocknete sie in der Sonne oder brannte sie im Ofen. Verzierungen und Modellierung gaben der Keramik schon seit der Jungsteinzeit künstlerische Ausdruckskraft.

ca. 10 000 v. Chr.	Ende der letzten Eiszeit
ca. 8 000 v. Chr.	Hausbau, Getreideanbau, Viehzucht im Vorderen Orient
um 2 500 v. Chr.	Großsteingräber (Hünengräber)

Quellennachweis

(1) R. Pörtner: Bevor die Römer kamen. Städte und Stätten deutscher Urgeschichte. München 1971, S. 202 f.
(2) J. N. Leonard: Die ersten Ackerbauern. Reinbek bei Hamburg 1977, S. 13.

Lesetip

Zdenek Burian u. Josef Wolf: Menschen der Vorzeit. Dausien Verlag, Hanau 1977 (SB)
F. Hetmann: Das Rätsel der grünen Hügel. dtv junior 7083 (JB)
Jean McMann: Rätsel der Steinzeit, Lübbe (WD)
Morgendämmerung der Kulturen. Geheimnisse der Urzeit. Bd. 5. Bibl. Institut, Mannheim (SB)
D. F. Weinland: Rulaman. Tübingen (1878) 1950 u. ff. (JB)

1.3. Bronzezeit und Eisenzeit

Vermutlich keltische Grabbeigaben aus Kupfer bzw. Bronze im Württembergischen Landesmuseum in Stuttgart.

Zu allen Zeiten haben die Menschen Dinge hergestellt, um mit ihnen das Leben besser zu meistern. Als Grundstoffe benutzten sie zuerst Stein, Holz und Knochen. Ganz neue Möglichkeiten ergaben sich, als sie das Erz entdeckten und lernten, Metall zu verarbeiten.

- Wo und wie hat man die ersten Metalle gewonnen und verarbeitet?
- Wie hat sich die Entdeckung und Verwendung von Metallen auf das menschliche Leben ausgewirkt? Was hat sich dadurch verändert?
- In der Bronzezeit und Eisenzeit begann die Ausbeutung der Rohstoffe unserer Erde. Wie lange werden die vorhandenen Bodenschätze reichen?

Metalle verändern das Leben. Wann und wie die Menschen der Steinzeit als erstes Metall das Kupfer entdeckt und seine Verwendung erprobt haben, wissen wir nicht. Die frühesten Waffen und Werkzeuge aus dem neuen Werkstoff hat man bei Ausgrabungen im Gebiet östlich des Mittelmeeres gefunden. Sie stammen aus der Zeit um 4000 v. Chr. Weil das Kupfer jedoch zu weich war, hat man es durch einen geringen Zusatz von Zinn beim Schmelzen gehärtet. Um 1800 v. Chr. ist dieses Metall, die *Bronze**, auch in Mitteleuropa verbreitet. Man fand bronzene Sicheln, Kurzschwerter, Beile und Dolche, Schmuckgegenstände aller Art. → (1)

Diese Fähigkeit, Metall zu gewinnen und zu verarbeiten, hat das Leben der Menschen weiter verändert:

– Erze gab (und gibt) es nicht überall. Kupfer stammte vor allem aus Spanien und von der Insel Zypern, Zinn kam vorwiegend aus England. Das Erz mußte abgebaut und auf langen Transportwegen, zu Wasser oder zu Land, besorgt werden. So entstanden Bergbau und Handel mit Rohstoffen.

– Das Schmelzen und Mischen des Metalls, das Gießen und Schmieden der Waffen und Geräte verlangte besondere Kenntnisse, man brauchte Geschicklichkeit, Übung und eine Werkstatt. So konnte ein Handwerkerstand entstehen, der nicht mehr allein von der eigenen Landwirtschaft lebte.

– Da nicht überall Bronzewaren hergestellt wurden, entwickelte sich ein Warenhandel, den zuerst Nomaden betrieben und der später zur Bildung von Marktorten und festen Handelswegen führte. Die Händler verbreiteten aber mehr als Waren: Sie informierten, wie Menschen in den verschiedenen Gebieten lebten, Häuser bauten, arbeiteten, ihre Toten bestatteten. Aus den Handelskontakten ergab sich ein ständiger gegenseitiger Einfluß. So verfeinerten die Handwerker ihre Erzeugnisse. Sie stellten nicht nur Waffen und nützliche Gebrauchsgegenstände her, sondern fertigten auch kunstvollen Schmuck. Dazu benutzten sie auch andere Werkstoffe, vor allem das wertvolle Gold oder den Bernstein. Offenbar hatte man Sinn für das Schöne und begann, Wertgegenstände als Besitz zu sammeln. → (2)

Fortschreitende Arbeitsteilung. Diese Entwicklungen veränderten auch das Zusammenleben der Menschen. Manche Bauern erzeugten mit Pflug, Wagen und Zugvieh mehr, als sie mit ihrer Familie verbrauchten. Den Überschuß tauschten sie, z. B. mit Dorfbewohnern, die Metalle verarbeiteten oder Handel trieben. Einzelne Waffen- und Kunstschmiede oder auch Fernhändler mit wertvollen Waren machten gute Geschäfte, konnten Werte ansammeln und ihren Besitz vergrößern. Aus einzelnen Familienverbänden mit ein paar Dutzend Mitgliedern entstanden große Gemeinschaften mit vielen hundert Familien. Führende Männer konnten Einfluß und Macht vergrößern und ganze Gebiete beherrschen. Darum führten sie auch Krieg. → (4)

Eisengewinnung – Eisenverarbeitung. Ein gutes Jahrtausend lang war die Bronze der wichtigste Metall-Werkstoff des Menschen gewesen. Aber auch Bronze ist noch verhältnismäßig weich. Die bronzenen Waffen und Werkzeuge wurden beim Gebrauch stumpf oder verbogen sich. Ein großer Fortschritt war es darum, als es den Menschen – wieder zuerst am östlichen Mittelmeer – gelang, Eisenerz zu schmelzen und zu verarbeiten. Das *Eisen** war zunächst eine Kostbarkeit. Es wurde geschätzt wie Gold und wie dieses auch als Geld zu Tauschzwecken benutzt. Um 800 v. Chr. verbreitete sich das Eisen und seine Verwendung auch in unserer Heimat. In der Pfalz, im Siegener Land und in Bayern wurde das Erz in Bergwerken abgebaut.

Zum Eisenschmelzen braucht man hohe Temperaturen. Ein bloßes Holzfeuer genügte nicht. Darum brannten die Menschen Holz in hohen Meilern zu Holzkohle. Dann füllten sie meterhohe, aus Stein und Lehm gemauerte Öfen in mehreren Schichten mit dieser Kohle und mit Eisenerz und schmolzen in der durch einen Blasebalg angefachten Glut das neue Metall. Die Eisenklumpen wurden glühend auf einem Stein gehämmert. Dann verarbeiteten Schmiede das Eisen zu Äxten und Hämmern, Lanzenspitzen, Schwertern und Messern, zu Wagen- und Pferdebeschlägen und Gegenständen des täglichen Gebrauchs. Bis in unsere Tage ist Eisen das wichtigste Metall geblieben. → (5)

Die Ausbreitung der Kelten. Seit der Jungsteinzeit lebten die Menschen in größeren Gemeinschaften zusammen, nicht nur in Horden. In der Bronze- und Eisenzeit bildeten sich Stämme und Völker. Die bedeutendste Völkergruppe, die damals im Gebiet des heutigen Deutschland lebte, waren die Kelten. Sie gehören zu den Indogermanen (wie z. B. die Inder, Iranier, Griechen und Römer, Germanen und Slawen). Die Indogermanen bildeten eine Völker-„familie", die gemeinsame Merkmale in ihren Sprachen aufweist und sich im 2. Jahrtausend v. Chr. vermutlich von der unteren Donau und Südrußland her ausgebreitet hat. Die Kelten siedelten vor allem in Süd- und Südostdeutschland. Sie kannten den Bergbau, beherrschten die Metallbearbeitung und trieben Handel. In der Zeit nach 500 v. Chr. breiteten sie sich in Frankreich, Spanien und England aus, gelangten nach Oberitalien und bis nach Kleinasien (vgl. S. 110).

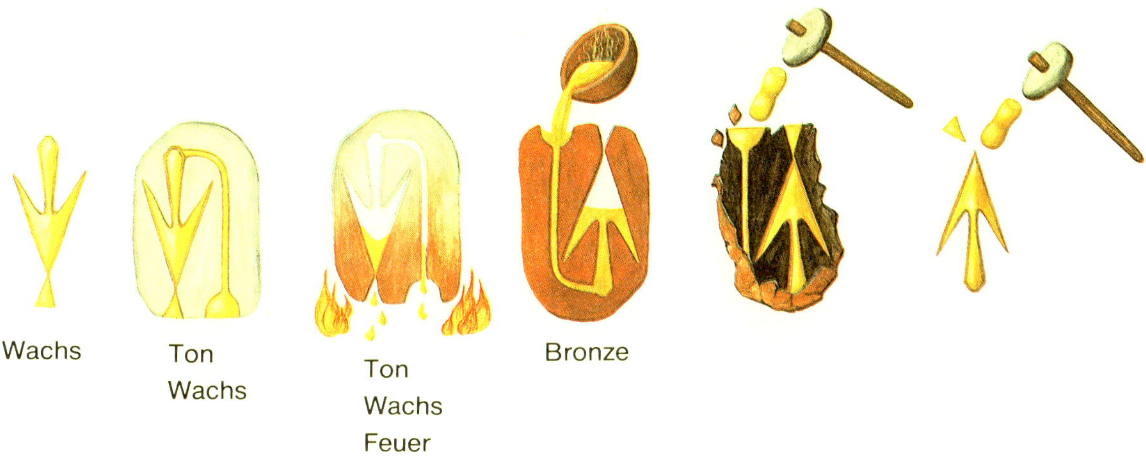

(1) **Bronzeguß: Technik im Metallgewerbe**

(a) Erklärt anhand der Bildfolge auf der Skizze, wie z. B. eine Pfeilspitze aus Bronze gegossen wurde. Beachtet die einzelnen Arbeitsvorgänge.

(b) Versucht anhand der folgenden Stichworte darüber zu sprechen, was beim Bronzeguß zu berücksichtigen war:
Idee – Zweck – Form – Material – Kosten – Feuer – Kunde.

(2) **Überschuß und Arbeitsteilung – ein Zusammenhang?**

(a) Erklärt, wodurch es einzelnen Bauern möglich wurde, mehr zu erzeugen, als sie für den eigenen Bedarf benötigten, und wer diesen Überschuß erhielt.

(b) Zeigt anhand des Schaubildes, welche Berufe im Zusammenhang mit der Erzeugung von Metallwaren entstanden.

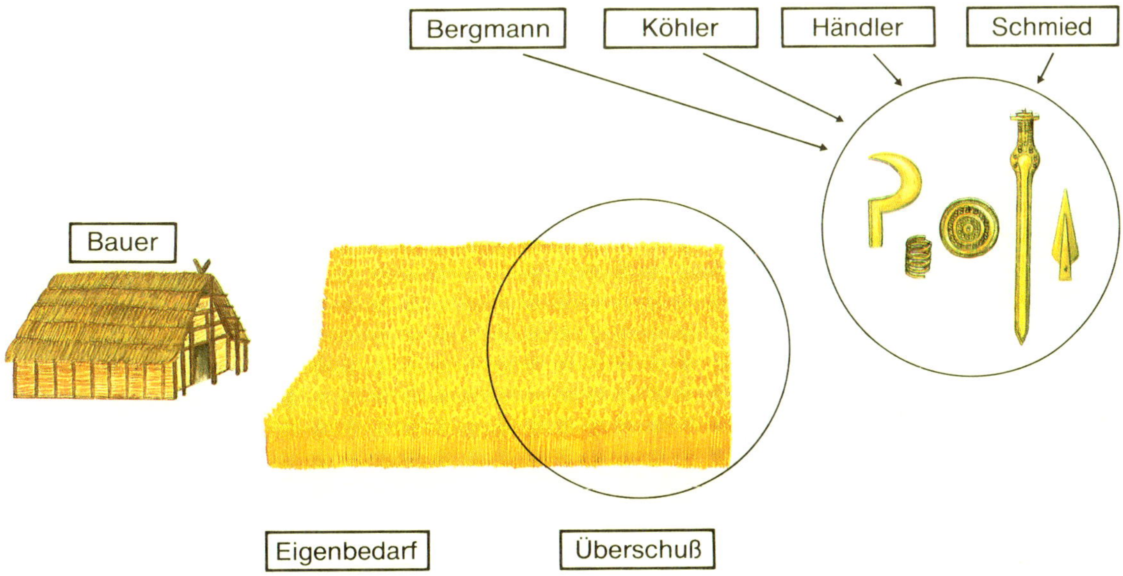

Zu den schönsten Arbeiten der Bronzezeit gehört der Sonnenwagen, der bei Trundholm auf Seeland (Dänemark) gefunden wurde. Der sechsrädrige Wagen wurde während der Sonnenwende bei Prozessionen mitgeführt. Die Goldscheibe bedeutet die als göttlich verehrte Sonne. Auch das Pferd hatte religiöse Bedeutung (denke an Sage und Märchen). Die Ornamente zeigen vor allem Spiral- und Kreismuster.

(3) Kunst und Religion: Der Sonnenwagen von Trundholm

(a) Beschreibt den Sonnenwagen und erklärt die Bedeutung der einzelnen Teile.

(b) Was sagt dieses Beispiel über die Religion der Menschen in der Bronzezeit?

(4) Wozu können Waffen dienen?

(a) Beschreibt, was auf der unteren Abbildung dargestellt ist, welche Waffen die Männer tragen und womit sie sonst noch ausgerüstet sind.

(b) Wie ist es zu erklären, daß Waffen nicht nur zur Jagd benutzt wurden?

(c) Äußert eure Meinung dazu, daß jemand mit seiner Waffe „prunkt“.

(d) Was sagt euch der Spruch „Schwerter zu Pflugscharen!“?

Prunkdolch aus einem Schachtgrab in Mykene in Griechenland (um 1550 v. Chr.). Er ist aus Bronze, die Figuren sind aus Goldblech und Silber eingehämmert und graviert.

Versuch einer Rekonstruktion.

(5) **So könnte man Eisen gewonnen und verarbeitet haben**

(a) Schildert die einzelnen Arbeitsvorgänge beim Schmelzen des Eisenerzes und der Eisenverarbeitung. Stellt Fragen dazu.

(b) Welche dieser Arbeiten möchtest du am liebsten übernehmen? Warum?

(c) Wo und wie wird heute Eisen „verhüttet"?

1. Stelle mit Hilfe der Karte wichtige Lagerstätten von Kupfer und Zinn fest und berichte, wozu die Erze verarbeitet wurden.

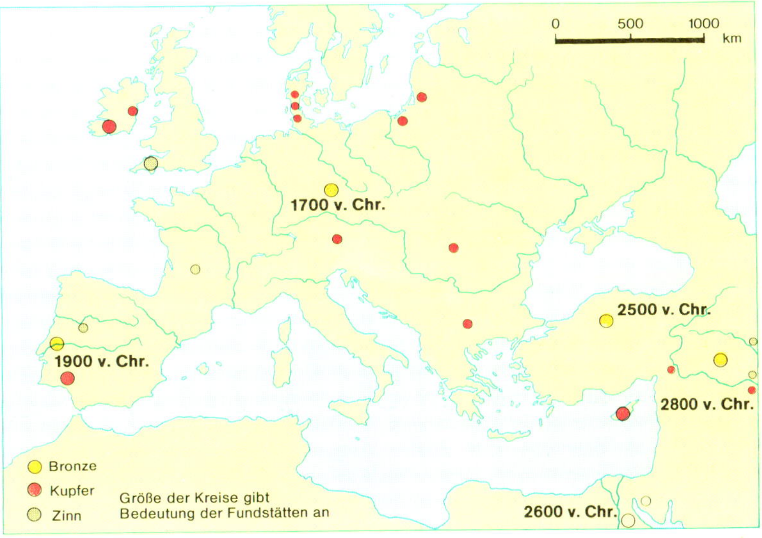

2. Nenne verschiedene Erzeugnisse aus Bronze bzw. aus Eisen und ordne sie in drei Gruppen: a) Waffen, b) Geräte, c) Schmuck.

3. Was sagen dir die Stichworte:
Überschuß – Arbeitsteilung – neue Berufe – Vorrangstellung?

4. Übertrage die nebenstehende Tabelle vergrößert ins Heft und fülle die Spalten aus.

5. Erkläre die Angaben im folgenden Schaubild!

	erzeugt	für
Landwirtschaft		
Bergbau		
Gewerbe		

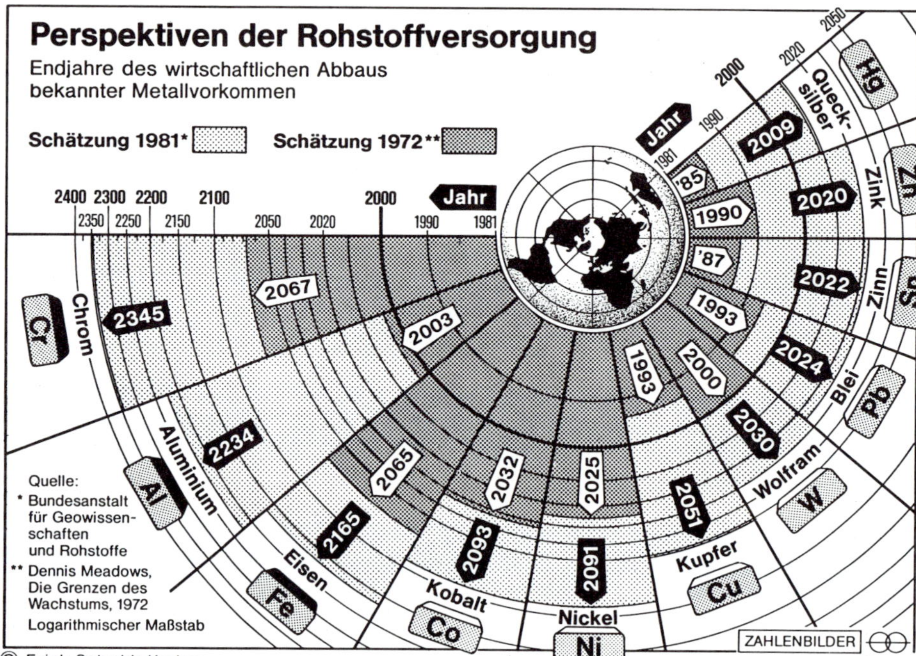

Arbeitsteilung: Man spricht von Arbeitsteilung, wenn Menschen in einer Gruppe bzw. in einer Gesellschaft unterschiedliche Tätigkeiten oder Berufe ausüben. Arbeitsteilung begann vermutlich damit, daß Männer und Frauen sich auf unterschiedliche Arbeiten spezialisierten. In der Bronze- und Eisenzeit entwickelten sich verschiedene Berufe und Wirtschaftsbereiche: Landwirtschaft, Bergbau, Gewerbe, Handel.

Bronzezeit: Die Bronzezeit ist nach dem in dieser Zeit verwendeten Metall benannt, einer Legierung von Kupfer und Zinn im Mischungsverhältnis von etwa 10 : 1. Die Bronzezeit folgte der Kupferzeit, begann im Vorderen Orient vor 2000 v. Chr. und wurde von der Eisenzeit abgelöst.

Eisenzeit: Sie begann in Europa in der Zeit um 800 v. Chr., als das härtere Eisen die weichere Bronze zurückdrängte, und dauert bis heute an.

ca.	4000–2000 v. Chr.	Kupferzeit
seit ca.	2000 v. Chr.	Bronzezeit
seit ca.	800 v. Chr.	Eisenzeit

Lesetip

Geoffrey Bibby: Faustkeil und Bronzeschwert. rororo 6718 (SB)
Percy Knauth: Die Entdeckung des Metalls. rororo Time Life Bücher 72. Reinbek bei Hamburg 1977 (SB)
I. Lissner: So lebten die Völker der Urzeit. dtv 1437 (SB)
H. G. Wunderlich: Die Steinzeit ist noch nicht zu Ende. rororo 7074 (SB)

2. Völker und Staaten entstehen: Die ersten Hochkulturen am Mittelmeer

2.1. Der Pharaonenstaat am Nil

Büste der Königin Nofretete aus der Zeit um 1350 v. Chr.; Ägyptisches Museum Berlin. Die Büste besteht aus Kalkstein und hat eine Höhe von 50 cm. Sie stellt vermutlich den Entwurf für einen Porträtkopf der Königin dar.

Diese Frau war eine Königin. Das Reich, das sie mit ihrem Mann Echnaton beherrschte, besaß damals – vor über 3300 Jahren – schon eine 1600jährige Geschichte.

- Was für ein Reich war das? Wie wurde es regiert?
- Was hat diese Könige, die sich Pharaonen nannten, so berühmt gemacht?

Der Strom und die Menschen. Als Nordafrika vor mehr als 6000 Jahren z. T. ausdorrte, sind Jäger am Ufer des Nils seßhaft geworden. Hier war das Klima günstiger, und der Strom, der alljährlich das Land am Ufer überschwemmt, ließ fruchtbare Erde zurück, die man leicht bewirtschaften konnte. So entstanden zahlreiche bäuerliche Siedlungen am Nil. Die Lage des Landes – ein schmaler Uferstreifen von knapp 20 km Breite, von Felsen und unfruchtbarer Wüste begrenzt – hatte zur Folge, daß viele Menschen auf engem Raum zusammenlebten. Sie mußten zusammenarbeiten und vieles gemeinsam regeln. So bildeten mehrere Siedlungen zusammen einzelne Gaue, die von Gaufürsten geleitet wurden. Die Bevölkerung wuchs; man schätzt, daß um die Mitte des 3. Jahrtausends schon 1,5 Millionen Menschen im Niltal lebten. Ihre Dörfer und Gaue waren inzwischen zu einem Staat zusammengefügt. Das kam so: Durch gemeinsame Religion und gemeinsame Lebensformen waren zwei Reiche entstanden, Oberägypten am Oberlauf des Nils, Unterägypten im Gebiet seiner Mündung. Um 3000 v. Chr. wuchsen die beiden Reiche zusammen. Der Legende nach wurden sie von König Menes vereinigt, der dort, wo sie aneinandergrenzten, seine Hauptstadt Memphis baute. → (1)

Da die Bevölkerung wuchs, suchten die Menschen neue Möglichkeiten, die Ernte zu steigern, und sie erkannten: Wenn man Anlagen zur Bewässerung baut, kann man zwei oder drei Ernten im Jahr erzielen. Sie lernten, Kanäle zu graben, Dämme zu errichten, Stauseen anzulegen und das Wasser mit Schöpfrädern in die höhergelegenen Felder zu lenken. Sie nutzten den Strom gemeinsam, weil solche Arbeit viele Hände braucht. Das gab dem König, dessen Beamte die gemeinsamen Arbeiten anordnen und überwachen mußten, viel Macht.

Der Pharao und die Wesire. Der König trug eine doppelte Krone und das Zeichen des Falken (ägyptisch „Horus"). Der Falke verkörperte den höchsten Gott, also war der König, der sich „Horus" nannte, der Falken-Gott selbst. Er war in den Augen der Menschen allmächtig: Er richtete und bestrafte, führte seine Krieger an, ernannte die Beamten, die in seinem Auftrag handelten. Am nächsten standen dem König die hohen Beamten, die in seinem Namen das Land regierten, die „Wesire". Sie stammten z. T. aus seiner Verwandtschaft, wurden oft reich beschenkt. Der Gott-König stand unnahbar hoch über dem Volk. Er umgab sich in seinem Palast mit steifer Würde und strenger Feierlichkeit. Sein Titel lautete später *Pharao**, was so viel wie „Großes Haus" bedeutet. Er vererbte Titel und Macht in der Familie. Man nennt eine solche Herrscherfamilie eine *Dynastie**. → (2)

Vom Aufbau der Gesellschaft. Die beste Stellung nahmen hohe *Beamte** und Priester ein. Sie bildeten eine Oberschicht, und diese blieb unerreichbar für Handwerker, Händler oder Arbeiter. Ein Flußbauer, ein „Fellache", wiederum lebte viel ärmlicher als beispielsweise ein Schreiber (vgl. S. 22). Die Häuser der Bauern bestanden aus fensterlosen Hütten, waren aus ungebrannten Ziegeln gebaut und mit Palmenzweigen überdeckt. Die Häuser der vornehmen Beamten jedoch waren villenartige Gebäude, zwei Stockwerke hoch mit einer nach Norden offenen Loggia im Obergeschoß, mit einem Empfangsraum und mehreren Schlafzimmern im ersten Stock, mit Toiletten und Duschanlagen und einem schattigen Park. → (3)

Wer Untergebener blieb, war vom Wohlwollen der Beamten abhängig. Auf einem Grabbild ist ein Lastträger dargestellt; mit dem Blick auf den Stock, den ein Aufseher trägt, ruft er: „Das ist der Prügel, mit dem mein Rücken gesalbt wird." In einer Anleitung aus der Zeit um 2000 v. Chr. wird aber auch dem jungen König eingeschärft:

„Tue das Rechte, solange du auf Erden weilst. Beruhige den Weinenden, quäle keine Witwe, verdränge keinen Mann von der Habe seines Vaters. Hüte dich davor, ungerechterweise zu strafen . . . Erhebe den Sohn eines angesehenen Mannes nicht mehr als einen einfachen Bürger, sondern hole dir den Mann wegen seiner Taten . . ." (1) Q

Schrift, „Papier" und Kalender. Im großen ägyptischen Reich waren viele Beamte tätig. Sie mußten z. B. die Ernte in den Dörfern erfassen, mußten wissen, wie viele Arbeitskräfte man brauchte, wieviel Material und Lebensmittel. Sie mußten Arbeitsvorhaben planen und die Arbeiten kontrollieren. Die Verwaltung mußte funktionieren. Die Beamten sollten ständig alles im Kopf behalten, nach oben berichten, von oben Befehle nach unten weitergeben.

Das wurde leichter, als Priester oder Beamte des Pharao um 2900 v. Chr. Bildzeichen für Wörter und Laute erfanden und so die Schrift entwickelten, die „Hieroglyphen" (d. h. „heilige Zeichen"). Auf der Grundlage der Hieroglyphenschrift schufen die Phöniker, ein Nachbarvolk der Ägypter, später eine reine Buchstabenschrift. Diese wurde dann – noch einmal verändert – von den Griechen übernommen. Aus dem griechischen Alphabet sind die lateinischen Buchstaben abgeleitet, die wir noch heute verwenden. In ägyptischen Schreiberschulen wur-

den schriftkundige Priester und Beamte ausgebildet, die das Land verwalteten. → (5)
Die Beamten des Pharao benutzten ein besonderes Schreibmaterial, nämlich Papyros. Die schilfartigen Papyrosstauden wachsen bis zu 10 Metern hoch. Man kann die Fasern einzeln ablösen, kreuzweise übereinanderlegen, pressen, trocknen, glätten und schneiden; dann entstehen handliche Schreibblätter. Die Ägypter entwickelten diese Kunst, und sie klebten die Stücke zu größeren „Schriftrollen" aneinander. Viele sind im trockenen Sand erhalten geblieben, vor allem wenn sie in versiegelten Tongefäßen aufbewahrt waren. Im Jahr 1822 gelang es dem französischen Gelehrten Champollion, Hieroglyphen zu entziffern; seitdem können wir uns aus den gefundenen Papyrosrollen über das Leben und Denken der Ägypter gut informieren. → (4)
In der Zeit, als das ägyptische Reich entstanden war, entwickelte man hier auch den ersten Kalender, und zwar so, daß man die jährliche Nilschwemme aufzeichnete (sie wiederholt sich nach etwa 365 Tagen). Diesen Zeitraum teilte man in Monate und Jahreszeiten auf, und jedes Jahr bekam einen Namen. Der ägyptische Kalender war in der damaligen Welt einmalig.

Vom Alten zum Neuen Reich. Die Ägypter gliedern ihre Geschichte nach den 30 Pharaonengeschlechtern, die das Land regierten. Diese 30 Dynastien faßt man in drei Perioden zusammen: die Zeit des Alten, Mittleren und Neuen Reiches. Unter den Pharaonen des Alten Reiches (2850–2150 v. Chr.) wurde ein starker Staat mit zentraler Verwaltung aufgebaut, die Pyramiden wurden geschaffen, Landwirtschaft, Gewerbe und Handel entwickelt. Nach inneren Unruhen, deren Ursachen vielfältig waren, gelang es einer neuen Dynastie, im Mittleren Reich (2050–1650 v. Chr.), das Land wieder zu festigen und es auszubauen. Allmählich setzten sich jedoch Teilgewalten – Priester und hohe Beamte – durch und schwächten den Pharao.

„Eine Gruppe von westasiatischen Stämmen, die später ‚Hyksos' oder ‚Hirten-Könige' genannt worden sind, nutzten die Zeit der Schwäche zur Besetzung von Teilen Unter-Ägyptens. Ihre Anführer erklärten sich zu Pharaonen, so daß es zeitweilig zwei Könige von Ägypten gab, einen Hyksos, der in Auaris im Nil-Delta regierte, und einen einheimischen Pharao, der in Theben in Ober-Ägypten residierte. Die Überlieferung der staatlichen Einheit war jedoch so stark, daß es schließlich einer neuen Pharaonen-Dynastie gelang, die Eindringlinge zu vertreiben und das ‚Neue Reich' zu gründen (1570–1085 v. Chr.). Die ersten drei Jahrhunderte dieser Periode bedeuten einen Höhepunkt der Macht und des Einflusses Ägyptens. Ägyptische Armeen drangen nicht nur bis in den Libanon, nach Palästina und Syrien, sondern sogar in den Nordteil Mesopotamiens [vgl. S. 30 ff.] ein . . ." (2) → (1)

(1) **Das ägyptische Reich**

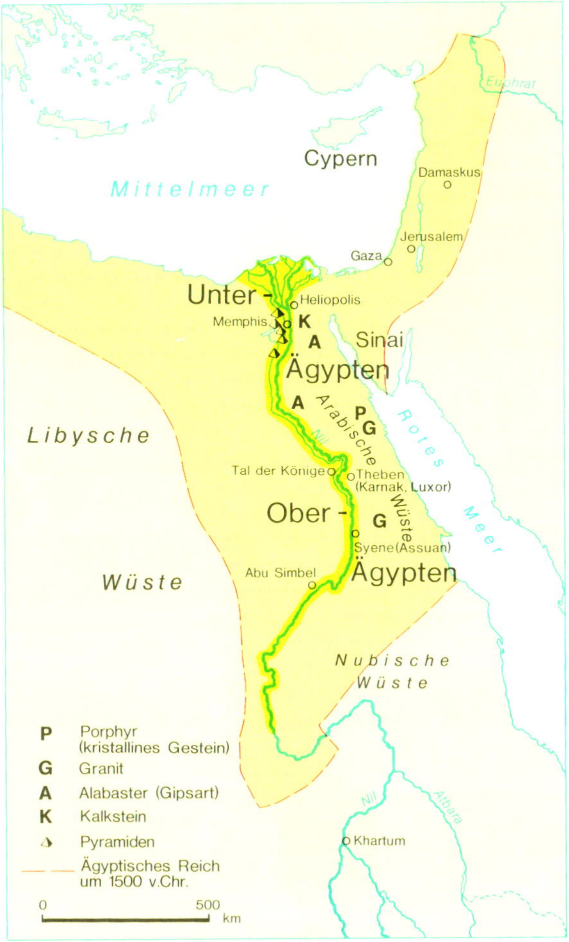

(a) Zeigt anhand der Karte die Ausdehnung des Reiches um 1500 v. Chr. und die Lage der Hauptstadt.

(b) Vergleicht: Fruchtbares Land und Wüste in Ägypten. Sprecht über die Bedeutung des Nils.

(c) Wie läßt sich der Verlauf der ägyptischen Geschichte gliedern? Lest dazu den Text links.

(2) **Wie sah das Volk den Pharao?**

„Wir kommen zu dir, Herr des Himmels, Herr der Erde, du lebende Sonne des ganzen Landes. Herr der Lebensdauer, Herr des Geschickes, du, der den Windhauch in jedermanns Nase gibt, der die gesamte Götterschar belebt, du Säule des Himmels, Balken der Erde, Herr vielfacher Speisung, dessen Rede alle heilige Speise entstehen ließ, der wacht, wenn alles schläft, dessen Kraft Ägypten errettet, der über die Fremdländer obsiegt und triumphierend heimkehrt, dessen Stärke Ägypten schützt, Geliebter

der Wahrheit, der in seinen Gesetzen in ihr lebt, der die beiden Länder behütet, mächtig an Jahren, groß an Gewalt, dessen Schrecken die Fremdländer weichen läßt, du, unser König, unser Herr, unsere Sonne, von dessen Aussprüchen alles lebt.
Siehe, wir sind hier vor deiner Majestät [Erhabenheit] daß du uns Leben, das du geben kannst, gewährst, Pharao, der lebt, heil und gesund ist, Luft unserer Nasen, du, bei dessen Erscheinen alle Welt zu leben beginnt!" (3) Q

(a) Mit welchen Worten wird der Pharao in diesem Text angeredet?

(b) Erklärt, welche Eigenschaften dem Pharao zugesprochen werden.

(c) In welchem Verhältnis stehen die Menschen zu ihrem Herrscher, wenn sie so zu ihm sprechen?

(3) Der „Aufbau" der Gesellschaft

(a) Erklärt anhand des Schaubildes die Stellung der verschiedenen Schichten und Gruppen in der ägyptischen Gesellschaft.

(b) Man kann sagen, daß im alten Ägypten der Staat alles organisierte. Sprecht darüber in der Klasse. Begründet diese Behauptung.

Ausübung der staatlichen Gewalt in Ägypten.

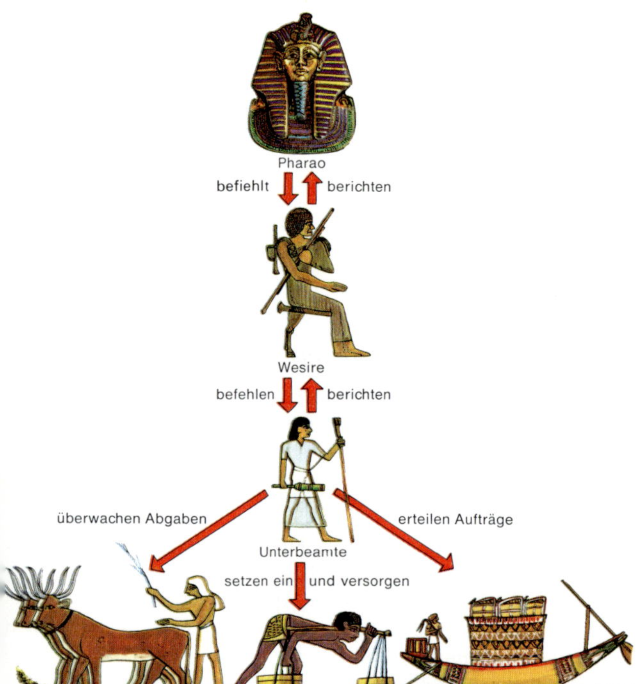

(4) Von den Hieroglyphen zum römischen Alphabet

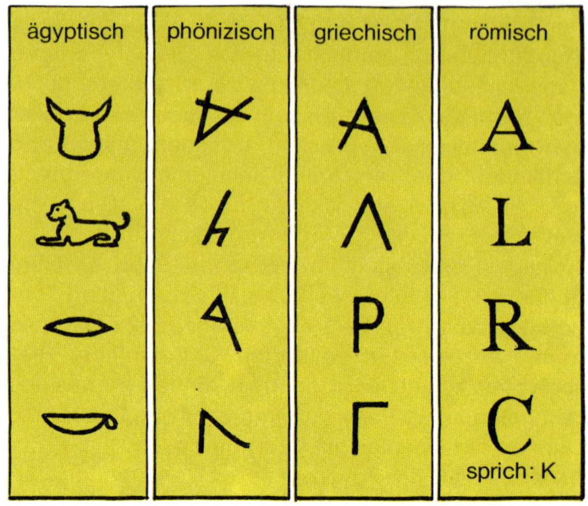

Die Ägypter benutzten Bildzeichen sowohl für Wörter (z. B. ein vereinfacht dargestelltes Haus mit der Bedeutung „Haus" oder „Hof") als auch für Laute (z. B. das Zeichen einer Hand für den Buchstaben „d"). Um 1500 v. Chr. entwickelten die Phöniker eine reine Buchstabenschrift, wobei sie einzelne Wort- oder Lautzeichen der Ägypter als Vorlage verwendeten, ohne deren Wortsinn oder Lautwert zu berücksichtigen.

(a) Worin besteht die Veränderung der Zeichen?

(b) Worin liegt der Nachteil einer Schrift, die Bildzeichen für ganze Wörter verwendet?

(5) „Wissen ist Macht!" – Über wen?

Anweisung an einen Schreibschüler:

„Ich lasse dich die Schriften mehr lieben als deine eigene Mutter. Ich führe dir der Schriftkunst Schönheit vor Augen; sie ist größer als die aller anderen Berufe. Im ganzen Land gibt es nichts, was ihr gleichkommen könnte. Kaum hat ein Schriftkundiger angefangen, heranzuwachsen – er ist noch ein Kind –, so wird man ihn grüßen und als Boten senden. Und er wird nicht zurückkommen, um sich in den Arbeitsschurz zu stecken ... Es gibt keinen Beruf, in dem einem nicht befohlen wird, außer dem des Schreibers und Beamten. Da allein ist er es selbst, der befiehlt. Wenn du schreiben kannst, wird dir das mehr Nutzen bringen als alle anderen Berufe. Nützlich ist schon ein einziger Tag in der Schule, und eine Ewigkeit hält das vor, was man in ihr gewinnt." (4) Q

(a) Arbeitet die verschiedenen Argumente heraus, mit denen hier der Wert der Schreibkunst begründet wird.

(b) Diskutiert, ob ihr den Argumenten zustimmen wollt und wie weit sie noch heute gelten.

1. Berichte anhand der folgenden Stichworte über das Alte Ägypten:
Strom – Bewässerung – Ober- und Unterägypten – Pharao – Schreiber – Wesire – Volk.

2. Erläutere das folgende Schaubild.

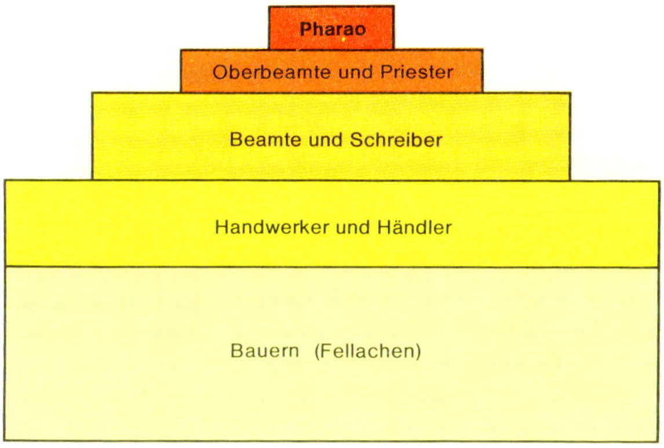

3. Gib in Stichworten an, was du über Entstehung und Entwicklung unserer Schrift weißt.

4. Erläutere die Bedeutung der Schrift für den einzelnen und für ein Volk anhand von Beispielen.

5. Was sagt dir das folgende Schaubild?

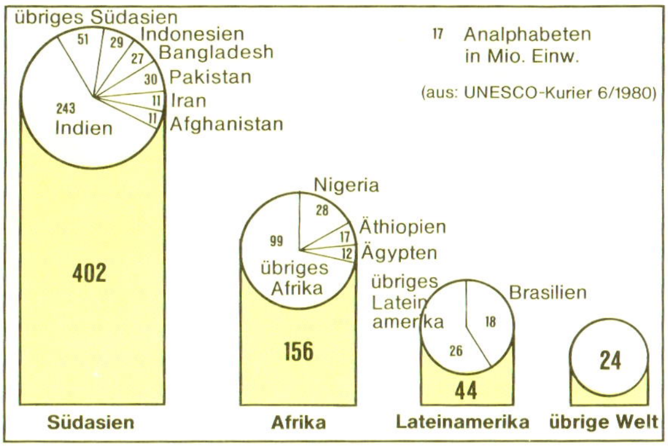

Beamte: Bedienstete des Staates oder des Herrschers. Sie üben ein Amt im Dienst der Gemeinschaft oder ihres obersten Herrn aus. Sie müssen dafür Kenntnisse und Fähigkeiten nachweisen und erhalten für ihren Dienst entsprechende Einkünfte (Gehalt o. ä.). Im Rahmen ihres Amtes können sie Weisungen erteilen, Anordnungen treffen, Gehorsam verlangen.

Dynastie: Herrscherfamilie, in der das Amt des Herrschers oder Königs weitervererbt wird.

Pharao: Ursprünglich die Bezeichnung für den ägyptischen Königspalast („großes Haus"), später der Titel des ägyptischen Königs, d. h. des obersten Herrschers im ägyptischen Reich. Er galt als Sohn Gottes, der die rechte Weltordnung zu verwirklichen hat.

Staat: Politischer Verband von Menschen, die eine Einheit (in der Regel ein Volk) bilden und eine oberste Gewalt anerkennen, die das Zusammenleben regelt und durch bestimmte Einrichtungen (Ämter) die öffentliche Ordnung gewährleistet.

um 3000 v. Chr. Vereinigung von Ober- und Unterägypten
2850–2150 v. Chr. Altes Reich
2050–1650 v. Chr. Mittleres Reich
1570–1085 v. Chr. Neues Reich

Quellennachweis

(1) Aus einem alten Papyrus. Deutsche Übersetzung in: Geschichtliche Quellenhefte mit Überblick, Heft 1. Diesterweg 7341, S. 22.
(2) L. Cottrell, in: Abenteuer Weltgeschichte, Band 1. Herrsching 1982, S. 26.
(3) Begrüßungshymne der Höflinge an den Pharao Ramses II. (1310–1244 v. Chr.). Aus: Geschichtliche Weltkunde. Quellenlesebuch, Band 1. Diesterweg 3300, S. 22.
(4) Aus einem ägyptischen Papyrus. Deutsche Übersetzung in: Materialien für den Geschichtsunterricht. Das Altertum. Hrsg. von H. Krieger. Diesterweg 7331, S. 15.

Lesetip

C. W. Ceram: Götter, Gräber und Gelehrte. rororo 6790 (SB)
H. Baumann: Die Welt der Pharaonen. Ravensburger Tb. 35 (JB)
A. Millard: Große Völker der Vergangenheit: Die Ägypter. Falken Verlag, Wiesbaden 1977 (JB)
E. Nack: Ägypten und der Vordere Orient im Altertum. Überreuter, Wien 1977 (SB)

2.2. Leben und Tod bei den Ägyptern

Der große Sphinx vor den Pyramiden von Giseh. Der Sphinx, ein Löwe mit menschlichem Haupt, wurde als steinerner Grabwächter aufgestellt.

„Wer baute das siebentorige Theben?
In den Büchern stehen die Namen von Königen.
Haben die Könige die Felsbrocken herbeigeschleppt? ..."
(Aus: Bert Brecht, Fragen eines lesenden Arbeiters)

Die Steine einer einzigen Pyramide würden, aneinandergereiht, für zwei Drittel des Erdumfangs reichen.

- Wer hat diese Pyramiden gebaut – für wen und wozu?
- Wie haben die Menschen zu jener Zeit gelebt und gearbeitet?
- Was sagen die Pyramiden als steinerne Zeugen über den Glauben im Alten Ägypten?

Fellachen: Flußbauern am Nil. Die Mehrzahl der Menschen trieb Landwirtschaft. Es waren Fellachen, wie man sie heute noch in Ägypten findet. Die Feldarbeit verlangte damals wie heute viel Mühe; denn die Fellachen bauten nicht nur Getreide an, sie besaßen Haustiere, hielten die Bewässerungsanlagen in Stand und hatten für die Nahrungsmittel im ganzen Land aufzukommen. Brot und Bier waren die Hauptnahrung. Aus den Abrechnungen der Beamten des Pharao wissen wir, daß auch Obst, Gemüse und Wein angebaut wurden. Außerdem aß man Fisch und Geflügel. An Festtagen, wenn viele Menschen zusammenkamen, wurden Rinder geschlachtet; denn Fleisch ließ sich bei der Wärme nicht aufbewahren.

Handwerk und Gewerbe. Da die Ägypter immer gezwungen waren, den Nil unter Kontrolle zu halten, entwickelten sie ganz besondere technische Fertigkeiten. Sie lernten, schwierige Bauten zu konstruieren und große Flächen zu vermessen. Die Anzahl der Berufe stieg; einzelne konnten sich spezialisieren und die Arbeitstechnik vervollkommnen.
Alle Arbeitskraft gehörte in Ägypten – wie das Land – dem Pharao. Er konnte deshalb Tausende von Handwerkern, Handlangern, Transportarbeitern, Aufsehern, Technikern und Künstlern zwingen, daß sie gemeinsam in langer Arbeit gewaltige Bauwerke errichteten. Allerdings mußten die Beamten des Pharao die Leute auch versorgen. Jeder Arbeiter sollte täglich Verpflegung und in regelmäßigen Abständen Öl, Kleidung und Ausrüstung bekommen. Daß dies nicht immer geschah, zeigt ein Bericht ägyptischer Arbeiter, die sich beim Aufseher mit den Worten beschwerten:

„Wir sind hierher gekommen, vor Hunger und Durst, wir haben keine Kleider, wir haben keine Salben, wir haben keine Fische, wir haben kein Kraut. Sendet Mitteilung an den Pharao, unsern guten Herrn, und schreibt an den Wesir, unseren Vorgesetzten, damit uns Lebensmittel verschafft werden." (1) Q

Was die Fellachen für ihren täglichen Bedarf brauchten – Geschirr, Kleidung, Sandalen, einfache Möbel wie Truhen, Tische und Stühle –, das konnten sie z. T. selbst herstellen oder sich beim einfachen Dorfhandwerker besorgen. Am Hof des Pharao und seiner hohen Beamten waren jedoch Fachleute beschäftigt, die immer feinere Techniken beherrschten. Manche Kostbarkeiten wurden auch aus dem Ausland eingeführt. Händler reisten im Auftrag des Königs nilaufwärts oder über das Meer auf Schiffen, die mit großen viereckigen Segeln den Wind einfingen.

Pyramidenbau in Gemeinschaftsarbeit. Der Pharao, glaubte man, beschütze das Land und die Menschen. Als Gott sollte er auch nach dem Tod würdig wohnen. Wenn in den Dörfern während der Nilüberschwemmung die Feldarbeit ruhte, trieb der Pharao ein ganzes Heer von Arbeitskräften zusammen, um das größte Projekt seines Lebens zu verwirklichen.

„Sobald ein Pharao im Alten Reich zur Macht gekommen war, begann er, eine *Pyramide** zu planen, die sein Grab sein würde. Das gewaltige Aufgebot der Architekten, Handwerker und Arbeiter wurde in Bewegung gesetzt. Jedes Dorf mußte eine bestimmte Anzahl an Arbeitskräften in die Steinbrüche oder auf den Bauplatz schicken. Die königlichen Magazinverwalter teilten Geräte und Kleidung aus. Man sah sich einer gewaltigen Aufgabe gegenüber. Die Cheopspyramide bei Giseh wurde aus mehr als zwei Millionen Steinblöcken errichtet, die im Durchschnitt über zweieinhalb Tonnen wogen. Trotzdem wurde sie im 23. Regierungsjahr des Cheops um 2600 v. Chr. vollendet, von Menschen, die ohne Zugtiere und ohne Rad mit den primitivsten Werkzeugen arbeiteten ... An der Pyramide arbeiteten jeweils etwa 4000 Menschen, keine Sklaven [vgl. S. 48], sondern freie Bürger – allerdings vorübergehend zwangsverpflichtet. Sie arbeiteten in Kolonnen zu 18 bis 20 Mann und schleppten die Steinblöcke die Rampen hinauf und setzten sie an ihren vorgeschriebenen Platz." (2)

Leben nach dem Tod? Die Pyramiden und auch die Gräber, die sich die Könige in der Zeit nach 2000 v. Chr. in Fels hauen ließen, bilden Festungen, die den Körper des Verstorbenen vor jedem Feind schützen sollten; denn der Tote lebte nach ägyptischem Glauben im Jenseits weiter. Nur durfte sein Körper niemals zerstört werden, damit die Seele den Weg zurückfinden und sich im erhaltenen Leib stärken konnte. Darum ließen sich die Ägypter auch, um nicht zu verwesen, nach dem Tode einbalsamieren. Es gab Leute, die sich besonders auf diese Kunst verstanden. Sie boten den Angehörigen der Toten drei Arten der Einbalsamierung in verschiedenen Preislagen an. Am kostspieligsten war die Reinigung des Leichnams, die Entfernung der Eingeweide, das Ausspülen und Desinfizieren der Bauchhöhle, das 70 Tage währende Natronbad, das Umwickeln mit Baumwollbinden, die man mit Pech aus der Libanonzeder getränkt hatte. Über das Gesicht legte man eine Totenmaske, die manchmal aus Gold bestand. Auf diese Weise erhielten sich zahlreiche einbalsamierte Körper (*Mumien**) bis auf den heutigen Tag. Damit der Tote sich stärken konnte, stellte man in der Grabkammer einen Tisch mit Gefäßen für Speise und Trank auf. Die Gefäße enthielten Fleisch, Gebäck, Gemüse, Obst, Bier und Wein. Den Reichen, vor allem den Pharaonen, legte man einen großen Teil ihrer Schätze ins Grab. Darum sind auch die meisten Pharaonengräber

aufgebrochen und beraubt worden. Nur im abgelegenen „Tal der Könige“, wo sich Felsengräber befinden, entdeckte man 1922 bei Ausgrabungen ein einziges Pharaonengrab, das nicht ausgeraubt worden war: das Grab des Tutenchamun. Es enthielt prachtvoll verzierte Truhen, Schmuck, Waffen und Kleider, einen Thronsessel, einen goldüberzogenen Sarg und das goldene Abbild des Königs.
Nach dem Tode mußte, wie die Ägypter glaubten, der Verstorbene vor einem Totengericht erscheinen. Die strengen Richter trugen furchterregende Namen wie Gedärmefresser, Knochenbrecher, Blutfresser, Flammenauge, Feuerbein. Sie prüften die Taten des Menschen und verzeichneten sie auf einer Schriftrolle. Hatte die Seele gefrevelt, so verfiel sie endgültig der Vernichtung durch den Totenfresser, der den Kopf eines Krokodils trug. Wurde sie jedoch für rein befunden, so wurde sie von den Totengöttern Osiris und Isis in ihr Reich aufgenommen.
Der Glaube an Osiris und Isis ließ auch den Armen, die keine schützende Grabstätte hatten, die Hoffnung auf ein Fortleben im Jenseits.

Tempel und Götter. Bei den Pyramiden und Felsengräbern standen auch Tempel. Man betrat sie durch ein riesiges Tor, gelangte durch einen Vorhof in eine Säulenhalle. Nur die Priester durften den anschließenden Opferraum und das Heiligtum des Gottes betreten. Sie besorgten den Tempeldienst, ließen Prozessionen zu Ehren der Götter abhalten und bewahrten die Tempelschätze. Es gab viele Götter, einer von ihnen war Amon-Rê, den der Pharao Echnaton sogar zum höchsten und einzigen Gott erklärte.

Die Kunst soll unvergänglich sein. Tempel und Grabkammern waren kunstvoll gestaltet. Die Ägypter meißelten Hieroglyphen und *Reliefs** in die Wände. Außerdem stellten sie auf den Terrassen vor den Pyramiden, in den Tempeln und Grabkammern zahlreiche Statuen auf. Warum? Die Ägypter wollten das Leben, das so schnell vergeht, festhalten, indem sie es darstellten.

„Ein Mensch lebt in seiner Statue und in seinem Relief weiter, so daß eine Grabstatue der ‚Seele‘ des Verstorbenen in gleicher Weise Aufenthaltsort sein kann wie die Mumie, oder seine im Tempel aufgestellte Statue dort ebenso Ehrungen und Gebete entgegennehmen kann wie einst der Lebende. Daraus resultiert auch der ägyptische Stil: Eine Statue muß den Dargestellten in höchster Machtfülle abbilden: in bester Manneskraft und höchsten Würden; dazu den Weisheitslehren entsprechend in beherrschter Haltung. Beim Relief müssen alle wichtigen Körperteile vollständig erkennbar sein; daher vermeidet man Überschneidungen, zeigt das Gesicht im Profil, aber das Auge dabei von vorn . . .“ (3)

(1) Berufe im alten Ägypten, ein Bericht aus der Zeit vor 4000 Jahren

„Der Wäscher steigt den Tag lang hinauf und hinab, alle seine Glieder werden müde, wenn er täglich die Kleider seines Nachbarn weiß wäscht und ihre Flecken auswäscht. Der Ziegelmaurer ist mit Erde beschmiert wie einer, dessen Angehörige gestorben sind; seine Hände und Füße sind voller Schlamm, und es ist, als ob er im Sumpf steckte. Der Schuster ist mit Gerbstoff beschmiert, und sein Geruch ist leicht zu erkennen. Seine Hände sind rot von Farbe, als wäre er mit seinem Blut beschmiert; er blickt hinter sich nach dem Raubvogel wie ein Mann, der sein Fleisch ungeborgen liegen findet. Der Kranzbinder macht Blumensträuße, um die Untersätze der Krüge zu schmükken. Er verbringt die Nacht mit Arbeit, als wäre die Sonne schon über ihm aufgegangen. Die Handelsmänner fahren stromab und stromauf und sind beschäftigt, um die Dinge einer Stadt zur anderen zu tragen, und versorgen den, der nichts hat; aber die sie zur Steuer einschätzen [d. h. die Schreiber und Beamten], tragen das Gold und die vortrefflichsten Steine jeder Art fort...
Der Handwerker auf dem Zimmerplatz trägt das Holz und legt es hin. Gibt er die Arbeit für gestern erst heute ab, wehe dann seinen Gliedern. Der Vorarbeiter steht hinter ihm und sagt zu ihm böse Worte. Ein Handlanger auf dem Felde ist härter daran als jeder andere Beruf. Den Tag über schleppt er sich mit seinem Gerät und muß fest bei seinem Schrein bleiben. Am Abend kehrt er nach seinem Hause zurück, beladen mit dem Schrein voll abgespaltener Hölzer, seinem Trinkkrug und seinen Wetzsteinen.“ (4)
Q

(a) Welche Berufe erwähnt der Text, der vor rund 4000 Jahren in Ägypten geschrieben wurde?
Sucht zwei oder drei Beispiele aus und berichtet.

(b) Der Text wurde für junge Schreiberlehrlinge verfaßt; wer war nach Ansicht des Verfassers am höchsten angesehen bei den Ägyptern?

Wandmalerei aus dem Grab eines ägyptischen Schreibers.

(2) **Bei der Arbeit**

(a) Erzählt, welche Tätigkeiten ihr auf dem obenstehenden Wandbild erkennt. Besprecht in der Klasse, was unklar ist.
(b) Worin unterscheiden sich die Beamten von den Fellachen?

Herstellung von Ziegeln. Wandmalerei.

(3) **Fellachen damals – Fellachen heute**

(a) Was sagt das Bild über die Lage der Flußbauern am Nil heute?

(b) In den meisten Ländern der Dritten Welt lebt die Mehrzahl der Menschen auf dem Land. Warum? Viele bebauen ein Stückchen Erde. Viele hungern. Wenn ihr mehr darüber wißt, erzählt!

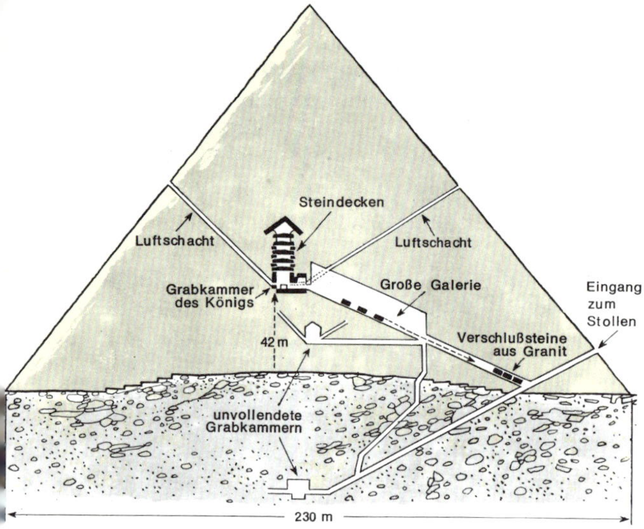

(4) **Das Innere einer Pyramide**

(a) Zeigt anhand der Skizze, wie eine Pyramide konstruiert war.

(b) Gebt Gründe für die Lage der Grabkammer des Königs an.

(c) Was ist mit den Grabkammern geschehen?

1. Berichte über Leben und Arbeit der Fellachen am Nil.

2. Wie ist der Ausdruck zu verstehen: „Der Nil ist der Vater der menschlichen Zivilisation“?

3. Schildere den Bau einer Pyramide (Beschaffung des Materials, Transport, handwerkliche Tätigkeiten) und erkläre, welchen Zwecken die Pyramidenbauten dienen sollten.

4. Aus den folgenden Silben lassen sich die Namen von drei ägyptischen Pharaonen bilden:
amun – che – ech – ench – na – ops – ton – tut.

5. Welche Maßnahmen trafen die Ägypter für das Leben nach dem Tod
– gegen die Verwesung des Leichnams,
– für die Wohnung des Toten,
– für die Ernährung des Verstorbenen?

6. Erkläre das Schaubild auf S. 29.

(5) **Kunst für die Ewigkeit: Tutenchamun**

(a) Woher stammt die hier abgebildete Goldmaske?

(b) Was für Merkmale der ägyptischen Kunst sind an dieser Maske zu erkennen?

Mumie: Eine durch Einbalsamierung (z. T. auch durch Trockenheit der Luft) vor der Verwesung bewahrte Leiche. In Ägypten wurden Mumien mit Beigaben in einem Sarg bestattet, das Gesicht der Mumie wurde mit einer Maske bedeckt.

Pyramide: Grabmal eines Pharao, ein spitz nach oben verlaufendes Bauwerk von vier gleichen Seiten über einem quadratischen Grundriß. Die Seiten bilden (seit der Cheopspyramide) jeweils ein gleichseitiges Dreieck. Im Innern befindet sich die Totenkammer.

Relief: Eine aus einer Fläche erhaben herausgearbeitete bildliche Darstellung.

Totenkult: Verehrung der Verstorbenen, die als mächtige Ahnen gelten. Sie drückt sich in Totenklage, Totenmahl, Ausstattung der Gräber und in Berichten über Totengericht und Weiterleben im Jenseits aus.

um 2600 v. Chr.	Cheopspyramide
um 1350 v. Chr.	Pharao Echnaton (Ein-Gott-Glaube)
um 1340 v. Chr.	Pharao Tutenchamun

Quellennachweis

(1) Zitiert aus: Geschichte in Quellen, Band 1, bearb. von W. Arend. München 1965, S. 50.
(2) L. Casson: Ägypten. Die Pharaonenreiche. Rowohlt Life 23. Reinbek bei Hamburg 1971, S. 122 u. 130.
(3) Kulturgeschichte der Welt, hrsg. von H. Boekhoff und F. Winzer. Braunschweig 1966, S. 119.
(4) Lehre eines Schreibers um 2000 v. Chr., abgedruckt in: Altägyptische Lebensweisheit, Zürich 1955, S. 55 f.

Lesetip

A. Brandenberg: Mumien. Carlsen, Reinbek (JB)
M. Lurker: Götter und Symbole der alten Ägypter. Barth Verlag, dtv junior 7324 (SB)
D. Macauly: Wo die Pyramiden stehen. Artemis, Zürich 1976 (JB)
P. Montet: Leben und Kultur zur Ramseszeit. Reclam, Stuttgart 1982 (WD)
P. Tomkins: Cheops, die große Pyramide. Knaur 3591 (SB)
K.-Th. Zauzich: Hieroglyphen ohne Geheimnis. Kulturgeschichte der antiken Welt, Bd. 6. Philipp von Zabern Verlag Mainz 1981 (SB)

„Hilf dir selbst, so wird dir der Nil helfen!"

2.3. Städte und Staaten im Zweistromland

Rekonstruktion Babylons zur Zeit König Nebukadnezars. Im Vordergrund die Prozessionsstraße und das der Göttin Ischtar geweihte Tor. Rechts dahinter die „Hängenden Gärten", der „Turm von Babel" und der Marduk-Tempel. Das Ischtartor ist mit glasierten Ziegeln geschmückt, auf denen Tiere dargestellt sind.

Eine Stadt wie diese hat es wirklich gegeben. Die Überreste der Prozessionsstraße mit dem Ischtartor hat man wiedergefunden und in einem Berliner Museum wieder aufgebaut.

- Was für eine Stadt war das, die schon vor 2500 Jahren solche Bauwerke besaß?
- Seit wann hat es solche Städte dort gegeben? Was weiß man über sie und ihre Bewohner?
- Wie waren die politischen, wirtschaftlichen und religiösen Verhältnisse dort?

Im „Zweistromland". In der Ebene zwischen Euphrat und Tigris lebten schon in der Zeit nach 7000 v. Chr. viele Menschen. Sie bauten Lehmhütten und wohnten als Bauern und Viehzüchter in Dorfgemeinschaften zusammen. Die Flüsse überschwemmten alljährlich ihre Felder, und der heiße Sommer trocknete sie aus. Wie im Niltal erkannten die Menschen auch hier, daß man die Wassermassen der Ströme beherrschen und nützen kann. Sie errichteten Dämme und Bewässerungsanlagen. Sie legten Stauseen an, die das Hochwasser einfingen und speicherten. Sie gruben Kanäle und verzweigten sie wie Adern zu einem kunstvollen Bewässerungssystem. Die sumpfigen Niederungen entwässerten sie durch Abflußgräben. In die höher gelegenen Felder leiteten sie das Wasser in langen Kanälen, die mit Schöpfrädern gefüllt wurden. Im fruchtbaren Schwemmland und auf den künstlich bewässerten Feldern gediehen Korn, Dattelpalmen und Ölbäume – Pflanzen, die es dort heute noch gibt. Das Klein- und Großvieh weidete auf den Wiesen. Das Zweistromland (Mesopotamien) war zu einer fruchtbaren Getreide- und Gartenlandschaft geworden, vor allem durch das Volk der Sumerer. → (1)

Ausgrabungen in einer 5000 Jahre alten Stadt. Im Gebiet des Zweistromlandes werden seit fast 200 Jahren mit dem Spaten alte Kulturen erforscht. Die Ausgräber folgten meist Hinweisen aus dem Alten Testament in der Bibel (vgl. S. 38) oder Werken griechischer Schriftsteller; sie fanden so die Reste von Ninive, Babylon, Assur, Boghazköy und Uruk. Nur die großen Gebäude, Paläste und Tempel sind dort freigelegt worden, Wohnviertel nicht. Neuerdings hat man jedoch in Habuba Kabira am Oberlauf des Euphrat (Syrien) die Überreste einer ganzen Stadt ausgegraben.

„Sechs- bis achttausend Menschen lebten und arbeiteten hier in Wohnvierteln mit Werkstätten und Lagerräumen. Ein ummauerter Bezirk in der Mitte enthielt das Kult- und Verwaltungszentrum. Südlich von ihm gab es einen bewässerten Garten. Anfangs bestand nur eine schmale Ufersiedlung mit einer Straße. Erst nach dem Bau der Stadtbefestigung wurde das größere Gebiet bis zur Mauer vollständig bebaut.
Die Stadtmauer war 3 m breit, mit Bastionen oder Türmen bewehrt und außen durch Vor- und Rücksprünge gegliedert. Eine schwächere Mauer schützte ihr Vorfeld. Zwei Tore boten Zugang zur Stadt. Sie sind nach einem einheitlichen Plan errichtet worden, ausgestattet mit einer Kammer und verschließbar durch eine zweiflüglige Tür, deren Angelsteine noch an Ort und Stelle gefunden wurden . . .
Regen- und Schmutzwasser wurden in Gruben innerhalb der Stadt oder in das landeinwärts gelegene Vorgelände geleitet. Als öffentliche Abwasserleitungen dienten offene oder abgedeckte, mit Steinen gepflasterte Kanäle in den Straßen. In den Grundstücken wurden auch Muffenrohre und U-förmige Rinnen aus gebranntem Ton verwendet. Toiletten und Waschräume gab es in Habuba Kabira offensichtlich nicht." (1) → (2)

Solche Städte bildeten um 3000 v. Chr. mit den umliegenden Dörfern Gemeinwesen unter einem gemeinsamen Oberhaupt (*Stadtstaaten**).

Tempelstädte. Nach der Auffassung der Sumerer gehörten die Städte mit Umland dem jeweiligen Stadtgott. In seinem Auftrag regierte der Fürst oder König als sein Statthalter. Tempel und Palast gehörten zusammen. Dem Herrscher – und somit der Gottheit, die er vertrat, – dienten Männer, die zugleich als Priester und als Beamte wirkten. Sie ordneten an und beaufsichtigten, was gemeinsam im Staat zu tun war: Den Bau eines Tempels, die Errichtung von Stadtmauern, die Anlage und Instandhaltung der Kanäle, Staudämme und Straßen. Auch die Felder gehörten den Göttern, nicht einzelnen Bauern, d. h. es gab kein Privateigentum an Grund und Boden.
Im Stadtgebiet von Uruk, einem der mächtigsten Staaten im Zweistromland, wurde der Himmelsgott Anu, später die Göttin Inanna verehrt. Sie galt als Herrin des Landes. Der Göttin zu Ehren erbaute man einen neuen Tempel, der den Tempel des Anu an Größe noch übertraf. Beide standen auf einer künstlich geschaffenen Anhöhe wie auf einer Terrasse. Der Tempelbau war rechteckig angelegt und hatte eine Seitenlänge von 80 × 50 Metern. Im Innern lag ein T-förmiger Hof, um den sich 11 Kammern gruppierten. An der Stirnseite stand das Allerheiligste, der Wohnraum der Göttin. Jeden Abend brachten Priester ihr unter Gesang und Gebet ein Opferfeuer dar. Die ganze Bevölkerung ehrte ihre Gottheit in zahlreichen Festen. Doch in den sumerischen Tempeln wohnten nicht nur die Götter.

„Da waren Magazine aller Art, Einnahme- und Ausgabestellen, Lohnbüros und Handwerkerstuben . . . Ein gemeinsamer Laden lieferte Werkzeug und Rohmaterialien, jedes Handwerk hatte im Tempel ebenso seinen Mittelpunkt, wie dies für die Bauern und Hirten des flachen Landes der Fall war . . . Man wird sich in den Tempelhöfen ein reges Leben vorzustellen haben: Hier wurde das Getreide eingelagert, das Opfervieh hergetrieben, Milch und Käse abgeliefert, notwendiges Gerät ausgegeben; hier zeichneten die Schreiber die Tagwerke der Arbeiter auf, verteilten die Rationen an Mehl, Bier usw. und gaben Bekleidung aus; hier wurden die abgelieferten Schafe, Fische, Vögel notiert, die Handelskarawanen empfangen, abgefertigt und ausgesandt. Aber da waren auch, wie es die Ausgrabungen gezeigt haben, Wachräume, Werkstätten der Handwerker, der Spinnerinnen und Wollarbeiterinnen, und die Architekturbüros, in denen die weitere bauliche Ausgestaltung des Heiligtums wie der gesamten Stadt geplant wurde . . ." (2) →(4)

Eine besondere kulturelle Leistung der Sumerer war die Erfindung einer Schrift, die etwa zur gleichen Zeit wie bei den Ägyptern erfolgte (vgl. S. 20f.). In dieser Schrift ist uns die sumerische Dichtung überliefert. Als ihr bedeutendstes Werk gilt das Epos (Heldengedicht) über den König Gilgamesch, das auch von der „Großen Flut" erzählt, von der die Bibel berichtet. Von den Sumerern stammt auch die Einteilung des Kreises in 360 Grad und die der Stunde in 60 Minuten. Nach diesem Sechziger-System richtete sich die sumerische Währung.

Die Verhältnisse im Zweistromland änderten sich im Lauf der Jahrhunderte. Aus den Steppengebieten Arabiens drangen semitische Nomadenstämme ein und gründeten eigene Städte und Staaten. In der Zeit nach 2000 v. Chr. bauten sie die Stadt Babylon. Um 1700 v. Chr. regierte dort König Hammurabi. Er besiegte die Nachbarn, unterwarf ihre Städte und machte Babylon zu einem mächtigen Staat. Der Stadtgott von Babylon wurde zum Herrn aller Götter erhoben. Babylonien erhielt eine einheitliche Rechtsordnung. Das neue Recht wurde, für jedermann sichtbar, in eine Steinsäule gemeißelt, an deren Spitze man den König sieht, wie er aus der Hand des Sonnengottes die *Gesetze** erhält.
Aber nicht alle Menschen waren vor dem Gesetz gleich. Der Grundbesitz sollte in den Händen weniger bleiben; die Bauern waren besitzlose Pächter. Wenn sie Geld liehen, hatten sie 20% Zins im Jahr zu entrichten. Andererseits war z. B. den Angestellten der Händler durch Gesetz ein fester Tageslohn gesichert. Wer ein Gesetz übertrat, kam vor den staatlichen Richter. →(5)
Seit etwa 2000 v. Chr. drangen wiederholt indogermanische Stämme (vgl. S. 14) vom Norden her in Kleinasien ein. Am längsten konnten sich die Hethiter behaupten, die mit ihren Streitwagen nicht nur die Babylonier besiegten, sondern ihre Macht auf ganz Vorderasien ausdehnten (vgl. Karte S. 33).
Um 1250 v. Chr. erlangte aber ein anderes Volk, die Assyrer, die Vorherrschaft in Vorderasien. Etwa 900 v. Chr. gelang es ihnen, ein neues Großreich aufzubauen. Gegen die unterworfenen Völker gingen sie grausam vor: Sie verschleppten ganze Bevölkerungsgruppen und zerstörten Städte. Ihre eigene Hauptstadt Ninive, in der es eine Bibliothek und viele schöne Bauwerke gab, machten sie zu einem Mittelpunkt der Kultur. →(1)

Das neubabylonische Reich. Babylon konnte sich um 630 v. Chr. von den Assyrern befreien. König Nebukadnezar (605–562 v. Chr.) ordnete den Staat nach dem Vorbild von Hammurabi. Die Landwirtschaft, das Gewerbe und der Handel entfalteten sich wieder, und die Menschen kamen erneut zu Wohlstand.
Die Hauptstadt wurde in alter Pracht aufgebaut und durch zwei 8 Meter dicke Mauern geschützt. Der Königspalast lag auf einer künstlichen Terrasse am Euphratufer und hatte zu seinen Füßen die berühmten „Hängenden Gärten". Der in sieben Absätzen aufsteigende Tempelturm der Stadt wurde erneuert und bis zu einer Höhe von 90 Metern gebaut. Das Innere des Heiligtums war mit Gold und Silber verschwenderisch ausgestattet („Turmbau zu Babel", vgl. Bild S. 30).
Nebukadnezar war es auch, der Jerusalem, die Hauptstadt der Juden, eroberte und die führende Schicht des jüdischen Volkes in die Verbannung verschleppte (vgl. S. 39). Aber nicht lange nach seinem Tod vernichteten die Perser das babylonische Reich; 539 v. Chr. besetzte der Perserkönig Kyros die Stadt, die sich ihm kampflos ergab. Kyros und seine Nachfolger unterwarfen auch die übrigen Völker in Kleinasien und eroberten sogar Ägypten. So entstand im Orient das größte Reich der damaligen Zeit: Das persische Großreich.

Andere „Hochkulturen". Die Entwicklung im Zweistromland und in Ägypten zeigt Gemeinsames: Hier bildeten sich große Gemeinschaften, Staaten, Religionen; es entstanden Städte mit Handwerk und Handel, eine Schrift sowie ein eigener Kunststil. Aber auch anderswo findet man ähnliche Leistungen einer *Hochkultur**. In Indien entwickelte die Bevölkerung im Tal des Indus und im Gebiet des „Fünfstromlandes" in der Zeit von 2500 bis 1500 v. Chr. eine Hochkultur mit städtischem Leben, einer eigenen Schrift und mit eigenen religiösen Vorstellungen. Auf der Insel Kreta im Mittelmeer schuf das dort lebende Volk zwischen 2000 und 1400 v. Chr. eine Kultur, deren Reste in der großzügigen Palastanlage von Knossos erhalten sind. Von dem indogermanischen Volk der Achäer stammen gewaltige Bauten in Mykene und Tiryns auf der Peloponnes. Eine eigenständige Hochkultur haben auch die Menschen am Huang-ho (dem „Gelben Fluß") in China etwa seit 1500 v. Chr. hervorgebracht. Unabhängig von den orientalischen und asiatischen Hochkulturen entstanden schließlich in Mittelamerika in der Zeit um 200 bis 1500 n. Chr. die hohen Kulturen der Tolteken und Azteken sowie die Kultur der Maya und Inka.

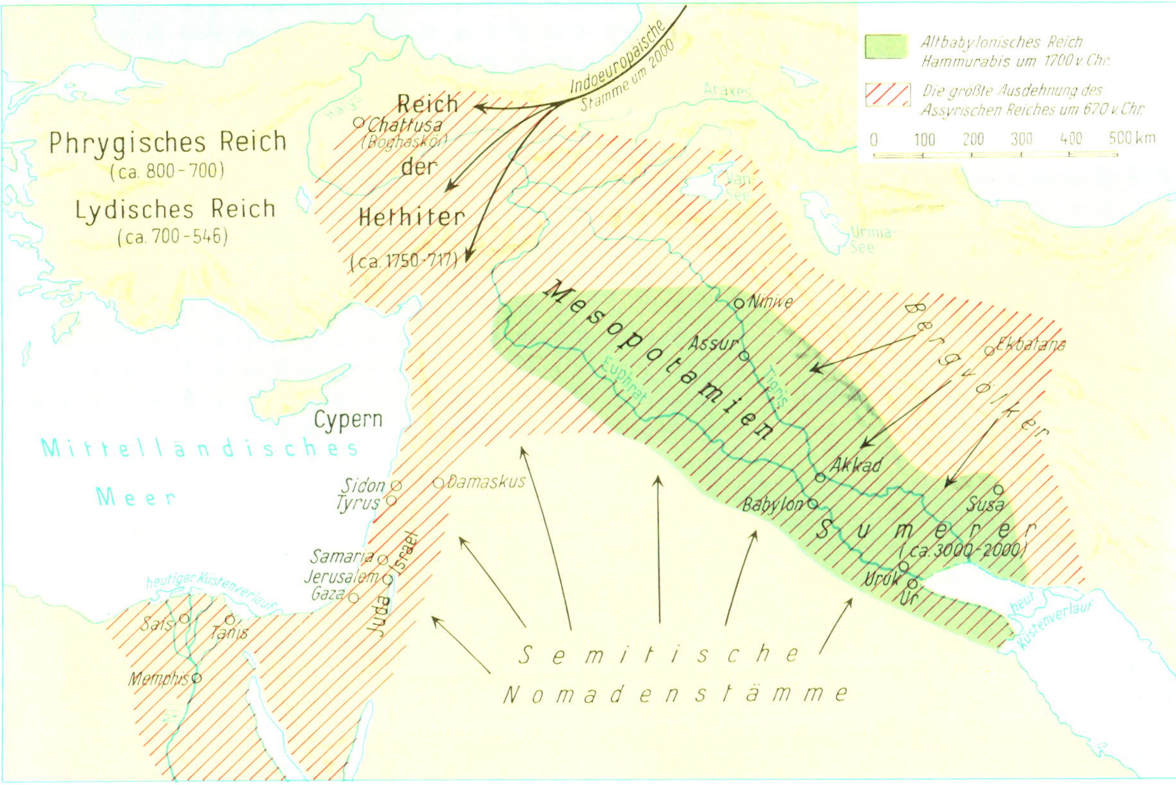

(1) **Reiche im Zweistromland: Was zeigt die Karte?**

(a) An der Karte kann man die Lage, Ausdehnung und Bedrohung der Staaten im Zweistromland zeigen.

(b) Beachtet die Lage der Städte und erklärt, wie die Sumerer das Wasser der großen Ströme nutzten.

(c) Sprecht über die Bedeutung von Bewässerungsanlagen in der heutigen Dritten Welt.

In den Königsgräbern von Ur wurden auch Harfen mit verzierten Holzrahmen gefunden, die in Tierkopfe auslaufen. Der hier abgebildete Stierkopf, der eine solche Harfe bekrönte, ist aus Holz gearbeitet und mit Blattgold überzogen. Die blaugefärbten Teile bestehen aus Lapislazuli, einem tiefblauen, undurchsichtigen Halbedelstein.

(2) **Habuba Kabira, eine 5000 Jahre alte Stadt**

(a) Im Hintergrund ist das heutige syrische Dorf Habuba Kabira zu erkennen (danach wird auch die alte Stadt benannt). Was ist im Vordergrund zu sehen? Gibt es Vergleichbares zwischen der alten Stadt und dem heutigen Dorf?

(b) Vergleicht die Mauern der Häuser mit der äußeren Stadtmauer.

(c) Im Text S. 31 sind u. a. Einrichtungen zur Stadtentwässerung genannt. Was läßt sich über die Versorgung und Verwaltung dieser Stadt vor 5000 Jahren sagen? Was über die technischen Fähigkeiten der Menschen?

(3) **Ausstattung einer Braut um 2000 v. Chr.**

Aufzeichnung des Hochzeitsgutes, das ein Vater seiner Tochter bei der Eheschließung übergab, auf einer Tontafel, Anfang des 2. Jtsd. v. Chr.

„Zwei Sklavinnen, 48 gr. Gold für Ohrringe, 8 gr. Gold für den Halsschmuck, zwei silberne Armreifen von 32 Sekel (ca. 350 g) Gewicht, vier silberne Armreifen von 32 Sekel Gewicht, zehn Gewänder, fünf Schals, einen Mantel, zwei Umschlagtücher, einen Lederriemen, einen Bullen und zwei Kühe von drei Jahren, dreißig Stück Kleinvieh, 10 kg Wolle, einen Kupferkessel mit einem Volumen von 30 Litern, eine Mühle für Schrot, eine Mühle für feines Mehl, ein Bett, fünf Stühle, einen Toilettenkasten, einen Vorratskasten, einen Doppelkasten, ein Schreibzeug, einen runden Kasten, 60 Liter Öl, 10 Liter wohlriechendes Öl, einen Ölkrug, ein Holztablett zum Tragen auf dem Kopf, ein großes Holztablett, zwei hölzerne Kämme für Wolle, drei hölzerne Kämme für die Haare, drei kleine Löffel, zwei hölzerne Schüsseln, eine hölzerne Büchse mit Wollspindeln und ein Tönnchen.“ (3) Q

(a) Stellt aufgrund der Angaben in dieser Quelle zusammen, womit ein vornehmer Haushalt im Zweistromland ausgestattet war.

(b) Was erfährt man aus diesen Angaben über die damalige Lebensweise?

(4) **Wovon erzählt die „Standarte von Ur“?**

(a) Schildert anhand der Abbildung rechts, wie die Sumerer in den Krieg zogen.

(b) In welcher Weise sind die Menschen, die Tiere und die Wagen dargestellt?

(c) Welchem Zweck sollte die Darstellung vermutlich dienen?

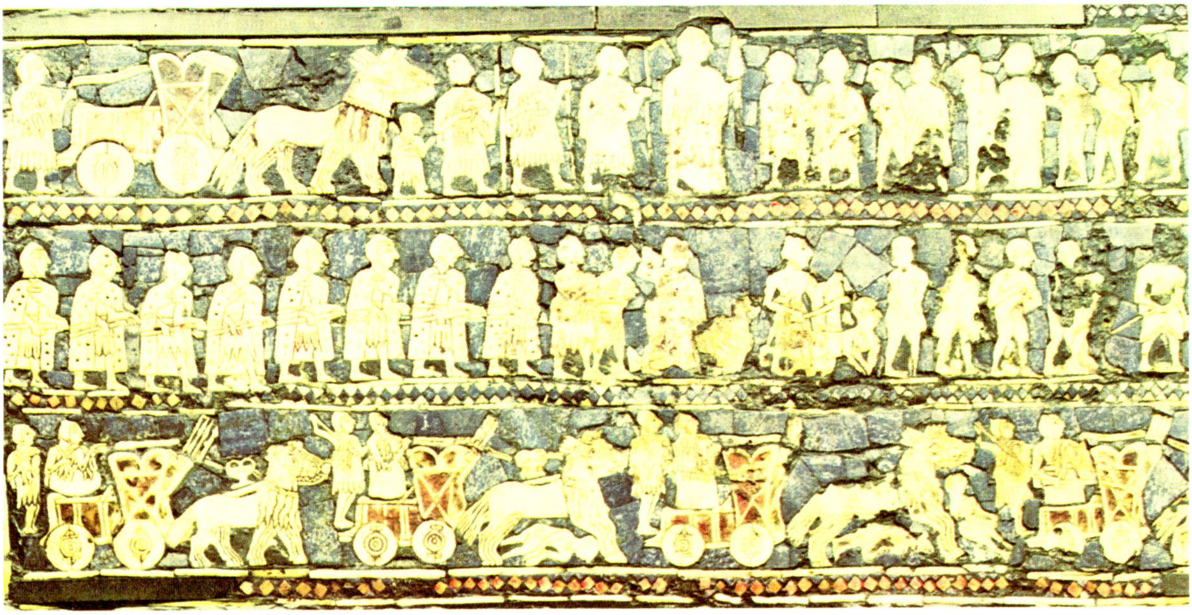

In einem Königsgrab in Ur fand man ein längliches Gehäuse mit trapezartigen Seitenwänden aus der Zeit um 2500 v. Chr. Es ist die sogenannte „Standarte von Ur“, weil man früher annahm, daß sie auf einer Stange als Feldzeichen getragen wurde. Wahrscheinlich handelt es sich aber um den Resonanzkasten eines Musikinstruments. Die eingelegten Figuren bestehen aus Muscheln und Kalksteinstückchen. Die hier abgebildete Seite der „Standarte“ zeigt in drei Bildstreifen einen Kriegsbericht: Sumerische Krieger zu Fuß und auf Kriegswagen erringen für den König den Sieg; auf dem obersten Streifen werden ihm, der größer dargestellt ist als die Leute seiner Umgebung, die Gefangenen vorgeführt.

(5) Gerechtigkeit durch Gesetz?

Aus den Gesetzen Hammurabis um 1700 v. Chr.

„§ 1: Wenn ein Bürger einen anderen Bürger des Mordes bezichtigt, es ihm aber nicht beweist, so wird der, der den anderen bezichtigt hat, getötet.
§ 22: Gesetzt, ein Mann hat geraubt und ist dabei gefaßt worden, so wird er getötet.
§ 36: Wenn ein Mann es versäumt hat, den Deich an seinem Feld zu befestigen, und wenn an seinem Deich eine Öffnung entstand und das Wasser einen Teil des Feldes weggerissen hat, so muß der Mann das Getreide, das durch seine Schuld vernichtet wurde, ersetzen.
§ 195: Wenn ein Sohn seinen Vater schlägt, so schneidet man seine Hand ab.
§ 196: Wenn ein Bürger das Auge eines ihm gleichstehenden Bürgers zerstört, so zerstört man sein Auge.
§ 200: Wenn ein Bürger den Zahn eines ihm gleichstehenden Bürgers ausschlägt, so schlägt man seinen Zahn aus.

Um vom Starken den Schwachen nicht entrechten zu lassen, um auch der Witwe und den Waisen Recht zu verschaffen, habe ich in Babylon meine Worte auf meinen Denkstein geschrieben. Der Bürger, der in einen Rechts-

Rechts: Hammurabi vor dem Sonnengott, von dem er die Gesetze erhält (oberer Teil der steinernen Gesetzessäule).

streit gerät, trete vor mein Bildnis, auf dem ich als König der Gerechtigkeit abgebildet bin, lese meine Worte, und der Denkstein kläre ihm seine Rechtsangelegenheit." (4)
Q

(a) Warum ließ Hammurabi die Gesetze in seinem Reich aufschreiben? Welchen Grund nennt er selbst?
Welche anderen Gründe könnte es noch gegeben haben?

(b) Besprecht, ob und weshalb schriftlich festgelegte Gesetze vorteilhaft sind.

(c) Was haltet ihr von den hier genannten Strafen?

1. Schildere Lage, Größe und Aussehen einer Stadt im Zweistromland.

2. Erzähle, was ein Besucher eines sumerischen Tempels beobachten konnte.

3. Gib eines der Gesetze von Hammurabi sinngemäß wieder und erläutere, wozu diese Gesetze dienten.

4. Die heutige Bevölkerung in Ägypten, Israel, Syrien und Iran ist stolz auf ihre lange Geschichte. Was weißt du über sie?

5. „Hochkulturen" sind in Ägypten und im Zweistromland entstanden. Nenne weitere Beispiele.

Gesetze: Regeln zur Erhaltung und Ordnung des Zusammenlebens von Menschen in einem Gemeinwesen. Sie wurden teils vom Herrscher allein, teils von einer Oberschicht, teils unter Beteiligung des ganzen Volkes erlassen. Zu den frühesten schriftlich überlieferten Gesetzen gehören die Bestimmungen Hammurabis aus der Zeit um 1700 v. Chr.

Hochkultur: Im Unterschied zu „primitiven" Kulturen spricht man in der Regel dort von Hochkulturen, wo es ein ausgebildetes Gemeinwesen (d. h. einen Staat), Siedlungen mit städtischem Charakter und eine Bevölkerungsschicht mit der Fähigkeit des Schreibens und Lesens gibt.

Stadtstaat: Ein Staat, dessen Gebiet nur aus einer Stadt und deren Umgebung besteht.

um 3000 v. Chr.	Tempelstädte und Stadtstaaten im Zweistromland
um 2500–1500 v. Chr.	Induskultur
um 1700 v. Chr.	Gesetzessäule des Hammurabi
um 600 v. Chr.	Neubabylonisches Reich

Quellennachweis

(1) E. Strommenger: Habuba Kabira. Eine Stadt vor 5000 Jahren. Mainz 1980, S. 34ff.
(2) H. Schmökel: Das Land Sumer. Urban Tb. 13, Stuttgart 1962, S. 82.
(3) E. Strommenger: Habuba Kabira, a.a.O., S. 53.
(4) Aus der Gesetzessäule des Hammurabi. Deutsche Übersetzung in: Materialien für den Geschichtsunterricht, a.a.O., S. 15 f.

Lesetip

K. Benesch: Auf den Spuren großer Kulturen – Das Abenteuer Archäologie. Bertelsmann, Gütersloh 1980 (SB)
G. Bibby: Als Troja brannte und Babylon fiel. rororo 6784 (SB)
Petra Eisele: Babylon. Scherz Verlag, München 1980 (SB)
A. Millard u. a.: Ich erforsche die Geschichte. Bertelsmann, München 1978 (JB)
H. Schmökel: Hammurabi von Babylon. Die Errichtung eines Reiches. Janus Tb. 11 (WD)

Das Löwentor vom Königspalast in Mykene (erbaut um 1350 v. Chr.). Eine gewaltige Steinplatte ruht auf den Pfosten des Tores. Darüber zwei Löwinnen, einer Säule zugewandt.

2.4. Israel, das „auserwählte Volk“

So sah vermutlich der Tempel Salomons aus. Die Zeichnung folgt der Schilderung in der Bibel. Zehn Stufen führten zum Eingang, der von zwei Säulen begrenzt wurde. Durch die reich verzierte, mit Goldblech belegte Flügeltür gelangte man in den Vorraum, der von hochliegenden Fenstern erhellt war. Das „Allerheiligste“ lag dahinter im fensterlosen Teil des Gebäudes. Im dreistöckigen Anbau, der drei Seiten des Tempels einschloß, befanden sich Räume für die Priester und Schatzkammern.

„Ich bin der Herr, dein Gott.
Du sollst keine anderen Götter neben mir haben!
Du sollst den Namen Gottes nicht verunehren!
Gedenke, daß du den Sabbat heiligst!
Du sollst Vater und Mutter ehren!
Du sollst nicht töten!
Du sollst nicht ehebrechen!
Du sollst nicht stehlen!
Du sollst kein falsches Zeugnis geben ...“ (Aus den „Zehn Geboten“) Q

Mit der Geschichte der Juden hängt eng zusammen, was wir sind – als Christen, als Deutsche und als Menschen, die Gut und Böse unterscheiden können.

- Was zeichnet die Juden in ihrer Geschichte aus? Wodurch unterscheiden sie sich von anderen Völkern?
- Was bedeuteten für die Juden ihre Thora (d. h. ihre Gesetzessammlung) und die Bibel, der Tempel und die Synagogen, Sabbat und Feiertage?
- Wie hat sich das jüdische Volk gegen seine Nachbarn behauptet und was mußte es erleiden?

Jahwe und sein Gesetz. Die Bibel berichtet im „Alten Testament" vieles von der Geschichte des jüdischen Volkes. Diese Berichte sind zwar nicht wörtlich zu verstehen, doch wurde nachgewiesen, daß sie einen geschichtlichen Kern haben. Hebräische Stämme (sie zählen zu den Semiten, vgl. S. 32) sind vermutlich in der Zeit um 1800 v. Chr. aus der arabischen Steppe unter Führung der „Erzväter" (Abraham, Jakob u. a.) nach Palästina gekommen und fanden dort fruchtbares Weideland für ihre Viehherden. Es waren Hirten, die sich wenig von den benachbarten Beduinenstämmen unterschieden. Nur ihre Religion war etwas Besonderes. Die Juden glaubten nicht an die Vielfalt göttlicher Wesen, nicht an göttliche Naturkräfte, nicht an Sonnen-, Strom- und Tiergottheiten. Sie kannten nur den einen Gott, der die Welt geschaffen, den Menschen nach seinem Ebenbild geformt und der die „Väter" in das versprochene, das „Gelobte" Land gerufen hatte und der seinem Volk die Treue hielt. Sie nannten diesen Gott Jahwe. Der Name bedeutet „Ich bin, der für euch da ist". → (1)

Teile des jüdischen Volkes wanderten nach Ägypten aus, wo manche Juden hohe Stellungen als Beamte des Pharao erhielten. Im allgemeinen behandelten aber die Ägypter die jüdischen Fremdlinge als Arbeitssklaven (vgl. S. 48). Schließlich brachen sie unter der Führung eines bedeutenden Mannes – die Bibel nennt ihn Moses – aus Ägypten auf, überquerten das Rote Meer und gelangten um 1250 v. Chr. nach Palästina zurück, wo sie das Land am Jordan nach zähen Kämpfen besetzten.

Die Befreiung aus der Hand der Ägypter galt den Juden als ein erneuter Beweis für die Macht ihres Gottes. Und Jahwe gab seinem Volk ein weiteres Zeichen: Nach dem Bericht der Bibel rief er den Führer des Volkes auf den Berg Sinai und *offenbarte** ihm die göttlichen Grundsätze eines neuen Rechts. Wir kennen dieses Gesetz vom Berg Sinai als die „Zehn Gebote Gottes". Sie haben Recht und Sittlichkeit der Menschen wie kein anderes Gesetz bis zum heutigen Tag bestimmt. Der Führer des jüdischen Volkes, der das neue Gesetz aus der Hand Gottes empfing, verpflichtete sich im Namen seines Volkes, diese Gebote einzuhalten. Damit war zwischen Jahwe und dem jüdischen Volk ein unauflösliches Bündnis geschlossen. Fortan betrachteten sich die Juden als auserwähltes Gottesvolk. Sie nannten sich das Volk „Israel", was so viel wie „Gottesstreiter" bedeutet.

Wie erfolgte der Aufstieg Israels? Es fiel den Juden nicht leicht, sich gegen die Kanaaniter durchzusetzen. Diese Bewohner des Landes verteidigten sich in befestigten Städten. Schließlich aber war ganz Palästina unter die Stämme des Volkes Israel aufgeteilt. Allerdings bildeten sie noch keinen gemeinsamen Staat, sondern wurden von einzelnen Stammeshelden und -herrschern (in der Bibel „Richter" genannt) geführt. Alle Stämme glaubten jedoch an den einen Gott Jahwe und sein Gesetz.

Als ihr Land von den feindlichen Philistern bedroht wurde und diese einen Teil des jüdischen Volkes unterwarfen, schlossen sie sich zu gemeinsamer Verteidigung näher zusammen. In der Zeit um das Jahr 1000 v. Chr. wählten die Stammesvertreter einen Mann namens Saul zum König von ganz Israel. Sein Nachfolger war David. Er besiegte die Philister und befreite das Land von der Fremdherrschaft. Unter seiner Führung eroberten die Juden die Stadt Jerusalem und machten sie zur Hauptstadt. In seinen Kämpfen war David siegreich. Gegen Ende seiner Regierungszeit war Israel der mächtigste Staat zwischen Ägypten und dem Assyrerreich geworden. → (2)

Die Herrschaft König Salomons. Auf König David folgte sein Sohn Salomon. Er regierte fast 40 Jahre lang und führte das Land zu Wohlstand und Ansehen. Er teilte den Staat in 12 Verwaltungsbezirke ein. An ihrer Spitze stand jeweils ein Amtsvogt, der die Abgaben des Volkes für den König einzog. Salomon ließ die Hauptstadt Jerusalem mit allem Prunk ausbauen. Seine Bauleute errichteten auf einem Hügel zahlreiche Palastgebäude und den prachtvollen *Tempel** Jahwes. Die Tempelpriester unterstanden der Leitung eines Hohenpriesters, der als einziger das Recht besaß, das Allerheiligste des Tempels zu betreten.

Durch Bewässerungsanlagen und durch den Bau von Brunnen sorgte Salomon für die Bewohner des flachen Landes. Die Bauern begannen, eiserne Geräte zum Pflügen und Ernten zu verwenden; damit wurde die Arbeit leichter, und die Erträge nahmen zu. In mehreren Bergwerken ließ Salomon nach Kupfer- und Eisenerz graben. Durch die Metallgewinnung und -verarbeitung vermehrte der König den Reichtum des Landes. Er förderte auch den Handel. Jüdische Karawanen brachten Pferde aus Kleinasien und tauschten sie gegen Streit- oder Rennwagen, die in Ägypten hergestellt wurden. In den königlichen Ställen sah man Tausende von edlen Pferden. Auch das Heer war gut gerüstet und auf mehrere Garnisonsstädte im Reich verteilt. Den Kern der Truppe bildeten die Streitwagen, von denen Salomon mehr als 1400 besaß.

Da die großen Reiche am Nil und im Zweistromland zu dieser Zeit sehr geschwächt waren, galt Salomon als mächtiger Herrscher. Man rühmte seine Gerechtigkeit. Er lockerte die strengen Gebote der jüdischen Religion und ließ die Verehrung fremder Götter zu. Dadurch gefährdete er die Einheit seines Volkes. Vermehrte Dienstleistungen und hohe Abgaben, die vor allem Salomons Bautätigkeit hervorrief, weckten steigende Unzufriedenheit. Nach seinem Tod zerfiel das Reich in zwei Teile: Israel mit der Hauptstadt Samaria im Norden, Juda im Süden mit der Hauptstadt Jerusalem.

In Babylonischer Gefangenschaft. In der Zeit nach 700 v. Chr. drangen die Assyrer bis nach Ägypten vor (vgl. S. 32). Schon vorher hatten sie das Königreich Israel unterworfen, während Juda einen Teil seiner Selbständigkeit behielt. Im Jahre 587 v. Chr. griffen Truppen des neubabylonischen Königs Nebukadnezar Jerusalem, die Hauptstadt von Juda, an und eroberten sie. Der Tempel wurde zerstört. Große Teile des Volkes, vor allem die Wohlhabenden, mußten ihr Land verlassen und nach Babylonien ziehen.

Das jüdische Volk hatte damit seine ganze Führerschicht verloren. Doch gerade in der Fremde erinnerten sich die verschleppten Juden an das Bündnis mit ihrem Gott Jahwe. Einige von ihnen, gebildete Männer, riefen ihre Glaubensgenossen auf, Buße zu tun, Demut zu lernen im Leid und sich durch das Unglück zu läutern. Diese „Propheten" fühlten sich als Sprecher im göttlichen Auftrag und predigten in Wort und Schrift, was ihnen die innere Stimme eingab. Sie verkündigten, Jahwe werde die Juden heimführen und sie erlösen. Er werde für die ganze Welt eine neue Zeit bringen und ein Weltreich des Friedens gründen. Die verschleppten Juden schlossen sich eng zusammen, versammelten sich zu Gottesdienst und Schriftlesung in der Synagoge, hielten streng den Sabbat und achteten auf das Gesetz der Zehn Gebote. Die Hoffnung auf die Verheißung der Propheten ließ sie ausharren, bis der Perserkönig Kyros 539 v. Chr. Babylonien eroberte und ihnen die Heimkehr nach Palästina erlaubte. → (3)

Erneuerung der Einheit. Den Zurückgekehrten gelang es, das jüdische Volk wieder um Jerusalem zu sammeln und einen neuen Tempel zu bauen. Der wiedererbaute Tempel war mit seinen Priestern und Opfergaben, dem Hohenpriester und dem Allerheiligsten nicht nur Zentrum des religiösen Lebens der Juden. Er wurde auch wirtschaftlicher Mittelpunkt. Hier trafen sich Händler, Geldwechsler, Pilger. Der äußeren Sicherheit diente es, daß man die Mauern Jerusalems wieder aufbaute, und zwar unter Führung von Nehemia, der 445 bis 433 v. Chr. als Statthalter hier wirkte. Er ließ Leute vom Land in der Stadt ansiedeln, gab der verarmten Bevölkerung durch einen Schuldenerlaß neue Chancen und ließ Steuern und Abgaben neu festsetzen. Nehemia und danach Esra (um 430 v. Chr.) stärkten die religiöse und politische Einheit der Juden: Die Einhaltung der Sabbatruhe wurde durchgesetzt, Ehen zwischen Juden und Angehörigen anderer Völker wurden verboten, die Gesetze in der Thora zusammengefaßt und verbindlich festgelegt, was zu den „heiligen Schriften" (d.h. zum Alten Testament) gehörte. In den Synagogen wirkten „Schriftgelehrte", die in hohem Ansehen standen. Sie bestärkten den jüdischen Glauben an Gott Jahwe, der – wie sie lehrten – die Geschichte seines Volkes in Gerechtigkeit lenkt, die Menschen für ihr Handeln verantwortlich macht und seinem Volk eine große Zukunft verheißt: die Ankunft eines „Messias".

(1) Gott und das Gesetz bei den Juden

Aus Psalm 119:

„Wohl denen, deren Weg ohne Tadel ist,
die leben nach der Weisung des Herrn . . .
Gepriesen seist du, Herr!
  Lehre mich deine Gesetze!
Mit meinen Lippen verkünde ich
  alle Urteile deines Mundes.
Nach deinen Vorschriften zu leben
  freut mich mehr als großer Besitz.
Ich will nachsinnen über deine Befehle
  und auf deine Pfade schauen.
Ich habe meine Freude an deinen Gesetzen,
  dein Wort will ich nicht vergessen . . .
Herr, dein Wort bleibt auf ewig,
  es steht fest wie der Himmel.
Deine Treue währt von Geschlecht zu Geschlecht;
  du hast die Erde gegründet, sie bleibt bestehen.
Nach deiner Ordnung besteht sie bis heute,
  und dir ist alles dienstbar . . .
Das Wesen deines Wortes ist Wahrheit,
  deine gerechten Urteile haben alle auf ewig Bestand . . .
Alle, die deine Weisung lieben, empfangen Heil in Fülle;
  es trifft sie kein Unheil . . ." (1) Q

(a) Wie beschreibt der Psalmist das Verhältnis zwischen göttlichem Gesetz und menschlichem Verhalten?

(b) Wie spricht der Mensch mit Gott? Erklärt den Ausdruck „persönlicher Gott".

(c) Die Psalmen zählen zu den schönsten Liedern der Weltliteratur. Was für Psalmen sind euch bekannt? Wie gefallen sie euch?

(2) Die Lage des jüdischen Reiches

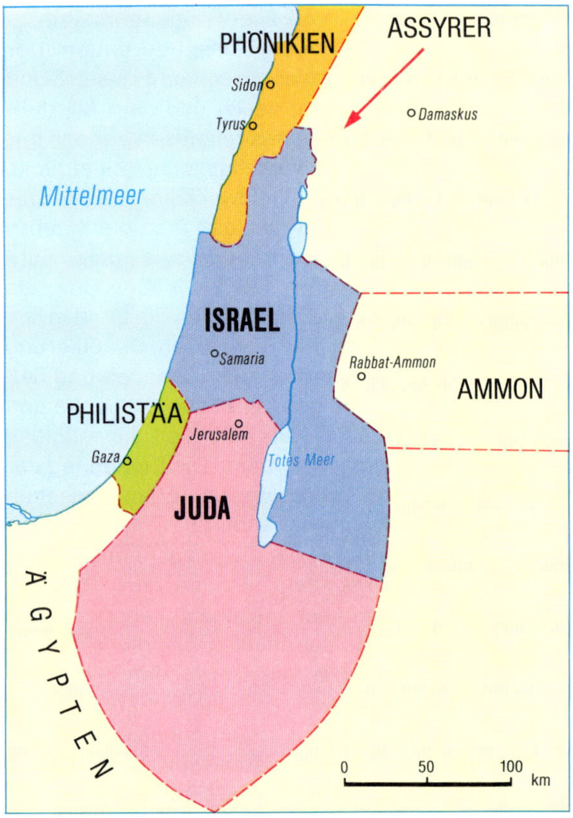

(a) Zeigt an der Karte die Grenzen des jüdischen Reiches und wer seine Nachbarn waren.

(b) Worin bestanden Vorteile oder Nachteile der Lage (wirtschaftlich, militärisch, klimatisch)?

(3) Was bedeutet den Juden die Synagoge?

„Der öffentliche Gemeindegottesdienst findet in der Synagoge statt. Das griechische Wort ‚Synagoge' ... bedeutet wörtlich ‚Versammlungshaus'. Ursprünglich handelt es sich bei der Synagoge um ein Rats- bzw. Gerichtsgebäude, in das die Bürger zu öffentlichen Versammlungen zusammenkamen. Dieses Gebäude besaß einen speziellen Betsaal. Daneben gab es die ‚Lehrhäuser', in denen ... die Thoralehrer ihre Schüler in der Auslegung der Heiligen Schrift und der mündlichen Überlieferung unterrichteten. Allerdings waren Synagoge und Lehrhaus oftmals identisch ...

Beim Eintritt in die Synagoge empfängt einen der Lärm von Gebet und Geschwätz. Eine Unterhaltung zwischen Nachbarn mischt sich mit dem Gemurmel eines sich wiegenden Beters. Der Rabbi [Gesetzeslehrer] liest still für sich auf der Estrade [ein- oder mehrstufige Erhöhung des Fußbodens], zwei Vertreter der Gemeinde neben ihm besprechen die Einzelheiten des Gottesdienstes. Ständig kommen und gehen Leute. Dort hört man unterdrücktes Gelächter über einen jüdischen Witz. Der Geist der Außenwelt strömt in den heiligen Ort, und es scheint überhaupt kein sehr heiliger Ort zu sein. Die Synagoge ist also nicht das Höchste oder das Heiligste, aber sie ist sicherlich der geschäftigste Mittelpunkt des religiösen Lebens, und man nimmt an, daß es kein Leben gibt, das nicht Religion ist. Die Synagoge ist nicht der Tempel jüdischen Lebens, das Allerheiligste, sondern sie ist das religiöse Rathaus." (2)

(a) Erörtert die verschiedenen Zwecke, denen die Synagoge dient. Besorgt Abbildungen von Synagogen aus früherer und heutiger Zeit. Wie sehen sie aus? Wie sind sie ausgestattet?

(b) Vergleicht:

Tempel – Synagoge – Kirche.

1. Man spricht vom „Gottesvolk der Juden". Was sagt dir dieser Ausdruck?

2. Erläutere die folgenden Worte: Jahwe, Israel, Prophet.

3. Vergleiche die Religion der Juden mit den religiösen Vorstellungen der Nachbarvölker am Nil und im Zweistromland.

4. Die „Zehn Gebote" betreffen das persönliche Verhalten zu Gott, zum Mitmenschen und zur Gemeinschaft. Nenne Beispiele für alle drei Bereiche. Welches Gebot würdest du für unsere Zeit in den Mittelpunkt stellen?

Offenbarung: Mitteilung Gottes an die Menschen, die im Glauben angenommen wird. Die Juden gehen davon aus, daß Gott ihnen durch seine Offenbarung kundgetan hat, welchen besonderen Bund er mit ihrem Volk geschlossen hat.

Tempel: Ursprünglich bedeutet Tempel einen geweihten Bezirk, bei Ägyptern und Sumerern auch das Gotteshaus mit der Opferstätte. Die Juden bauten unter König Salomon den berühmten Tempel von Jerusalem, der 587 v. Chr. zerstört wurde. Der 515 v. Chr. fertiggestellte zweite Tempel wurde im Jahr 70 n. Chr. von den Römern zerstört.

Der Gesandte Israels oder vielleicht König Jehu selbst huldigt dem Assyrerkönig Salmanassar (sogenannter „Schwarzer Obelisk“ aus den Palastanlagen in Kalach). Die geflügelte Scheibe ist das Sinnbild des Gottes Assur. Der Stern ist das Symbol der Liebesgöttin Ischtar.

um 1250 v. Chr.	Rückkehr aus Ägypten (Moses)
ca. 970–931 v. Chr.	König Salomon
586–538 v. Chr.	„Babylonische Gefangenschaft“ der jüdischen Oberschicht in Babylonien
515 v. Chr.	Wiederaufbau des Tempels
445–433 v. Chr.	Nehemia
um 430 v. Chr.	Esra

Quellennachweis

(1) Aus Psalm 119. Abgedruckt in: Weltreligionen, Judentum. Diesterweg 7694, S. 40 f.

(2) Aus: Weltreligionen, Judentum, a.a.O., S. 48.

Lesetip

W. Keller: Und die Bibel hat doch recht. rororo 6614 und (Bildband) 6914 (SB)

M. Magnussohn: Auf den Spuren der Bibel. Heyne Sb. 7150 (SB)

G. Ron-Feder: Die Festung im Fels. Arena, Würzburg (JB)

3. Griechenland: Ein Ursprungsland unserer Kultur

3.1. Athen und die Anfänge der Demokratie

Vor nahezu 2500 Jahren erklärte Perikles, ein führender Politiker in Athen:

„Mit Recht heißt unsere Verfassung *Demokratie*, weil sie nicht auf der *Herrschaft* weniger Männer, sondern auf derjenigen *der großen Menge des Volkes* beruht . . . Reichtum ist bei uns zum Gebrauch in der rechten Weise, aber nicht zum Prahlen da. Armut einzugestehen bringt keine Schande, wohl aber, nicht tätig aus ihr fortzustreben. In der Hand derselben Männer ruht die *Sorge für* die privaten wie *die öffentlichen Angelegenheiten*. Bei uns gilt einer, *der dem politischen Leben ganz fern steht*, nicht als ein Mann ohne Ehrgeiz, sondern als *unnützer Mensch*. Unser *Volk hat in den Fragen der Staatsführung* zumindest ein Urteil, wenn nicht sogar fruchtbare *eigene Gedanken* . . .“ (1) Q

Ob ein Staatsmann unserer Zeit auch so stolz über sein Land sprechen könnte wie Perikles über Athen? Wir leben in einer Demokratie. Aber was bedeutet das denn? Vielleicht kann man von den Athenern lernen.

- Wie ist die „Demokratie“ damals entstanden und ausgebaut worden?
- Wie hat die „Demokratie“ bei den Athenern funktioniert?
- Sind die Athener ein Vorbild für uns?

Athen und Sparta. Heute ist Athen eine Großstadt, die Hauptstadt Griechenlands. Vor rund 2500 Jahren – zwischen 600 und 400 v. Chr. – war Athen der Mittelpunkt eines kleinen Stadtstaates. Er umfaßte die Halbinsel Attika, auf der damals in der Blütezeit der Stadt an die 300 000 Menschen lebten. Das Land war nicht besonders fruchtbar. Die Bauern pflanzten in der Ebene Oliven und Wein und ließen ihr Kleinvieh an den Hängen der Berge weiden. Die Stadt war am Fuß eines Burghügels, der „Akropolis", angelegt; nicht weit entfernt lag der Piräus, der große Hafen. Die Bauern- und Fischerdörfer, der Hafen und die Stadt gehörten zusammen, und die Griechen, die hier wohnten, nannten sich alle „Athener"; ihr Gemeinwesen war die „Polis Athen". „Polis" bedeutet so viel wie Stadtstaat.

Athen war nicht die einzige Polis in Griechenland. Es gab noch andere Stadtstaaten. Der mächtigste war Sparta auf der Insel Peloponnes. Die Macht lag in Sparta bei einer Herrenschicht, den „Spartiaten". Die übrige Bevölkerung, rund 200 000 Menschen, unterstanden ihrer Gewalt. Sie mußten die Güter der Spartiaten bewirtschaften oder, wenn sie eigenes Land besaßen, einen Teil der Ernte an sie abliefern. Alles war in Sparta darauf abgestellt, die militärische Überlegenheit der Spartiaten zu sichern. Schon nach der Geburt entschied eine Kommission, ob ein Kind für das Leben gesund und kräftig genug war. Wenn nicht, wurde es ausgesetzt. Alle Jungen kamen mit sieben Jahren in ein Gemeinschaftslager, eine Kaserne, wo sie für das Soldatenleben trainiert wurden. Sie lernten Disziplin und Genügsamkeit, übten Gehorsam und Ausdauer. Auch die Mädchen wurden erzogen, ein anspruchsloses Leben zu führen. Die jungen Männer blieben bis zum 30. Lebensjahr in den Kasernen, und sie nahmen auch später ihre kärglichen Mahlzeiten gemeinsam ein. „Keinem stand es in Sparta zu, frei zu leben, wie er wollte," schreibt ein Geschichtsforscher des Altertums: „Die Bürger gewöhnten sich daran, ein Privatleben weder zu wünschen noch zu kennen, sondern wie die Bienen fest mit der Gemeinschaft verwachsen zu sein." Nach außen kapselte sich Sparta ab, um fremde Einflüsse abzuwehren. Ins Ausland durfte man nur mit Genehmigung reisen. Der Handel wurde er„schwert", indem man Eisen als Zahlungsmittel bestimmte.

Ganz anders dagegen Athen: Die Stadt mit ihrem Hafen lebte von Handel und Handwerk. Beherrscht wurde sie vom Adel, d. h. von einer Reihe vornehmer Familien, Leuten mit Grundbesitz, großen Werkstätten und eigenen Schiffen. Vertreter dieser Adelsfamilien kamen regelmäßig in einem Adelsrat, dem „Areopag", zusammen. Der Areopag war oberstes Gericht und Regierung zugleich. Der Adel stellte auch alle hohen Beamten Athens. Eine solche Regierungsform nannten die Griechen *Aristokratie**, Herrschaft der Vornehmen.

Gegensatz zwischen arm und reich. In Athen bestand keine so scharfe Trennung zwischen der Oberschicht und der übrigen Bevölkerung wie in Sparta. Alle Athener kämpften im Krieg nebeneinander, der Adel allerdings zu Pferd, begleitet von Fußsoldaten aus dem einfachen Volk. Seitdem es Eisen gab, trugen die Fußsoldaten z. T. schwere Rüstungen. Diese Schwerbewaffneten („Hopliten") bildeten eine dichte Schlachtreihe, eine „Phalanx" (vgl. Abbildung S. 46). Die Rüstung mußte jeder, der dazu in der Lage war, selbst beschaffen. Den armen Leuten war das nicht möglich.

Die Zahl der armen Leute nahm in Athen seit dem 7. Jahrhundert zu. Viele Athener gerieten damals in wirtschaftliche Not. Das kam so: Rund um das Mittelmeer hatten sich Griechen als „Kolonisten" angesiedelt; sie waren ausgewandert, weil zuhause das Land knapp geworden war und sie im Ausland bessere Geschäfte machten. Sie hatten Städte gegründet, über die auch der Handel des Mutterlandes in ferne Gebiete ging. Das war kein bloßer Tauschhandel mehr, vielmehr bezahlte man jetzt mit Geld. Silbermünzen aus Athen waren als Zahlungsmittel allgemein anerkannt. → (1)

Wer nun in Athen Geld verdiente oder Vermögen hatte, konnte gute Geschäfte machen und andere gegen Lohn z. B. in den Handwerksbetrieben oder gegen Pacht in der Landwirtschaft für sich arbeiten lassen. Schlecht ging es den kleinen Bauern, Fischern und Hirten. Wenn die Ernte ausfiel oder ein Sturm die Boote zerstörte, mußten sie Schulden machen, um leben zu können. Viele verkauften ihr Land oder gar sich selbst, sie wurden *Sklaven**, d. h. rechtloses Eigentum reicher Athener. Manche wurden als Sklaven ins Ausland verkauft. Nicht wenige waren gezwungen, ihre eigenen Kinder den Reichen als Pfand zu geben, weil sie die Schulden nicht abzahlen konnten.

Abgestufte Rechte durch Reformgesetze. Manche Athener hatten erkannt, daß ihr Staat zugrunde gehen mußte, wenn so viele verarmten oder ihre Freiheit verloren. Und sollten nicht alle, die als Hopliten die Stadt verteidigten, im Staat auch mitbestimmen? Solon, ein reicher Athener, stellte sich zwischen Reiche und Arme und versuchte, Unrecht zu beseitigen, ohne die Verhältnisse umzustürzen. Die Volksversammlung folgte seinen *Reformvorschlägen** und beschloß 594 v. Chr., alle bestehenden Schulden zu erlassen, die Schuldsklaverei zu beseitigen, den Bauern und Handwerkern in der

Volksversammlung mehr Rechte zu geben und Volksgerichte einzusetzen, die jeder athenische Bürger anrufen konnte, dem Unrecht geschah. Andererseits durften die Reichen ihren Grundbesitz weiter behalten und hatten allein das Recht, eine Stelle als Archon oder Feldherr einzunehmen und in den Areopag aufzusteigen.

Nach Solons Willen wurde die Bevölkerung in vier Klassen aufgeteilt. Besitz und Einkommen entschieden, welcher Schicht man angehörte und welche Rechte und Pflichten man hatte. Diese waren nicht gleich. Solon ließ seine grundlegenden Gesetze auf große Tafeln schreiben und öffentlich aufstellen. So hatte jeder seine Rechte und Pflichten vor Augen; er konnte sich darauf berufen. Eine solche Ordnung für das Gemeinwesen nennt man *Verfassung**.

Eine demokratische Grundordnung. Die Ordnung die Solon durchsetzte, war noch nicht demokratisch (*Demokratie* = Volksherrschaft*). Das einfache Volk, das in der Mehrzahl war, verlangte deshalb mehr Gleichheit und für alle Athener das Recht, in der Politik mitzubestimmen. Erst nach Generationen und auf dem Umweg über eine Tyrannenherrschaft (Willkürherrschaft eines einzelnen Mannes) kamen die Athener dem Ziel näher. Eine neue Verfassung, die zum größten Teil von Kleisthenes um 510 v. Chr. ausgearbeitet wurde, verteilte die Macht im Staat auf drei Einrichtungen: die Volksversammlung, den Rat und die Volksgerichte.

In der Volksversammlung waren alle *freien** Bürger von Athen gleichberechtigt. Sie wählten die Beamten, Richter und Offiziere, und jeder freie Athener konnte für diese Ämter kandidieren. Nach Ablauf der Amtszeit, die in der Regel ein Jahr dauerte, mußte jeder Beamte der Volksversammlung Rechenschaft ablegen. Keine Behörde stand über der Volksversammlung; sie beschloß die Gesetze, entschied über Krieg oder Frieden und besaß die Kontrolle über Regierung und Militär.

Für die laufenden Regierungsgeschäfte war der ,,Rat der 500" zuständig. Es waren gewählte Vertreter der Bürger. Sie sorgten dafür, daß die Beschlüsse der Volksversammlung vorbereitet und durchgeführt wurden. Jeden Tag wurde ein anderer Ratsherr durch das Los zum Vorsitzenden des Rates bestimmt. So konnte jeder Athener, wenn das Los ihn traf, für einen Tag zum Staatsoberhaupt werden.

Auch die Richter wurden von der Volksversammlung gewählt. Sie hatten Verbrechen aufzuklären, Urteile zu fällen, Streitigkeiten zu schlichten, die Amtsführung der Behörden zu überprüfen, den Hafen, die Märkte und öffentlichen Bauten zu überwachen.

Eine besondere Gerichtsentscheidung war der Volksversammlung vorbehalten. Einmal im Jahr konnte sie diejenigen Bürger aus dem Staat verbannen, die im Verdacht standen, die Verfassung, d. h. die demokratische Grundordnung Athens zu bedrohen. Jeder freie Mann konnte den Namen eines Verdächtigen auf eine Tonscherbe schreiben. Mindestens 6000 Stimmen mußten abgegeben werden. Wenn die Mehrheit gegen einen Beschuldigten entschied, mußte er für 10 Jahre das Land verlassen. Mit diesem ,,Scherbengericht" verhinderten die Athener, daß noch einmal ein Tyrann die Stadt beherrschte. → (2)

Entfaltung der ,,Demokratie" in Athen. Die Einteilung der Bevölkerung in 4 Klassen blieb bestehen. In der Zeit um 450 v. Chr. gehörten rund 300 Athener der obersten Klasse, 900 der 2. Klasse, etwa 8000 der 3. Klasse und zwischen 20000 und 30000 der untersten Klasse an. Da in der Volksversammlung alle die gleichen Rechte hatten und zu allen Ämtern zugelassen waren, gab die Masse der Bürger, die unterste Schicht, den Ausschlag. Damit bei den Wahlen niemand bevorzugt wurde, beschlossen die Athener sogar, die Ratsherren, Beamten und Richter durch das Los zu bestimmen. Und schließlich führten sie eine weitere Neuerung ein: Sie bezahlten alle, die ein Staatsamt annahmen, und jeder, der an einer Volksversammlung teilnahm, erhielt ein Tagegeld. So konnte auch der arme Mann ein Amt übernehmen.

,,In der Volksversammlung hatte jeder Bürger nicht nur das Recht, so oft er wollte, anwesend zu sein, sondern ihm stand auch zu, sich an der Debatte zu beteiligen, Änderungsvorschläge zu machen und über die Anträge, über Krieg und Frieden, Steuerfragen, Aushebungen zum Militärdienst, den Kriegshaushalt, öffentliche Arbeiten, Verträge und diplomatische Verhandlungen und alle anderen größeren oder kleineren Anliegen, die eine Regierungsentscheidung erforderten, abzustimmen." (2)

Grenzen der ,,Demokratie". In Athen herrschte das Volk. Das waren aber nur die freien Männer. Die Frauen blieben ausgeschlossen.

,,In Athen . . . war der Platz der Frau das Haus, und ihre wichtigste gesellschaftliche Pflicht war es, sich zurückzuhalten . . . Die Frau galt nur im heimischen Bereich etwas. Das Heim selbst war äußerst einfach – nüchtern möbliert und unkompliziert in der Anlage –, nahezu alle Lebensmittel und Kleidungsstücke der Familie wurden hier unter der Aufsicht der Ehefrau hergestellt. Nach außen wirkte sie nur durch ihren Einfluß auf den Mann." (3) → (3)

Der Staat setzte sich nach Auffassung der Athener aus den einheimischen Familien zusammen. Jede

Familie wurde durch das Familienoberhaupt vertreten. Die zahlreichen Zugewanderten, die Ausländer, die hier arbeiteten, hatten kaum politische Rechte. Ausgeschlossen von allen Rechten blieben die Unfreien, die Sklaven. Das waren zu jener Zeit meist Menschen, die in Kriegsgefangenschaft geraten waren und auf dem Markt wie eine Ware verkauft wurden. Auch die Nachkommen eines Sklaven blieben unfrei, wenn ihr Besitzer ihnen nicht die Freiheit schenkte. Man schätzt den Anteil der Sklaven auf ein Drittel oder die Hälfte der Gesamtbevölkerung von Athen.

Auch unter den gleichberechtigten Bürgern gab es Unterschiede. Manche Politiker hatten mehr Einfluß als andere. Sie mußten allerdings das Volk überzeugen, damit bei Abstimmungen eine Mehrheit ihren Vorschlägen zustimmte. Ein solcher Politiker war Perikles, der von 443 v. Chr. bis zu seinem Tod (429 v. Chr.) den Staat lenkte. Er war der berühmteste demokratische Staatsmann, den Athen hatte, und er pries selbst die Vorzüge der „Demokratie" in Athen (vgl. S. 42). Ein anderer Athener, Thukydides, meinte allerdings damals, in Athen bestehe nur dem Namen nach eine Volksregierung, in Wirklichkeit herrsche ein Mann allein.

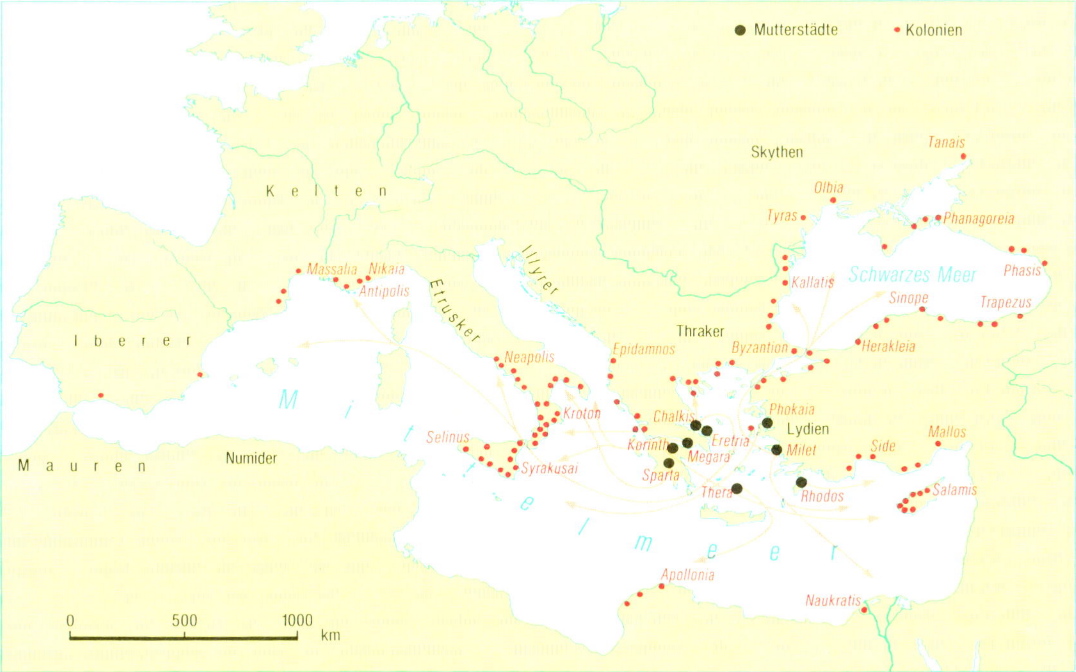

Griechische Kolonisation (750 bis 550 v. Chr.).

(1) Kolonien der Griechen

(a) Erklärt anhand der Karte den Ausspruch „Die Griechen saßen ums Mittelmeer wie Frösche um den Teich".

(b) Noch heute gibt es „Kolonien". Wo? Vergleicht mit damals.

(c) Sucht Städte am Mittelmeer, die von Griechen gegründet wurden. Erklärt die Bezeichnung „Großgriechenland" (vgl. Bild S. 48).

(2) Soll das Volk mitregieren? Zwei Meinungen dazu

Aristoteles (* 384 v. Chr.):

„Die Ansicht, daß es immer noch besser sei, wenn die Menge [das Volk] den Ausschlag gebe statt der Minderheit der Vornehmsten, scheint sich als Lösung zu ergeben und läßt sich bis zu einem gewissen Grad verteidigen, ja enthält sogar vielleicht etwas Wahres. Die Menge nämlich, in der zwar der einzelne nicht tüchtig zu sein braucht, kann doch in ihrer Gesamtheit etwas Besseres sein als jene [die Vornehmen]. Das gilt nicht für den einzelnen in ihr, sondern für alle zusammen, wie auch z. B. eine Mahlzeit,

Hopliten in der Schlacht. Darstellung auf einer Vase (um 640–630 v. Chr.). Rechts stehen sich zwei Schlachtreihen gegenüber. Von links kommen weitere Hopliten zu Hilfe. Vor ihnen bläst ein Flötenspieler zum Kampf.

zu der viele Leute einen Unkostenbeitrag leisten, besser ausfällt als eine, die auf Kosten eines einzigen zugerichtet wird . . . Der Staat ist die Gemeinschaft gleichberechtigter Bürger mit dem Zweck, allen die beste Form des Lebens zu ermöglichen." (4) Q

Herodot (* um 485 v. Chr.) gibt die Meinung eines Persers wieder:

„Dem Volk die Macht in die Hand zu geben, ist nicht der beste Rat. Denn es gibt nichts Unvernünftigeres und Unverschämteres als die nutzlose Menge. Es wäre unerträglich, würde man sich von dem Übermut der Gewaltherrscher befreien, nur um dem ebenso großen Übermut einer zügellosen Menge ausgeliefert zu werden. Der Gewaltherrscher weiß wenigstens, was er will; die Masse aber weiß nicht einmal das. Wie sollte sie es auch wissen. Sie hat weder das Rechte gelernt noch einen natürlichen Sinn dafür, sondern stürzt sich ohne Verstand in die politischen Angelegenheiten. – Laßt unsere Feinde Demokratie haben; wir aber sollten eine Anzahl der hervorragendsten Männer auswählen und ihnen die Herrschaft übergeben." (5) Q

(a) Wie beurteilt Aristoteles, wie der Perser die Rolle des Volkes in der Politik?

(b) Nehmt selbst Stellung zur Frage, ob Politik etwas für Fachleute oder jedermanns Sache sein soll.

(3) Zur Stellung der Frauen in Athen

(a) Berichtet anhand des Bildes und des Quellentextes über Tätigkeiten der Frauen im Haushalt der athenischen Familien.

(b) Vergleicht die Stellung der Frauen zur damaligen Zeit mit den heutigen Möglichkeiten eines Mädchens oder einer Frau.

Mädchen und Möbelstücke (Relief um 450 v. Chr.). Rechts ein Stuhl mit zwei Kissen, die Armlehne wird von einer kleinen Säule gestützt. Das Mädchen legt ein zusammengefaltetes Gewand in eine Truhe, die mit Szenen aus der griechischen Göttersage geschmückt ist.

Auf die Frage, wie er mit seiner Frau zufrieden sei, antwortete ein Grieche in einer Schrift, die uns erhalten ist:

„. . . Sie war noch nicht 15 Jahre alt, als ich sie heiratete. Die Zeit vorher hatte man fürsorglich auf sie aufgepaßt, damit sie möglichst wenig sah, hörte und fragte. Ich war schon damit zufrieden, daß sie bei ihrem Kommen bereits verstand, mit Wolle umzugehen und ein Gewand anzufertigen, und daß sie auch schon bei der Spinnarbeit der Dienerinnen zugesehen hatte. Außerdem war sie im Kochen vorzüglich erzogen, mein lieber Freund, was mir bei Mann und Frau die wichtigste Erziehungsfrage zu sein scheint." (6) Q

1. Solon – Kleisthenes – Perikles:
Berichte über Fortschritte auf dem Weg zur Demokratie in Athen.

2. *Erkläre am folgenden Schaubild*
a) Zusammensetzung der Staatsorgane,
b) Aufgaben der Staatsorgane.

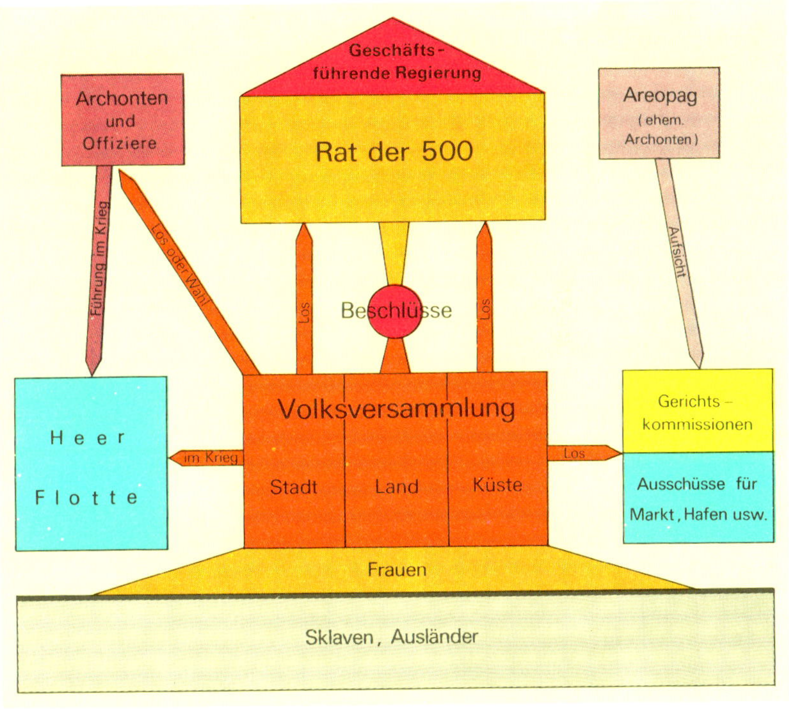

Die Verfassung von Athen im 5. Jh.

3. *Nimm Stellung zur Behauptung des Perikles, daß in Athen die Mehrheit des Volkes an der Herrschaft teilhabe. Berücksichtige alle Gruppen, die in Athen lebten.*

4. *Die freien Bürger nahmen in Athen unmittelbar an der Politik teil, z. B. als Mitglieder der Volksversammlung, im Rat der 500 oder als Mitglieder einer Gerichtskommission. In unserem Staat gibt es keine Volksversammlung, sondern eine Volksvertretung (Parlament). Warum? Vergleiche auch die Zusammensetzung der übrigen Staatsorgane in Athen und bei uns (z. B. Regierung, Gerichte, Heer). Worin unterscheiden sie sich?*

Aristokratie: Wörtlich: Herrschaft der Besten. Als „Aristokraten" bezeichnet man die Adligen, d. h. Angehörige angesehener Familien mit großem Einfluß und Vermögen. In der Regel bedeutet Aristokratie eine Staatsform, in der der Adel die politische Macht und die wirtschaftliche Überlegenheit (Großgrundbesitz, Vermögen) besitzt.

Demokratie: Wörtlich: Herrschaft des Volkes. Eine Demokratie besteht, wenn die Bürger eines Staates an wichtigen politischen Entscheidungen (z. B. über Krieg und Frieden, Wahlen, Festsetzung von Steuern, Gesetzgebung) entweder direkt in der Volksversammlung oder indirekt über eine Versammlung gewählter Vertreter (Parlament) mitwirken können. In Athen waren dazu nur die „Vollbürger", ca. 10% der Bevölkerung berechtigt.

Freiheit: Die Begriffe „Freiheit" und „Unfreiheit" hatten im Lauf der Geschichte ganz verschiedene Bedeutungen. In Griechenland und später in Rom (vgl. S. 89) galt nur der Vollbürger mit seiner Familie als frei; im Unterschied dazu waren Sklaven (s. u.) Eigentum eines Herrn und besaßen keine Freiheit. Allerdings war auch die Freiheit der Vollbürger durch die Gesetze eingeschränkt.

Reform: Sie dient der Beseitigung von Mißständen, Ungerechtigkeiten bzw. der Herstellung von besseren Verhältnissen in einem Gemeinwesen. Eine Reform geschieht gewaltlos, schrittweise, ohne radikalen Bruch mit der Überlieferung (Tradition).

Sklave: Unfreier, der als Eigentum eines Herrn gilt und rechtlich wie eine Sache behandelt werden kann. Im Altertum (vgl. S. 55) führten vor allem Kriegsgefangenschaft, Schuldknechtschaft, Strafen für Verbrechen in die Sklaverei; die Nachkommen von Sklaven blieben unfrei.

Verfassung: Als Verfassung bezeichnet man die Grundordnung für das Zusammenleben in einem Staat, in der die Rechte der Bürger, die Aufgaben der Staatsorgane und die Regeln für das politische Handeln festgelegt sind. Sie beruht auf der Zustimmung möglichst aller Bürger.

seit ca. 800 v. Chr.	Bildung griechischer Stadtstaaten
ca. 750–550 v. Chr.	Gründung griechischer „Kolonien"
594 v. Chr.	Gesetzgebung Solons in Athen
um 510 v. Chr.	Verfassungsreform des Kleisthenes
443–429 v. Chr.	Vorrangstellung des Perikles in Athen

Quellennachweis

(1) Thukydides, aus einer Rede des Perikles. Deutsche Übersetzung in: Geschichtliche Quellenhefte mit Überblick, Heft 1, a.a.O., S. 39 f.

(2) N. I. Finley: Die Griechen. München 1976, S. 54. Leicht gekürzt.

(3) C. M. Bowra: Griechenland. Von Homer bis zum Hellenismus. Rowohlt Life 31, Reinbek bei Hamburg 1972, S. 100 ff.

(4) Aristoteles: Politik. Zitiert nach: Aristoteles, Hauptwerke, hg. von W. Nestle, Stuttgart 1953, S. 89 u. 98.

(5) Herodot: Historien, 3, 78.

(6) Xenophon: Hauswirtschaftslehre 7, 3. Geschichte in Quellen, Bd. I, a. a. O., S. 285.

Lesetip

H. Reichard: Die alten Griechen. Tessloff, Hamburg 1979 (JB)

F. Schachermeyr: Griechische Geschichte – Entwicklung und Zusammenbruch. Heyne Bibl. Gesch. 11 (WD)

C. W. Weber: Athen – Aufstieg und Größe des antiken Stadtstaates. Econ Verlag, Düsseldorf 1979 (SB)

Süditalien trug zusammen mit Sizilien im Altertum den Namen „Großgriechenland". Der hier abgebildete Tempel in der griechischen Kolonie Paestum stammt aus der Zeit um 550 v. Chr. und ist der am besten erhaltene frühe Tempel dieser Art.

3.2. Das kulturelle Erbe der Griechen

Der Tempel der Göttin Athene auf der Akropolis. Die Akropolis bildet den Mittelpunkt Athens: ein Felshügel mit einer flachen Kuppe, auf der mehrere Tempel standen (vgl. die Rekonstruktion S. 53). Dieser Tempel, Parthenon genannt, galt wegen seiner harmonischen Schönheit als Vorbild für die Architekten des Altertums. 1687 explodierte auf der Akropolis ein Munitionslager und zerstörte die antiken Gebäude. Sie konnten nur bruchstückhaft wiederhergestellt werden.

Millionen Menschen besuchen alljährlich die Ruinen griechischer Bauten, Museen mit griechischen Kunstwerken, Theateraufführungen griechischer Tragödien.

- Was macht denn die Größe der griechischen Kultur aus? Worin besteht die besondere Leistung griechischer Denker und Künstler?
- Was verdanken wir überhaupt den Griechen des Altertums?
- Wie gefällt dir, was die Griechen schön fanden?

Die Olympischen Spiele. Apollon war ein Gott, den alle Griechen verehrten. Er verkörperte das Licht und die Kräfte des Geistes; er gab den Menschen den Sinn für Dichtung und Musik, für Kunst und Wissenschaft. Sein Heiligtum war Delphi. → (1)
Der höchste Gott war Zeus. In Olympia – einem Ort auf der Insel Peloponnes – stand ein großes Zeusheiligtum, und Zeus zu Ehren fanden hier in jedem vierten Jahr Wettkämpfe statt: die *Olympischen Spiele**. Einem Franzosen, dem Baron von Coubertin, ist es zu verdanken, daß diese Sportfestspiele seit 1896 wieder stattfinden. Die Griechen veranstalteten vor mehr als 2700 Jahren erstmals Olympische Spiele, nach denen sich sogar die griechische Zeitrechnung richtete. Aus allen griechischen Staaten kamen Wettkämpfer und Zuschauer. Während der Spiele herrschte Frieden in Griechenland; niemand durfte Krieg führen. Als Wettkämpfer waren nur freie Griechen zugelassen, als Zuschauer jeder, auch wenn er Ausländer war. Für Frauen gab es eigene Spiele.
10 Monate wurde trainiert, davon 1 Monat in Olympia selbst. Wer eine Kampfregel mißachtete, zahlte eine Geldstrafe. Der Sieger bekam einen Ölzweig: Es war die höchste Ehre, auch für seine Familie. Er durfte seine Statue in Olympia aufstellen lassen, wurde zuhause festlich empfangen, brauchte fortan keine Steuern mehr zu bezahlen und konnte auf Staatskosten immer mit den Ratsherren der Stadt essen. Die wichtigsten Sportarten bei den Olympischen Spielen waren Springen, Laufen, Faust- und Ringkampf, Wagen- und Pferderennen. Als schwierigste Disziplin galt der Fünfkampf. → (2)

Religiöses Denken und Feiern. Die Griechen glaubten an viele Götter. Alle glichen den Menschen, waren aber unsterblich, schön und vollkommen; sie blieben immer jung. Man glaubte, daß sie das Leben der Menschen lenkten und für Gerechtigkeit sorgten. Deshalb opferte man ihnen, fragte sie um Rat und feierte Feste, um sie zu ehren. So feierten die Athener im Frühling das Fest des Dionysos; er war der Gott des Weines und des Gesangs. Am Altar tanzten Jungen und Männer und sangen Lieder im Chor. Aus solchen Tänzen und Liedern entstand das griechische Theater. Dichter schrieben Schauspiele (Dramen), von denen jeweils vier an drei Tagen nacheinander aufgeführt wurden.
Die athenischen Bürger kamen ins Theater wie zu einem Gottesdienst. Sie ließen sich von den Schauspielern und Chören in höchste Erregung versetzen. Als Zuschauer erlebten sie, wozu Menschen im Guten und Bösen fähig sind. Sie konnten daraus lernen. Einige Bürger, die sich besonders gut auskannten, hatten am Ende darüber zu entscheiden, welches Drama das beste war. Die meisten Auszeichnungen erhielten die Dichter Aischylos, Sophokles und Euripides für ihre Tragödien (Trauerspiele) und Komödien (heitere Dramen).

Architektur und Bildhauerei. Wenn man vom Meer oder von einem Landweg nach Athen kam, sah man die Akropolis von weitem leuchten. Sie war nach ihrer Zerstörung (vgl. S. 58) von berühmten Baumeistern und Bildhauern seit 450 v. Chr. neu aufgebaut worden. Ein Standbild der Stadtgöttin Athene überragte alles. Sie trug Rüstung und Waffen, die goldene Lanzenspitze blinkte weithin sichtbar in der Sonne. Dahinter erhob sich das herrlichste Gebäude der ganzen Anlage: der Parthenon. Auf 10 Meter hohen Säulen ruhte das mächtige Dach; reicher Schmuck bedeckte die Wände und Giebel. Im Innenraum befand sich ein Athenestandbild aus Gold und Elfenbein. An der Außenwand des Parthenon sah man einen Festzug dargestellt, wie ihn die Athener jedes vierte Jahr ihrer Stadtgöttin zu Ehren veranstalteten. → (3)
Die Bauwerke der Akropolis, die Statuen und Reliefs der athenischen Bildhauer und die Vasenbilder der Maler von Athen sind schon im Altertum als *klassische** Schöpfungen bewundert worden. Die Römer ahmten sie nach, und in späteren Jahrhunderten wurden sie immer wieder zum Vorbild der Künstler. → (4)

Bildung und Schule. In Athen sollte jeder freie Bürger lesen und schreiben können. Den Unterricht erteilten Privatlehrer, die man bezahlen mußte. Die Kinder reicher Eltern wurden von einem Sklaven zur Schule begleitet, der meist auch die Hausaufgaben überprüfte. Wer lesen und schreiben konnte, lernte auch das Zither- und Flötenspiel, vor allem aber lernte er die griechische Dichtung kennen, z. B. die berühmten Werke von Homer: „Der Kampf um Troja" (Ilias) und „Die Irrfahrten des Odysseus" (Odyssee); es sind zwei Romane in Versform. Ein guter Schüler konnte große Teile daraus auswendig hersagen.
Später, in der Zeit des Hellenismus (vgl. S. 69), war die Schule verstaatlicht. Das Gymnasium – ursprünglich eine Art Sportschule – trat in den Mittelpunkt der Ausbildung, vor allem für die Söhne der Wohlhabenden. Hier lernte man Turnen, Fechten, Bogenschießen, Speerwerfen, Musik, den Vortrag von Gedichten und die Kunst der freien Rede, Grammatik, Rechnen, Zeichnen, Geschichte und Geographie. Die Lehrer benutzten Handbücher für den Unterricht. Es gab Rangordnungen, Versetzungen, Zensuren, Schulfahrten, Abschlußexamina mit Preisen. Die Schüler benutzten für ihre Schreib-

übungen wachsüberzogene Tafeln. Wer im Gymnasium war, hatte nicht nur viel gelernt, sondern war angesehen. Er galt als echter Grieche. → (5)

Forscher und Philosophen. Schon im alten Ägypten versuchten Menschen das, was sie sahen und erlebten, zu erklären und zu berechnen. Den Griechen waren viele dieser Erkenntnisse bekannt. Sie dachten weiter, indem sie z. B. fragten, wie die Erde entstanden sei, aus welchen Grundstoffen sie sich zusammensetze, welches die kleinsten Teile (Atome) seien und wie man überprüfen könne, ob das, was man denkt, auch wahr sei. Männer, die solche Fragen stellten und sie mit den besten Beweisen beantworten konnten, galten als *Philosophen**.
In Athen lebten einige der berühmtesten Philosophen; einer hieß Sokrates. Er versuchte, seine Mitbürger in Gesprächen zum Nachdenken zu bringen. Einen reichen jungen Athener z. B., der sich über die Beschwerden einer Reise beklagte, fragte er: „Hat dir dein Sklave folgen können?" – „O ja." – „Trug er denn etwas?" – „Das Gepäck natürlich." – „So war er wohl erst recht müde nach dieser Reise?" – „Ach nein, ich konnte ihn gleich wieder mit einem neuen Auftrag in die Stadt schicken". – „Siehst du," sagte nun Sokrates, „du hast gegenüber deinem Sklaven die Vorzüge der Stellung, er hat dir gegenüber die Vorzüge der Natur. Du bist reich und frei, aber schwach und verweichlicht. Er ist arm und unfrei, aber gesund und stark. Sag selbst, wer der Glücklichste ist."
So machte Sokrates die Menschen unsicher. Nach seiner Meinung mußte sich einer, der nachdenkt, am Ende eingestehen: „Ich weiß, daß ich nichts weiß." Er sagte einmal: „Mehl und Öl kann man auf dem Markt kaufen, um weise und gut zu werden, muß man sich selbst und die Wahrheit aufsuchen." Gerne spazierte Sokrates auf dem Markt herum; da er die Mitmenschen aber stets zur Genügsamkeit aufforderte, wurde er gefragt, was er auf dem Markt suche. Seine Antwort: „Ich staune, wie viele Dinge es gibt, die ich nicht benötige."
Sokrates hatte Freunde und Schüler, aber auch Gegner, die sich durch seine Fragen gekränkt und bloßgestellt fühlten. Sie verklagten ihn bei Gericht, daß er die Jugend verführt und die Götter verleugnet habe. Zum Tode verurteilt, mußte er einen Giftbecher trinken (399 v. Chr.).
Ein Schüler von Sokrates, der auch dessen Gespräche aufzeichnete, war Platon. Er wollte ähnlich wie Sokrates, daß die Menschen vernünftig handeln und das Gute aus Einsicht tun. Er wollte auch herausfinden, wie unser Denken zustande kommt, wie es verläuft. Platon leitete in Athen eine Gelehrtenschule, die Akademie. Auch der Philosoph Aristoteles wirkte in der Stadt. Er schrieb ein mehrbändiges Werk, in dem er das ganze Wissen seiner Zeit zusammenfaßte.
Die griechischen Denker ließen nur gelten, was logisch (vernünftig) war und was sie durch Beobachten der Natur erkannten. So entdeckten sie wichtige Regeln und Lehrsätze der Mathematik und Geometrie, der Naturkunde und der Physik. Unsere Wissenschaften bauen auf den Erkenntnissen der Griechen auf, und viele Bezeichnungen kommen aus dem Griechischen. → (6)

(1) Griechische Götter

„Zeus wollte wieder einmal seine Kinder und Geschwister beim Göttermahl vereint sehen. Daher ließ er Hermes, den Götterboten, zu sich kommen und befahl ihm: „Ziehe deine Flügelschuhe an und rufe mir deine Brüder und Schwestern herbei! Ich will mit Hera, meiner Frau, ein Mahl geben."
Hermes flog zuerst zu Hephaistos, dem Gott des Feuers. Der schmiedete großartige Waffen. Seine Frau war die schöne Aphrodite. Sie warf noch einen Blick in ihren Spiegel und machte sich dann auf den Weg zum Olymp, dem Sitz der Götter. Ihr hinkender Mann konnte mit ihr nicht Schritt halten.
Athene, die Lieblingstochter des Zeus, traf Hermes in der Stadt an, deren Einwohner sie zur Schutzgöttin erwählt hatten. Sie nahm Lanze und Schild und eilte zu ihrem Vater.
Artemis jagte gerade auf der Peloponnes. Nicht weit davon entfernt traf der Götterbote ihren Bruder Apollon. Auf den Befehl des Hermes hin ergriff er sein Musikinstrument, eine Leier, und suchte mit seiner Schwester seinen Vater auf. Dionysos, der Gott des Weines, schloß sich ihnen an.
Zuletzt fand Hermes den Gott des Krieges, Ares. Wie er ihn antraf – mit Schild und Lanze –, so brachte ihn Hermes zu seinen Geschwistern auf den Olymp.
Auch die Brüder des Zeus waren gekommen: Poseidon mit seinem Dreizack, der Gott des Meeres, und Hades (Pluton), der Gott der Unterwelt, der seinen Richterstuhl verlassen hatte, um der Einladung zu folgen. Kerberos, den mehrköpfigen Hund, ließ er als Wächter der Unterwelt zurück." (1)

(a) Versucht, die Göttergeschichte mit eigenen Worten zu erzählen.

(b) Woran erkennt ihr unter den oben abgebildeten Göttern und Göttinnen:
Hephaistos, Hermes, Apollon, Dionysos, Athene, Aphrodite, Artemis?

(c) Die griechischen Götter gleichen den Menschen. Was heißt das?

(2) Seit 776 vor Christus: Olympische Spiele

(a) Welche Sportarten sind in der ersten Reihe der Briefmarken zu erkennen?

(b) Welche Vorgänge bei den Olympischen Spielen sind in der zweiten Reihe dargestellt?

(c) Was ist zwischen den heutigen und den damaligen Olympischen Spielen gleich oder verschieden?

(3) Die Akropolis – Heiligtum und Kunstdenkmal

Rekonstruktion der Akropolis. Von links nach rechts: Der Erechtheion-Tempel, Standbild der Athene, Parthenon, davor der Torbau (Propyläen) und der Niketempel (Nike = Siegesgöttin).

(a) Zeigt die einzelnen Gebäude und schildert, wie sie aussehen.

(b) Was sagt die Akropolis über die Bedeutung von Kunst und Religion im Leben der Griechen?

Figur von den Kykladen (Ende 3. Jt. v. Chr.), Jüngling (um 550 v. Chr.), Jüngling (um 340 v. Chr.)

(4) „Klassische" Bildhauerkunst – was heißt das?

(a) Erläutert die Unterschiede zwischen den drei Figuren. Achtet auf die Körperbewegung und die Naturtreue.

(b) Welche Figur gefällt dir am besten? Warum?

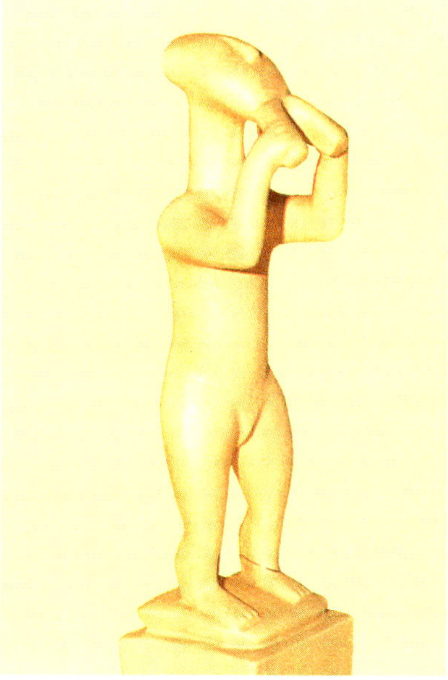

Griechischer Schulunterricht. Ein Junge lernt die Leier spielen, ein zweiter trägt Verse aus Homers „Kampf um Troja" vor. Vor den Schülern jeweils die Lehrer. Was halten sie in der Hand? Ganz rechts ein Sklave, der auf den Schüler aufzupassen hat (attische Schale, um 480 v. Chr.).

(5) Griechischer Schulunterricht

(a) Berichtet, was griechische Schüler lernen mußten. Lest dazu den Abschnitt S. 50.

(b) Wie sind auf dem Bild die Schüler, wie die Erwachsenen dargestellt?

(c) Den ganzen Homer auswendig lernen! Was meint ihr dazu?

(6) Das Gewissen der Ärzte: Der Eid des Hippokrates

In der Zeit zwischen 460 und 370 v. Chr. lebte der griechische Arzt Hippokrates, der als erster die Medizin wissenschaftlich begründete, einzelne Krankheitserscheinungen genau beobachtete und beschrieb. Er hinterließ zahlreiche Werke. Seine Schüler legten bei der Behandlung von Krankheiten besonderen Wert auf Umwelteinflüsse, Ernährung und Lebensweise der Patienten. Hippokrates verpflichtete die Ärzte auf einen Eid, den jeder zu schwören hatte. Er lautet:

„Ich schwöre bei Apollon ... Ich werde die Grundsätze der gesunden Ernährung und Lebensweise nach bestem Wissen und Können zum Heil der Kranken anwenden, dagegen nie zu ihrem Verderben und Schaden. Ich werde auch niemandem eine Arznei geben, die den Tod herbeiführt, auch nicht, wenn ich darum gebeten werde, auch nie einen Rat in dieser Richtung erteilen. Ich werde auch keiner Frau ein Mittel zur Vernichtung keimenden Lebens geben. Ich werde mein Leben und meine Kunst stets lauter und rein bewahren. In welche Häuser ich auch gehe: ich werde sie nur zum Heil der Kranken betreten und jedes wissentliche Unrecht und Verderben meiden und verhüten. Was ich in meiner Praxis sehe oder höre oder außerhalb dieser im Verkehr mit Menschen erfahre, was niemals anderen Menschen mitgeteilt werden darf, darüber werde ich schweigen in der Überzeugung, daß man diese Dinge geheimhalten muß ..." (2) Q

(a) Aus diesem Text, der rund 2500 Jahre alt ist, kann man herauslesen, was griechische Ärzte wußten, welche Auffassung sie vom Beruf des Arztes hatten.

(b) Welche Sätze im Eid des Hippokrates können auch für einen heutigen Arzt gelten?

(c) Als Gott der Heilkunst verehrten die Griechen Asklepios, den die Römer Äskulap nannten. Bis heute ist der „Stab des Äskulap" das Zeichen der Medizin. Wer kann es zeichnen?

1. Versuche, den Verlauf Olympischer Spiele zu schildern.

2. Das griechische Theater: Berichte, was du darüber weißt. Erläutere das Bild S. 56.

3. Erkläre an den nebenstehenden Abbildungen, was u.a. zum „griechischen Erbe“ unserer Kultur gehört.

4. Ordne die folgenden Begriffe, die aus dem Griechischen stammen und die in unsere Alltagssprache eingegangen sind, den richtigen Erklärungen (Definitionen) zu:

Begriffe	Definitionen
(1) demokratisch	(a) selbständig, unabhängig
(2) logisch	(b) erzieherisch, bildend
(3) autonom	(c) zum Adel gehörig, dem Verhalten des Adels entsprechend
(4) pädagogisch	(d) nach dem Willen des Volkes
(5) aristokratisch	(e) geistig, der inneren Vorstellung entsprechend
(6) problematisch	(f) auf das Handeln ausgerichtet, geschickt
(7) praktisch	(g) vernünftig, den Gesetzen des Verstandes entsprechend
(8) theoretisch	(h) fragwürdig, schwierig

Das Brandenburger Tor in Berlin (erbaut 1789–1791).

Die Walhalla bei Regensburg (erbaut 1830–1842).

Altertum: So bezeichnet man in der Geschichte den Zeitraum von der Erfindung der Schrift um 3000 v. Chr. bis zum Ende des Römerreiches etwa 500 n. Chr.

Klassischer Stil: Als klassisch gilt eine Kunst, die auf Dauer gültig und zum Vorbild für spätere Kunststile wird. Im engeren Sinn nennt man so die griechische Kunst des Altertums vor allem aus dem 5. Jh. v. Chr.

Olympiade: Das Wort bedeutet zunächst den Zeitraum von vier Jahren, nach dem die Spiele in Olympia jeweils stattfanden. Sie sind zum ersten Mal für das Jahr 776 v. Chr. bezeugt. Außerdem bezeichnet man diese Spiele selbst, die Zeus zu Ehren für alle freien Griechen veranstaltet wurden, als Olympiade.

Philosophie: Wörtlich: „Liebe zur Weisheit“, „Streben nach Wahrheit“. Es handelt sich um die Lehre vom Ursprung und Wesen der Welt und des Menschen. Die einzelnen Fachwissenschaften bauen auf der Philosophie auf.

776 v. Chr.	Erste Olympiade
nach 450 v. Chr.	Akropolis neu aufgebaut
um 450 v. Chr.	Dramen des Aischylos, Sophokles, Euripides
399 v. Chr.	Tod des Sokrates

Quellennachweis

(1) H. Schneider: Geschichtliche Weltkunde. MD Transparente Geschichte, Folge 1, Diesterweg 8401, Folie 3.5.
(2) Hippokratische Schriften. Deutsche Übersetzung in: Geschichte in Quellen, Band 1, a.a.O., S. 140.

Lesetip

Athen und seine große Zeit. Arena Verlag, Würzburg ²1976 (SB)
R. Flacelière: Griechenland – Leben und Kultur in klassischer Zeit. Reclam, Stuttgart 1979 (WD)
F. Fühmann: Irrfahrt und Heimkehr des Odysseus. Huber Verlag (JB)
E. Nack/W. Wägner: Hellas. Land und Volk der alten Griechen. Überreuter, Wien-Heidelberg 1975 (SB)
R. Sutcliff: Wettkampf in Olympia. Hörnemann, Bonn 1972 (JB)
T. Zottmann: Verblüffende Rekorde der Griechen. Schneider, München 1978 (SB)
E. Zwierlein-Diel: Helena und Xenophon. Mainz 1974 (JB)

Das Theater von Epidauros. Hier finden noch heute Festspiele statt. Die eindrucksvolle Anlage hat vierzehntausend Zuschauerplätze. Die Akustik ist einzigartig. Vor den Zuschauerrängen liegt die kreisrunde „Orchestra": der Platz des Chores. Dahinter die Überreste der Bühne.

3.3. Die Seemacht Athen im Krieg und im Frieden

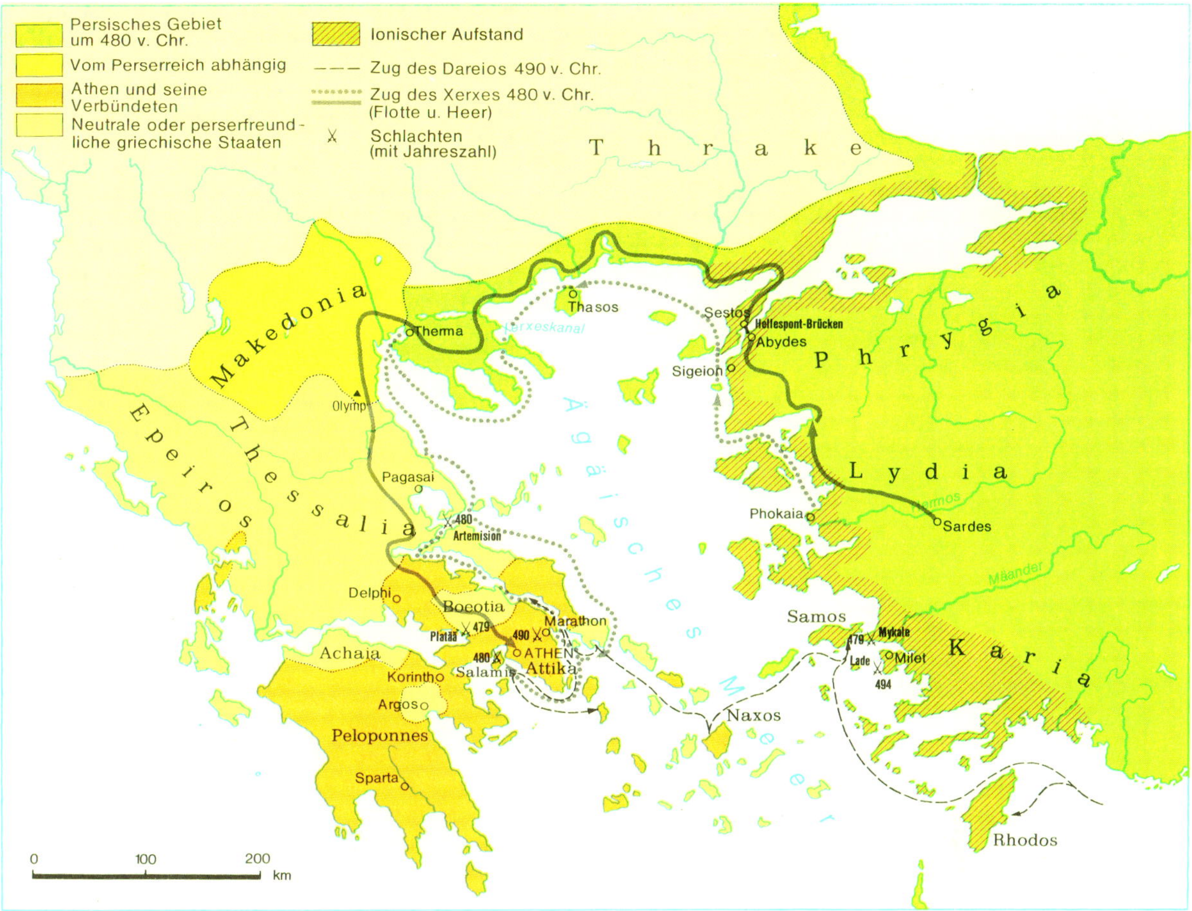

Die Vorstöße der Perser nach Griechenland bis zum Jahre 480 v. Chr.

Die meisten Menschen wollen Frieden. Aber warum haben sie dann so oft Kriege geführt? Am Beispiel der Griechen wollen wir untersuchen:

- Warum begannen Griechen und Perser, Krieg gegeneinander zu führen?
- Wer war schuld daran? Um was ging es dabei? Was wurde erreicht?
- Was bedeutet Krieg für Soldaten, für die Zivilbevölkerung, für die Politiker? Was bedeutet er für die Sieger und was für die Besiegten?

Griechen gegen Perser. Das größte Reich besaßen zur Zeit, als Athen eine Demokratie wurde, die Perser (vgl. S. 32). Es reichte von Ägypten, das zum Perserreich zählte, bis nach Indien. Sein Herrscher sagte von sich:

„Ich bin der Großkönig, der König der Könige, König in Persien, König von 23 Ländern, die mir zufielen. Diese Länder wurden mir untertänig. Sie brachten mir Tribut. Was ich befohlen habe – sei es bei Tag oder bei Nacht – das taten sie." (1) Q

Auch die Griechen, die sich an der Küste Kleinasiens angesiedelt hatten, waren vom Perserkönig abhängig. Eine der Griechenstädte, Milet, versuchte, sich durch einen Aufstand zu befreien, und wurde dabei von Athen unterstützt. Die Truppen des Perserkönigs Dareios siegten und zerstörten Milet. Danach rüstete er eine Flotte gegen Athen. Aber die Stadt konnte sich durch einen Sieg bei Marathon erfolgreich verteidigen (490 v. Chr.). Dareios starb, bevor er ein neues Heer gegen Griechenland in Marsch setzen konnte.
Sein Nachfolger Xerxes plante, nicht nur die Athener zu bestrafen, sondern ganz Griechenland zu erobern. Er kam mit einem Landheer um 100 000 Mann, damals eine gewaltige Zahl, und 600–700 Schiffen; die sollten Athen vom Meer her angreifen. Was konnten die Griechen dieser Übermacht entgegenstellen?

Ein Athener, Themistokles, sah lange voraus, wie gefährlich die Lage war. Er überzeugte die Athener, daß nur eine Kriegsflotte sie vor dem Untergang retten könne. So verwandte man alle Kräfte auf den Schiffsbau. Es waren gerade 100 Schiffe fertiggestellt, als Xerxes 480 v. Chr. vom Norden her gegen die Stadt vorrückte. Die Athener entschlossen sich, die Bevölkerung zu „evakuieren" (= ausquartieren): Frauen und Kinder wurden in eine Stadt auf der Peloponnes gebracht, die alten Leute auf die Insel Salamis, vor deren Küste die griechische Flotte lag. Die wehrfähigen Männer versammelten sich an Bord der Schiffe. Nun besetzten die Perser kampflos die Stadt. Sie und der Tempelbezirk der Akropolis wurden durch Feuer zerstört. Viele Griechen gaben bereits alles verloren.
Da lockte Themistokles die persischen Schiffe, die im offenen Meer lagen, in eine Falle. Er schickte einen Athener zu Xerxes und ließ ihm sagen: „Die griechischen Führer sind unter sich uneins. Die meisten wollen in ihre Heimat zurück. Nur wenn du sie sofort angreifst, kannst du die ganze Flotte der Griechen auf einmal vernichten."
Der Großkönig befahl den Angriff seiner Schiffe. Er selbst wollte, an der Küste des Festlandes stehend, dem Sieg zuschauen. Doch in der engen Durchfahrt bei Salamis waren die persischen Schiffe bald eingekeilt und konnten überhaupt nicht mehr manövrieren. Die Griechen waren dagegen mit ihren wendigen Dreiruderern im Nahkampf überlegen, zumal sie wußten, daß sie siegen oder sterben mußten. Nach zwölfstündiger Schlacht war die See von Schiffstrümmern und Leichen bedeckt. Es heißt, die Griechen hätten 220 persische Schiffe vernichtet oder erbeutet, während sie selbst nur 40 Schiffe verloren. → (1)
Den Rest seiner Flotte schickte Xerxes nach Kleinasien, während seine Landarmee nach Norden marschierte. Im folgenden Jahr griffen die vereinigten griechischen Truppen die persischen Landstreitkräfte bei Platää an und siegten. Eine griechische Flotte landete darauf an der Küste Kleinasiens, wo sich das persische Schiffslager befand. Es wurde gestürmt und mit allen Schiffen niedergebrannt. So blieb Griechenland von der Fremdherrschaft bewahrt und konnte für lange Zeit seine Freiheit retten.

Der Seebund der Athener. Um die Perser von einem neuen Angriff abzuschrecken, schlossen fast alle Inseln und Küstenstädte am Ägäischen Meer ein Bündnis, den Attischen Seebund (477 v. Chr.). Er umfaßte mehr als 200 Mitglieder. Es gab eine Bundesversammlung, in der jedes Mitglied gleiches Stimmrecht besaß. Aber Athen, das mit seiner Flotte den Sieg über die Perser herbeigeführt hatte, gab mit seiner Meinung immer den Ausschlag. Athen war die Vormacht des Seebundes. Die Mitglieder mußten Schiffe und Mannschaften für das gemeinsame Flottenaufgebot bereitstellen. Wer von den Verbündeten keine eigenen Kriegsschiffe und Matrosen beisteuern wollte, zahlte statt dessen einen Geldbetrag. So konnte Athen 200 bis 300 moderne Kriegsschiffe unterhalten, die einsatzbereit im Militärhafen der Stadt lagen oder durch das Ägäische Meer segelten.
Das Kommando über die Flotte war in Athen. Die Athener erlaubten keinem Mitglied, aus dem Bündnis auszutreten, und sie bestraften alle, die ihre Verpflichtungen nicht erfüllten. Sie nahmen auch Geld aus der Bundeskasse für die eigene Stadt. Die Verbündeten mußten das athenische Geld (die attische Währung) einführen. Die Vorherrschaft (*Hegemonie**) Athens war so deutlich, daß der Seebund die Bezeichnung erhielt: „Die Athener und ihre Verbündeten". → (3)

Athen als wirtschaftliches Zentrum. Der Attische Seebund nützte auch der Wirtschaft von Athen. In der Stadt wurden hochwertige Keramikgefäße und Metallwaren aller Art hergestellt, die man ins Ausland

verkaufte. Das Gewerbe war weitgehend spezialisiert. Es gab ganze „Fabriken", in denen vor allem die berühmten „attischen Vasen" hergestellt wurden: schwarz und rot bemalte Tonkrüge, Vasen, Schalen und sonstige Tongefäße, die man in die ganze damals bekannte Welt verkaufte. →(4)
Man beschäftigte viele Arbeitskräfte, zum Teil athenische Bürger, die gegen Lohn arbeiteten; dann Arbeitskräfte, die aus dem Ausland kamen; am meisten aber Sklaven. In den Betrieben der Stadt sollen 50 000 Sklaven gearbeitet haben, billige Arbeitskräfte, die nur das Nötigste an Nahrung und Kleidung und eine Schlafstelle kosteten. →(5)
Den Arbeitern und selbständigen Handwerkern ging es in Athen am besten in der Zeit, als die Stadt nach den siegreichen Perserkriegen neu aufgebaut und mit großartigen öffentlichen Gebäuden ausgestattet wurde (vgl. S. 50). Man darf sich freilich die Lage der Arbeiter nicht allzu günstig vorstellen. In einem Arbeitsvertrag stand z. B.: „Wenn irgendeiner der Arbeiter, die ein Handwerker beschäftigt, bei unsorgfältiger Arbeit erwischt wird, so soll er ausgestoßen und nicht wieder in Dienst genommen werden."

Am Hafen der Stadt, am Piräus, wurden die Waren umgeschlagen. Hier wurden die Tongefäße mit Wein oder Olivenöl, die Vasen und Krüge, die Marmorstatuen, der feine Schmuck, die Werkzeuge und Waffen, die in Athen produziert wurden, auf Schiffe verladen. Ein Schiff konnte bis zu 3000 Weinkrüge aufnehmen. Aus dem Ausland brachten die Schiffe zahlreiche Güter, die die Stadt einführte: Da gab es Thunfisch und gepökelte Seefische vom Hellespont, Rippenstücke schwerer Rinder, Schweine und Käse aus Italien, Birnen und feiste Schafe von der Nachbarinsel Euböa. Mandeln, Kastanien und Datteln kamen aus dem Innern Kleinasiens, Rosinen und getrocknete Feigen von Rhodos, Teppiche und Kissen, Leder und Elfenbein aus Nordafrika, Weihrauch und Zypressenholz aus Syrien, schöne Papyrusrollen aus Ägypten. Das eingeführte Holz, Eisen und Kupfer, die Segeltuchballen und Pechvorräte wurden in Lagerhallen gestapelt. Daneben standen Getreidespeicher, die man ständig mit Lieferungen von der Schwarzmeerküste füllte. Jeder Athener wußte, daß die Einfuhr von Brotgetreide für die Stadt lebenswichtig war – die Stadt mußte jährlich 3 Millionen Zentner davon einführen –, und die Getreidehändler machten gute Geschäfte. Alle Einfuhrgüter wurden mit athenischem Geld bezahlt. Es waren Münzen, die eine Eule, das Wahrzeichen der Stadtgöttin Athene, zeigten. →(3)

(1) Seesieg über die Perser – Bedingungen und Folgen

(a) Erklärt anhand der Skizze den Verlauf der Seeschlacht bei Salamis.

(b) Berichtet über die Auswirkungen des Sieges.

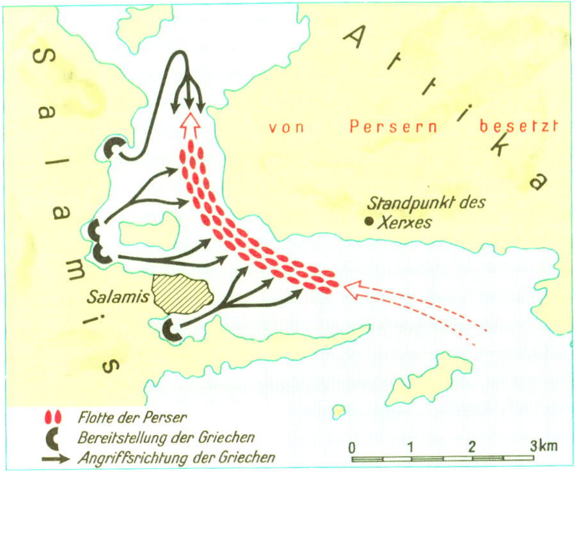

(2) Soldatenschicksale

„Auf in den Kampf, ihr Enkel des unbezwungnen Herakles!
Streitet getrost! Noch nie wandt' euch den Rücken der Gott.
Nimmer erschreck' euch die Menge des Feinds, noch fass' euch ein Zagen,
Nein, gradaus mit dem Schild stürmt auf die Vordersten an!
Achtet das Leben gering, und die finsteren Pfeile des Todes,
Grüßt sie mit Lust, wie sonst Helios' Strahlen ihr grüßt!
Denn schön ist's für den Tapfern, im vordersten Gliede zu fallen,
Wenn er, den Seinen ein Hort, kämpft für den heimischen Herd;
Aber unendliche Schmach, wenn den Fliehenden, der das Getümmel
Meidet, des Feindes Geschoß hinten im Rücken ereilt ..." (2) Q

(a) Versteht ihr das Gedicht? Sprecht darüber in der Klasse.

Der Abschied des Kriegers. Vasenmalerei auf einem Mischkrug des Kleophonmalers (um 440 v. Chr.). Der Krieger mit attischem Helm, gesenkter Lanze und einem Schild mit großem Auge erhält von seiner jungen Frau die Schale mit dem Abschiedstrunk. Hinter ihr ein Greis mit weißem Haar, ganz rechts die Mutter oder Schwester des Kriegers.

(b) Schildert, wie den Menschen auf dem Vasenbild zumute ist. Man könnte die Szene auch in einem Stegreifspiel darstellen.

(c) Welche Einstellung kennt ihr von Soldaten der Bundeswehr zu ihrem Beruf?

(3) Worauf beruhte die Macht der Athener?

(a) Erklärt, wie ein attischer Dreiruderer gebaut war und wie das Schiff fuhr.

(b) Welchem Teil der Mannschaft hättet ihr am liebsten angehört? Warum?

(c) Erklärt die Kartenskizze.

(d) Worauf beruhte die wirtschaftliche Überlegenheit und die militärische Stärke der Athener?

Rekonstruktion eines athenischen Kriegsschiffes, der „Triere" (= Dreiruderer). Die drei Ruderreihen befanden sich schräg über- und hintereinander. Die obersten Ruderer mit den längsten Rudern saßen in einer Art Galerie. Die beiden anderen Reihen saßen nur wenig tiefer innerhalb der Schiffswand. Segel wurden nur während der Fahrt gesetzt. Im Gefecht benutzte man die Ruder. Ein Schiff war mit 170 Ruderern bemannt. Es war etwa 35 m lang und ungefähr 5 m breit. Es war ungewöhnlich schnell, wendig und vom Wind unabhängig.

Erzgießerei. Ein Mann, der auf einem Schemel sitzt, schürt das Feuer des Schmelzofens. Ein Junge hinter dem Ofen drückt den Blasebalg. An einem Ziegengehörn hängen Tonmodelle, daneben eine Blattsäge und andere Werkzeuge. Ein Arbeiter schaut zu; neben ihm ein Handwerker beim Zusammensetzen einer Statue, deren Kopf auf dem Boden liegt (Malerei auf einer attischen Schale, nach 490 v. Chr.).

(4) Arbeit für jeden – wodurch?

(a) Erklärt auf der Abbildung einzelne Tätigkeiten der Handwerker.

(b) Besprecht die beiden Quellentexte und arbeitet heraus, worauf sie den hohen Stand der gewerblichen Entwicklung in Athen zurückführen.

(c) Erläutert, was „Arbeitsteilung" bedeutet – damals und heute.

Xenophon, über die Arbeitsteilung:

„In kleinen Städten macht derselbe Mann Bett, Tür, Pflug, Tisch, und oft baut er auch noch die Häuser und ist froh, wenn er dadurch Kunden genug hat, um seinen Lebensunterhalt verdienen zu können; es ist aber unmöglich, daß jemand, der viele Gewerbe betreibt, alles gut machen kann. In den großen Städten dagegen genügt infolge des erweiterten Absatzes für jeden Handwerker ein einziges Gewerbe zum Lebensunterhalt, und oftmals nicht einmal ein ganzes, sondern der eine macht Männer-, der andere Damenschuhe, ja mitunter lebt der eine lediglich vom Zuschneiden des Leders, der andere näht es zusammen, einer schneidet nur die Röcke zu, der andere näht ausschließlich die zugeschnittenen Stücke zusammen. Wer sich so ganz auf einen kleinen Teil eines Handwerks konzentriert, macht das natürlich auch am besten." (3)

Q

Plutarch, über den Bau der Akropolis:

„Vielerlei Materialien wurden benötigt, Steine, Erz, Elfenbein, Gold, Eben- und Zypressenholz, und zu ihrer Bearbeitung brauchte es mancherlei Handwerker, so Zimmerleute, Bildhauer, Kupferschmiede, Steinmetzen, Färber, Goldarbeiter, Elfenbeinschnitzer, Maler, Sticker, Graveure. Die Transporte zur See brachten den Reedern, den Matrosen und Steuerleuten Beschäftigung, diejenigen zu Land den Wagenbauern, Pferdehaltern und Fuhrleuten, den Seilern, Leinewebern, Sattlern und Straßenbauern und Bergknappen. Jedes Handwerk verfügte, wie der Feldherr über sein Heer, über eine Masse von ungelernten Hilfsarbeitern, welche als Handlanger dienten, kurz, die Vielfalt der Arbeiten machte es möglich, daß sozusagen jedem Alter und jedem Stand reicher Gewinn zuströmte." (4)

Q

(5) Wie selbstverständlich war Sklavenarbeit?

„Als rechtlose Menschen arbeiteten sie mitten unter den Freien, taten Dienst in jedem Haushalt, waren in der Landwirtschaft ebenso unentbehrlich wie in den gewerblichen Betrieben, bestritten nahezu allein die Arbeit in den Bergwerken. Auch im öffentlichen Dienst fehlten sie nicht, sie waren städtische Arbeiter, Dienstboten bei den Behörden und sogar Polizisten." (5)

(a) Was erfahrt ihr aus dem Text über die Arbeit von Sklaven in der griechischen Gesellschaft?

(b) Lest S. 45 und 59 nach, wie viele Sklavinnen und Sklaven es in Athen gab.

(c) Wie denkt ihr darüber, daß Menschen als Sklaven gehalten wurden?

(6) Das Ende der Friedenszeit

(a) Stellt anhand der folgenden Zeittafel fest, wie lange nach dem Ende der Perserkriege Frieden in Griechenland herrschte.

(b) Welchem Volk gehörten die Gegner der aufgeführten Kriege an?

Kriege in Griechenland:

435 v. Chr.	Korinth gegen Korkyra (Korfu)
431–404 v. Chr.	Athen gegen Sparta (Peloponnesischer Krieg)
415–413 v. Chr.	Athen gegen Syrakus
394–387 v. Chr.	Sparta gegen Korinth
376–372 v. Chr.	Sparta gegen Athen
371–362 v. Chr.	Theben gegen Sparta
357–355 v. Chr.	Athen gegen seine Bundesgenossen
356–346 v. Chr.	Theben gegen Sparta und Athen
338 v. Chr.	Makedonien gegen Athen und seine Verbündeten

1. Berichte über Ursachen, Verlauf und Ergebnis der Kriege zwischen Griechen und Persern.

2. Versuche, die Bedeutung des Attischen Seebundes für Athen und seine Verbündeten einzuschätzen, und trag die Ergebnisse im Heft in eine Tabelle nach folgendem Muster ein:

Vorteil (V) Nachteil (N)	für die Athener	für die Verbündeten
Bereitstellung einer Kriegsflotte gegen die Perser		
Überweisung von Geldbeiträgen an Athen zum Schiffsbau		
Verfügung Athens über die Gelder des Bundes		
Bestrafung von Mitgliedstaaten durch Athen		
Kommando Athens über die gesamte Flotte des Bundes		
Einführung der attischen Währung in den Mitgliedstaaten		
Athen kann im Schutz der Flotte Handel treiben		

3. Ergänze den folgenden Satz:

In Athen gab es Groß ...., in denen D .... von Lohnarbeitern und ...... z. B. V .... oder W ..... für den Ex .... herstellten.

Hegemonie: Vormachtstellung eines Staates innerhalb einer Staatengruppe. Sie beruht auf wirtschaftlicher und/oder militärischer Überlegenheit und führt zur Abhängigkeit oder Unterwerfung der übrigen Staaten.

Seemacht: Ein Staat, der das Meer (im Altertum: das Mittelmeer) beherrscht, weil er aufgrund seiner geographischen Lage und mit Hilfe einer überlegenen Handels- und Kriegsflotte den Schiffsverkehr kontrollieren kann.

490 v. Chr.	Schlacht bei Marathon
480 v. Chr.	Seesieg der Griechen bei Salamis
477 v. Chr.	Attischer Seebund

Quellennachweis

(1) Der Perserkönig Dareios I. Zitiert in: Geschichtliche Quellenhefte mit Überblick, Heft 1, a.a.O., S. 24.
(2) Tyrtaios, ein griechischer Dichter in der Zeit um 650 v. Chr. Deutsche Übersetzung in: Materialien für den Geschichtsunterricht, a.a.O., S. 81.
(3) Xenophon, ein griechischer Schriftsteller um 400 v. Chr. Deutsche Übersetzung in: I. Weiler: Griechische Geschichte, Einführung. Darmstadt 1976, S. 89.
(4) Plutarch: Perikles, Kap. 12. Deutsche Übersetzung in: Materialien für den Geschichtsunterricht, a.a.O., S. 88.
(5) J. Vogt: Sklaverei und Humanismus. Wiesbaden 1965, S. 3.

Lesetip

C. M. Bowra: Griechenland. Von Homer bis zum Hellenismus. Rororo Life 31. 1972 (SB)
P. Conolly: Die griechischen Armeen. Neuer Tessloff Verlag Hamburg 1978 (SB)
W. Mondfeld: Entscheidung bei Salamis. Arena Würzburg, 1976 (JB)

3.4. Alexander und der Hellenismus

Die Alexanderschlacht. Mosaik aus einem Haus in Pompeji (vgl. S. 92). Als Vorbild des Mosaiks diente wahrscheinlich ein griechisches Gemälde aus dem 4. Jahrhundert v. Chr. Der Bildausschnitt zeigt den vor Alexander d. Gr. fliehenden persischen Großkönig Dareios III. Der Wagenlenker hinter ihm reißt den Streitwagen herum und treibt die Pferde mit der Peitsche an, um Dareios vor der anstürmenden griechischen Reiterei zu retten. Der Großkönig sieht entsetzt zum Führer seiner Leibgarde zurück, der, von einem Speer durchbohrt, von dem gestürzten Pferd sinkt.

„Alexander der Große“: Den Namen kennt jeder. Wann hat dieser Mann gelebt, und warum heißt er „der Große“? Wir wissen, Alexander hat ein Weltreich geschaffen.

- Wie war das möglich? Wie ist es erobert worden? Wie hat er es regiert?
- Was haben seine Soldaten dazu beigetragen? Was haben sie geleistet, gelitten?
- Was ist von Alexanders Herrschaft übrig geblieben oder: Was hat er bewirkt?

Alexander erobert das Perserreich. Den Norden der griechischen Halbinsel bewohnten die Makedonen, ein mit den Griechen verwandtes Volk von Bauern und Hirten. Sie hatten keine Städte und waren wirtschaftlich und kulturell weniger entwickelt als die Griechen, aber sie besaßen eine starke Armee: Reiter und Fußsoldaten, die mit langen Lanzen kämpften. Der Makedonenkönig Philipp zwang im Jahr 338 v. Chr. die griechischen Stadtstaaten, einen Hellenischen Bund unter seiner Führung zu bilden, um das Perserreich zu erobern. Noch bevor das gemeinsame Heer auszog, wurde Philipp ermordet. Sein zwanzigjähriger Sohn Alexander unterdrückte den Versuch einiger griechischer Städte, sich wieder selbständig zu machen, und führte dann das Vorhaben aus.

Er überschritt mit 30 000 Lanzenträgern und 5000 Reitern den Hellespont und durchzog Kleinasien, wo sich ihm die Söldnertruppen der persischen Statthalter vergebens in den Weg stellten: Sie wurden von Alexanders Reiterei niedergerannt. In der Ebene von Issos im Süden Kleinasiens hatte der Großkönig Dareios III. ein gewaltiges Heer aufgestellt, um sein Reich zu verteidigen. Mit einem überraschenden Reiterangriff trieb Alexander den Gegner zur Flucht. Dareios konnte sich retten, doch sein ganzer Hofstaat und seine Familie fielen dem Sieger in die Hände. →(1)

Alexander wandte sich nun erst nach Süden, eroberte die Küstenstädte Phönikiens und bemächtigte sich der persischen Flotte. In Ägypten wurde der Makedonenkönig als Befreier empfangen und als neuer Pharao und als ein Gott auf Erden begrüßt. Er gründete im Nildelta eine Stadt, Alexandria, die für Jahrhunderte das größte Handelszentrum der alten Welt wurde.

Nach diesen Erfolgen marschierte Alexander ins eigentliche Perserreich. Bei Gaugamela stellte sich Dareios noch einmal zu einer Entscheidungsschlacht. Er verlor wieder und mußte wieder fliehen. Alexander konnte sich nun wirklich ,,König von Asien" nennen. Die persischen Residenzstädte Babylon, Susa, Persepolis mußten sich ihm ergeben. Den Palast von Persepolis ließ Alexander niederbrennen, damit die einstige Zerstörung von Athen gerächt sei. Dann verfolgte er den flüchtigen Großkönig, aber der wurde von seinem eigenen Statthalter ermordet. Alexander ließ die Leiche ehrenvoll bestatten und erklärte sich zum Nachfolger der Perserkönige. →(2)

Der Zug nach Indien. Der ,,König von Asien" trieb seine Soldaten zu neuen Eroberungszügen. Er sah: Asien war größer als das Perserreich. Und er wollte über Indien vordringen bis ans Ende der Welt. Das Unbekannte wollte er sehen. Er führte das Heer, das nun mit Hilfstruppen und Troß über 100 000 Mann zählte, durch das heutige Afghanistan nach dem Pandschab, dem Fünfstromland. Am Indus trat ihm ein König namens Poros mit einer fremdartigen Streitmacht entgegen: Von großen Elefanten herab schossen Speerwerfer und Bogenschützen. Aber auch Poros unterlag. Als der weitere Vormarsch in einem wochenlangen Regen stecken blieb, begannen die makedonischen Soldaten zu meutern.

,,Die Männer waren in den letzten Jahren 18 000 km marschiert, ohne Rücksicht auf Jahreszeit oder Geländebeschaffenheit. Offizielle Zahlen sollten später behaupten, daß sie mindestens eine dreiviertel Million Asiaten getötet hatten. Zweimal hatten sie gehungert. Ihre alte Kleidung war so zerfetzt, daß die meisten von ihnen indische Gewänder trugen. Die Pferde waren fußkrank, die Wagen in der Ebene, die sich in Sümpfe verwandelt hatten, unbrauchbar. Es war das Wetter, das letzten Endes ihre Kampfmoral gebrochen hatte. In den vorhergehenden Monaten waren sie fortwährend völlig vom Regen durchnäßt. Ihre Schnallen und Gürtel waren von Rost zerfressen, und ihre Lebensmittel verdarben, da Mehltau das Getreide ruinierte. Ihre Stiefel waren undicht, und sie hatten ihre Waffen kaum gereinigt, so überzog die Feuchtigkeit sie erneut mit einem grünen Schimmer . . ." (1)

Die Offiziere drängten Alexander, den Feldzug abzubrechen. Für drei Tage zog sich darauf Alexander zurück und ließ sich nirgendwo sehen, noch immer auf eine Wandlung in den Gemütern hoffend. Dann endlich rief er die engsten Vertrauten zu sich und ließ dem Heer verkünden, daß er sich entschlossen habe, umzukehren.

Nun ließ Alexander eine Flotte bauen, die mit zwei Abteilungen bemannt den Indus hinab zum Ozean fuhr. Sie wurde am Ufer von den Landtruppen begleitet, die sich gegen wachsenden Widerstand der Bewohner hindurchkämpfen mußten. Vom Flußdelta aus marschierte das Heer durch die Wüste (heute: Belutschistan) nach Persien zurück, während die Flotte den Seeweg nach Susa nahm. Beide erreichten das Ziel, das Heer unter schrecklichen Leiden an Hunger und Durst, Hitze und Kälte; die Hälfte des Zuges kam um.

Leistungen Alexanders. Man nennt Alexander ,,den Großen". Schon zu Lebzeiten, erst recht aber nach seinem Tod, wurde er wie ein Gott verehrt. Unbestreitbar sind seine Fähigkeiten, vor allem als Feldherr, aber auch als Staatsmann.

Sein größter Plan war es, den Westen und Osten seines Reiches zu verbinden und auf dieser Grundlage die Weltherrschaft zu errichten. In Susa heiratete er zwei persische Prinzessinnen und ließ mehr als zehntausend seiner Offiziere, Beamten und Soldaten persische Frauen nehmen. Durch diese „Massenhochzeit" wollte Alexander die Gleichberechtigung der Perser mit den Makedonen in Verwaltung und Heer bewirken und eine neue Führungsschicht für sein Weltreich schaffen. Zugleich sollten alle sehen, was er mit seinem Plan meinte: Der Orient wurde zum Schwerpunkt des neuen Reiches. Er selbst hatte die Nachfolge der persischen Großkönige angetreten; darum übernahm er auch persische Sitten, trug orientalische Kleidung, ließ sich nach Art des Großkönigs mit dem Fußfall begrüßen. Das verärgerte zwar viele Makedonen, gefiel aber den Orientalen.

Andererseits sollte im neuen Reich griechisches Denken herrschen. Die griechische Sprache sollte zur Staatssprache werden. Makedonische Statthalter übernahmen die Verwaltung in den Provinzen. Zahlreiche Städte – mindestens 30 an Zahl – wurden gegründet und mit griechischen Bürgern besiedelt; in den Städten führte Alexander die Demokratie nach athenischem Muster ein. Ein neues Straßennetz und eine einheitliche Währung förderten den Handel. Wissenschaftler begleiteten den König auf seinen Zügen und erforschten bisher unbekannte Länder, Tiere, Pflanzen, Meere und Flüsse.

Die Herrschaft über die Welt hatte Alexander – noch nicht oder nicht mehr – erreicht. Er starb, knapp 33 Jahre alt, am 13. Juni 323. In Alexandria in Ägypten fand er seine letzte Ruhestätte. →(3)

Alexanders Nachfolger teilen das Reich. Alexanders Generäle stritten sich nach seinem Tod um die Nachfolge. Die Witwen und der Sohn Alexanders wurden ermordet. Nach Jahrzehnte dauernden Kriegen blieb das „Weltreich" unter drei Nachfolgern (*Diadochen**) aufgeteilt: In Makedonien regierte das Geschlecht der Antigoniden, zu ihrem Machtbereich gehörte auch Griechenland; in Ägypten herrschte die Familie der Ptolemäer; in Syrien, Kleinasien, im Zweistromland und bis nach Indien das Herrscherhaus der Seleukiden. Pergamon und die Insel Rhodos konnten sich selbständig halten. Die Diadochen setzten fort, was Alexander begonnen hatte: die Ausbreitung des Griechischen und die Sicherung ihrer Macht, allerdings ohne Alexanders Verschmelzungspolitik weiterzuführen. Griechische Sprache und Lebensart herrschten bei der Oberschicht: Im Geschäftsleben, beim Militär, in der Verwaltung und in den Schulen wurde griechisch gesprochen; im Heer und bei der Staatsverwaltung behielten die Makedonen den Vorrang. Die breite Masse der Bevölkerung behielt jedoch ihre angestammte Sprache und Lebensart. Auch im Aufbau des Staates setzten sich die orientalischen Formen durch: In Ägypten die Regierungsform der Pharaonen, im Seleukidenreich die Art der persischen Großkönige. Nicht die Demokratie von Athen bestimmte die politische Ordnung, sondern der Wille der Könige. Die Monarchie (vgl. S. 83) war die herrschende Staatsform der folgenden Jahrhunderte.

Man nennt diese Zeit, in der die Griechen (die „Hellenen") ihre Sprache, ihre Lebensart und – durch Auswanderung in die von Alexander eroberten Gebiete – sich selbst im weiten Orient ausbreiteten, das Zeitalter des *Hellenismus** und die Könige dieser Zeit „hellenistische Herrscher".

Herrscherkult und Staatswirtschaft. Die hellenistischen Herrscher verlangten von den Beamten und den Soldaten, ja vom ganzen Volk absoluten Gehorsam. Der König allein galt als Quelle des Rechts. Wie Alexander verlangt hatte, daß er als Sohn des Zeus anerkannt werde, so ließen sich jetzt die Herrscher als Götter auf Erden verehren. Man errichtete Statuen zu ihren Ehren, baute mächtige Grabdenkmäler (*Mausoleen**) und veranstaltete feierliche „Gottesdienste" zur Anbetung des Herrschers. Die Herrscher vererbten die Macht in der Familie: So entstand eine Dynastie wie bei den Pharaonen.

Der ganze Staat wurde als Besitz der Dynastie betrachtet. Das wirtschaftliche Leben – Arbeit, Produktion und Handel – galt gleichsam als ein großer Haushalt des Königs. Er wurde zentral verwaltet mit dem Ziel, immer mehr zu erzeugen und die Einnahmen zu steigern. Ein Heer von Beamten überwachte Aussaat und Ernte, regulierte den Handel durch Zölle und Staatsmonopole (staatliches Alleinverkaufsrecht bei bestimmten Waren) und bestimmte mit staatlicher Planung, was und wieviel im Handwerk hergestellt und verdient werden sollte. Ein Musterbeispiel für diese Staatswirtschaft war Ägypten.

Alexandria und sein „Museion". Oft wird berichtet, daß Alexander und seine Erben Städte gegründet haben. Was bedeutet das, eine Stadt zu gründen? Alexander hat auf seinen Eroberungszügen an strategisch wichtigen Punkten befestigte Orte angelegt, um den Nachschub zu sichern und das umliegende Land zu kontrollieren. Er wählte stets Plätze, die an wichtigen Handelswegen lagen; so konnten sie sich auch wirtschaftlich gut entwickeln. In den Städten wurden Griechen aus dem Mutterland angesiedelt. Sie prägten das Gesicht der hellenistischen Städte: Es gab gepflasterte Straßen, einen großen Marktplatz im Mittelpunkt, eine Reihe öffentlicher Anlagen und Gebäude, Sport- und Rennbahnen, Theateranlagen, in denen Schauspieler griechische Stücke aufführten, Tempelbauten mit Werken griechischer Künstler, Wasserleitungen, Werkstätten und Schulen, vor allem ein Gymnasium für die höhere Bildung (vgl. S. 50). Glanzvoll waren die Residenzstädte der Diadochen, vor allem Alexandria, das rund eine halbe Million Einwohner zählte.

Berühmt war das „Museion" (lateinisch: Museum) von Alexandria, ein Heim der „Musen", das die Ptolemäerkönige für die Gelehrten, Dichter und Künstler bauen ließen. Sie wohnten dort ganz von den Sorgen des Alltags befreit und konnten sich ausschließlich den Wissenschaften und Künsten widmen. Eine Bibliothek von etlichen 100 000 Papyrosrollen, wohlgeordnet und in einem Katalog verzeichnet, stand ihnen zur Verfügung. Ein medizinisches Institut (Anatomie), eine Sternwarte und ein Zoologischer Garten mit exotischen Tieren gehörten ebenfalls zum „Museion".

Verschiedene Einzelwissenschaften konnten sich hier entwickeln. Spezialisten für Literatur und Dichtung sammelten Werke aus früherer Zeit, erklärten den Text und erläuterten den Inhalt: So entstand die Wissenschaft der Philologie. Erd- und Himmelskunde machten großartige Fortschritte. Der Geograph Aristarch lehrte schon damals, daß die Erde sich um die Sonne bewege und sich dabei um sich selber drehe.

Am „Museion" gab es auch eine Ärzteschule, und hier entdeckten Forscher z. B. den Unterschied zwischen Sehnen und Nerven und beschrieben die Tätigkeit des Gehirns. Die Ärzte benutzten zahlreiche Drogen und führten schwierige Operationen durch. Euklid und Archimedes, zwei Mathematiker, die in Alexandria lehrten, sind besonders berühmt. Die Ergebnisse ihrer Forschungen behielten bis heute grundlegende Bedeutung. Viele der gewonnenen Erkenntnisse sind in der Technik praktisch genutzt worden. Den Werften gelang es, Schiffe von mehreren tausend BRT zu bauen.

Viele Wissenschaftler und Künstler verbrachten, wie z. B. Archimedes, nur einige Zeit in Alexandria und kehrten wieder in ihre Heimat zurück. Auf diese Weise verbreiteten sich Kenntnisse und Erfahrungen der Wissenschaft in der ganzen hellenistischen Welt. → (4)

(1) Alexander begründet den Feldzug gegen den Perserkönig

Nach der Schlacht bei Issos im Jahr 333 v. Chr. schrieb Alexander an den persischen Großkönig:

„Eure Vorfahren sind gegen Makedonien und das übrige Hellas [Griechenland] gezogen. Sie haben uns ohne unser Verschulden schwer geschädigt. Ich bin zum Feldherrn der Hellenen ernannt. Ich will an den Persern Vergeltung üben ... In offener Schlacht habe ich zuerst über deine Feldherrn und Statthalter, jetzt über dich und deine Heeresmacht gesiegt; so bin ich durch der Götter Gnade Herr des Landes. Da ich Herr über ganz Asien bin, komm du zu mir. Behandle mich als König ganz Asiens. Bist du über die Krone anderer Meinung, so stelle dich noch einmal. Kämpfe um sie und fliehe nicht; ich werde gegen dich ziehen, wo du auch bist." (2) Q

(a) Welchen Grund gibt Alexander hier für seinen Eroberungszug an?

(b) Welchen Eindruck gewinnst du aus diesen Zeilen von Alexander?

(2) Ein Schlachtenbild

(a) Schildert, was sich in der Schlacht, die auf S. 63 dargestellt wird, ereignet hat und wie das dargestellt wird.

(b) Was sagt das Bild über die Bewaffnung und Kampfweise der Soldaten zur damaligen Zeit?

(c) Wer kennt eine andere Darstellung der Alexanderschlacht?

Münze mit dem Bild Alexanders des Großen als Herakles im Löwenfell (um 325 v. Chr.). Herakles war nach der griechischen Sage ein Sohn des Gottes Zeus und der Königstochter Alkmene. Welche Vorstellung von der Herkunft Alexanders sollte diese Darstellung erwecken (vgl. S. 64)?

(3) Der frühe Tod des Alexander

Ein Geschichtsschreiber des Altertums berichtet über die letzten Tage Alexanders, nachdem er von einem tödlichen Fieber erfaßt worden war:

„. . . Am Tage darauf sei er in das Haus am Schwimmbad gebracht worden und habe, wie gewöhnlich, geopfert. Obgleich es ihm schlecht ging, hätte er doch von seinen Generalen die bedeutendsten zu sich beschieden und wieder betreffs der Flottenfahrt seine Anordnung gegeben. Am Tage darauf sei er nur noch mit Mühe und Not zu den Heiligtümern hinausgetragen worden und hätte geopfert. Er hätte aber trotzdem noch den Generalen Befehle wegen der Flottenfahrt gegeben . . . In der folgenden Nacht und am Tage darauf sei das Fieber sehr arg gewesen und ebenso in der anderen Nacht und am Tage nach dieser. So steht es in den Königlichen Tagebüchern aufgezeichnet, und außerdem, daß unter diesen Umständen seine Soldaten das Verlangen gehabt hätten, ihn zu sehen, die einen, damit sie ihn noch lebend sähen; dagegen die anderen, weil schon die Kunde ging, er sei tot, so daß sie argwöhnten, daß ihnen sein Tod von seinen Leibwächtern verheimlicht würde. Ich wenigstens glaube das. Die meisten aber hätten aus Gram und Sehnsucht nach ihrem König es mit Gewalt erzwungen, Alexander zu sehen. Man sagt, daß er stumm dagelegen habe, wie das Heer – Mann für Mann – an seiner Bahre vorbeizog. Doch hätte er die einzelnen noch gegrüßt, indem er den Kopf mit Mühe hob und mit den Augen winkte . . ., und kurz danach sei Alexander gestorben." (3) Q

(a) Gliedert den Text in Abschnitte und besprecht, was in dem Bericht steht.

(b) Sprecht über das Verhältnis Alexanders zu seinen Offizieren und Soldaten.

(4) Alexandria: Weltstadt und Welthafen

Ein Geograph des Altertums schreibt:

„Die Stadt besitzt sehr schöne öffentliche Bezirke, unter denen der Bezirk der Königspaläste hervorragt; er macht allein fast ein Drittel des ganzen Stadtgebietes aus. Zum Palastviertel gehört auch das Museion mit seinen Wandelhallen und dem Speisesaal für die Gelehrten. Am Großen Hafen, zur Rechten der Einfahrt, liegt die Insel Pharos mit dem berühmten Leuchtturm, dessen Höhe gut 160 Meter beträgt. Hinter dem ‚Kleinen Hafen' erhebt sich das Theater, ihm folgt der Poseidontempel, dann der Marktplatz mit den Warenlagern, dahinter die Schiffsarsenale und danach wieder ein künstlich angelegter Hafen. Die ganze Stadt ist voll von Heiligtümern und großen Gebäuden, von denen das schönste das Gymnasion darstellt; es hat Säulenhallen von fast 200 Metern Länge. In der Mitte der Stadt liegt das Gerichtsgebäude und die Parkanlagen, die einen künstlichen Hügel umschließen, von dessen Gipfel man die ganze Stadt überschauen kann . . . Durch den Kanal, der den Nil mit dem Roten Meer verbindet, kommen gewaltige Flotten sogar aus dem Indischen Ozean und bringen die wertvollsten Frachten nach Alexandria, von wo sie weiter zu den anderen Handelsplätzen versandt werden. So kommen doppelte Zölle ein, von der Einfuhr wie von der Ausfuhr. Und wo die Waren so wertvoll sind, sind auch die Zölle entsprechend hoch . . ." (4) Q

(a) Sucht die einzelnen Angaben des Textes auf dem Stadtplan.

(b) Nennt die öffentlichen und kulturellen Einrichtungen der Stadt Alexandria und vergleicht, welche es in eurem Schulort gibt.

(5) Eines der „sieben Weltwunder"

Rekonstruktion des Leuchtturms auf der Insel Pharos, der als eines der *sieben Weltwunder** galt. Die Höhe des 280 v. Chr. erbauten Leuchtturms ist umstritten (130 oder sogar 180 m). Sein Feuer war 57 km weit sichtbar. In der Zeit der Kreuzzüge (um 1100 n. Chr.) stürzte das Bauwerk durch ein Erdbeben zusammen.

(a) Beschreibt den Leuchtturm und erklärt, wozu er diente.

(b) Was läßt sich aufgrund der Abbildung über die Schiffahrt und über die technischen Fähigkeiten der Menschen damals erkennen?

(6) Ein Kartenvergleich

Das Reich Alexanders.

Die Diadochenreiche.

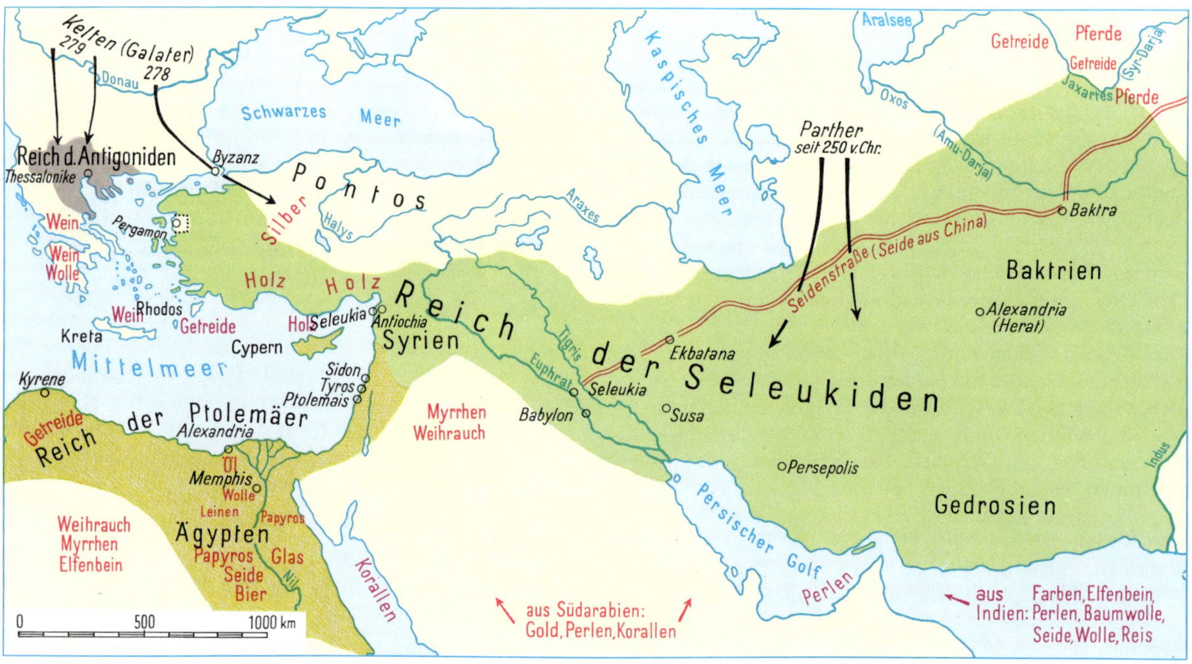

(a) Auf beiden Karten (links) kann man z.B. die Größe von Gebieten, die Lage und Entfernung von Orten, den Verlauf von Grenzen usw. feststellen. Was kann man besonders gut an der oberen, was an der unteren Karte ablesen?
(b) Was zeigt der Vergleich beider Karten?

1. Berichte aus dem Leben Alexanders.

2. Alexander meinte, er könnte ans Ende der Welt gelangen. Was meinst du dazu?

3. Erläutere anhand der Karte die Lage und Ausdehnung der drei Diadochenreiche.

4. Berichte über die Bedeutung von Handel und Verkehr zur Zeit des Hellenismus.

5. Schlag im Lexikon die folgenden Namen nach: Archimedes, Aristophanes, Euklid, Epikur – und berichte über die Leistungen dieser Männer aus der Zeit des Hellenismus.

Diadochen: Nachfolger Alexanders, die sein Reich untereinander aufteilten, woraus sich mehrere unabhängige Staaten bildeten, vor allem das Makedonenreich, das Seleukidenreich (das einen Großteil des ehemaligen Perserreiches umfaßte) und das Ptolemäerreich (Ägypten).

Hellenismus: Das Wort ist von der Bezeichnung „Hellenen" (d. h. Griechen) abgeleitet und bezeichnet die Epoche von Alexander d. Gr. bis zur Bildung des römischen Weltreiches. Sie ist durch die Staatsform der Monarchie (Königsherrschaft, vgl. S. 83) und einen besonderen Kunststil gekennzeichnet.

Mausoleum: Nach dem Grabmal, das zu Ehren eines persischen Statthalters namens Mausolos im 4. Jh. in Halikarnaß in Kleinasien errichtet wurde, nennt man ähnlich großartige Grabmäler „Mausoleum".

Weltwunder: Bezeichnung für die sieben eindrucksvollsten Kunstwerke des Altertums: Pyramiden in Ägypten, Hängende Gärten in Babylon, Zeusstatue in Olympia, Artemistempel in Ephesus, Mausoleum in Halikarnaß, Koloß von Rhodos, Leuchtturm von Alexandria.

336–323 v. Chr.	Alexander der Große
3.–1. Jh. v. Chr.	Zeitalter des Hellenismus

Quellennachweis

(1) R.L. Fox: Alexander der Große. Düsseldorf 1974, S. 500.

(2) Arrian, ein römischer Geschichtsschreiber, gest. 172 n. Chr. in seinem Werk: Feldzüge Alexanders, Kap. 2, 14.

(3) Arrian: Alexanders Siegeszug. Zitiert nach: Geschichtliche Weltkunde, Quellenlesebuch, Band 1, a.a.O., S. 59f.

(4) Strabo, ein griechischer Geograph, gest. 20 n. Chr., in seiner Geographie, Kap. XVII, 1.

Lesetip

P. Bamm: Alexander oder die Verwandlung der Welt. Knaur 3223 (SB)

H. Baumann: Der große Alexanderzug. dtv junior 7275 (JB)

F. Hampl: Alexander der Große, Persönlichkeit und Geschichte, Musterschmidt Verlag, Göttingen 1965 (WD)

J.G. Landels: Die Technik in der antiken Welt. Beck, München 1983 (WD)

R.L. Fox: Alexander der Große. Eroberer der Welt. Heyne-Biographien Bd. 41 (WD)

H. Schönfeld: Die Pagenverschwörung von Baktra. Klopp, Berlin (JB)

4. Rom und sein Reich: Das Wirken einer Weltmacht

4.1. Die Ausbreitung der römischen Herrschaft

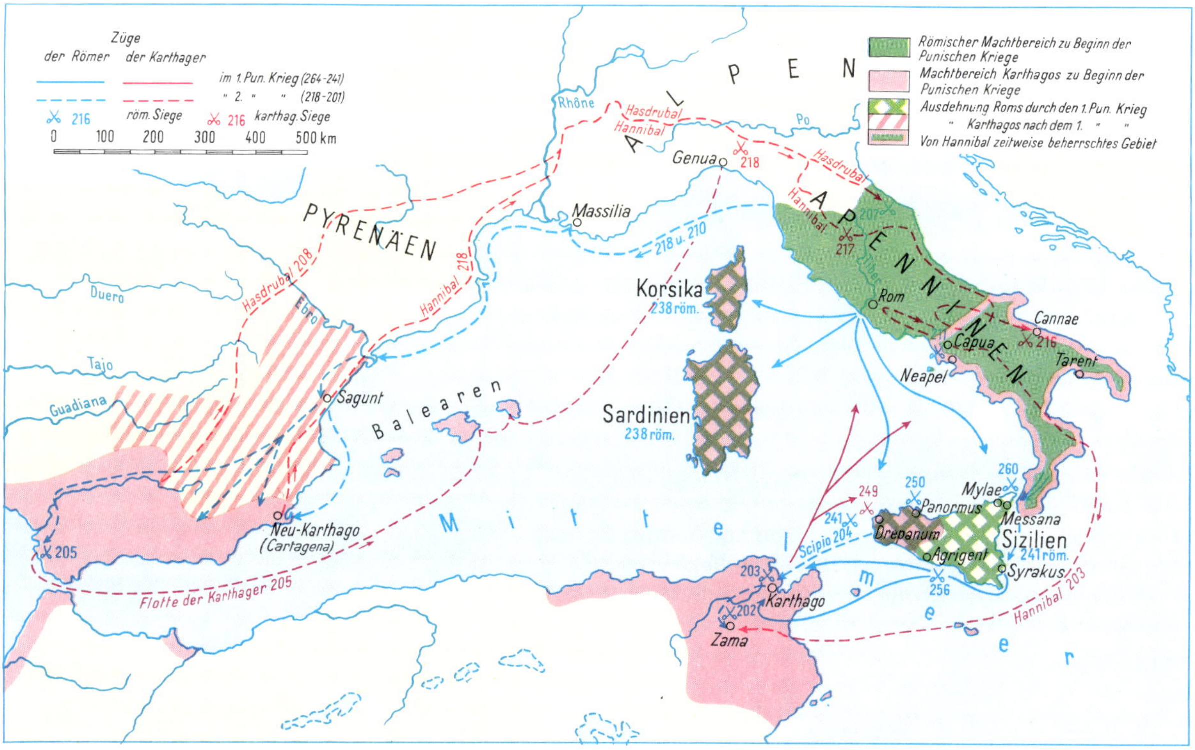

Die Punischen Kriege.

Rom war noch ein Stadtstaat, kleiner als Athen, als 387 v. Chr. Gallier (Kelten) die Stadt belagerten und trotz tapferer Gegenwehr einnahmen. Die Sieger waren bereit, gegen Zahlung von 1000 Pfund Gold, Stadt und Land wieder zu räumen. Beim Abwiegen des Goldes betrogen die Gallier die Römer mit falschen Gewichten. Als sich diese beklagten, warf der Anführer der Gallier sein Schwert in die Waagschale mit dem höhnischen Ruf: „Vae victis!“ (Wehe den Besiegten!)

Eine solche Schmach wollten die Römer nie mehr erleben. Jahrhunderte später konnte ein römischer Dichter sagen:

„Du Römer, wisse, dies ist dein Beruf:
Die Welt regiere, denn du bist ihr Herr.
Dem Frieden gib Gesittung und Gesetze.
Begnad'ge, die sich dir gehorsam fügen,
und brich in Kriegen der Rebellen Trotz!“ (1) Q

Die Römer sind die politischen Lehrmeister für ganz Europa geworden. Man hat ihren Staat und die Art, wie er regiert wurde, bewundert, nachgeahmt, kritisiert, und zwar noch zu einer Zeit, als das Römerreich schon 1500 Jahre vergangen war.

- Was für ein Volk, was für Menschen waren die Römer?
- Waren sie politisch besonders begabt oder hatten sie einfach Glück beim Aufbau ihres Staates?
- Wie haben die Römer ihr Reich erobert und sind zur Großmacht am Mittelmeer aufgestiegen?

Die Gründung Roms. Welche Stadt der Welt hat eine so bedeutende Vergangenheit wie Rom? Die italischen Bauern, die sich vor rund 3000 Jahren am Tiber ansiedelten, konnten nicht voraussehen, daß aus den Siedlungen die Hauptstadt eines Weltreiches, später der Mittelpunkt der katholischen Christenheit wie auch die Hauptstadt Italiens würde. Die Lage war günstig: auf sieben Hügeln, die von Sümpfen umgeben waren und sich leicht verteidigen ließen; am Tiber, den Schiffe bis zum nahen Meer befahren konnten; an der Stelle, wo eine Fernstraße den Fluß überquerte. Etrusker – ein hochentwickeltes Volk, das durch Verschmelzung von Einwanderern aus dem Osten mit Stämmen in Italien entstanden war – beherrschten bald die italischen Bauern am Tiber und schlossen die Dörfer auf den sieben Hügeln zu einer Stadt zusammen, der Sage nach im Jahr 753 v. Chr. Sie umgaben die Stadt mit einer Mauer, legten einen Marktplatz, das Forum, an und errichteten auf dem Kapitolhügel eine Burg. In der Zeit um 510 v. Chr. wurden die etruskischen Herrscher von den führenden Familien Roms verjagt. Seitdem regierte im römischen Stadtstaat der Adel.

Patrizier und Plebejer. Der Adel, das waren wie in Athen die vornehmen Familien, reich durch Grundbesitz, seit Generationen schon angesehen und einflußreich. Sie hießen Patrizier, standen hoch über der Schicht der einfachen Leute, die man hier Plebejer (von „Plebs", d. h. Volk) nannte, und regierten die Stadt. Meist schlossen sich die Plebejer einem Patrizier als Schutzherrn (Patron) an und wurden so seine „Klienten".

Der Patron vertrat seine Leute vor Gericht und unterstützte sie in geschäftlichen und politischen Dingen. Im übrigen waren die Plebejer freie Leute. Manche von ihnen wurden reich und verlangten die volle Gleichberechtigung mit den Patriziern.

Die Plebejer hatten erkannt, daß die Patrizier im Krieg auf sie angewiesen waren. Das nutzten sie aus; und wenn der Adel ihren Forderungen gar nicht nachgeben wollte, traten die Plebejer in Streik: Sie verweigerten jede Mitarbeit und zogen sogar ein paar Mal (zuletzt 287 v. Chr.) aus der Stadt aus, bis die Patrizier begriffen, daß der Staat nur existieren konnte, wenn er allen gehörte und wenn alle mitentscheiden konnten. So stimmten sie zu, daß auch ein Plebejer ein Regierungsamt anstreben konnte, wenn er erfolgreich war. Sie anerkannten das Recht des Volkes auf eigene Beamte, die „Volkstribunen", die eigens zum Schutz der Plebejer da waren und eine bevorzugte Stellung besaßen: Sie hatten das Recht, jedem Bürger zu Hilfe zu kommen, der sich durch einen Regierungsbeamten bedroht oder in seinen Rechten verletzt fühlte. Sie konnten gegen staatliche Maßnahmen im Interesse der Bürger Einspruch erheben und sie mit Gewalt verhindern. Sie selbst waren „unverletzlich", niemand durfte sie behindern oder gar festnehmen. Wenn ein römischer Bürger vor Gericht zum Tode verurteilt wurde, konnten die Volkstribunen das Urteil aufschieben und den Fall einer Versammlung des Volkes zur Abstimmung vorlegen. → (2)

Die Republikanische Ordnung. Es gab im römischen Staat keinen König. Rom war eine *Republik** (von „res publica", d. h. gemeinsame Sache, Sache des Volkes). Die Macht verteilten die Römer auf den Magistrat, die Volksversammlung und den Senat. Der Magistrat, das war die Regierung. An der Spitze der „regierenden Beamtenschaft" standen zwei Konsuln. Sie hatten die Macht, zu befehlen und von allen Bürgern außer den Volkstribunen Gehorsam zu fordern. Sie leiteten die Volksversammlung und befehligten im Krieg das Heer. Eine Reihe von Ämtern unterstützten die Konsuln: Prätoren kümmerten sich um das Gerichtswesen, Ädile um das Bauwesen der Stadt, Quästoren um alle Finanzangelegenheiten. Sie wurden wie die Konsuln vom Volk gewählt.

Das römische Volk, d. h. jeder Bürger konnte in der Volksversammlung darüber mitentscheiden, wer den Staat regierte und nach welchen Gesetzen regiert wurde. Ob Rom Krieg führen oder Frieden schließen wollte, hing von der Volksversammlung ab; denn die Bürger, die im Heer dienten, hatten allein das Recht, das zu entscheiden. Die Volksversammlung wählte alle Beamten des Staates, und sie konnte das Urteil über Leben und Tod eines Bürgers fällen, der eines politischen Verbrechens angeklagt war.

Die meisten politischen Entscheidungen fielen aber im Senat. Dort saßen die Patrizier, die Vertreter der angesehenen Familien, rund 300 Männer. Der Senat sollte die Beamten beraten. Die Senatoren nahmen aber zu allen wichtigen politischen Fragen Stellung, gaben Ratschläge und Empfehlungen. Was nach einem Beschluß des Senats richtig war oder geschehen sollte, das wurde in Rom auch gemacht. Daher kann man den Senat als die eigentliche Regierung bezeichnen.

Aber weder Magistrat, noch Volksversammlung, noch Senat konnten allein entscheiden. Sie bremsten sich gegenseitig, d. h. die Macht blieb kontrolliert. Die Amtszeit der Konsuln und der übrigen Beamten betrug nur ein Jahr. Und für jedes Jahr wurden jeweils zwei Konsuln, zwei Prätoren usw. gewählt. Jeder hatte somit einen Kollegen, der die gleiche Vollmacht besaß und jede Entscheidung seines Mit-Konsuls, Mit-Prätors usw. durch seinen

Einspruch aufheben konnte. In Zeiten der höchsten Not konnte statt der beiden Konsuln ein „Diktator" ernannt werden, der aber auch nur für sechs Monate die ganze Macht besaß.

Der Aufstieg zur Großmacht. Als Rom eine Republik wurde, war dieser Staat noch klein. In Kriegen mit Nachbarn konnten die Römer das Staatsgebiet ständig erweitern. Um 250 v. Chr. beherrschte die römische Republik bereits Italien von der Südküste bis zur Poebene, ein Gebiet mit etwa 3 Millionen Menschen. Ein Drittel davon waren römische Bürger geworden, die anderen wurden als „Bundesgenossen" behandelt. Wegen Sizilien verstrickte sich Rom in einen Krieg mit Karthago, der größten See- und Handelsmacht des westlichen Mittelmeerraums. Die Römer siegten und machten Sizilien zur *Provinz** (Untertanengebiet).

Etwa 20 Jahre danach brach erneut ein Krieg aus, diesmal wegen Spanien, wo die Karthager (Punier) immer mehr Gebiete besetzten, was die Römer nicht wollten (2. Punischer Krieg). Der Feldherr Hannibal führte jetzt ein starkes Heer aus Spanien durch Südfrankreich und über die Alpen nach Oberitalien und schlug zwei römische Heere, obwohl er ein Drittel seiner Krieger unterwegs verloren hatte. Rom war in Gefahr. Bei Cannae stellten die Römer ihr größtes Heer – rund 80 000 Mann – den Karthagern entgegen. Wieder siegte Hannibal trotz der zahlenmäßigen Übermacht der Römer (216 v. Chr.).

Aber jetzt bewährte sich die Republik: Der Senat übernahm die Führung des Staates. Neue Truppen wurden ausgehoben. Bürger und Bundesgenossen hielten auch jetzt zu Rom, das zwar Schlachten verlor, doch nicht den Krieg. Man zwang Hannibal mit einer Verzögerungstaktik, seine Kräfte in endlosen Märschen und Einzelgefechten zu verzetteln. Dann griffen die Römer unter dem neuen Konsul Scipio die Karthager zuerst in Spanien, dann in Nordafrika an. Hannibal mußte Italien aufgeben. Es kam bei Zama auf afrikanischem Boden zur Entscheidungsschlacht. Scipio errang einen vollständigen Sieg. Karthago mußte 201 v. Chr. Frieden schließen. → (3)

Im Laufe von weiteren siebzig Jahren unterwarfen die Römer die Diadochenreiche außer Ägypten (vgl. S. 65). 146 v. Chr. wurde Karthago von den Römern dem Erdboden gleichgemacht. Wie Sizilien wurden auch die hellenistischen Staaten sowie Nordafrika, Oberitalien und Spanien römische Provinzen, die von Statthaltern regiert wurden und deren Bewohner hohe Abgaben (Tribute) nach Rom zahlen mußten. Rom war jetzt die einzige Großmacht im Bereich des Mittelmeers.

Im letzten Jahrhundert v. Chr. drangen die Römer weiter nach Norden und Osten vor, besetzten Gallien, dann Süddeutschland und den Balkan.

(1) „Das Recht ist die Grundlage unserer Freiheit"

Diesen Satz sprach ein römischer Staatsmann. Die Plebejer hatten schon um 450 v. Chr. erreicht, daß eine Sammlung des gültigen *römischen Rechts** auf 12 Tafeln öffentlich aufgestellt wurde. Sie bestimmte u. a.:

„Wenn einer einen anklagt und vor Gericht ruft, muß dieser ihm folgen. Wenn er Ausflüchte macht oder fliehen will, soll der Kläger ihn festnehmen.
Wenn einer zu einer Geldstrafe verurteilt ist, dann hat er bis zur Erfüllung der Schuld eine Frist von 30 Tagen.
Was jemand durch ein letztwilliges Testament verfügt, hat volle Rechtsgültigkeit. Stirbt jemand, der keinen Abkömmling hat, ohne ein gültiges Testament, so soll der nächste Blutsverwandte väterlicherseits das Familiengut erben.
Wenn jemand einem andern ein Glied verstümmelt, soll der Täter das gleiche erleiden, sofern er sich nicht mit dem Verletzten gütlich einigen kann.
Es ist verboten, jemand ohne Urteilsspruch zu töten, es sei denn, er werde bei einem Verbrechen ertappt." (2) Q

Tausend Jahre nach dem „Zwölftafelgesetz" wurden noch einmal alle Rechtssätze gesammelt und in einem Buch zusammengefaßt. Dieses Werk, das „Corpus juris", bildet noch heute eine Grundlage der Rechtsprechung. In ihm steht z. B.:

„Demjenigen obliegt es, den Beweis zu erbringen, der etwas behauptet (Kläger), nicht dem, der leugnet (Angeklagter).
Auf bloße Verdachtsmomente hin jemanden zu verurteilen, geht nicht an ... es ist besser, wenn einmal die Straftat eines Schuldigen ungesühnt bleibt, als wenn man einen Unschuldigen verurteilt.
Wegen bloßer Gedanken wird niemand bestraft.
Jemand zu verurteilen, ohne ihn gehört zu haben, verbietet die Gerechtigkeit. Was man dem Beklagten nicht erlaubt, darf auch dem Kläger nicht gestattet werden.
Wer schweigt, gesteht damit keineswegs unter allen Umständen etwas zu; sicher ist nur, daß er nicht bestreitet.
Eine Strafe wird nur verhängt, wenn sie im Gesetz für die begangene Straftat besonders angedroht ist.
Bei der Gesetzesauslegung sind Straftaten eher zu mildern als zu verschärfen." (3) Q

(a) Schreibt Überschriften zu den einzelnen Rechtssätzen.

(b) Erfindet einen Fall, der nach römischem Recht verhandelt und abgeurteilt werden soll. Versucht, die Gerichtsszene zu spielen.

(c) Im heutigen Recht gelten u. a. folgende Grundsätze:

„Der Vertreter der Anklage hat die Schuldbeweise zu erbringen."
„Jeder Angeklagte hat das Recht auf seine Verteidigung vor Gericht."
„Jeder Angeklagte hat das Recht, die Aussage zu verweigern."

Sucht das römische Vorbild dazu.

(d) Gilt der Satz, mit dem die Aufgabe (1) überschrieben ist, auch für euch, für uns?

(2) Eine „gestufte" Gesellschaft

(a) Zählt auf, wer alles zu einer altrömischen „familia" gehörte.

(b) Gebt an, wodurch sich die drei Stände – Patrizier, Plebejer und Sklaven – unterschieden.

(c) Versucht, den Unterschied zwischen einer altrömischen „familia" und einer heutigen Familie zu bestimmen.

(d) Was zeigt die Leiste unter den Bildern?

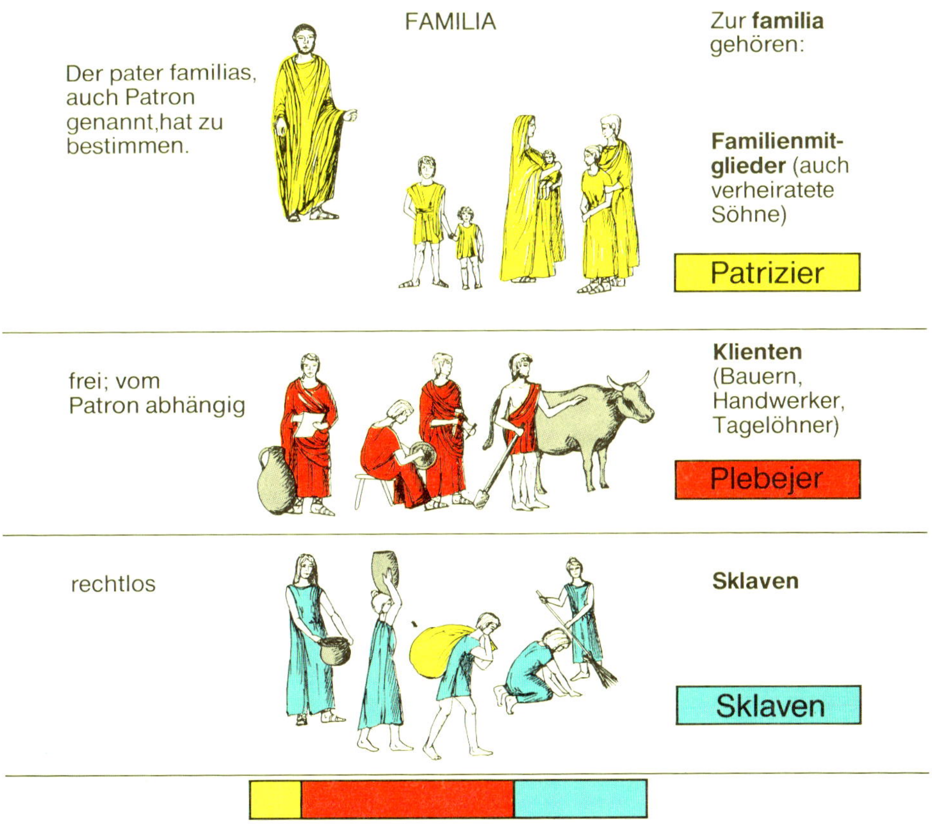

Stände im alten Rom.

Rekonstruktion eines römischen Kriegsschiffes mit Enterbrücke.

(3) Verteidigungs- oder Eroberungskriege?

Die römischen Legionen eroberten zwar zahlreiche sizilische Städte und Dörfer. Aber die Punier zogen sich auf ihre Schiffe zurück, griffen mit ihrer Flotte italische Küstenstädte an und sperrten dem römischen Heer den Nachschub.
Da bauten die Römer selbst eine Kriegsflotte nach dem Muster eines gestrandeten punischen Schiffes. Jedes Schiff erhielt eine Enterbrücke, die beim Zusammenstoß ausgeworfen wurde und den Gegner festhielt. So gelangten römische Soldaten auf das feindliche Schiff und konnten in gewohnter Weise kämpfen.

Die Friedensbedingungen, die Rom den Karthagern nach dem 2. Punischen Krieg stellten:

„Alle Besitzungen außerhalb Afrikas mußten abgetreten werden; das bedeutete die Vernichtung des karthagischen Reichs. Das Landgebiet der Stadt Karthago blieb erhalten, doch Numidien wurde dem König Massinissa übertragen; so erhielt Karthago einen römischen Verbündeten als Nachbarn. Alle Elefanten und die Kriegsflotte bis auf zehn Schiffe mußten ausgeliefert werden; es war eine Entwaffnung, die Karthago die Möglichkeit nahm, den Krieg gegen Rom zu erneuern. Die Stadt mußte sich verpflichten, außerhalb Afrikas keinen Krieg, in Afrika nur mit Erlaubnis Roms Krieg zu führen; so wurde Karthago politisch abhängig von Rom. Die Kriegsentschädigung wurde auf 10 000 Talente festgesetzt, die in 50 Jahresraten zu entrichten waren; dadurch war die Gesundung der Stadt nach Möglichkeit erschwert.“ (4)

Das Ende des 3. Punischen Krieges schildert die folgende Darstellung

„Fast drei Jahre währte der Kampf um die Stadt. Nur Schritt für Schritt kamen die Römer voran, immer wieder suchten und fanden die Karthager Mittel, das drohende Ende hinauszuzögern. Die Entscheidung brachte dann Scipio Aemilianus, der Enkel des großen Scipio. Im Frühjahr 146 gelang es seinen Truppen, durch die Mauern in die eigentliche Stadt einzudringen. Nach einem Straßenkampf von zehn Tagen fiel schließlich die Burg, das Zentrum des letzten Widerstandes. Die Überlebenden wurden in die Sklaverei geführt, die Stadt selber ging in Flammen auf, über die Stätte, auf der einst Karthago gestanden hatte, wurde der Pflug hinweggeführt. Fortan, so verlangte es der Sieger, sollten dort nie mehr Menschen wohnen. Das ehemals karthagische Territorium wurde römische Provinz ... Die Probleme in Nordafrika waren im römischen Sinne gelöst.“ (5)

(a) Wie haben die Römer ihre überlegenen Landstreitkräfte auch zur See eingesetzt?

(b) Welche Entfernungen mußten die Truppen Hannibals von Sagunt bis nach Süditalien zurücklegen?

(c) Waren die Kriege, die Rom führte, von Verteidigungs- oder Eroberungsabsichten bestimmt? Stützt eure Meinung auf die beiden Texte.

(d) Vergleicht das römische Kriegsschiff mit einer griechischen Triere (S. 60).

1. Erkläre anhand der Grafik den Aufbau der römischen Republik.

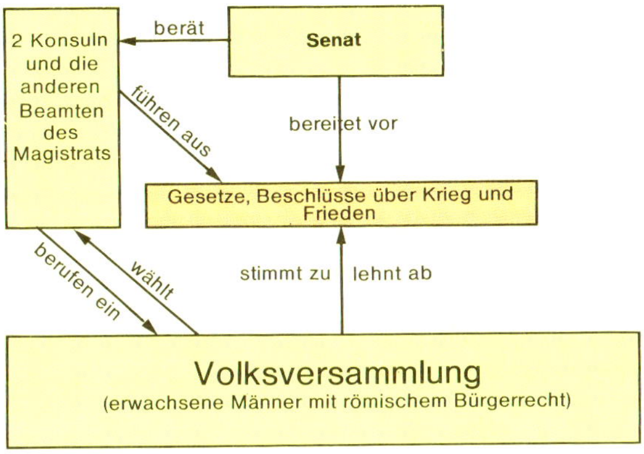

2. Stelle in einer Tabelle nebeneinander:

Rechte des Magistrats	Kontrolle des Magistrats
Rechte des Volkes	Beschränkung der Macht des Volkes

3. Versuche zu beurteilen, welche Vor- und Nachteile es hatte, daß in Rom die obersten Beamten jeweils nur für ein Jahr und stets „paarweise" gewählt wurden.

4. Worin siehst du Ursachen der Punischen Kriege? Wie endeten sie?

5. Ordne die Begriffe den richtigen Aussagen zu:

(1) Magistrat	(a) Beamter, der vom Volk (den Plebejern) gewählt ist und die Interessen der Bürger vertritt.
(2) Diktator	(b) Beschützer und Ratgeber von Leuten, die sich ihm angeschlossen haben.
(3) Senat	(c) auf Zeit gewählte, ehrenamtliche Beamte.
(4) Volkstribun	(d) oberster Regierungsbeamter.
(5) Patron	(e) auf 6 Monate ernannter Herrscher mit unumschränkter Gewalt.
(6) Klient	(f) Schutzbefohlener, von einem Patrizier abhängig.
(7) Konsul	(g) Beratende Versammlung der Patrizier in Rom.

6. Beantworte die 3. Schlüsselfrage von S. 70.

Provinz: Eroberte Gebiete, die einem Statthalter unterstanden. Es handelt sich um Untertanenland, dessen Bevölkerung nicht das römische Bürgerrecht besaß und Abgaben an den römischen Staat leisten mußte. Später bedeutet Provinz auch Bezirk, Landesteil.

Republik: Aus lateinisch „res publica", d. h. öffentliche Angelegenheit, Gemeinwesen. Als Republik bezeichnet man einen Staat, der nicht von einem Monarchen (König, Kaiser) beherrscht wird (vgl. Monarchie, S. 83).

Römisches Recht: Es wurde begründet mit dem Zwölftafelgesetz (um 450 v. Chr.) und unter Kaiser Justinian in der Mitte des 6. Jh. n. Chr. in der Gesetzessammlung „Corpus juris civilis" zusammengefaßt. Sie enthält die Rechtssätze, nach denen die römischen Juristen praktische Rechtsfälle entschieden. Die Rechtssätze sind allgemein formuliert, erlauben aber zugleich, den Einzelfall in seiner Besonderheit zu berücksichtigen.

753 v. Chr.	Gründung Roms (der Sage nach)
um 510 v. Chr.	Rom wird Republik
um 450 v. Chr.	Zwölftafelgesetz
261–201 v. Chr.	Punische Kriege
146 v. Chr.	Zerstörung von Karthago

Quellennachweis

(1) Vergil: Aeneis 6, 851 ff. Deutsche Übersetzung in: Geschichte in Quellen, Band 1, a.a.O., S. 587.
(2) Aus dem Zwölftafelgesetz. Deutsche Übersetzung in: Geschichte in Quellen, Band 1, a.a.O., S. 395.
(3) Aus dem Corpus Juris. Deutsche Übersetzung in: Geschichte in Quellen, Band 1, a.a.O., S. 844 ff.
(4) J. Vogt: Aufstieg Roms. Römische Republik I. Freiburg 1962, S. 134.
(5) W. Hoffmann: Roms Aufstieg zur Weltherrschaft, in: Propyläen Weltgeschichte, Bd. 4, 1. Frankfurt 1976, S. 164 f.

Lesetip

H. Baumann: Ich zog mit Hannibal. dtv junior 7048 (JB)
P. Conolly: Hannibal und die Feinde Roms. Tessloff, Hamburg 1978 (JB)
E. Nack/W. Wägner: Rom. Land und Volk der alten Römer. Ueberreuter, Wien-Heidelberg 1976 (SB)
T. Rörig: Dank gebührt Hannibal. Würzburg 1981 (JB)
R. Sutcliff: Der Adler der neunten Legion. dtv junior 7012 (JB)
R. Sutcliff: Der silberne Zweig. dtv junior 7069 (JB)

4.2. Bürgerkriege und Kaiserherrschaft

Kaiser Augustus als Feldherr, eine 2 m hohe Marmorstatue (um 20 n. Chr.), die in Primaporta bei Rom gefunden wurde. Die Darstellungen auf dem Panzer sollen die Taten des Kaisers verherrlichen. Unter Götterbildern auf der oberen Hälfte des Panzers werden die unterworfenen Völker symbolisiert:
Ganz links eine Germanin, ganz rechts eine Keltin; zwischen beiden ein Parther, der einem römischen Feldherrn einen Legionsadler zurückgibt.

Wenn ein Staat so mächtig wird wie der römische, dann stellt sich die Frage um so dringender, wer ihn regieren soll, wie die Macht verteilt und wie sie kontrolliert werden kann.

- Wie war das in Rom? Wer hatte den Nutzen davon, daß die Römer ein Weltreich beherrschten?
- Was für Männer waren das, die die Macht im Reich an sich brachten: Caesar und Augustus?
- Wieso konnte aus der römischen Republik ein Kaiserreich entstehen?

Soziale Krise. Die Last der vielen Kriege trug der römische Bürger, vor allem der Bauer, der in Friedenszeiten sein Feld bebaute, aber im Krieg an der Front stand. Von den Siegen profitierten die Reichen, und zwar so:
Das Land besiegter Nachbarn wurde z. T. in Staatsgut verwandelt und an römische Bürger verpachtet. An kleine Bauern? Nein, die konnten in der kurzen Friedenszeit kaum den eigenen Hof instandsetzen. Die römischen Patrizier vermehrten ihren Besitz, den sie durch Sklaven bewirtschaften ließen. Die Senatoren konnten außerdem als Offiziere und Militärbefehlshaber große Schätze erbeuten, während die einfachen Leute durch den Kriegsdienst fast nur Schaden erlitten: Ihre Felder verwahrlosten, die Handwerksbetriebe machten bankrott, das Familienleben war gestört.
Viele verarmte Landleute zogen in die Stadt. Nur wenige fanden dort das erhoffte bessere Leben. Es gab nicht genügend Verdienstmöglichkeiten. Die Besitzer großer Gewerbebetriebe arbeiteten lieber mit Sklaven, die keinen Lohn erhielten und die jetzt billig zu haben waren. So lebten in Rom und in anderen Städten immer mehr Menschen, die nichts besaßen. Man nannte sie *Proletarier**. → (1)

Reformversuche. Tiberius Gracchus, ein Senatorensohn, wollte die Mißstände beseitigen. Er ließ sich zum Volkstribun (133 v. Chr.) wählen und schlug ein Gesetz vor, wonach ein Römer künftig höchstens 500 Morgen, für zwei Söhne weitere 500 Morgen (insgesamt also ca. 250 Hektar) vom Staatsland erhalten sollte. Das übrige Feld sollte an die besitzlosen Bürger verteilt werden.
Der Amtskollege des Volkstribuns erhob Einspruch gegen den Gesetzesantrag. Wenn Tiberius Gracchus keinen Ausweg fand, mußte die ganze Reform scheitern. Er flehte den Kollegen an, den Einspruch zurückzunehmen. Vergebens. Nun rief Tiberius das Volk zusammen und verlangte, daß der andere Volkstribun abgesetzt werde, weil er gegen das Wohl des Volkes handle. Das war etwas völlig Neues und widersprach der *Tradition**. Die Volksversammlung folgte Tiberius, erklärte den Mann für abgesetzt und stimmte dem Ackergesetz zu. Eine Kommission wurde gebildet, die nun das Land verteilen sollte. Die neuen Siedler erhielten Geld aus dem Staatsschatz, damit sie ihre Höfe einrichten konnten. Aber noch bevor die Aktion recht in Gang gekommen war, ging die Amtszeit des Tiberius zu Ende. Was konnte er tun? Es galt als verboten, daß ein Mann zwei Jahre nacheinander dieses Amt verwalte. Er stellte sich trotzdem zur Wiederwahl.
Im Senat herrschte große Empörung. Viele Senatoren stemmten sich gegen die ganze Reform. Die meisten wollten am Alten festhalten und sahen durch die Neuerungen des Volkstribuns die Ordnung des Staates gefährdet. Manche sagten, dieser Gracchus strebe nach der Alleinherrschaft. Als die Volksversammlung ohne Waffen, wie es die Vorschrift verlangte, zur Wahl der Tribunen zusammenkam, erschienen plötzlich die Senatoren. Was dann geschah, berichtet ein Schriftsteller aus dem Altertum folgendermaßen:

„Die Senatoren drängten fort, was ihnen in den Weg kam. Die Begleiter der Senatoren hatten schon Keulen und Stöcke mitgebracht, sie selbst aber ergriffen Bretter und Stuhlbeine der vom fliehenden Volk zerbrochenen Bänke und gingen geradewegs auf Tiberius los, indem sie auf die Leute, die vor ihm standen, wie wild dreinschlugen. So wurde die ganze Versammlung zum Fliehen gebracht und viele wurden getötet. Tiberius selbst ergriff die Flucht, strauchelte und wurde erschlagen. Von den andern wurden mehr als dreihundert mit Stöcken und Steinen totgeschlagen, keiner aber mit richtigen Waffen. Dies war nun, wie zuverlässig versichert wird, der erste Aufstand in Rom seit Bestehen der Republik, der durch Mord und Bürgerblut entschieden wurde. Alle anderen Konflikte hatte man immer durch gegenseitiges Nachgeben beizulegen gewußt." (1) Q

„Parteien" und ihre Führer. Tiberius Gracchus und auch sein jüngerer Bruder Gaius, der 10 Jahre nach ihm eine ähnliche Politik versuchte, scheiterten. Die Ungerechtigkeiten blieben bestehen und damit auch die Gegensätze. Von jetzt an gab es zwei Auffassungen darüber, was für den Staat gut und notwendig sei. Die eine wurde von der „Senatspartei" vertreten und lautete: Wir müssen am Altbewährten festhalten; die Macht bleibt am besten in den Händen der Oberschicht, denn sie allein kann die Aufgaben meistern, sie hat Erfahrung und Überblick; das Volk braucht eine starke Führung. Die Anhänger der Gegenpartei nannten sich „Popularen" (von „populus" = das Volk). Sie vertraten die Interessen des Volkes und waren für Reformen, für eine schrittweise Änderung der Verfassung. Die beiden Gruppen bildeten keine Parteien im modernen Sinn, sie dienten jedoch ehrgeizigen Männern dazu, eine breite Anhängerschaft zu gewinnen.
Der politische Aufstieg eines Mannes hing jetzt, seit Rom eine Großmacht geworden war, weniger von seinen Leistungen zuhause ab, z. B. in der Verwaltung und im politischen Alltag, sondern mehr vom Erfolg an der Front. So erreichte z. B. Marius, ein Mann einfacher Herkunft, der sich als Offizier emporgedient und seine Soldaten zum Sieg geführt hatte, die Gunst der Wähler und wurde mehrmals Konsul (104–100 v. Chr.). Als gelernter Soldat hatte er auch erkannt, daß sich das römische Heer nicht mehr allein aus wehrpflichtigen Bauern ergänzen

konnte, zumal die Zahl freier Bauern schrumpfte. Er stellte auch Freiwillige ein: Proletarier aus den Armenvierteln der Stadt. Sie wurden Berufssoldaten, der Staat zahlte ihnen Sold und mußte auch für ihre Ausrüstung aufkommen. So war aus dem Bürgerheer eine Berufsarmee geworden, die freilich noch immer aus römischen Bürgern in Uniform bestand. Allerdings galt die Treue dieser Soldaten mehr ihren Feldherrn als der Republik. Die Feldherrn sahen in ihren Soldaten „Klienten" (vgl. S. 71), für die sie sorgten und die ihnen zur politischen Macht verhalfen. → (2)

Von Pompeius zu Caesar. Ein besonders erfolgreicher Feldherr war Gnaeus Pompeius. Als er im Jahre 61 v. Chr. nach einem langjährigen Krieg aus Asien heimkehrte, bereitete ihm die Hauptstadt einen Triumphzug, wie ihn die Welt bis dahin nicht gesehen hatte. Auf großen Schildern standen die Gebiete, in denen Pompeius seine Siege errungen hatte. Es waren 15, darunter Armenien, Syrien, Palästina, Arabien und Pontus am Schwarzen Meer. Die römische Macht reichte jetzt bis zum Kaukasus. Außerdem hatte Pompeius das ganze Mittelmeergebiet von der Seeräuberplage befreit, an allen Küsten die Raubnester und Schlupfwinkel der Piraten zerstört und ihre Schiffe versenkt oder erbeutet. Die Goldschätze, die Pompeius mitbrachte und der römischen Staatskasse ablieferte, waren allein schon 20 000 Talente (mindestens 1 Milliarde DM) wert. Er selbst besaß riesige Landgüter, zahlreiche Villen mit prachtvollen Kunstschätzen, die er aus Griechenland mitgeschleppt hatte, eine unermeßliche Zahl von Sklaven – und dazu die Treue seiner Soldaten, die er zum Sieg geführt hatte. Die Gunst des Volkes, das ihn bewunderte, war ihm gewiß.
Ein anderer, der junge Gaius Julius Caesar, machte sich beim Volk beliebt, indem er großartige Spiele finanzierte. Er erwarb mit Hilfe von Bestechungen hohe Ämter und ließ sich im Jahr 59 v. Chr. zum Konsul wählen. Zuvor schloß er mit Pompeius und einem Dritten, dem schwerreichen Crassus, ein Bündnis. Zu dritt beherrschten sie den Staat und ließen dem Senat kaum noch Einfluß. Während Caesar Gallien, das heutige Frankreich, für das Römische Reich eroberte, starb Crassus auf einem Feldzug, und Pompeius trennte sich von Caesar, um sich der Senatspartei anzuschließen. Die Parteigegensätze spitzten sich zu.

Caesars Alleinherrschaft. Caesar entschloß sich, den Kampf um die Macht im Staat mit seinen Truppen zu entscheiden. Er marschierte mit einer Legion Soldaten gegen die Hauptstadt. Die meisten Senatoren flüchteten Hals über Kopf aus der Stadt, nicht einmal die Staatskasse nahmen sie mit. Caesar verfolgte sie, aber sie entkamen nach Griechenland. Dort gelang es dem Pompeius, ein neues starkes Heer aufzustellen. Im Jahre 48 v. Chr. kam es zur Entscheidungsschlacht. Caesar siegte über das Senatsheer. Pompeius floh nach Ägypten, wurde dort aber heimtückisch ermordet.
Caesar überraschte die geschlagenen Gegner durch seine Milde. Er nahm keine Rache, er strafte nicht, sondern bot allen, die sich mit der neuen Lage abfinden wollten, die Versöhnung an.
Nun ließ sich Caesar von Senat und Volk zum Konsul für viele Jahre und zum Diktator auf Lebenszeit ernennen. Zugleich durfte er sich Imperator nennen, womit ausgedrückt war, daß ihm der Oberbefehl über sämtliche Truppen zustand. Um sicher zu gehen, erwarb er das Recht auf Unverletzlichkeit seiner Person wie ein Volkstribun. Sein Geburtstag wurde als römischer Staatsfeiertag begangen, und von manchen empfing Caesar geradezu göttliche Ehren. Die Republik blieb nur noch dem Schein nach erhalten. In Wirklichkeit regierte Caesar wie ein König, nur daß ihm der Titel fehlte.
Als Alleinherrscher (*Monarch**) beseitigte Caesar in kurzer Zeit viele Mißstände durch Reformen. Doch viele Senatoren wollten nicht hinnehmen, daß er alle Entscheidungen allein mit seinen persönlichen Ratgebern traf und den Senat nur noch um die nachträgliche Zustimmung bat, damit der Schein gewahrt werde. Sie erdolchten den Diktator in einer Senatssitzung am 15. März 44 v. Chr. → (3)

Kampf um die Nachfolge. Die Verschwörer hatten geglaubt, daß sich nach der Ermordung Caesars die alte Ordnung wieder einstellen werde. Aber statt dessen herrschten nur Aufruhr und Unsicherheit. Die Gegensätze verschärften sich noch mehr. Der 20jährige Adoptivsohn Caesars, Oktavian verbündete sich mit den Generälen Antonius und Lepidus. Die Mörder Caesars wurden besiegt. Gleichzeitig vernichteten die drei Männer, wen sie als ihre Gegner betrachteten: politische Rivalen, persönliche Feinde, reiche Leute, deren Vermögen sie haben wollten. Ungefähr 300 Senatoren und gut 2000 Leute aus den gehobenen Schichten wurden getötet. Mit Zustimmung des Senats teilten die drei Männer die Macht: Der (unbedeutende) Lepidus erhielt Africa, Antonius den Osten, Oktavian den Westen des Reiches. Als Antonius die ägyptische Königin Kleopatra heiratete, beschuldigte Oktavian ihn, den Schwerpunkt des Römerreiches von Rom nach dem Orient zu verlagern. Daraufhin wurde Antonius aller Ämter enthoben und Ägypten der Krieg erklärt. Oktavian siegte in einer Seeschlacht bei Aktium (31

v. Chr.) und eroberte Alexandrien. Kleopatra und Antonius begingen Selbstmord.

Kaiser Augustus: Herrscher oder Mitbürger? Nach seinem Sieg über Antonius, den gefährlichsten Rivalen, gelang es Oktavian, den römischen Staat allmählich zur Ruhe zu bringen. Die Parteien waren von den langen Bürgerkriegen zermürbt, das Volk wollte keine Auseinandersetzungen mehr, man wollte Frieden. Der Mann, der – wie man glaubte – allein imstande war, diesen Frieden zu geben und ihn zu erhalten, war Oktavian. Er trat vor den Senat mit den Worten: „Die Zeit der Gewalt ist vorbei. Nun herrscht wieder Frieden. Ich gebe meine außerordentliche Amtsgewalt dem Senat und dem Volk zurück." Doch der Senat – und damit hatte Oktavian gerechnet – konnte nicht anders, als ihn zu bitten, die Verantwortung für den Staat erneut auf sich zu nehmen.

Wie Caesar bekam er jetzt fast alle führenden Ämter, und zwar auf Lebenszeit. Auch den Titel „Imperator" bekam er, und man ehrte ihn mit dem Beinamen „Augustus", d. h. „Mehrer des Reiches". Zusammen mit dem Namen Caesar, den Oktavian als Erbe des Julius Caesar trug, hieß er jetzt „Imperator Caesar Augustus". Diese drei Bezeichnungen bedeuteten später „Kaiser". Niemals ließ sich Augustus „König" nennen. Er wollte nur der „Erste Bürger" des Staates sein, denn er wußte, daß ihm Würde und Ansehen mehr Macht verliehen als alle Titel. Seine *Autorität** war unbegrenzt. Augustus ließ zwar die Leute glauben, daß Senat und Volk noch immer die Herren von Rom seien, die über Gesetze bestimmten und die hohen Beamten wählten. Nur – die äußere Form täuschte. Denn Augustus bestimmte, wer dem Senat angehörte, und er bestimmte auch, wer für eine Beamtenstelle in Frage kam und welche Gesetze zur Abstimmung vorgelegt wurden. Niemand konnte gegen den Willen des Kaisers handeln. Er konnte das Kaisertum sogar vererben. → (4)

Die Macht des Kaisers beruhte auf dem Heer, auf seinem Ansehen beim Volk und auf seinem Reichtum. Er kommandierte, bezahlte und beförderte Soldaten und Offiziere. Sie standen auf seiner Seite. Das Volk verdankte dem Kaiser Frieden und Ordnung. Er sicherte die Grenzen und garantierte einheitliches Recht im ganzen Reich. Die Armen versorgte er mit kostenlosem Getreide. Die Städte, vor allem Rom selbst, erhielten durch öffentliche Bauwerke ein neues Gesicht. Die Staatskasse war dem Kaiser anvertraut. Er setzte die Steuern fest, überwachte die Einnahmen und ließ die staatlichen Gelder durch geschulte Beamte verwalten. Sein eigenes Vermögen war so unermeßlich, daß er freiwillig große Zuschüsse an den Staat zahlte. Die meisten Provinzen unterstanden dem Kaiser; den Rest konnte der Senat mit gewählten „Prokonsuln" verwalten. → (5)

(1) Weltmacht nach außen – Folgen nach innen

In einer Rede vor der Volksversammlung sagte Tiberius Gracchus:

„Die wilden Tiere Italiens haben eine Höhle, ein Lager, einen Unterschlupf. Aber ihr Bürger, die ihr für Italien kämpft, habt nichts außer Licht und Luft. Ohne Haus, ohne Heimat irrt ihr mit Weib und Kind umher. Die Feldherrn lügen, wenn sie euch Soldaten auffordern, die Gräber der Ahnen zu verteidigen. Denn von so vielen Römern hat keiner mehr sein Vaterhaus und die Grabstätte seiner Vorfahren. Damit andere schwelgen und prassen können, vergießt ihr euer Blut, müßt ihr sterben. Ihr heißt Herren der Welt, und in Wahrheit gehört euch nicht eine einzige Erdscholle zu eigen!" (2) Q

(a) Welche Vorteile haben die Eroberungen den Römern gebracht? Vgl. auch S. 72.

(b) Welche Folgen hatten die Kriege für viele Bauern? Welchen Nutzen hatten die Großgrundbesitzer?

(c) Wie beurteilt Tiberius Gracchus die Lage der römischen Bauern?

(2) Das römische Heer: Wieviel Mann unter Waffen?

„Die römische Armee der Kaiserzeit war ein Berufsheer, das sich in Legionen und Hilfstruppen gliederte. Legionär konnte nur werden, wer das römische Bürgerrecht besaß. In Rom gab es außerdem noch die Leibgarde des Kaisers, die Praetorianer.

Um das Jahr 100 n. Chr. gab es ungefähr 30 Legionen im römischen Reich. Die Legionen wurden zu Eroberungszügen, zum Niederschlagen von Aufständen und zur Abwehr von Eindringlingen eingesetzt. Eine Legion bestand aus ca. 5500 Mann, deren Dienstzeit 20 Jahre betrug. Die

Legion war in 10 Kohorten eingeteilt, davon hatte die 1. Kohorte etwa 1000 Mann und die 2.–10. Kohorte etwa 500 Mann.
Die erste Kohorte wurde in 10 Centurien, die 2.–10. Kohorte jeweils in sechs Centurien eingeteilt, so daß jede Centurie rund achtzig Mann zählte. Insgesamt gab es also 64 Centurien.
Zu jeder Legion gehörte auch eine Abteilung von Meldereitern und Kundschaftern.
Chef einer Legion war der Legat, der aus dem senatorischen Adel kam. Aus dem senatorischen und ritterlichen Stand kamen auch seine sechs Stabsoffiziere, die Tribunen. Ein weiterer hoher Offizier aus dem Ritterstand war der Lagerpraefekt (praefectus castrorum). Er hatte die Verantwortung für das Lager und für die Verpflegung.
Aus dem Mannschaftsstand kamen die Centurionen, die Führer einer Centurie. Sehr angesehen war der Posten des Adlerträgers (aquilifer), der jedoch unter dem Centurio stand. Auch für die anderen Feldzeichen gab es besondere Fahnenträger.“ (3)

1 Legion =	10 Kohorten =	5500 Mann
	1. Kohorte =	10 Centurien = 1000 Mann
	2.–10. Kohorte –	je 6 Centurien = 4500 Mann
	(1 Centurie = ca. 80 Mann)	

Ein Römer äußerte sich zu seiner Militärdienstzeit:

„Zweiundzwanzig Dienstjahre habe ich im Heer zugebracht und bin über 50 Jahre alt. Jetzt wäre es nicht mehr als gerecht, mich zu entlassen, zumal ich vier Söhne als Ersatz für mich stellen kann ... Ich selber werde allerdings, solange mich auch nur einer, der ein Heer aushebt, für tauglich hält, niemals von einer Entschuldigung Gebrauch machen; welchen Dienstrang mir die Offiziere zuweisen, ist ihre Sache; keiner wird mich im Heer an Tapferkeit übertreffen, dafür werde ich sorgen.“ (4) Q

(a) Gebt an, wie das römische Heer zusammengesetzt geführt und bewaffnet war (vgl. S. 82).

(b) Versucht, die Einstellung des römischen Soldaten zu beurteilen, von dem die zitierte Quelle berichtet.

(3) Caesars Ermordung – eine Heldentat?

Sueton, ein römischer Geschichtsschreiber, berichtet:

„Die Verschwörung gegen ihn zählte mehr als sechzig Teilnehmer, ihre Häupter waren Gajus Cassius, Marcus und Decimus Brutus ...
Als Caesar Platz nahm [im Senat], stellten sich die Verschworenen, scheinbar um ihre Ehrerbietung zu erweisen, im Kreise um ihn herum. Sogleich trat Cimber Tillius, der die erste Rolle übernommen hatte, näher an ihn heran, als wenn er ihn um etwas bitten wollte. Da Caesar ihn durch einen Wink abschlägig bescheidet und durch eine abwehrende Bewegung auf eine andere Zeit verweist, faßt Cimber ihn auf beiden Schultern an der Toga. Da ruft Caesar: ‚Das ist ja Gewalt!‘ Gleichzeitig verwundet ihn der eine Casca von hinten dicht unterhalb der Kehle, Caesar ergreift Cascas Arm und durchsticht ihn mit dem Schreibgriffel. Als er nun aufspringen will, wird er durch eine zweite Verwundung daran gehindert. Wie er nun sieht, daß von allen Seiten Dolche gegen ihn gezückt werden, verhüllt er sein Haupt mit der Toga und zieht zugleich mit der linken Hand den Faltenbausch bis zu den Knöcheln nieder, damit der untere Teil seines Körpers bedeckt würde und er mit Anstand fiele. In dieser Haltung wird er von dreiundzwanzig Stichen durchbohrt. Nur bei dem ersten Stoße ließ er einen Seufzer, aber kein Wort, vernehmen. Allerdings berichten einige Leute, er habe dem auf ihn eindringenden Marcus Brutus auf griechisch zugerufen: ‚Auch du, mein Kind?‘
Da alles geflüchtet war, blieb er eine Zeitlang von allen verlassen tot liegen, bis endlich drei armselige Sklaven seine Leiche in einer Sänfte, aus welcher der eine Arm heraushing, in sein Haus zurücktrugen. Von soviel Wunden wurde nach Ansicht seines Leibarztes Antistius nur eine für tödlich befunden, nämlich die zweite, die er in die Brust erhalten hatte.“ (5) Q

(a) Wie verhielten sich die Verschwörer?

(b) Lest auf S. 78, warum sie Caesar töteten. Was konnten die Gegner Caesars ihm vorwerfen?

(c) Diskutiert, unter welchen Bedingungen ein „Tyrannenmord“ sich rechtfertigen ließe.

(4) Augustus: „Meine Taten“ oder: Wie ein Kaiser sein Image aufbaut

„Im Alter von 19 Jahren brachte ich aus eigenem Entschluß und mit eigenen Mitteln ein Heer auf, mit dessen Hilfe ich den unterdrückten Staat von der Gewaltherrschaft einer Partei in die Freiheit versetzte ... Der Senat gab mir den militärischen Oberbefehl und hieß mich zusammen mit den Konsuln dafür Sorge zu tragen, daß der Staat keinen Schaden erleide. Das Volk aber wählte mich im selben Jahr, da beide Konsuln im Kriege gefallen waren, zum Konsul, damit ich den Staat ordne. Die Mörder meines Vaters trieb ich in die Verbannung, nachdem ich ihre Untat durch gesetzmäßige Urteilssprüche geahndet hatte ...
Der Bevölkerung in Rom habe ich pro Kopf 300 Sesterzen [2 Sesterzen entsprechen etwa einem Tageslohn] auf Grund des Testaments meines Vaters zuteilen lassen, und in meinem Namen habe ich einmal je 400 Sesterzen aus Mitteln der Kriegsbeute gegeben; ein zweites Mal habe ich aus meinem Erbgut pro Kopf 400 Sesterzen ausbezahlt, und in einem weiteren Jahr habe ich zwölf Getreidespenden zuweisen lassen, wobei das Getreide mit meinen eigenen Mitteln aufgekauft worden war; und dann habe

Das Mausoleum des Augustus (vgl. S. 69). Über dem marmorverkleideten Rundbau von 87 m Durchmesser erhob sich ursprünglich ein mit immergrünen Bäumen bewachsener Erdhügel. Auf der Spitze stand eine riesige Statue des Augustus. Die Aschenurnen des Kaisers und seiner Familie befanden sich in einer Grabkammer in der Mitte des Mausoleums.

ich zum dritten Mal 400 Sesterzen pro Kopf gegeben. Diese meine Geldspenden kamen niemals weniger Menschen zugute als zweihundertfünfzigtausend ... Dreimal habe ich in meinem eigenen Namen Gladiatorenspiele veranstaltet und fünfmal in dem meiner Söhne oder Enkel; bei diesen Spielen kämpften etwa zehntausend Menschen. Zweimal bot ich dem Volk ein Schauspiel mit von überall herbeigeholten Athleten in eigenem Namen, ein drittes Mal im Namen meines Enkels. Andere Spiele habe ich viermal in eigenem Namen, anstelle von anderen Beamten dreiundzwanzigmal durchgeführt ...
Das Meer habe ich von der Seeräuberplage befreit. In diesem Krieg habe ich von den Sklaven, die ihren Herren entlaufen waren und Waffen wider den Staat ergriffen hatten, etwa dreißigtausend gefangen und ihren Besitzern zur Bestrafung übergeben ..." (6) Q

(a) Vergleicht die Selbstdarstellung des Augustus mit den Informationen im Abschnitt „Kampf um die Nachfolge" und „Kaiser Augustus: Herrscher oder Mitbürger?"

(b) Welchen Zwecken konnten die Maßnahmen des Augustus dienen?

(c) Erörtert das Problem „In welchem Verhältnis steht die Freiheit der Bürger zur Sicherheit und zum Wohlstand des Staates?"

(5) Der Staatsaufbau zur Zeit des Kaisers Augustus

(a) Erläutert das Schema, das den Staatsaufbau unter Kaiser Augustus darstellt.

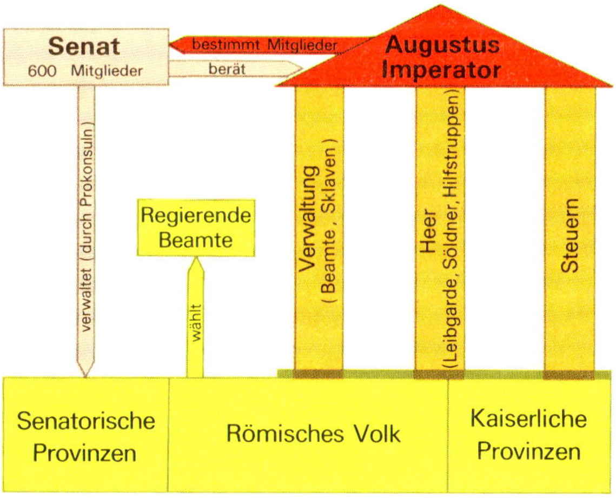

(b) Worauf beruhte die Macht des Kaisers?

1. *Berichte über die Reformversuche der Gracchen.*

2. *Ordne die folgenden Aussagen den vier Männern zu:*
eroberte Gallien – beseitigte die Seeräuberplage – stammte aus einfachen Verhältnissen – eroberte weite Gebiete im Nahen Osten – wurde als „Erster Bürger" Alleinherrscher im Reich – beseitigte durch Reformen viele Mißstände – wurde im Senat 44 v. Chr. ermordet – ließ sich Imperator Caesar Augustus nennen – wurde als siegreicher Offizier mehrmals Konsul – verschaffte dem Römischen Reich Frieden – wurde von Caesar besiegt – machte Proletarier zu Berufssoldaten.

Marius

Pompeius

Caesar

Augustus

3. *Welche Truppenteile des römischen Heeres werden in den Zeichnungen dargestellt?*

4. *Vergleiche Caesar und Augustus: Worin sind sie sich ähnlich, worin unterscheiden sie sich? Bilde dir ein Urteil über ihre Politik.*

5. *Versuche, die 3. Schlüsselfrage von S. 76 zu beantworten.*

Blick vom Kapitol auf das Forum Romanum (vgl. S. 85).

Autorität: Ansehen, Einfluß, Vollmacht: Kraft seiner Autorität kann derjenige, der sie besitzt, Gehorsam und Anerkennung erlangen. Sie beruht nicht auf Zwang, sondern auf der Glaubwürdigkeit und Überzeugungskraft der Autoritätsperson.

Bürgerkrieg: Bewaffnete Auseinandersetzung zwischen zwei oder mehreren politischen Gruppen im Staat um die Herrschaft.

Monarchie: Wörtlich: Herrschaft eines einzelnen; meist eines Königs oder Kaisers. Im Unterschied zur Tyrannis (Willkürherrschaft eines einzelnen) gilt die Monarchie als rechtmäßig, wenn der Monarch gewählt wurde oder sein Amt geerbt hat. In der Regel ist ein Monarch unabsetzbar und kann (in der Erbmonarchie) den Thron vererben. Im Altertum wurde die Monarchie auch mit göttlicher Berufung oder Abstammung des Monarchen gerechtfertigt.

Proletarier: Römische Bürger ohne nennenswertes Vermögen, die „nichts besaßen außer ihren Nachkommen" (lateinisch: proles). Sie waren von Steuern befreit und wurden mit Getreidespenden unterstützt.

Tradition: Überlieferung, Herkommen. In der Regel gilt als Tradition, was seit langem besteht, was sich bewährt hat oder was allgemein als selbstverständlich gilt und woran man deshalb festhalten will.

133–121 v. Chr.	Reformversuche der Gracchen
104 v. Chr.	Heeresreform des Marius
58–51 v. Chr.	Caesar erobert Gallien
44 v. Chr.	Ermordung Caesars
31 v. Chr.–14 n. Chr.	Regierungszeit des Augustus

Quellennachweis

(1) Plutarch: Tiberius Gracchus, Kap. 19f.
(2) Plutarch: Tiberius Gracchus, Kap. 9.
(3) G. Biegel u. E. Erdmann: Wie lebten die Soldaten im römischen Reich? Freiburg 1981, S. 13.
(4) Livius: Römische Geschichte Kap. 45. Deutsche Übersetzung in: Geschichte in Quellen, Band 1, a.a.O., S. 449.
(5) Sueton, ein römischer Geschichtsschreiber, gest. 175 n. Chr.; zitiert aus: Geschichtliche Weltkunde, Quellenlesebuch, Band 1, a.a.O., S. 74ff.
(6) Augustus: Tatenbericht. Zitiert aus: Geschichtliche Weltkunde, Quellenlesebuch, Band 1, a.a.O., S. 76ff.

Lesetip:

P. Conolly: Die römische Armee. Tessloff Verlag, Hamburg 1976 (SB)
J. C. Grund: Geiseln für Cäsar. Loewes Verlag (JB)
M. Hadas: Römisches Reich. Das lateinische Jahrtausend. rororo Life 32 (SB)
L. Ugolino: Julius Caesar. Styria, Graz 1976 (JB)

4.3. Die Weltstadt Rom im Altertum

Nach den erhaltenen Ruinen und durch Ausgrabungen konnten Archäologen ein Modell des kaiserlichen Rom rekonstruieren. Im Vordergrund der Tiber mit Brücke (1). Das langgestreckte Stadion ist der Circus Maximus (2), in dem die großen Wagenrennen stattfanden und das etwa 200 000 Zuschauern Platz bot. Dahinter erhebt sich der Hügel des Palatin mit den Kaiserpalästen (3). Rechts sind die Bogen der Wasserleitung sichtbar (4). Hinter ihnen der mächtige Bau des Kolosseums (5) und eine große Thermenanlage (6). Zwischen Kolosseum und dem Jupitertempel auf dem Kapitol (7) erstreckt sich das Forum Romanum.

Immer mehr Menschen leben heute in Großstädten, immer weniger auf dem Land. Über 35% der Bevölkerung in der Bundesrepublik sind Großstädter, wohnen in Städten mit über 100 000 Einwohnern. Mammutstädte wie Tokio, New York, Kairo oder Kalkutta wachsen und wachsen und werden bald die 10-Millionengrenze erreichen. Die älteste Millionenstadt in Europa ist Rom.

- Wie haben die Menschen dort vor rund 2000 Jahren gelebt, gewohnt, gearbeitet?
- Worin bestand die Anziehungskraft dieser Stadt? Was machte sie interessant? Was für Sehenswürdigkeiten gab es?
- Was haben die Römer kulturell geleistet? Was bedeutet die römische Kultur für uns heute?

Rom, eine Weltstadt. Rom hatte, so schätzt man, in der Kaiserzeit etwa eine Million Einwohner. Die „Stadt auf den sieben Hügeln" war längst eine Weltstadt geworden. Täglich kamen unzählige Besucher aus den Provinzen, um Geschäfte abzuschließen, um Geld auszugeben, um Verwandte oder Bekannte aufzusuchen, um die Sehenswürdigkeiten zu bewundern oder ganz einfach: um einmal dagewesen zu sein.

Auf dem Marktplatz der Stadt, dem *Forum** Romanum, trafen sich Menschen aller Rassen und Sprachen. Hier lagen die Amtsräume der wichtigsten Behörden, hier versammelte sich der Senat, und hier fanden in aller Öffentlichkeit die Gerichtsverhandlungen statt. Hier blühten auch die Geldgeschäfte, hier wurden große Handelsverträge geschlossen. In den Markthallen des Forums konnte man kaufen und verkaufen, und es wimmelte von Müßiggängern, Neugierigen, Kunden und Geschäftsleuten.

Besonders eindrucksvoll war der Blick vom Kapitol. Man sah – neben dem Forum mit seinen Tempeln und Hallen – weitere Marktplätze mit großartigen Gebäuden. Dem Kapitol gegenüber erblickte man Parkanlagen, an die sich das Häusermeer der Stadt anschloß, markiert von den verschiedenen Tempeln, z. B. dem Pantheon, einem Rundbau mit riesiger Kuppel, und von dem mächtigen Amphitheater, dem Kolosseum.

Religion bei den Römern. Die vielen Tempel der Stadt zeugen vom religiösen Denken der Römer. Sie waren gewohnt, das Schicksal des einzelnen und das Wohl des Staates vom Willen der Götter herzuleiten. Sie erkannten göttliche Kräfte in allen Vorgängen der Natur und flehten zu Göttern um Gesundheit von Menschen und Vieh, um gutes Wetter und um eine gute Ernte; ebenso riefen die Römer die Götter an, wenn es um Krieg oder Frieden oder um den Sieg in einer Schlacht ging. Besondere Priester, Auguren genannt, deuteten aus dem Vogelflug oder aus den Eingeweiden von Opfertieren den göttlichen Willen. Den Weisungen der Götter, wie sie aus dem Munde der Auguren kamen, folgten die Römer gehorsam. Sie fürchteten die Götter. Wenn sie beteten oder ein Opfer darbrachten, waren sie überzeugt, daß ihre Götter das belohnen würden. Man dachte: Gebe ich Gott, so gibt er auch mir. Im Laufe der Zeit lernten die Römer auch griechische Gottheiten kennen, denen sie meist römische Namen gaben. Seit 274 n. Chr. trugen die Kaiser den Titel „Herr und Gott". Einige Kaiser versuchten, eine einheitliche Staatsreligion durchzusetzen; aber im ganzen blieben die Römer für viele Religionen aufgeschlossen und tolerant.

Wohnverhältnisse in Rom. Die reichen Grundbesitzer und Geschäftsleute, deren Villen außerhalb der Stadt lagen, hatten natürlich einen zweiten Wohnsitz in Rom selbst: Das waren Marmorpaläste mit Innenhöfen und Säulengängen, oftmals Schauplatz rauschender nächtlicher Feste.

Aber Rom bestand nicht nur aus Prachtbauten. Neben palastartigen Häusern berühmter Familien standen die Gebäude, in denen der größte Teil der römischen Bevölkerung wohnte, meist arme Leute. Sie hatten nur kleine und unbequeme Mietwohnungen in mehrstöckigen Häusern. Im tiefergelegenen Erdgeschoß dieser Mietshäuser, in der sogenannten „taberna", lagen die Werkstätten, Krämerläden und Kneipen.

„Fast immer befand sich in einem Winkel der taberna eine vier- oder fünfstufige Ziegel- oder Steintreppe, die durch eine Holzleiter verlängert wurde. Über sie erreichte man einen Hängeboden, dem ein einziges, längliches, mitten über der Tür eingeschnittenes Fenster Licht gab. In diesem Verschlag hatten die Ladeninhaber, die Lagerarbeiter, die Handwerker ihren privaten Wohnraum. Ob freie Arbeiter, ob Haussklaven, stets stand dem Inhaber einer taberna für sich und seine Angehörigen nur ein einziger Raum zur Verfügung. Sie arbeiteten, kochten, aßen, schliefen in einem Gedränge, das höchstens noch von dem Durcheinander bei den Mietern der obersten Stockwerke übertroffen werden konnte. Wahrscheinlich aber waren die Verhältnisse dort noch schlimmer . . ." (1) → (1)

„Den Stadtplan der riesigen Metropole konnte man nur im Kopf haben. Die meisten Straßen hatten keinen Namen, die Häuser sämtlich keine Nummern. Jeder Fremde erkannte bald die Unentbehrlichkeit eines Führers. Gehsteige fand der Fußgänger nur selten; das Leben drängte sich in schmalen Gassen, die – in Zeiten, da man Abfälle geradewegs und unbedenklich aus dem Fenster warf – mit allerlei Gefahren aufwarteten.

Ein nächtlicher Spaziergang durch die Stadt war ein recht gefahrvolles Abenteuer. Straßenlaternen gab es nicht. Die Wagen, die Fuhrwerke der Händler und die sonstigen sperrigen Fahrzeuge mühten sich nach Einbruch der Dunkelheit durch die engen Mauerschächte. Dirnen lagen auf der Lauer. Das Verbrechen wucherte. Der Vorsichtige blieb nachts zu Hause." (2)

Wirtschaftliches Leben. Rom war noch mehr als Athen von Einfuhren abhängig. Drei Häfen besaß die Stadt, einer lag am Meer (Ostia), zwei lagen am Tiber. Auf Lastkarren wurden die schweren Waren in die Innenstadt gebracht. Tagsüber blieben die Straßen für alle Fahrzeuge gesperrt. Um so mehr waren sie von Fußgängern und Lastenträgern verstopft. Die reichen Herren ließen sich auf Sänften tragen, begleitet von einer Menge ihrer Klienten. Am Morgen und gegen Abend zogen fahrende Händler durch die Straßen. Sie verkauften, schreiend die Waren anpreisend, gebrauchte oder neue Artikel, die zum Teil aus den Werkstätten der Stadt kamen, in denen oft Dutzende von Arbeitssklaven beschäftigt waren. Viel zu tun hatten Bäcker, Metzger und Köche. Man aß mittags kaum zu Hause. In den Speiseküchen gab es Wurst und warmes Essen, auch Backwaren, besonders Erbskuchen, die im Straßenverkauf von Laufjungen angeboten wurden. Viele Schausteller zeigten an Straßenecken und kleinen Plätzen Zauberstückchen und fremdartige Tiere.

Neben den vielen Handwerkern, Händlern und Arbeitssklaven lebten in Rom Tausende von Beamten, fest besoldete Schreiber, die in den verschiedenen Ämtern saßen, außerdem viele Grundbesitzer, die vom Ertrag ihrer Ländereien lebten, und schließlich bis zu 200 000 Proletarier, die auf staatliche Unterstützung angewiesen waren, d. h. einmal im Monat die Lebensmittel in Empfang nahmen, die ihnen auf Lebenszeit zugeteilt wurden.

Wasserleitungen, Bäder und Sportanlagen. Eine besondere Anstrengung war nötig, um die Millionenstadt mit Wasser zu versorgen. Im Jahre 300 v. Chr. war die erste staatliche Wasserleitung von Rom entstanden. Von verschiedenen Quellhäusern, wo das Wasser gesammelt wurde, floß es jetzt über große Strecken, z. T. bis zu 100 km, in insgesamt 19 Wasserleitungen in die Stadt, zu den öffentlichen Brunnen und Bädern und in die Häuser der Vornehmen. Die Leitungen verliefen teils unterirdisch, teils in kunstvollen Bauten über der Erde, in Röhren aus Blei, Holz oder Ton, aber auch in Kanälen aus Stein, die mit Kalk abgedichtet waren. Es gibt Wasserleitungen aus der Kaiserzeit, die noch heute benutzt werden. Ebenso ist ein Teil der alten Kanalisation der Stadt noch intakt. → (2)

Das meiste Wasser verbrauchten die öffentlichen Bäder, die *Thermen** der Stadt, die von mehreren Kaisern zum Wohl der Bürger errichtet wurden. Insgesamt hatte Rom einige hundert Badeanstalten. Die größten Anlagen enthielten nicht nur Heißluftbäder, Warm- und Kaltbäder, sondern auch Gärten mit Spazierwegen und Sportplätzen, Turnsäle, Massageräume, Bibliotheken, Ausstellungshallen, Läden und Verkaufsstände. Am Eingang waren die Umkleideräume, dann folgte eine gewölbte Halle; hier war es im Winter warm, im Sommer angenehm kühl. Rechts und links lagen Einzelkabinen mit Wannen- und Schwitzbädern. Alle Räume hatten eine vorzügliche Fußbodenheizung. An die Bäder schlossen sich Hallen und offene Plätze für Sport, Unterhaltung und Spiel an. Man sah darin Männer und Frauen beim Wurf- oder Schlagballspiel, beim Wettlauf oder beim Spiel mit Reifen und Hanteln. Der Ringkampf zählte zu den beliebtesten Sportarten, und die Römer machten es wie früher die Griechen: Sie fetteten den Körper mit Öl ein, das man nach dem Sport zugleich mit dem Schmutz und Schweiß abschaben konnte.

Die Thermen, die man in der Hauptstadt sehr schätzte und die jedermann besuchen konnte, wollten die Bewohner der Provinzstädte nicht missen. So entstanden z. B. in England und Algier, bei Preßburg und Klagenfurt, in Badenweiler und Trier und in anderen Städten des Römischen Reiches solche Badeanlagen. Fast immer wurden sie von großzügigen Mitbürgern gestiftet, die oft sogar auch die laufenden Kosten übernahmen. Auch die Tempel, Markthallen und Bauten für Theater und Zirkus wurden meistens von freiwilligen Spendern finanziert. Auf diese Weise wollten die reichen Patrizier in der Provinz mit dem Kaiser in Rom wetteifern. In wirtschaftlich schlechten Zeiten mußte der Kaiser sie dazu zwingen.

Spiele für die Massen. Vieles, was bei den Griechen üblich war, kam auch nach Rom: Theateraufführungen, sportliche Wettkämpfe, festliche Umzüge. Am meisten liebten die Römer eine andere Art von Vergnügen: Zirkuswettspiele und Gladiatorenkämpfe.

Im Zirkus sah man Scheinkämpfe zu Pferde, Elefantenkämpfe, akrobatische Kunststücke galoppierender Reiter, Wettrennen und Wettspringen von Rennreitern, die liegend oder kniend ritten, vor allem die beliebten Rennen der Zwei-, Drei- und Viergespanne.

Im Amphitheater (ein um eine Arena stufenförmig aufsteigendes Gebäude) vergnügten sich Römer an blutigen Tierhetzen und Gladiatorenkämpfen. Noch heute stehen in Rom die Überreste eines solchen Bauwerkes, des Kolosseums. Es hatte Platz für 50 000 Zuschauer. Hier wurden Bären und Büffel, Elefanten und Rhinozerosse gegeneinander gehetzt; man ließ wehrlose Menschen von Tigern, Löwen und anderen Bestien zerfleischen, und Gladiatoren (Fechter) mußten so lange mit blanker Waffe gegeneinander kämpfen, bis einer tot auf dem Kampfplatz lag. Das Volk jubelte, wenn Blut floß.

Das Bildungswesen. In den Städten konnten die meisten Erwachsenen lesen und schreiben. Man hatte die Literatur, die Kunst und die Wissenschaft von den Griechen übernommen und weiterentwikkelt. Über die Schulen in Rom berichtet ein Spottgedicht aus der Zeit um 100 n. Chr.:

,,In einem Säulengang war die Schule des Magisters für die Kleinen: ein paar Schemel, ein Pult für den Lehrer, einen freigelassenen Sklaven, der sich für ein geringes

Entgelt die Mühe aufgeladen hatte, den Lausbuben das Lesen und Schreiben beizubringen.
Die Leute, die in der Nähe des Säulenganges vorbeikamen, sahen und hörten die Buben, wie sie mit einer Tafel auf den Knien ein Diktat schrieben oder der Reihe nach das aufsagten, was der Lehrer vorsprach. Immer wieder mußte einer eine tüchtige Tracht Prügel einstecken, denn auch das gehörte zu der Erziehungsmethode des Lehrers . . .
Nicht viel anders waren die Verhältnisse auf der höheren Schule, beim ‚Rhetoriklehrer' [Lehrer der Redekunst]: ein enger Raum oder ein Säulengang, die gleiche Litanei sechs Stunden lang und die gleichen Prügel, solange einer nicht halbwegs erwachsen war. Einige Lehrer versuchten, ihre Schüler im öffentlichen Reden auszubilden, mit dem Erfolg jedoch, daß nur ganz wenige das Honorar bezahlten; die anderen redeten sich damit heraus, sie hätten nichts Rechtes gelernt . . ." (3) Q → (4)

Römer und Griechen wollten durch Schule und Bildung nicht nur Kenntnisse vermitteln, sondern vor allem den Charakter des Menschen formen. Das zeigen auch die Ratschläge, die ein römischer Kaiser, Marc Aurel, in einem Buch aufgeschrieben hat:

„Trachte danach, die Aufgabe, die gerade vor dir liegt, mit gesammelter Kraft und in ernster Würde, aber ohne Verkrampfung, in Liebe zu deinem Nächsten, in innerer Freiheit, in Gerechtigkeit als Römer und als Mann zu erfüllen, und du verschaffst dir Ruhe vor allen anderen Gedanken. Das wird dir gelingen, wenn du jede Handlung so vollziehst, als ob es die letzte deines Lebens wäre, frei von jeder Planlosigkeit, frei von Leidenschaft, die dich dem gesunden Urteil der Vernunft entzieht, frei von Verstellung und Eigenliebe, frei von Unmut über das Los, das dir das Schicksal zugedacht hat. Du siehst, wie wenig es ist, was du meistern mußt, um ein glückliches, gottgefälliges Leben führen zu können." (4) Q

(1) Wohnen im alten Rom

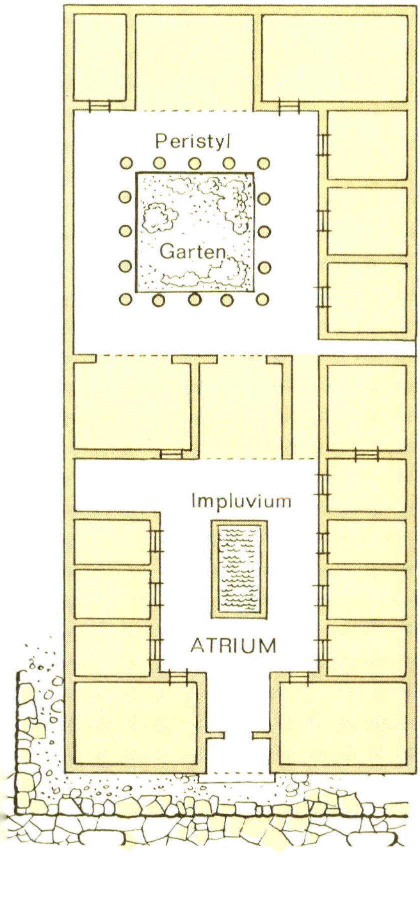

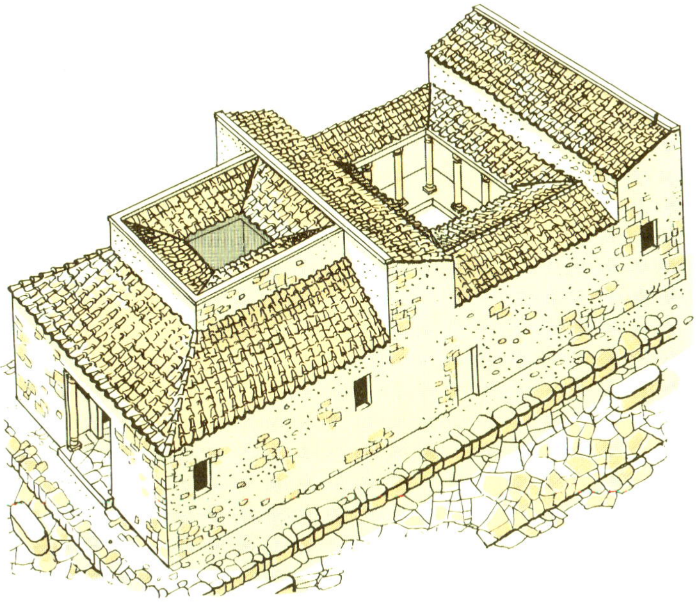

Das römische Haus. Grundriß und Rekonstruktion nach dem Vorbild zahlreicher in Pompeji ausgegrabener Häuser. Während die meisten Römer in einfacheren Verhältnissen wohnten, besaßen die wohlhabenden Leute Häuser, die aus zwei Teilen bestanden: dem Atriumteil und dem Peristyl (d. h. einer Säulenhalle rings um einen Innenhof) mit den umliegenden Räumen. Im vorderen Teil befanden sich Geschäftsräume und Zimmer für das Personal. Zwischen Atrium und Peristyl lag die Empfangshalle, in den hinteren Räumen spielte sich das Privatleben ab.

Römische Mietshäuser im Hafen von Ostia (Rekonstruktion).

(a) Erläutert den Grundriß eines vornehmen römischen Hauses.

(b) Besprecht die Wohnverhältnisse in den Mietwohnungen von Rom.

(c) Schildert das Leben auf der Straße, tags – nachts (vgl. S. 85).

(2) Wasserversorgung römischer Städte

(a) Was läßt sich aufgrund der Aquädukte über die technischen Fähigkeiten der Römer sagen?

(b) Erklärt die einzelnen Abschnitte der römischen Wasserversorgung.

Der Pont du Gard bei Nîmes, der über einen Nebenfluß der Rhône führt. Das Bauwerk ist 269 m lang, 49 m hoch. Auf der obersten Bogenreihe verlief die mit Steinplatten abgedeckte Rinne der Wasserleitung, die insgesamt 20 km lang war und der Stadt Nîmes (damals hieß sie Nemausus) täglich 40 000 cbm Wasser lieferte (um 20 v. Chr.). Der Pont du Gard ist der besterhaltene Aquädukt („Wasserleitungsbrücke“) aus der Römerzeit und zeigt zugleich die wirtschaftliche Entwicklung der Provinzstädte.

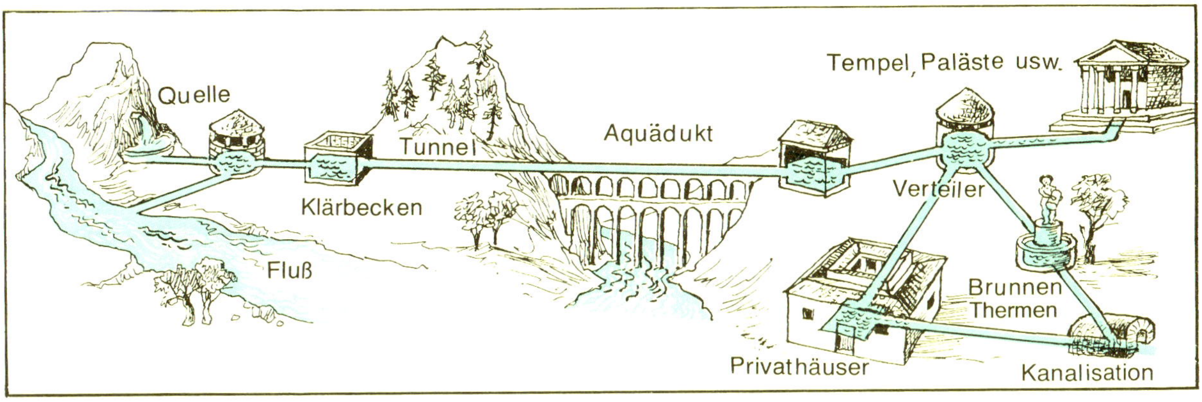

Schema der römischen Wasserversorgung.

(3) Sklaven in der römischen Gesellschaft

„In Rom, das die Rechtsstellung der Unfreien bereits im Zwölftafelgesetz [vgl. S. 72] geregelt hatte, begann der Sklavenhandel in größerem Umfang erst seit dem 4. Jh. v. Chr.; mit den Massen kriegsgefangener Sklaven aus den Kriegen Roms vom 3. Jh. bis zum Ende der Republik erreichte die antike Sklaverei ihren Höhepunkt. Der damalige Bevölkerungsanteil der Sklaven, die vor allem auf Latifundien (großen Landgütern) und im Gewerbe arbeiten mußten, wird auf 33–75% geschätzt. Die oft unmenschliche Behandlung neu versklavter Kriegsgefangener löste im 2. und im 1. Jh. v. Chr. große Sklavenkriege aus. In der Kaiserzeit verminderte sich die Anzahl der Sklaven erheblich, da weniger Eroberungskriege geführt und zahlreiche Freilassungen vorgenommen wurden.
Der Preis eines Sklaven hing vom Umfang des Angebots auf dem Sklavenmarkt ab und wurde ebenfalls bestimmt von den Fähigkeiten und der Spezialausbildung des Sklaven. Für einen ausgebildeten Handwerker oder für einen Arzt mußte man mehr bezahlen als für einen berufslosen Sklaven. Sklaven konnten untereinander Ehen schließen und Familien gründen, die Kinder aus diesen Verbindungen gehörten aber wieder dem Herrn der Eltern.“ (5)

(a) Vergleicht die Informationen über die Sklaven in Rom mit denen über Sklaven in Griechenland (S. 61).

(b) Stellt zusammen, wie man im Altertum zum Sklaven werden konnte und wofür Sklaven eingesetzt wurden.

(c) Wie ist die Auffassung der Griechen und Römer über die Sklaverei einzuschätzen?

(d) Wie beurteilt ihr den Spartacus-Aufstand?

Links: Sklave mit Sturmlaterne. – Rechts: Fechtersklaven (Gladiatoren) im Kampf (Mosaik).

Unter der Führung von Spartacus, einem thrakischen Fechtersklaven in Süditalien, kam es im Jahre 73 v. Chr. zu einem Sklavenkrieg.

„[Die aus den Fechterschulen] ausgebrochenen Sklaven erhielten Zuzug von Schicksalsgenossen, und sogar verarmte Freie gesellten sich zu ihnen. Bald hatten sie ein Heer von mehr als 70 000 Mann zusammen, verwüsteten und plünderten das Land, schlugen nacheinander mehrere römische Legionen und bedrohten zuletzt Rom. Da betraute der Senat ... den energischen Crassus damit, diese ‚Landplage' zu beseitigen. Dieser hatte selbst das größte Interesse, den Aufruhr niederzuschlagen, denn er war einer der größten Sklavenhändler. Er ließ sie in eigenen Schulen als Techniker und Schreiber ausbilden und verlieh und verkaufte sie zu hohen Preisen. Die Erhebung drohte, ihm sein Geschäft zu verderben, durch das er sich ein Riesenvermögen erworben hatte. Es gelang ihm auch, Spartacus im Kampfe zu stellen, der nach tapferster Gegenwehr fiel. Ihres Führers beraubt, wurden die Sklavenverbände in Kürze überwältigt, und Crassus ließ 6000 Sklaven längs der Via Appia ans Kreuz schlagen, um die andern von der Fortsetzung des Kampfes abzuschrecken. Nur ein kleiner Rest der Zersprengten schlug sich nach Norden durch und fiel dort dem aus Spanien zurückkehrenden Pompeius in die Hände. Dieser vernichtete die fliehenden Scharen." (6)

(4) Jugend und Schule in Rom

Den kurzen Lebenslauf eines römischen Jungen schildert das Marmorrelief auf einem Sarkophag aus dem 2. Jh. n. Chr.

(a) Beschreibt die Menschen auf den beiden Abbildungen: Was tun sie? Wie verhalten sie sich?

(b) Vergleicht die Schule in der Römerzeit mit einer heutigen.

Kinder werden im Lesen unterrichtet. Dieses Relief wurde bei Neumagen an der Mosel gefunden.

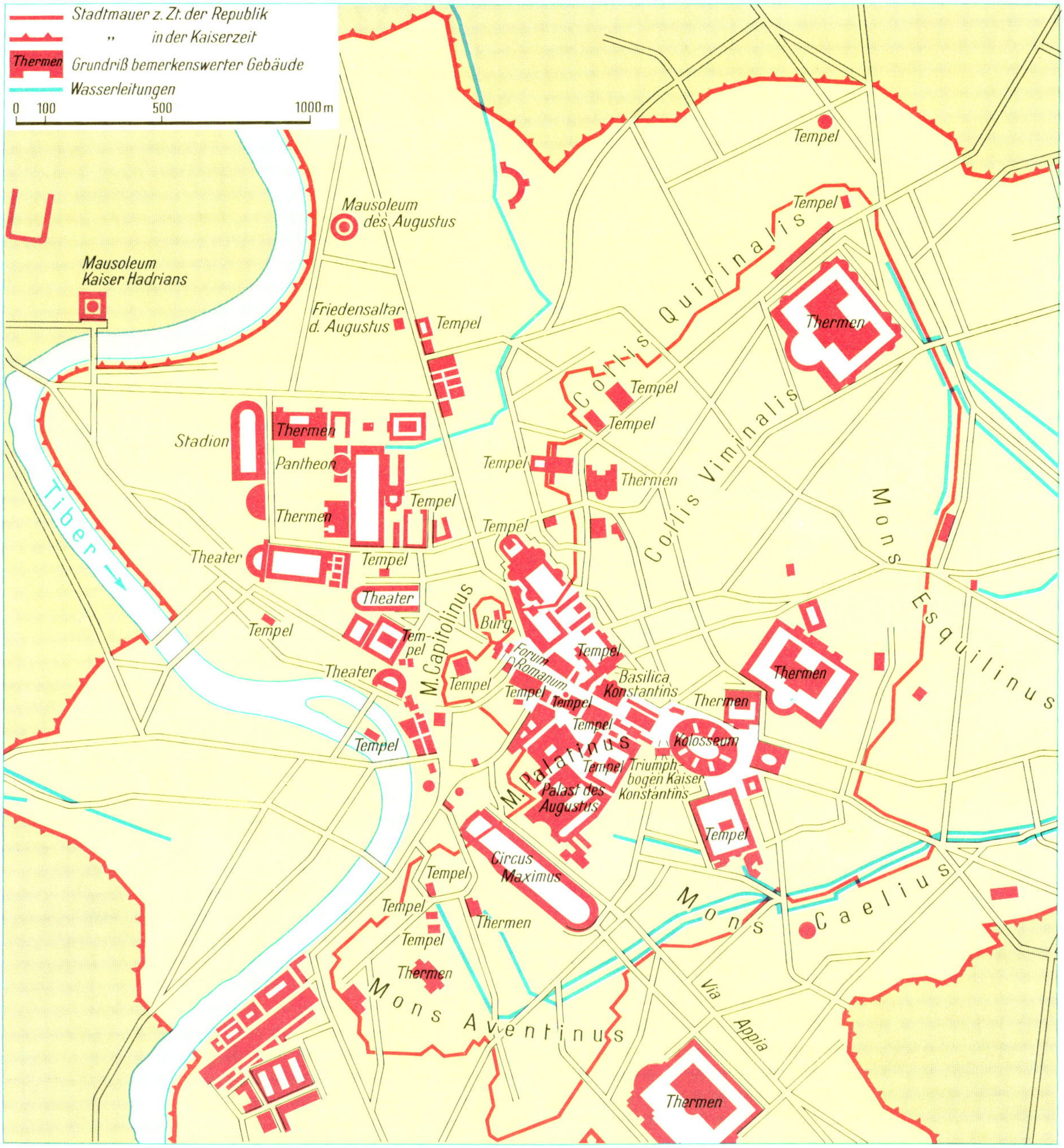

Rom zur Kaiserzeit.

1. *Angenommen, du solltest einem Besucher des alten Rom die Stadt zeigen. Welchen Rundgang würdest du anhand des Stadtplanes vorschlagen?*
2. *Äußere dich zur Behauptung: „Die Römer verehrten nur ihre Kaiser als Götter."*
3. *Römische Thermen: Was hat dich besonders daran beeindruckt?*
4. *„In Rom ging es in der Schule ebenso zu wie heute." Was stimmt/was stimmt nicht an dieser Behauptung?*
5. *Fußballspiele – die Gladiatorenkämpfe von heute? Was meinst du dazu?*
6. *Äußere deine Meinung zu den Ratschlägen des Kaisers Marc Aurel (S. 87).*

Forum: Marktplatz. Das „Forum Romanum" war bis in die Kaiserzeit der Mittelpunkt des öffentlichen Lebens in Rom. Hier fanden politische Versammlungen statt, fielen Entscheidungen, wurden religiöse Feste veranstaltet; hier wurden bedeutende Handels- und Rechtsgeschäfte erledigt. Neben dem zentralen Forum entstanden in der Kaiserzeit verschiedene Kaiserforen.

Thermen: Badeanlage mit verschiedenen Baderäumen für Kalt-, Warm- und Schwitzbad, die über eine Hypokaustenheizung (Fußbodenheizung) erwärmt werden.

ca. 387 v. Chr.	Älteste Stadtmauer („Servianische Mauer")
um 300 v. Chr.	Älteste Wasserleitung der Stadt
1.–4. Jh. n. Chr.	Ausbau der Stadt (Foren, Tempel, Villen, Thermen usw.)
80 n. Chr.	Fertigstellung des Kolosseums

Quellennachweis

(1) J. Carcopino: Rom. Leben und Kultur in der Kaiserzeit. Stuttgart 1977, S. 48.
(2) M. Hadas: Römisches Reich. Das lateinische Jahrtausend. Rowohlt Life 32. Reinbek bei Hamburg 1972, S. 102 f.
(3) Zitiert in: Rom und seine große Zeit. Würzburg 1963, S. 68.
(4) Marc Aurel: Selbstbetrachtungen, 2, 4. Deutsche Übersetzung in: Geschichtliche Quellenhefte mit Überblick, Heft 2. Diesterweg 7342, S. 59.
(5) Schülerduden, Die Geschichte. Mannheim 1981, S. 382.
(6) E. Nack/W. Wägner: Rom. Wien – Heidelberg 1976, S. 137 f.

Lesetip

D. Macauly: Eine Stadt wie Rom. dtv 7902 (JB)
A. Manzi: Stunden im August. Feuer und Asche über Pompeji. Würzburg 1981 (JB)
A. Millard: Das war Rom. Ravensburger TB. 749 (JB)
H. R. Niederhäuser: Römische Sagen und Geschichten. Freies Geistesleben, Stuttgart 1974 (JB)
Rom und seine große Zeit. Leben und Kultur im antiken Rom. Arena Tb. Würzburg 1978 (SB)
So lebten die alten Römer. Delphin Verlag (JB)

Die Via dell'Abbondanza in Pompeji, das typische Beispiel einer von Läden (tabernae) gesäumten Straße.

4.4. Das römische Kaiserreich und seine Provinzen

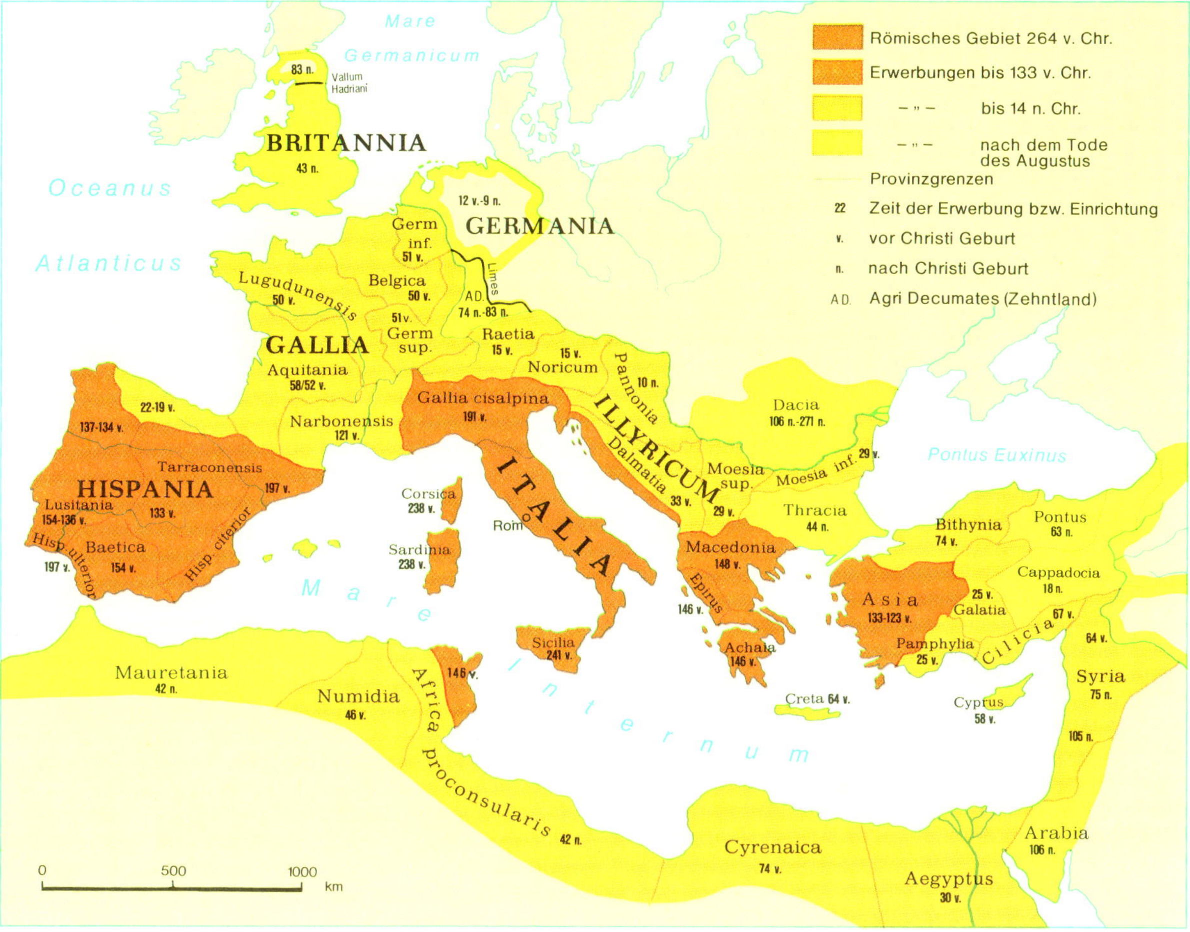

Ausdehnung der römischen Herrschaft.

Kein Volk läßt sich von einem anderen gern unterwerfen und unterdrücken. Dennoch kennt die Geschichte bis in unsere Zeit viele Beispiele für die Beherrschung fremder Völker durch eine Großmacht. Ein Beispiel ist Rom.

- Wie behandelten die Römer die Völker in ihrem Reich?
- Hatte die Bevölkerung im Römischen Reich Vorteile – Nachteile aus der römischen Herrschaft?
- Wie hat sich die Ausübung der Macht während der römischen Kaiserzeit geändert?

Die Größe des Reiches. Unter Trajan (98–117 n. Chr.), einem der Nachfolger des Kaisers Augustus, erreichte das Römische Reich seine größte Ausdehnung. Alles rund um das Mittelmeer gehörte dazu: Portugal, Spanien, Nordafrika, Ägypten, Palästina und Syrien, ganz Kleinasien, Griechenland, der Balkan, das Schwarze Meer, die Gebiete an Donau und Rhein, das heutige Frankreich und sogar ein Teil Britanniens. In allen Teilen dieses Reiches standen römische Soldaten, galt römisches Recht, wurde mit römischen Münzen bezahlt, verehrte man römische Götter. Überall konnte man sich mit Latein oder Griechisch, den beiden Hauptsprachen des Reiches, verständigen. Im ganzen Reich unterstanden die Menschen den Befehlen des Kaisers und seiner Beamten. Man schätzt die Bevölkerung auf 50–70 Millionen, die Hälfte davon lebte in Europa. Viele Jahrhunderte lang blieb dieses Reich bestehen: ein Weltreich an Größe und Dauer.
Die römischen Legionen waren feindlichen Heeren meist überlegen. Sie verloren nur wenige Schlachten, eine in Germanien, als Augustus das Land erobern wollte. Im Teutoburger Wald vernichteten germanische Krieger im Jahre 9 n. Chr. drei römische Legionen. So blieben Rhein und Donau endgültige Grenzen im Norden des Reiches. Um die Grenzstrecke abzukürzen, besetzten die Römer die schwach besiedelten Gebiete des Schwarzwaldes, des Odenwaldes und des Taunus und sicherten dieses sogenannte „Zehntland" durch einen Grenzwall, den *Limes**. Die Truppen erhielten nun feste Standorte, legten Kastelle und Heerlager an. Aus den Legionslagern entstanden im Laufe der Zeit römische Städte, z. B. Mainz, Straßburg, Trier, Köln, Augsburg, Windisch, Regensburg. →(6)

Regierung und Verwaltung. Das römische Weltreich hatte nur eine Hauptstadt: Rom selbst. Hier residierte der Kaiser, hier waren die obersten Reichsbehörden, die Staatskasse, das höchste Gericht. Die Bevölkerung von Italien besaß das römische Bürgerrecht. Die übrigen Teile des Reiches wurden lange Zeit als Untertanenland behandelt; die Provinzen (vgl. S. 75), d. h. Verwaltungsbezirke, die jeweils ein römischer Statthalter regierte, wurden z. T. schwer ausgebeutet. Caesar und Augustus beseitigten die schlimmsten Mißstände, indem sie die Höhe der Steuern in den Provinzen genau festsetzten: Im Durchschnitt 10% vom jährlichen Ertragswert des Grundbesitzes, 5% Erbschaftssteuer und 4% für den Verkauf, 5% für die Freilassung eines Sklaven. Kaiserliche Beamte zogen die Steuern ein. Die Statthalter bekamen ein großzügig bemessenes Jahresgehalt, sie brauchten sich nicht bestechen zu lassen. So erlebten die Provinzen unter der Herrschaft der römischen Kaiser geordnete Zeiten. Recht und Sicherheit waren gewährleistet. Im Jahr 212 n. Chr. bekamen alle freien Bewohner des Reichsgebietes das römische Bürgerrecht. Die *Romanisierung** der nicht-römischen Bevölkerung wurde dadurch entscheidend gefördert.

Handel und Verkehr. Ein gutes Verkehrsnetz entstand. Vorzügliche Straßen, z. T. gepflastert und stets mit Meilensteinen markiert, führten geradlinig, notfalls durch künstliche Tunnels und über Brücken, von Rom in alle Teile des Reiches. Die staatliche Post brauchte von Rom bis nach Spanien nur 36 Stunden. Häfen wurden ausgebaut, ein reger Schiffsverkehr herrschte auf dem Mittelmeer. Der Handel konnte sich frei entfalten: Währung, Gewichte und Maße galten einheitlich im ganzen Reich. Zolleinnahmen verwendete man für die Instandhaltung der Straßen und Brücken. →(1)
In den Werkstätten produzierte man Waren aller Art in großen Mengen und guter Qualität. In Italien wurden vor allem Keramik, Glas- und Metallwaren hergestellt, außerdem Wolle verarbeitet, die von den großen Landgütern kam. Erzeugnisse der Landwirtschaft und Rohmaterialien kamen vorwiegend aus den Provinzen.

„In den drei Häfen von Rom strömten die Güter der Welt zusammen: Ziegel und Ziegelsteine, Gemüse, Obst und Weine aus Italien; Getreide aus Ägypten und Afrika; Öl aus Spanien; Wild, Holz und Wolle aus Gallien; Pökelfleisch aus Baetica [Landschaft in Spanien]; Datteln aus den Oasen; Marmor aus der Toskana, aus Griechenland und Numidien; Porphyr aus der Arabischen Wüste; Blei, Silber und Kupfer von der Iberischen Halbinsel; Elfenbein aus den Syrten [Buchten der nordafrikanischen Küste] und aus Mauretanien; Gold aus Dalmatien und Dakien; Zinn von den Kassiteriden [Inseln vor der Bretagne]; Bernstein aus den baltischen Ländern; Papyrus aus dem Niltal; Glasschätze aus Phönizien und Syrien; Stoffe aus dem Orient; Weihrauch aus Arabien; Gewürze, Korallen und Edelsteine aus Indien; Seide aus dem Fernen Orient." (1)

Den größten Vorteil zogen die Römer selbst aus dem Handel in ihrem Weltreich. Aber auch in den Provinzen steigerten sich Produktion und Verbrauch, und die Provinzbewohner waren so am wachsenden Wohlstand beteiligt. Sie lernten durch römische Händler und durch Soldaten des römischen Heeres fremde Erzeugnisse und andere Lebensart kennen. Griechische und lateinische Sprache und Schrift, Kunst und Bildung konnten sich in allen Teilen des Reiches ausbreiten. Die römische *Zivilisation** war Vorbild auch für die wenig entwickelten Völker im Reich. Ein stolzes Bewußtsein erfüllte die Römer angesichts ihrer Herrschaft über den größten Teil der damals bekannten Welt. →(2)

Bedrohung der Grenzen. Während die Westprovinzen des Reiches befriedet waren, wuchs seit dem Ende des 2. Jh. n. Chr. die Bedrohung im Osten und Norden. Kaiser Marc Aurel mußte die Ostgrenze gegen die Parther verteidigen, dann (167 n. Chr.) mit allen verfügbaren Truppen die Donaugrenze gegen den Ansturm germanischer Stämme (vgl. S. 109) halten. Es wurde ein langer, verlustreicher Krieg, dem weitere folgten.
Auf die Dauer konnten die Römer die Reichsgrenzen nicht verteidigen. Die Goten überschritten die Donaugrenze und die Alemannen den Limes (vgl. S. 98f.). Zur selben Zeit (um 260 n. Chr.) bedrohte am Euphrat ein neues Persisches Großreich die Grenze. Ein römischer Kaiser fiel dort an der Front. Ein anderer geriet in Gefangenschaft und wurde von den Persern im Triumphzug mitgeführt (Bild S. 100). Kaiser Aurelian ließ im Jahr 273 eine neue Befestigungsmauer um die Stadt Rom anlegen: So nahe war die Gefahr schon gekommen (vgl. Karte, S. 119). → (3)

Soldatenkaiser. Jetzt hing das Schicksal Roms ganz von seinen Legionen ab. Aber im Heer dienten nur noch wenige Römer aus Italien, die meisten Soldaten kamen aus den Provinzen, aus kaum unterworfenen Grenzgebieten, selbst aus Feindesland. Sie ließen sich als Söldner anwerben, weil sie Geld, Beute und nach Ablauf ihrer Dienstzeit ein eigenes Landgut erhielten. Diese Soldaten sind in ihren Garnisonen seßhaft geworden, sie hatten Frau und Kinder und vererbten den Soldatenberuf an ihre Söhne. An Kriegserfahrung und militärischem Können waren die römischen Soldaten ihren Feinden immer noch überlegen. Aber die Legionen lagen weit auseinander und hatten eine zu lange Grenze zu verteidigen. Für den Bewegungskrieg waren sie nicht vorbereitet. Deshalb gelang es den Gegnern immer wieder, die Grenze zu durchbrechen.
Die Römer mußten also versuchen, die Front in einer rückwärtigen Linie aufzufangen. Die Truppen kamen nicht mehr zur Ruhe. Unter der ständigen Gefahr verfiel die Disziplin. Viele Soldaten gingen roh und gewalttätig mit der Zivilbevölkerung um. Offiziere erzwangen die Lieferung von Getreide, Leder, Metallen und beschlagnahmten Lebensmittel, Unterkünfte, Zugtiere und Reitpferde. Die Kaiser gewährten den Soldaten alle Freiheit. Dieses Heer bestimmte jetzt auch die Politik. Offiziere, die sich im Heer emporgedient hatten, konnten die politische Macht an sich reißen. Die Legionen erhoben ihre Feldherren auf den Kaiserthron. Ein halbes Jahrhundert lang beherrschten solche „Soldatenkaiser" (235–284 n. Chr.) das Römische Reich. Manchmal gab es einen Kaiser, den die Truppen im Osten, und einen zweiten, den die Truppen im Westen gewählt hatten. Dann kam es zu blutigen Bürgerkriegen. Die „Soldatenkaiser" stützten sich ganz auf die bewaffnete Macht. Sie besetzten die hohen Posten im Reich mit altgedienten Offizieren und sicherten sich die Treue der Soldaten, indem sie ihren Sold erhöhten. „Macht die Soldaten reich und denkt von allem andern gering!", so ermahnte ein „Soldatenkaiser" seine Nachfolger. → (5)

Wirtschaftsprobleme. Viele Menschen verloren ihren Besitz durch die Einfälle der fremden Völker oder, weil er von eigenen Truppen beschlagnahmt wurde. Handel und Produktion gingen zurück, weil die Verhältnisse unsicher waren. Viele Grundbesitzer verarmten. Da verschärften sie den Druck auf die Pächter. Die Pachtbauern durften den Herrn nicht mehr wechseln und waren fortan „an die Scholle gebunden". Sie – und die selbständigen Kleinbauern – holten kaum mehr aus dem Boden heraus, als sie zum Leben brauchten. In den Städten brachen Seuchen und Hungersnöte aus. Die Bevölkerungszahl nahm ab, Rom z.B. verlor in einem halben Jahrhundert etwa ein Fünftel seiner Einwohnerzahl. Im ganzen Reich – so schätzt man – ging die Bevölkerung bis zum Ende des 3. Jahrhunderts um 10 bis 20 Millionen zurück.
Die Ausgaben des Staates wuchsen, weil der Sold der Legionäre ständig erhöht und die Kriege immer kostspieliger wurden. Sie brachten Verluste, aber keine Beute mehr ein. Auch die Staatsverwaltung war immer teurer geworden. Darum erhöhten die Kaiser regelmäßig die Steuerabgaben. Die Grundbesitzer wälzten die Steuerlast auf die Pachtbauern ab und machten so deren Los noch drückender. Um die Staatskasse rascher zu füllen, griffen die Kaiser zu einem schlimmen Mittel: Sie prägten neues Geld und mischten das Gold der Münzen mit Silber, das Silber mit Kupfer, das Kupfer mit Blei. Eine solche Geldverschlechterung schädigte alle Wirtschaftszweige.
Die Geldentwertung, die äußere Unsicherheit in weiten Teilen des Reiches, der Rückgang der Einnahmen aus den Provinzen hatte zur Folge, daß immer weniger produziert und verdient wurde. Ganze Landstriche verödeten. Vergeblich suchten die Kaiser, die Lage mit einer *Zwangswirtschaft** zu ändern. Sie ließen z.B. Versorgungsbetriebe (Transportunternehmungen, Bäckereien, Metzgereien) verstaatlichen, und sie zwangen die Oberschicht in den Städten, aus dem eigenen Vermögen die fehlenden Steuern zu ersetzen. Je schlimmer die Zustände wurden, desto mehr dachte jeder nur an sich selbst. Die Armen legten an manchen Orten die Arbeit nieder und schlossen sich zu Räuberbanden zusammen. Die Polizei blieb machtlos. Am ärgsten

war die Seeräuberplage; sie schädigte den Handel im ganzen Reich.

Die Maßnahmen des Kaisers Diokletian. Im Jahr 284 machte ein Heer in Kleinasien seinen Feldherrn Diokletian zum neuen Kaiser. Er kam aus armen Verhältnissen und hatte sich im Heer emporgedient. Er ging mit Energie daran, das Reich wieder zu ordnen. Es war schwierig geworden, das Weltreich, dessen Grenzen an so vielen Stellen bedroht waren, allein zu regieren. Darum ernannte Diokletian einen Vertrauten, Maximian, zum Mitregenten; und beide Kaiser nahmen sich je einen weiteren Mann zum Stellvertreter, Gehilfen und Nachfolger, der den Titel Caesar erhielt. Diokletian residierte in Nikomedien, Maximian in Mailand; die beiden Caesaren in Trier und Sirmium (an der Donau). Jeder hatte seinen Herrschaftsbereich. Bei Meinungsverschiedenheiten entschied Diokletian.

Um die Reichsteile besser verwalten zu können, bildete Diokletian 12 große Bezirke („Diözesen") und gliederte diese in insgesamt etwa 100 Provinzen. An ihrer Spitze stand jeweils ein Statthalter mit hohen Beamten. Für die Verwaltung wurden strenge Verordnungen erlassen. Die Statthalter waren nicht mehr zugleich Kommandeure der Truppen. Militär und Verwaltung blieben von nun an getrennt. Jeder der vier Regenten erhielt eine Reservearmee, die meist aus germanischen Freiwilligen bestand. Die Zahl der Legionen wurde verdoppelt. Mit strengen Strafen wurde die Disziplin der Soldaten wieder hergestellt. Der Erfolg blieb nicht aus: An den Grenzen wie im Innern des Reiches herrschten wieder Ordnung und Sicherheit. → (4)

(1) Das römische Straßennetz

(a) Berichtet, wie die römischen Straßen gebaut waren, wohin sie führten und wozu man sie brauchte. Vgl. den Text S. 94.

(b) Im Römerreich war der Straßen- und Schiffsverkehr hochentwickelt. Welche Vorteile hatten die Römer davon, welche die Provinzbewohner?

Römische Postkutsche. Vermutlich vom Grabstein des Stadtpostmeisters der römischen Provinzstadt Virunum (bei Klagenfurt). Die Darstellung ist ein Zeugnis für die Verkehrsentwicklung im Römischen Reich.

Die Wirtschaft im Römischen Reich. Herkunft der Produkte.

(2) Handelsaustausch im Römerreich

(a) Nennt einige Waren, die z. B. von Germanen an Römer und von Römern an Germanen verkauft wurden. Welche waren wertvoller?

(b) Unterscheidet „Naturalwirtschaft" (Tauschwirtschaft) und „Geldwirtschaft"! Welche Wirtschaftsform bestand im Römerreich? Welche haben wir heute?

(3) Krisenstimmung im Römerreich

Aurelius Victor, ein Geschichtsschreiber aus dem 4. Jh., schildert die Lage des Reiches um 250 n. Chr. folgendermaßen:

„Die Goten drangen, ohne Widerstand zu finden, nach Thrakien vor und besetzten Makedonien, Achaia und die benachbarten Gebiete Asiens, die Parther Mesopotamien; der Orient war in der Hand von Räubern. Die Alemannen besetzten Gebiete Italiens. Frankenstämme plünderten Gallien und setzten sich in Spanien fest, wo sie die Stadt Taragona verwüsteten und fast völlig ausplünderten, ja, ein Teil von ihnen drang auf Schiffen, die ihnen in die Hände gefallen waren, bis nach Afrika vor; verloren ging alles, was Trajan jenseits der Donau erobert hatte. So wurde wie von Stürmen, die von allen Seiten wüteten, auf dem ganzen Erdkreis alles, Kleines und Großes, Unterstes und Oberstes durcheinander geworfen. Zugleich drang die Pest in Rom ein ..." (2) Q

(a) Sucht die im Text genannten Völker und Gebiete auf der Karte S. 93 und 119.

(b) Welchen Zustand zeigt das Römerreich bei Aurelius Victor?

(4) Preis- und Lohnbestimmungen

Um Teuerungen und Wucher zu unterbinden, verfügte Diokletian Höchstpreise für Waren und Dienstleistungen. Die Preise wurden auf Stein- oder Metalltafeln veröffentlicht und sind uns daher bekannt. Die Tafeln enthalten für das Jahr 301 u. a. folgende Angaben (1 modius = 17,5 Liter, 1 Pfund = 327 Gramm, 1 Denar = ca. 2 DM):

Weizen (1 modius)	100 Denare
Falernerwein (1 modius)	30 Denare

Landwein (1 modius)	8 Denare
Olivenöl, erste Qualität (1 modius)	40 Denare
Honig, zweite Qualität (1 modius)	20 Denare
Schweinefleisch (1 Pfund)	12 Denare
1 Paar elegante Schuhe	150 Denare
1 Paar Sandalen	60 Denare
Geräucherte Schweinewürste (1 Pfund)	16 Denare
Landarbeiter mit Verpflegung (pro Tag)	25 Denare
Maurer mit Verpflegung (pro Tag)	50 Denare
Kunstmaler mit Verpflegung (pro Tag)	150 Denare
Elementarlehrer je Schüler (monatlich)	50 Denare
Sprachlehrer je Schüler (monatlich)	200 Denare

(a) Berechnet, wie lange ein Landarbeiter arbeiten mußte, um sich ein paar Sandalen kaufen zu können.

(b) Vergleicht Löhne und Preise von damals mit heute.

(c) Was haltet ihr von staatlich festgesetzten Löhnen und Preisen?

(5) Überlegenheit durch militärische Technik

(a) Erklärt eine der abgebildeten Kriegsmaschinen, z. B. wie sie funktionierten.

(b) Das römische Heer besaß damals die beste Waffentechnik. Was sagt das über das römische Handwerk aus?

(c) Diskutiert die Rolle der Waffentechnik für Militär und Politik heute.

Römische Kriegsmaschinen: Das Katapult (oben) konnte Pfeile noch auf 350 m treffsicher ins Ziel bringen und gab ihnen eine gefährliche Durchschlagskraft. Die Wurfmaschine (unten) war ein Geschütz für Steinkugeln mit einem Gewicht von mehreren kg, die bis zu 300 m weit geschleudert werden konnten.

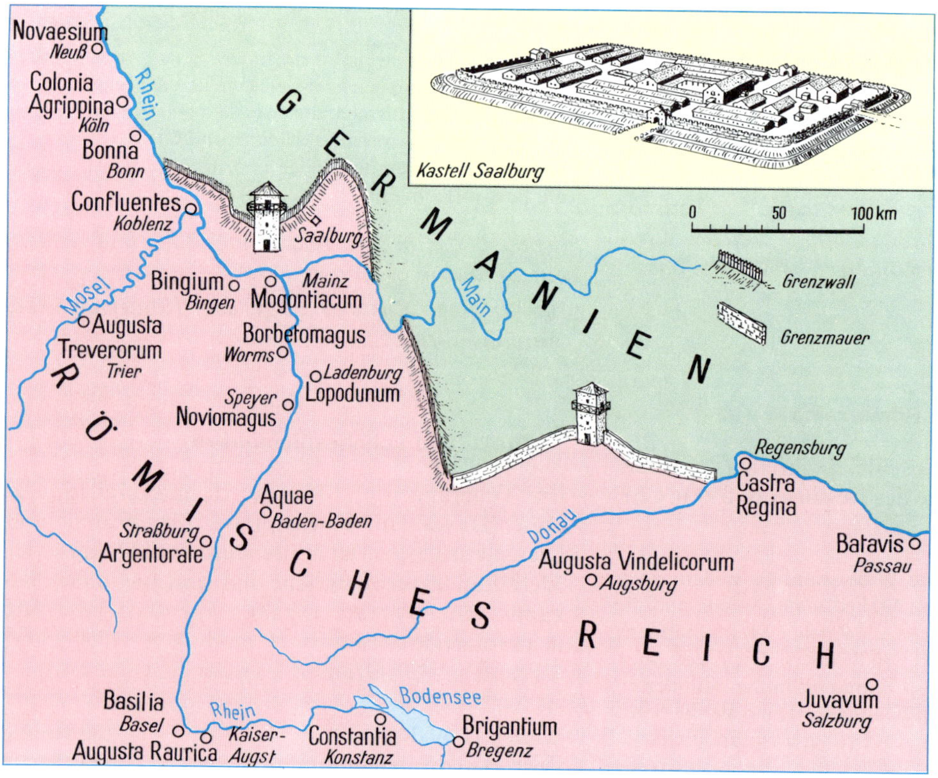

Römer in Germanien; Verlauf des Limes.

(6) **Römische Grenzen, sichere Grenzen?**

Der obergermanische Grenzwall (Limes).

Die Rätische Mauer (der südliche Teil des Limes).

(a) Erklärt anhand der Zeichnungen die Anlage des römischen Limes.

(b) Zeigt an der Karte S. 93 den Grenzverlauf des Römischen Reiches zur Zeit seiner größten Ausdehnung.

1. Nenne mindestens 10 europäische Staaten, die heute ganz oder teilweise auf dem Gebiet des ehemaligen römischen Reiches liegen.

2. Erkläre, worauf die wirtschaftliche Entwicklung im Römerreich beruhte.

3. Zeige an der Karte S. 98, wie die Grenze zwischen Römern und Germanen aussah.

4. Vergleiche, worauf die Macht des Augustus beruhte und worauf die Soldatenkaiser ihre Macht stützten.

5. Schreib an eines (oder einige) der folgenden Museen und bitte um Zusendung eines Prospektes. Dann kannst du einzelne Abbildungen daraus ausschneiden und auf einem gesonderten Blatt damit einen Bilderbogen „Römer in Deutschland" gestalten.

Limesmuseum, St. Johann-Str. 5, 7080 Aalen
Römisches Museum, Dominikanergasse 15, 8900 Augsburg
Saalburgmuseum und Saalburgkastell, 6380 Bad Homburg v.d.H.
Antikenmuseum, Schloßstr. 1, 1000 Berlin 19
Rheinisches Landesmuseum, Colmantstr. 14–16, 5300 Bonn
Hessisches Landesmuseum, Friedensplatz 1, 6100 Darmstadt
Römisch-Germanisches Museum, 4358 Haltern
Kurpfälzisches Museum, Hauptstr. 97, 6900 Heidelberg
Museum für Ur- und Frühgeschichte, Colombischlößle, 7800 Freiburg
Römisch-Germanisches Museum, Altes Rathaus, 5170 Jülich
Badisches Landesmuseum, Schloß, 7500 Karlsruhe
Römisch-Germanisches Museum, Roncalliplatz 4, 5000 Köln 1
Lobdengaumuseum, Burg Linn, 6802 Ladenburg
Römisch-Germanisches Zentralmuseum, Ernst-Ludwig-Platz 2, 6500 Mainz
Staatliche Antikensammlung (Glyptothek), 8000 München
Prähistorische Staatssammlung. Römische Abteilung, Lerchenfeldstr. 2, 8000 München
Clemens-Selz-Museum, Am Obertor, 4040 Neuss
Stadtmuseum 7210 Rottweil
Landesmuseum für Vor- und Frühgeschichte, Am Ludwigsplatz 15, 6600 Saarbrücken
Historisches Museum der Pfalz, Große Pfaffengasse 7, 6720 Speyer
Württembergisches Landesmuseum, Schillerplatz, 7000 Stuttgart

Bischöfliches Dom- und Diözesanmuseum, Banthusstr. 6, 5500 Trier
Rheinisches Landesmuseum, Ostallee 44, 5500 Trier
Museum der Stadt Worms, Weckerlingplatz, 6520 Worms
Archäologischer Park, 4232 Xanten

Limes: Das lat. Wort bedeutet ursprünglich Weg, Grenzpfad, seit ca. 100 n. Chr. allgemein Grenze des Römerreiches. Im engeren Sinn wurden die Grenzen in Britannien („Hadrianswall") und zwischen Rhein und Donau (von Rheinbrohl bis Regensburg) als Limes bezeichnet. Anfangs war der Limes ein Postenweg mit Wachttürmen; um 200 n. Chr. erhielt der obergermanische Limes Wall und Graben, der südliche Teil (in Rätien) eine durchlaufende Mauer von ca. 2–3 m Höhe.

Romanisierung: Ausbreitung der römischen Kultur, Sprache und Lebensart bei nicht-römischen Völkern. Die Romanisierung bewirkt die Anpassung an römische Tradition und die Anerkennung römischer Grundwerte.

Zivilisation: Alles, was Menschen zur Verbesserung der Lebensbedingungen schaffen. In der Regel gleichbedeutend mit „Kultur", d. h. der Gesamtheit menschlicher Leistungen und Werte.

Zwangswirtschaft: Vom Staat verordnetes und kontrolliertes System der Herstellung und Verteilung von Wirtschaftsgütern. Der Staat plant und befiehlt, was erzeugt und verbraucht werden soll.

9 n. Chr.	Schlacht im Teutoburger Wald
um 100 n. Chr.	Größte Ausdehnung des Römischen Reiches
235–284 n. Chr.	„Soldatenkaiser"
284–305 n. Chr.	Kaiser Diokletian

Quellennachweis

(1) J. Carcopino: Rom. Leben und Kultur in der Kaiserzeit. Stuttgart 1977, S. 247 f.
(2) Aurelius Victor: Über die Kaiser, 33, 3. Deutsche Übersetzung in: Geschichte in Quellen, Band 1, a.a.O., S. 700.

Lesetip

D. Baatz: Der römische Limes. Mann Verlag (WD)
M. Hadas: Römisches Reich. Das lateinische Jahrtausend. Rororo Life 32 (SB)
F. Stephan-Kühn: Viel Spaß mit den Römern. Arena, Würzburg 1985 (SB)
R. Sutcliff: Der Adler der Neunten Legion. dtv junior 7012 (JB)
M. Yourcenar: Ich zähmte die Wölfin. Erinnerungen des Kaisers Hadrian. dtv 1394 (JB)

Ein Soldatenkaiser mußte sich 260 n. Chr. nach einer Niederlage dem König des Neupersischen Reiches ergeben.

5. Wende unserer Geschichte: Vom Altertum zum Mittelalter

5.1. Das frühe Christentum

Weltreligionen heute (geschätzte Zahlen bis 1984)

Insgesamt	Christen	Andere Weltreligionen		Sonstige
Weltbevölkerung ca. 4,7 Mrd.	Orthodoxe u. östl. Christen ca. 100 Mill.	Juden Muslime	ca. 16,5 Mill. ca. 600 Mill.	Stammesreligionen ca. 180 Mill.
Christen ca. 1,2 Mrd.	Protest. u. angl. Christen ca. 340 Mill.	Hindus Buddhisten	ca. 530 Mill. ca. 300 Mill.	Ohne Religion und Nichtermittelte ca. 1,3 Mrd.
Nichtchristen ca. 3,5 Mrd.	Kath. Christen ca. 790 Mill.	Konfuzianer Taoisten u. a.	ca. 360 Mill. ca. 130 Mill.	

Ein Viertel aller Menschen auf der Erde zählt zu den Christen. Neun von zehn Bundesbürgern bekennen sich zum Christentum. Was für eine Religion ist das?

- Was bedeuten die Zeichen und Symbole auf den oben abgebildeten Grabmälern aus der Römerzeit? Was sagen die Zahlen der Tabelle?
- Was wissen wir von der Entstehung des Christentums? Woher kommt diese Religion?
- Wie hat sich das Christentum ausgebreitet, wie gegen andere Religionen durchgesetzt?
- Welche Anforderungen stellt das Christentum an die Christen – damals und heute?

Das jüdische Palästina. Jesus war Jude; das Christentum hat sich aus dem jüdischen Glauben entwickelt. Das jüdische Palästina war von Alexander erobert worden, und so waren die Juden unter die Herrschaft der hellenistischen Ptolemäer gelangt, bis die Römer ihr Land eroberten und zur Provinz machten. Seit der Zeit des Hellenismus wuchsen die Gegensätze zwischen „Parteien" und Gruppen im Judentum. Es gab die „Sadduzäer", Leute vorwiegend aus den oberen Schichten (Kaufleute, Priester, Grundbesitzer), die am Bestand der sozialen Rangordnung interessiert waren, Priesterherrschaft und politische Macht verbinden wollten und zugleich dem Einfluß des Hellenismus und der Römer aufgeschlossen gegenüber standen. Anders verhielten sich die „Pharisäer", die meist aus der Bauern- und Handwerkerschicht stammten. Sie vertraten die Einhaltung der strengen Lehre und des Gesetzes, verlangten Frömmigkeit und Abgrenzung von allem Fremden. Dementsprechend hielten sie Abstand zur römischen Besatzung.

Noch strenger war die Gruppe der „Essener", die ihr Leben konsequent nach dem „Gesetz" ausrichteten, ein gemeinsames Leben ohne Privateigentum führten, regelmäßig Gebet und Schriftauslegung pflegten und deren führende Mitglieder ehelos blieben. Wie einzelne „Propheten" aus dem Kreis der Essener verstand es auch Jesus von Nazareth in der Zeit des Augustus, den jüdischen Glauben neu zu deuten. Als Wanderprediger verkündete er die „Frohe Botschaft" von der messianischen Ankunft des Gottesreiches. Auf Betreiben seiner Gegner wurde er hingerichtet. Seine Anhänger („Jünger") bewahrten jedoch seine Botschaft; sie verkündeten, daß Jesus von den Toten auferstanden und ihnen begegnet sei. Sie sahen in ihm den Messias (griechisch „Christus") und anerkannten ihn als Sohn Gottes. Die Juden, die am alten Jahweglauben festhielten, lehnten das ab.

Während sich vereinzelte Christengemeinden in Städten des Römerreiches bildeten, verschärften jüdische Eiferer („Zeloten") den Widerstand gegen die römische Besatzung. Es kam zum offenen Aufruhr, den die Römer mit Gewalt niederschlugen. Jerusalem wurde im Jahr 70 n. Chr. zerstört, der Tempel niedergebrannt, das verwüstete Land mit schweren Steuern belastet. Gegen den Befehl Kaiser Hadrians, Jerusalem zur römischen Kolonie mit einem Jupitertempel zu machen, organisierte Bar Kochba („Sternensohn") 132 n. Chr. erneut einen Aufstand. Gegen die römische Übermacht leisteten die jüdischen Rebellen auf der Festung Masada bis zum letzten Mann verzweifelten Widerstand. Nach der endgültigen Niederlage wurden die meisten Juden aus Palästina vertrieben. Seitdem lebten sie – man schätzt ihre damalige Zahl auf fast 5 Millionen Menschen – in der „Diaspora" (Zerstreuung).

Anfänge des Christentums. Von dem römischen Geschichtsschreiber Tacitus erfahren wir, daß es im Jahre 64 n. Chr. schon zahlreiche Christen in Rom gab. Damals waren in Rom viele Götter anerkannt. Im „Pantheon" (= Tempel für „jeden Gott") wurden sie sogar alle zugleich verehrt. Im Römischen Reich verbreiteten sich gerade damals neben dem Christentum auch andere Religionen, die ebenfalls aus dem Orient kamen und die wie das Christentum die Bekehrung des Herzens und die innere Zuwendung zu Gott forderten. → (1)

Einer der Wortführer unter den Christen in Judäa war Paulus. Er stammte aus einer jüdischen Familie im Ausland; er sprach Griechisch und besaß das römische Bürgerrecht. Deshalb konnte er in andere Provinzen des Römischen Reiches reisen. In den Städten versammelte er interessierte Leute um sich und erklärte ihnen, was Jesus Christus den Menschen zu sagen habe. Er konnte durch seine Worte und durch sein Beispiel viele überzeugen. Wer sich zur neuen Lehre bekennen wollte, erhielt die Taufe. Die Getauften bildeten eine feste Gemeinschaft, eine „Gemeinde". Den Christengemeinden mehrerer griechischer Städte sowie einer Gemeinde in Rom sandte Paulus längere Briefe. Diese Briefe bilden zusammen mit Schriften anderer Zeugen vom Leben des Jesus Christus das „Evangelium" oder das „Neue Testament" (in Ergänzung zu den jüdischen Schriften des „Alten Testaments").

Frühe Christengemeinden. Ein Christ aus der frühen Zeit schrieb seinen andersgläubigen Mitbürgern: „Wir leben mit euch zusammen, sind Leute von derselben Lebensweise, tragen dieselbe Kleidung, richten die Wohnung ein wie ihr und haben dieselben Bedürfnisse." Dennoch unterschieden sich Christen und Nichtchristen.

Die Christen einer Stadt oder eines Bezirks bildeten eine Gemeinde, in der sie sich wie Brüder und Schwestern einer Familie begegneten. Alle waren gleich geachtet, Männer wie Frauen, Arme wie Reiche, auch Sklaven nahm man in die Gemeinde auf. Jeder Christ gab einen Teil seines Vermögens und Einkommens in eine gemeinsame Kasse; davon wurden die Notleidenden unterstützt. Das alles war ebenso ungewöhnlich wie der strenge Lebenswandel der Christen: Sie aßen und tranken maßvoll, besuchten keine grausamen Schauspiele und betrachteten Abtreibung und Kindesaussetzung als schweres Verbrechen. Wer sich etwas zuschulden kommen ließ, wurde vor der Gemeinde gerügt und mußte Buße leisten. Regelmäßig hielten die Christen am Sonntag eine Versammlung, hörten Auszüge aus der Bibel (d. h. aus den Schriften des „Alten und Neuen Testaments") und feierten eine gemeinsame Mahlzeit, das „Abendmahl". Den Vorsitz führte dabei ein Priester oder ein Bischof. Er verwaltete auch die gemeinsame Kasse, entschied über Aufnahme oder Ausschluß von Mitgliedern und hatte die Leitung der ganzen Gemeinde. Gemeindediener und -dienerinnen (Diakone und Diakonissen) sorgten für Kranke und Notleidende; Witwen übernahmen weitere Pflichten, z. B. die Erziehung der Mädchen. → (2)

Christenverfolgungen. Das, woran die Christen glaubten und wonach sie lebten, hat viele Menschen der damaligen Zeit angezogen. Vor allem die Armen und Schwachen, aber auch Leute aus den bessergestellten Kreisen ließen sich taufen. Viele mißtrauten jedoch den Christen. Man verbreitete böse Gerüchte über sie, und wenn etwas Schlimmes geschah – bei Seuchen, Überschwemmungen, Kriegen – hieß es: die Christen sind schuld, weil sie nicht die alten Götter verehrten. Die Regierung zeigte sich anfangs großzügig. Je mehr aber die Grenzen des Reiches und die Macht der Kaiser bedroht wurden, desto häufiger versuchten die Herrscher, die Einheit des Reiches durch religiösen Zwang wiederherzustellen: Sie verlangten Treue zum römischen Götterglauben und Anerkennung des Kaisers als Gott (vgl. S. 85). Wenn Christen sich weigerten, vor dem Standbild des Kaisers zu opfern, wurden sie vor Gericht gestellt. Es kam, insbesondere seit Kaiser Decius (um 250 n. Chr.), zu schweren Verfolgungen. → (3)

Das Christentum setzt sich durch. Die Christen wollten keine Staatsfeinde sein, obwohl sie verfolgt wurden. Sie bezahlten die Steuern und befolgten die Gesetze. Doch keine Folter und kein Todesurteil konnte sie von ihrer Überzeugung abbringen, an das zu glauben, was sie für wahr hielten. Die römischen Kaiser erkannten schließlich, daß sie die Haltung der Christen nicht brechen konnten; sie gaben nach. Die Kaiser Licinius und Konstantin verfügten im Jahr 313 in Mailand die Religionsfreiheit auch für die Christen. → (4)

Konstantin wollte die Christen für sich gewinnen. Er unterstützte sie, wo immer er konnte, obwohl er sich selbst erst auf dem Sterbebett taufen ließ. Den Sonntag, an dem sich die Christen zur Abendmahlsfeier versammelten, machte er zum allgemeinen Ruhetag. Er verschaffte den Bischöfen und Priestern der Christengemeinden großes Ansehen und befreite sie – entsprechend den nichtchristlichen Priestern – von allen Steuerabgaben. Im Beamten- und Militärdienst erhielten die Christen jetzt hohe Posten. Dafür stand die christliche Kirche in Treue zum Kaiser, bekämpfte seine Feinde, betete für ihn und half, seine Macht zu festigen. Sie hielt die Alleinherrschaft des Kaisers für eine gottgewollte Sache. Dieses Bündnis zwischen „Thron und Altar", zwischen staatlicher Macht und Religion hatte für die Christenheit zweierlei Folgen:

Einerseits unterstützte die christliche Kirche politische Maßnahmen der Staatsführung. Alle Christen sollten die bestehende Ordnung anerkennen, ja verteidigen. Die Geistlichen nutzten ihr öffentliches Ansehen zur Stärkung kirchlicher Macht. Der Kaiser selbst übernahm eine doppelte Rolle als Schutzherr der Kirche. Er schützte sie vor äußeren Feinden, verlangte aber auch Gehorsam und Unterstützung. Auf der ersten Versammlung der ganzen Kirche, dem *Ökumenischen Konzil** in Nicaea im Jahr 325, führte der Kaiser den Vorsitz und fällte Entscheidungen in Sachen des Glaubens. Den Bischöfen und Priestern gab er Anweisungen wie seinen staatlichen Beamten. Das Christentum war in Abhängigkeit von der weltlichen Macht geraten.

Andererseits wurde das Christentum bald zur mächtigsten Religion im Römischen Reich. Schon Konstantin betrachtete das Christentum als ein Band der Zusammengehörigkeit aller römischen Bürger, als eine neue Klammer der Einheit seines Reiches. Kaiser Theodosius machte das Christentum 381 zur alleinigen Reichsreligion und verbot die übrigen Kulte. Seitdem galt nur der als römischer Bürger, der getauft war. Die Fahnen des römischen Heeres trugen häufig anstelle des Reichsadlers das Kreuz.

Der Kaiser ließ die römischen Göttertempel schließen, das Opfern verbieten und die „heidnische" Priesterschaft abschaffen. Er machte sich zum Vorkämpfer der „reinen Lehre" und verfolgte auch diejenigen Christen, die von der herrschenden Meinung der Kirche abwichen. Da gab es „Donatisten", die ein vom Staat unabhängiges Christentum forderten; „Arianer", die nur Gottvater als wahren Gott, Christus aber nur als seinen Mittler gegenüber den Menschen anerkannten. Diese Lehrmeinungen wurden zu *Irrlehren** erklärt und verboten. Dennoch konnten sich viele ihrer Anhänger in einzelnen Teilen des Reiches behaupten.

Wie entstand das Papsttum? In Rom, der Hauptstadt des Reiches, waren Petrus und Paulus den Märtyrertod gestorben. Daher beanspruchten die Bischöfe Roms, die sich auch Patriarchen (d. h. „Erzväter") nannten, daß man bei Streitfragen auf ihr Wort höre. In der Zeit nach Konstantin bekam der römische Bischof den Titel „Papst" (von lateinisch „pater"

bzw. „papa", d. h. Vater). Man sah im römischen Bischof die Einheit der Kirche verkörpert. Er galt als Nachfolger des Apostelfürsten Petrus; Rom betrachtete man nach der Zerstörung Jerusalems als die Mitte der Welt und als „Heilige Stadt". Schon Augustinus, der bedeutendste Gelehrte der damaligen Kirche, sagte: „Hat Rom gesprochen, so ist die Sache erledigt." Allerdings hatte der Papst noch nicht das Recht, den übrigen Bischöfen eine Anweisung zu geben. Erst Papst Leo der Große (440–461) vertrat die Überzeugung, Petrus habe als Stellvertreter Christi gewirkt, und die Päpste könnten als Nachfolger auf dem „apostolischen Stuhl" eine ähnliche Stellung beanspruchen. Nun wurde die Führungsrolle des Papstes in der abendländischen Kirche weithin anerkannt.
Die Macht, die das *Papsttum** erlangte, sicherte Rom seine Bedeutung als Hauptstadt der Christenheit und „Ewige Stadt". Die Christen im oströmischen Reich (vgl. S. 124) sahen ihr Oberhaupt allerdings im Patriarchen von Konstantinopel. So entstand nach und nach eine eigene „byzantinische" Kirche, die sich auch „orthodox" (= rechtgläubig) nannte.

Flucht aus der Welt. Die Christen, die als Märtyrer für ihren Glauben gestorben waren, hatten nach der Lehre der Kirche das Ziel des menschlichen Lebens erreicht: sie waren Heilige. Auch nach dem Ende der Verfolgungen gab es Christen, die bereit waren, ihr Leben vollkommen Gott zu weihen. Einen Weg dazu sahen manche in der Flucht aus der Welt. Einer war z. B. Antonius, der Einsiedler. Mit 35 Jahren verschenkte er sein reiches Erbe, zog sich in die Einsamkeit zurück und lebte jahrzehntelang in einem verlassenen Gemäuer am Nil, ernährte sich nur von Kräutern und Wurzeln, trug ein rauhes Hemd und einen Fellumhang, zwang sich zu langen Nachtwachen und Fasten und ertrug alles Unangenehme aus Hingabe an Gott. Später folgten Tausende seinem Beispiel. Sie wollten alles Weltliche verlassen, den Körper durch Verzicht auf jede Annehmlichkeit abtöten, *Askese** üben, um so Gott näher zu kommen.

Der Orden des heiligen Benedikt. Ein römischer Einsiedler, Benedikt von Nursia, war gegen Übertreibungen im Einsiedlerdasein. Er sammelte mit ihm Gleichgesinnte in einem von Mauern umgebenen Gebäude, einem Kloster, in Monte Cassino, um mit ihnen ein gemeinsames Leben zu führen, und zwar nach einer besonderen Regel, die er verfaßte (529). Danach hatte jeder Klosterangehörige *(Mönch*)* nach einem Jahr der Prüfung („Noviziat" von lateinisch „Neuling") drei „Gelübde" abzulegen: Er gelobte, ohne Eigentum, ehelos und gehorsam gegenüber dem Vorgesetzten, dem „Abt" (d. h. Vater) des Klosters zu leben und für immer in der Gemeinschaft dieses Klosters zu bleiben. Im Kloster hatte jeder zwei Aufgaben: zu beten und zu arbeiten. Die Mönche waren in der Landwirtschaft oder in einer Werkstätte beschäftigt, sollten Bücher lesen und dazwischen in regelmäßigem Abstand mehrmals am Tag zum gemeinsamen Gebet zusammenkommen. Nach und nach entstanden Tausende von Benediktinerklöstern; und die Mönche haben durch Arbeit und Gebet nicht nur sich selbst geläutert, sondern große Leistungen auf allen Gebieten der Kultur und der Wissenschaft vollbracht. →(5)

Christus und die Apostel. Wandmalerei in der Domitilla-Katakombe in Rom. Diese Katakombe liegt an der Via Ardeatina. Die unterirdischen Begräbnisstätten der Christen dienten in der Verfolgungszeit auch als Zuflucht, denn an Begräbnisplätzen durfte nach römischem Recht niemand verhaftet werden.

Die phrygische Göttermutter Kybele.

Der persische Lichtgott Mithras.

Das ägyptische Himmelsgötterpaar Isis und Serapis.

(1) Religionen im Römischen Reich

Im Römischen Reich wurden nicht nur der Kaiser und die römischen Götter verehrt.

(a) Aus welchen Gebieten kamen die einzelnen Religionen, die es im Römerreich zur Kaiserzeit gab?

(b) Versucht einzuschätzen, was es für die Ausbreitung des Christentums bedeutet hat, daß zu jener Zeit im Römerreich verschiedene Religionen nebeneinander bestanden.

(2) Christengemeinden der Urkirche

(a) Das nebenstehende Medaillonbild, das sich auf einem Kreuz aus der Zeit um 325 n. Chr. befindet, zeigt Mitglieder einer Familie. Beschreibt sie.

(b) Sucht Gründe dafür, daß das Christentum besonders unter den Frauen viele Anhänger fand.

(c) Welche Bedeutung gab das Christentum der Familie damals, welche hat sie heute?

(3) Christen als Märtyrer: Was berichten die Akten?

Justinus wird aufgefordert, den Göttern zu gehorchen. Er antwortet: „Es kann kein Vorwurf vor Gericht und kein Grund für einen Prozeß sein, wenn jemand den Geboten gehorcht, die unser Erlöser Jesus Christus gegeben hat."
Richter: „Welcher Lehre folgst du?"
Justinus: „Ich habe mich bemüht, alle Lehren der Philosophen kennenzulernen. Zuletzt habe ich mich für die allein wahren Lehren der Christen entschieden. Ich folge diesen Lehren mit der Kraft einer festen Überzeugung."
Richter: „Was ist das für eine Überzeugung?"
Justinus: „Sie lautet: Wir verehren den Gott der Christen, den wir für den einzigen Gott und den Schöpfer der sichtbaren und unsichtbaren Welt halten."
Richter: „Wo haltet ihr eure Versammlungen ab?"
Justinus: „Wo jeder kann und mag ..."
Richter (zu Justinus und den Mitangeklagten): „Wenn ihr nicht den Göttern gehorcht, wird man euch erbarmungslos strafen!"
Justinus: „Das ist gerade, was wir erhoffen: für unseren Herrn Jesus Christus den Tod zu erleiden."

Das gleiche sagen auch die übrigen: „Tu, was du willst. Wir sind Christen, und den Götzenbildern opfern wir nicht!"
Der Richter verkündet das Urteil: „Weil diese den Göttern nicht opfern wollen und sich so dem Befehl des Kaisers widersetzen, sollen sie ausgepeitscht werden und sind, nach dem Gesetz, zur Enthauptung verurteilt." (1) Q

(a) Die Christen, die für ihren Glauben starben, nennt man „Märtyrer", d.h. Zeugen. Das Wort könnt ihr erklären.

(b) Charakterisiert die Haltung des Richters und des Angeklagten.

(4) Gleichberechtigung für die Christen

Aus dem „Mailänder Toleranzedikt" vom Jahr 313 n. Chr.

„In der Erkenntnis, daß die Religionsfreiheit nicht verwehrt sein dürfe, daß es vielmehr jedem gemäß seiner Gesinnung und seinem Willen gestattet sein soll, nach eigener Entscheidung sich religiös zu betätigen, haben wir bereits früher Befehl erlassen, daß es den Christen unbenommen sei, den Glauben beizubehalten, den sie selbst gewählt haben und den sie durch ihren Gottesdienst kundtun ... Künftig soll jeder, der sich entschieden hat, die Religion der Christen zu bekennen, dies frei und ohne irgendeine Belästigung tun können ... Auf diese Weise möge uns das göttliche Wohlwollen, das wir schon bei vielen Gelegenheiten erfahren haben, für alle Zeit fest erhalten bleiben! Damit aber der Inhalt dieses Gesetzes allen zur Kenntnis gelange, ist es notwendig, daß dieses Schreiben überall angeschlagen und allen kundgegeben werde, damit die Verfügung niemand verborgen bleibe." (2) Q

(a) Zählt die einzelnen Bestimmungen dieses Gesetzes auf. Warum heißt es „Toleranzedikt"?

(b) Erklärt, wie Konstantin die Duldung der Christen begründet.

(c) Diskutiert über Gleichberechtigung der Religionen heute.

(5) Ein anderer Lebensstil: das Klosterleben

Aus der Regel Benedikts:

„Kommt ein Neuling in das Kloster, so soll ihm der Eintritt nicht leicht gemacht werden; es soll dabei gehen nach dem Worte des Apostels: Prüfet die Geister, ob sie aus Gott sind ... Bei der Aufnahme muß er [der Neuling] im Betsaal vor allen Brüdern geloben, im Kloster zu verharren, einen gottesfürchtigen Wandel zu führen und Gott und seinen Heiligen gehorsam zu sein, damit er weiß, daß er bei Übertretung der Regel von dem gerichtet werden muß, den er verspottet ...
Bei der Einsetzung des Abtes muß immer so verfahren werden, daß der genommen wird, den sich die ganze Genossenschaft einmütig in der Furcht Gottes oder eine Mehrheit nach besserer Einsicht gewählt hat. Würdiger Lebenswandel und gelehrte Bildung gebe den Ausschlag bei der Wahl des einzusetzenden Vorstehers, mag er dem Range nach auch der letzte in der Gemeinschaft sein." (3) Q

Aus dem Tagesablauf in einem heutigen Benediktinerkloster:

4.00 Uhr	Wecken
4.20 Uhr	Metten und Laudes (gemeinsame Gebete)
6.00 Uhr	Meßfeier der Klostergemeinschaft
7.00 Uhr	Frühstück
7.30 Uhr	Morgengebet, Verteilung der Arbeiten
8.00 Uhr	Hochamt
9.00 Uhr	Arbeit
11.45 Uhr	Chorgebet
12.00 Uhr	Mittagessen
13.30 Uhr	Ruhezeit
14.30 Uhr	Chorgebet, anschließend Arbeit
18.00 Uhr	Vesper (gemeinsames Gebet)
18.45 Uhr	Abendessen
19.45 Uhr	Abendgebet
21.00 Uhr	Nachtruhe

(a) Beschreibt den Tageslauf in einem Kloster.

(b) Gebt an, was für ein Gelübde jemand ablegen mußte, der ins Kloster eintrat.

(c) Zählt auf, wonach man sich bei der Wahl eines Abtes zu richten hatte.

Konstantin der Große. Kopf einer ursprünglich wohl 10 m hohen Kolossalstatue in Rom (um 313 n. Chr.). Die gewaltigen Ausmaße wie auch der starre Blick haben symbolische Bedeutung. Erkläre.

Die Ausbreitung des Christentums.

1. Zeige anhand der Karte, von wo aus sich das Christentum ausgebreitet hat, wo die Schwerpunkte des Christentums um 325 n. Chr. lagen, und vergleiche diese Gebiete mit der Ausdehnung des Römischen Reiches.

2. Was beeindruckt dich am Leben in den frühen Christengemeinden und daran, wie sich Christen damals verhalten haben.

3. Was hat das Christentum dem Kaiser Konstantin zu verdanken?

4. Erkläre, wie es zur Vorrangstellung des Papstes in der christlichen Kirche kam.

5. Versuche einzuschätzen, was die Ordensgründung Benedikts von Nursia bedeutete.
a) für seine Zeit
b) für die heutige Zeit.

Askese: Griechisch = Übung. Damit war ursprünglich das Training und die Enthaltsamkeit der Athleten beim Sportkampf gemeint. Für die christlichen Einsiedler und Mönche bedeutet Askese das Meiden bestimmter Speisen und Getränke, Enthaltsamkeit, fromme Bußübung oder sogar die völlige Abkehr von weltlichen Freuden.

Heiden: Nach ursprünglicher christlicher Auffassung alle Menschen, die das Christentum noch nicht angenommen hatten. Heute verwendet man dafür den Begriff „Nichtchristen".

Irrlehre: Bezeichnung für eine Glaubensmeinung, die abweicht von der Lehre, die Konzil oder Papst festgelegt haben.

Konzil: Versammlung der höchsten kirchlichen Würdenträger. Ein Konzil, auf dem die ganze christliche Welt vertreten ist, wird als „Ökumenisches Konzil" bezeichnet. Ökumene (griechisch) = die bewohnte Erde.

Mittelalter: Das Zeitalter, in dem Europa entstand und das auf das „Altertum" folgt. Ursprünglich eine abwertende Bezeichnung: „mittelmäßiges Zeitalter". Das „Mittelalter" umfaßt etwa die Zeit zwischen 500 und 1500 n. Chr.

Mönchtum: Mönche sind Männer, die ihr Privatleben einer religiösen Lebensweise in einer Gemeinschaft unterordnen und sich durch Gelübde verpflichtet haben, ehelos, ohne persönlichen Besitz und in Gehorsam gegenüber dem Abt in einem Kloster zu leben. Das Gleiche gilt für Nonnen in Frauenklöstern.

Papsttum: Als Päpste (von lateinisch „papa" = Vater) gelten die Bischöfe von Rom. Sie nahmen schon im Frühchristentum als Nachfolger der Apostel Petrus und Paulus eine Vorrangstellung ein und beanspruchten im Mittelalter, als Oberhaupt der katholischen Christenheit in der ganzen Welt anerkannt zu werden.

70 n. Chr.	Zerstörung Jerusalems
132–135 n. Chr.	Aufstand des Bar Kochba
ca. 250–300 n. Chr.	Christenverfolgungen im Römerreich
313 n. Chr.	Mailänder Toleranzedikt
381 n. Chr.	Christentum Staatsreligion
529 n. Chr.	Benedikt von Nursia gründet Kloster Monte Cassino

Quellennachweis

(1) Aus den Märtyrerakten des 2. Jh.; deutsche Übersetzung in: H. v. Hentig (Hrsg.): Hellas und Rom. München 1964, S. 373 ff.

(2) Aus dem „Mailänder Edikt". Deutsche Übersetzung in: Historisch-politisches Quellenbuch, Band 1. Diesterweg 7376, S. 138 f.

(3) Aus der Regel Benedikts. Zitiert aus: Geschichtliche Weltkunde, Quellenlesebuch, Band 1, a.a.O., S. 124.

Lesetip

P. Bamm: Frühe Stätten der Christenheit. Knaur 3042 (SB)

A. Becker: Meine Religion – deine Religion. Maier, Ravensburg (SB)

H. Fink: Entscheidung für Markus. Ensslin und Laiblin, Reutlingen 1973 (JB)

H. Hunger: Lexikon der griechischen und römischen Mythologie. rororo 6178

K. Kupisch: Kirchengeschichte, von den Anfängen zu Karl dem Großen. Urban Tb. 168 (WD)

G. Lanczkowski: Religionsgeschichte Europas. Herder Tb. 406 (WD)

Der Sarkophag des römischen Stadtpräfekten Junius Bassus (gestorben 359), der in der alten Peterskirche in Rom gefunden wurde und heute in den Grotten von St. Peter steht. In der oberen Säulenreihe von links nach rechts: das Opfer Abrahams, Petrus an der Richtstätte, der thronende Christus (bartlos) zwischen Petrus und Paulus auf dem Himmelsbogen, die Vorführung Christi, der römische Statthalter Pilatus. Unten von links nach rechts: Hiob, Adam und Eva, der Einzug Christi in Jerusalem, Daniel in der Löwengrube, die Enthauptung des Paulus.

5.2. Kelten, Römer und Germanen

Die Unterwerfung germanischer Stämme durch Marc Aurel. Relief von einem zerstörten Triumphbogen (176 n. Chr.). Der durch einen Eichenwald reitende Kaiser ist von Soldaten mit zwei Standarten begleitet.

Die Engländer nennen uns Deutsche „Germans": Germanen. In Frankreich nennt man uns „les Allemands", die Alemannen. In Frankreich lebten früher „Gallier", d. h. Kelten.

- Was wissen wir von den Germanen, unseren Vorfahren?
- Was ist aus den anderen Völkern geworden, die einst unter römischer Herrschaft oder römischem Einfluß standen?
- Was haben die Germanen mit den Kelten zu tun – und was haben sie von den Römern übernommen?

Kelten werden Romanen. Caesar hatte die Kelten besiegt und unterworfen. Sie hatten im Laufe der Zeit ihre Eigenart aufgegeben und sich den Römern angeglichen. Man nennt sie deshalb „Romanen“ (vgl. S. 100). Da die Kelten keine Schrift besaßen, stammt alles, was wir über sie wissen, aus schriftlichen Berichten der Römer oder aus Ausgrabungen. Viele Gräber, Befestigungen und Siedlungen der Kelten sind gefunden worden. Sie zeigen, daß die Kelten mächtige Fürsten hatten und besonders geschickt waren, Eisen herzustellen und zu verarbeiten (vgl. S. 13f.).

„Die Kelten lebten nicht nur in den Dörfern, sondern sie kannten auch befestigte Siedlungen von stadtartigem Charakter (lateinisch: oppida). Diese Städte lagen meist an einer günstigen Stelle auf einer Anhöhe, so daß sie gut verteidigt werden konnten. Außerdem waren sie mit einer Mauer befestigt, die aus Holz und Stein gebaut und deswegen gegen Angriffe äußerst widerstandsfähig war . . . In den stadtartigen Siedlungen lebten auch die Handwerker, wie Töpfer oder Kunstschmiede, die Schmuck und figürliche Darstellungen aus Bronze, Silber und Gold kunstvoll anfertigten. Schon seit dem 5. Jh. v. Chr. gab es ein hochentwickeltes keltisches Kunsthandwerk.“ (1)

Auf ihren Wanderzügen waren keltische Stämme bis vor Rom gekommen und hatten sich in Oberitalien, auf dem Balkan, in Spanien und auf den Britischen Inseln niedergelassen. Keltisches Kernland waren jedoch Gallien, das heutige Frankreich, das Alpengebiet und Süddeutschland. Viele Berge, Flüsse und Seen tragen hier noch keltische Namen.
Die Römer brachten nicht nur ganz Gallien, sondern auch das Alpengebiet bis zur Donau und einen Teil von Britannien unter ihre Herrschaft. Nach und nach übernahm die einheimische Bevölkerung in diesen Provinzen alles, was die Römer mitbrachten: römische Waren, römische Lebensart, römische Verwaltung. Die Kelten wurden – freiwillig oder gezwungen – „romanisiert“. Sie dienten im römischen Heer, wurden römische Staatsbeamte, zahlten Steuern mit römischem Geld und urteilten nach römischem Recht. An zahlreichen Orten Galliens und an Rhein und Donau entstanden Römerstädte mit einem Marktplatz und öffentlichen Gebäuden wie Tempel, Arena und Badeanlagen. Die Bevölkerung gebrauchte die lateinische Sprache und Schrift, verehrte die römischen Götter und übernahm schließlich – wie alle Bewohner im Römischen Reich – das Christentum. → (1)

Lebensgewohnheiten der Germanen. Wie die Germanen vor mehr als zweitausend Jahren lebten, kann man z. T. aus den Funden ermitteln, die bei Ausgrabungen in Nordeuropa gemacht wurden. Ihre ursprüngliche Heimat lag in Skandinavien und im nördlichen Deutschland. Ihre Kultur war – verglichen mit der griechischen und römischen – sehr zurückgeblieben. Die Germanen kannten keine Städte und trieben wenig Handel. Caesar fand sie arm und anspruchslos; ihre Kleidung und Ernährungsweise habe sich, so meint er, seit den frühesten Zeiten nicht geändert. Als der Limes (vgl. S. 99) gebaut wurde – etwa 100 n. Chr. –, schilderte der römische Geschichtsschreiber Tacitus die Germanen in einem Buch als Menschen, die im Vergleich mit den Südländern „blaue Augen, einen trotzigen Blick, rotblonde Haare und kräftige Körper“ besaßen. Er schreibt:

„Die Germanen lieben nicht einmal geschlossene Siedlungen. Städte kennen sie nicht. Sie wohnen lieber in Einzelhöfen und bauen dort, wo eine Quelle, ein Feld, ein Gehölz dazu einlädt. Ihre Dörfer bauen sie nicht nach unserer Art mit geschlossenen Häuserreihen. Um jedes Haus liegt ein freier Platz. Behauene Steine oder Ziegel benutzen sie nicht, sondern nur rohe Holzstämme. Auf Schönheit und gefälliges Aussehen legen sie dabei keinen Wert.“ (2) Q

Das Dach ihrer Blockhäuser deckten die Germanen mit Stroh. Durch eine Luke zog der Rauch ab. Das Herdfeuer oder ein Kienspan erhellte den Raum, denn Fenster gab es nicht.
Das meiste, was der germanische Bauer brauchte, fertigte er selbst an: sein Haus, seine Möbel, seine Geräte und Kleider. Man brauchte kaum Handwerker. Nur der Bronze- und Eisenschmied arbeitete selbständig. Aus germanischen Werkstätten stammen vorzügliche Schwerter, Helme und Lanzen, auch kostbare Schmuckstücke und Gebrauchsgegenstände. Man legte sie auch den Toten ins Grab. Die Männer trugen eine eng anliegende Hose aus Leinen oder Wolle und einen Kittel aus dem gleichen Stoff. Ein Umhang aus Loden, der von einer Fibel (einer Art Sicherheitsnadel) zusammengehalten wurde, schützte vor Regen und Kälte. Die Frauen trugen ein faltenreiches, ärmelloses Untergewand, das ein kunstvoll verzierter Gürtel um die Hüfte zusammenhielt, und darüber einen Umhang. → (2)

Macht- und Rechtsverhältnisse. In der Familie bestimmte – wie bei den Römern – der Vater, aber auch die Frau war angesehen. Sie verrichtete die Arbeit im Haus und auf dem Feld. Verwandte Familien hielten zusammen. Sie bildeten eine *Sippe**. Im Heer kämpften die Männer einer Sippe gemeinsam. Auch bei Streitfällen handelte die Sippe gemeinsam. War z. B. ein Mitglied der Sippe erschlagen worden, dann mußten die anderen Blutrache nehmen oder Buße fordern.
Benachbarte Sippen vereinten sich zu Stämmen und Völkerschaften, die von gewählten Herzögen oder

Königen geführt wurden. Die Stämme im Westen wählten ihre Herzöge nur im Kriegsfall. In Friedenszeiten hatte der Stamm kein gemeinsames Oberhaupt. Die ostgermanischen Stämme hatten Könige, die auch in Friedenszeiten herrschten. Man schätzt, daß es in der Zeit des Römischen Reiches ungefähr 2 Millionen Germanen gab.
Alle freien Männer einer Dorfgemeinde oder mehrerer Dörfer, die zum gleichen *Gau** gehörten, erschienen regelmäßig bei Neumond oder Vollmond zur Volksversammlung („Thing"). Zu den Freien zählte, wer einen eigenen Hof besaß. Die Fürsten („furisto" = der Vorderste), die im „Thing" den Vorsitz führten, kamen aus den vornehmsten Familien. Sie nannten sich Edelinge (Adlige). Jeder adlige Herr hatte eine *Gefolgschaft**. Das waren freie Männer, die sich ihm durch Handschlag und Schwur verpflichteten und im Kriege an seiner Seite kämpften. → (3)

Das „Thing" faßte gemeinsame Beschlüsse, nahm die jungen Männer in die Gemeinschaft der Wehrfähigen auf und entschied über Krieg und Frieden. Hier wurde auch Gerichtstag gehalten. Priester legten eine rote Schnur um den Gerichtsplatz. Der Gaufürst gebot Frieden und Schweigen. Neben ihm saßen die Beisitzer, Schöffen genannt, weil sie das Recht aus den alten Überlieferungen schöpften. Zuerst erhielt der Kläger, dann der Angeklagte das Wort. Wenn der Angeklagte die Schuld leugnete, mußte er das durch einen heiligen Eid beschwören. Die angesehensten Männer seiner Sippe traten mit ihm vor und leisteten „Eideshilfe". Die Schöffen fällten das Urteil. Wenn die Beweise ein Todesurteil rechtfertigten, zerbrach der Fürst den weißen Gerichtsstab über dem Haupt des Verurteilten. Wenn keine Beweise vorlagen und Eid gegen Eid stand, mußte ein Gottesurteil entscheiden. Die Streitenden mußten sich in einem Zweikampf messen. Wer unterlag, galt als schuldig.
Von der Volksversammlung ausgeschlossen blieben alle Germanen, die nicht zu den Freien gehörten. Es gab „Halbfreie", aber auch Unfreie: Das waren Kriegsgefangene und deren Nachkommen, aber auch Stammesgenossen, die in Schulden und Abhängigkeit geraten waren. Sie gehörten meistens zum Hausgesinde der Bauern. Sie konnten auch als Taglöhner ein Stück Feld bekommen und eine kleine Landwirtschaft betreiben. Sie blieben rechtlos und durften keine Waffen tragen.

Der Götterglaube der Germanen. Auch die Germanen sahen in der Natur göttliches Wirken: im Sturmwind, im Blitz, in der Flutwelle, im Schnee, in der Sonne. Sie verehrten die Götter nicht in Tempeln, sondern in heiligen Hainen oder auf Berggipfeln. Priester und Priesterinnen brachten die Opfer dar. Der höchte Gott hieß Wodan (auch Odin genannt). Sein Name hängt mit den Worten „Wehen" und „Wüten" zusammen. Er war ursprünglich ein Sturmgeist und brauste auf den Wolken dahin. In seiner Hand lag das Schicksal der Schlachten. Er überschaute das All. Von seinen Schultern flogen zwei Raben in die Welt, um Wodan vom Leben der Menschen zu berichten. Donar (auch Thor genannt) schleuderte Blitze vom Himmel und rollte den Donner. Auf einem Wagen, von Ziegenböcken gezogen, jagte er durch die Lüfte und ließ seinen Hammer, den Blitz, niedersausen. Wodans Gemahlin Freya galt als Beschützerin von Haus und Herd, beschenkte die Fleißigen und strafte die Faulen. Diesen drei Göttern waren die Wochentage Mittwoch (einst „Wodanstag", englisch „Wednesday"), Donnerstag und Freitag geweiht. Auch der Dienstag gehörte einer Gottheit: dem Kriegsgott Ziu. So bewahren diese Namen die Erinnerung an germanische Götter. An sie erinnern auch manche Volksbräuche, deren Sinn wir kaum mehr erraten.

Römisch-germanische Nachbarschaft. Die Menschen im Römerreich und die germanischen Stämme lebten lange Zeit in friedlicher Nachbarschaft. Römische Kaufleute brachten ihre Waren ins Germanenland und verkauften sie: Schüsseln, Teller, Kannen, Vasen, Artikel aus Glas, Silberschmuck, scharfe Messer und Lanzenspitzen, Gewürze, Salz. Die Germanen hatten Räucherschinken, Tierfelle, Pelze, Wachs und Honig, Daunenfedern, blondes Frauenhaar und goldfarbenen Bernstein im Tausch anzubieten (vgl. Karte S. 97).
Junge Germanen traten auch in römische Dienste. Sie lernten römische Städte kennen und sahen, wie die Häuser gebaut wurden: Steinhäuser mit Keller, Innenhof und vielen Kammern, mit Ziegeldach und Mosaikfußböden, mit bemalten Wänden, schönen Möbeln und kostbarem Geschirr. Sie kamen über gepflasterte Straßen, an denen Meilensteine die Entfernung zum nächsten Lager oder zur nächsten Stadt angaben. Auch die Landwirtschaft der römischen Gutshöfe beeindruckte sie: Da standen Reben an den Hängen, in den Obstgärten gediehen Kirschen, Pfirsiche und Birnen. Die Villen der reichen Römer waren von Blumengärten und Parkanlagen umgeben. Da die Germanen keine eigenen Worte für die neuen Dinge besaßen, übernahmen sie die römischen Ausdrücke: Sie sind als *Lehnwörter** in unsere deutsche Sprache eingegangen. Besonders eng waren die römisch-germanischen Beziehungen in den Städten an Rhein, Mosel und Donau (vgl. S. 113 f.). → (4) (5)

(1) **„Romanisierung" der Kelten, was bedeutet das?**

Tacitus über Agricola, den römischen Statthalter in Britannien:

„Um die verstreuten, rohen und darum leicht zum Kriege geneigten Menschen durch Annehmlichkeiten an Ruhe und Muße zu gewöhnen, ermunterte er sie persönlich und unterstützte sie öffentlich, Tempel, Märkte, Häuser zu errichten, wobei er die Raschen lobte und die Trägen schalt; so war Wetteifer um die Ehre an die Stelle des Zwanges getreten. Dann ließ er die Söhne der Fürsten in den ‚freien Künsten' [d.h. den Unterrichtsfächern der höheren Schule] ausbilden ... so daß die, welche eben noch die römische Sprache abwiesen, jetzt danach streben, sie möglichst gut zu beherrschen. In der Folge kam sogar im äußeren Auftreten römisches Wesen zu Ehren, und man sah häufig die Toga [die Kleidung der Römer]. Allmählich ließ man sich auch auf andere Dinge ein: Säulenhallen, Bäder und erlesene Festgelage ..." (3) Q

(a) Erläutert, wie der römische Statthalter in Britannien der einheimischen Bevölkerung römische Lebensart beibrachte.

(b) Erklärt, warum die Kultur der Kelten von der römischen Zivilisation verdrängt wurde.

(c) Was sagen euch die Goldfunde?

Goldfunde aus einem in Württemberg entdeckten keltischen Fürstengrab.

(2) **Germanen zur Römerzeit**

(a) Beschreibt die einzelnen Kleidungsstücke und die Frisur der Germanen.

(b) Vergleicht die Lebensweise unserer germanischen Vorfahren mit dem Leben in Römerstädten (vgl. S. 84 und 110).

(3) **Politische Verhältnisse bei den Germanen**

Tacitus, über die Germanen:

„Im Thing darf man auch Klage erheben und Entscheidung über Leben und Tod anrufen. Die Strafen sind je nach der Art des Vergehens verschieden. Verräter und Überläufer hängen sie an dürren Bäumen auf; Feige, Drückeberger und solche, die widernatürliche Unzucht trieben, versenken sie im Morast oder im Sumpf und decken sie mit Sträuchern und Steinen zu. Die Verschiedenheit in der Bestrafung erklärt sich daraus, daß man Verbrechen öffentlich brandmarken, Laster aber stillschweigend vernichten will. Auch bei leichteren Fällen richtet sich die Strafe nach der Art des Vergehens. Der Schuldige muß eine bestimmte Anzahl von Pferden und Rindern abliefern. Die eine Hälfte der Buße bekommt der König oder der Stamm, die andere Hälfte der, dem Recht verschafft wurde, oder seine Familie ..." (4) Q

(a) Erklärt aus dieser Quelle und anhand des Textes S. 111, was unter einem Thing zu verstehen ist.

(b) Erfindet einen Streitfall und schildert (oder spielt), wie er vor einem germanischen Thing vermutlich verhandelt worden wäre.

(c) Erläutert die Redewendung „über jemanden den Stab brechen" (vgl. S. 111).

Germanisches Gehöft.

(4) Germanisches Gehöft und römischer Gutshof

(a) Beschreibt die Bauweise und, soweit möglich, die Funktion der Gebäudeteile.

(b) Erklärt den Unterschied zwischen dem germanischen Gehöft und dem römischen Gutshof und besprecht, womit er zusammenhängt.

Rekonstruktion einer Gutsvilla, deren Fundamente bei Bitburg/Eifel ausgegraben wurden (2. Jh. n. Chr.).

(5) Römisches Erbe an Rhein und Mosel

Das bei Neumagen gefundene Relief stellt eine Pachtzahlung dar. Einer der beiden Schreiber zeigt einem offensichtlich verlegenen Bauern ein herausgegriffenes Geldstück. Die genaue Prüfung der Echtheit der Münzen war nicht unberechtigt. In Trier wurden mehrere antike Falschmünzerwerkstätten nachgewiesen.

Weintransport auf der Mosel. Dieses Grabdenkmal wurde bei Neumagen gefunden. Am Bug des Weinschiffes ist ein Auge sichtbar, das ebenso wie die Tierköpfe Unheil abwehren sollte. Während die Ruderer das Schiff mit gleichmäßigen Schlägen fortbewegen, sitzt der Steuermann gemütlich unter einem kleinen Dach im Hintergrund.

(a) Was sagen die Abbildungen über die wirtschaftlichen Beziehungen zwischen Germanen und Römern?

(b) „Völker lernen voneinander“: Erläutert diesen Satz am Beispiel der Germanen und Römer.

(c) Wer erfindet eine Geschichte zu einem der Bilder oben bzw. S. 113?

1. Was kannst du von den Kelten berichten? (Wo lebten sie? Wie war ihre Kultur? Wie wurden sie zu „Romanen“?).

2. Zeige anhand der Karte das Siedlungsgebiet der germanischen Stämme. Stelle fest, welche Stammesnamen noch heute in bestimmten Gebieten vorkommen.

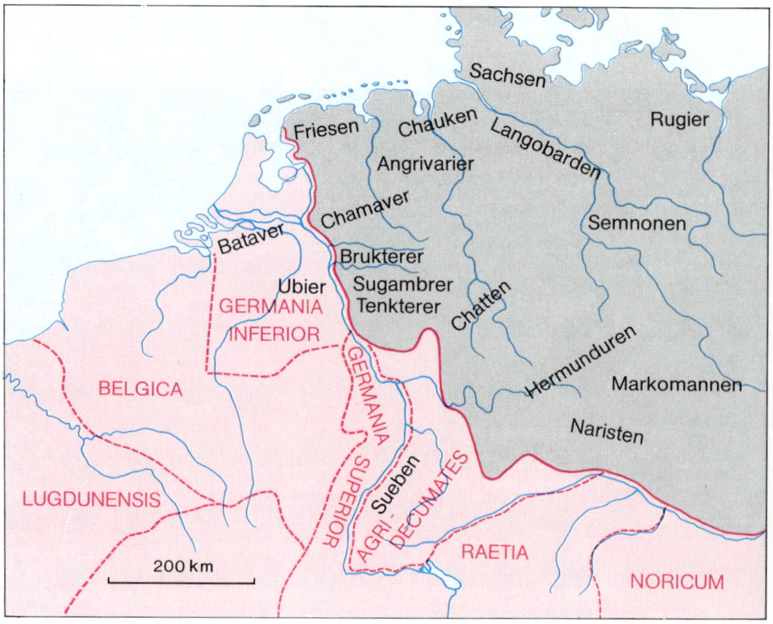

Römische Provinzen und germanisches Siedlungsgebiet.

3. dan – do – fen – folg – ge – nar – pe – schaft – schöf – sip – thing – wo. Bilde aus den Silben Worte mit folgender Bedeutung; (1) Nach ihm ist der Donnerstag genannt. (2) Gemeinschaft junger Männer um einen Adligen. (3) Beisitzer bei Gericht. (4) Sie nahm Blutrache. (5) Versammlung der freien Männer in einem Gau. (6) Höchster Gott bei den Germanen.

4. Erkläre die römischen (lateinischen) Wörter auf dem Bild und schreibe sie deutsch heraus. Mit diesen Lehnwörtern kannst du sagen, was Germanen von den Römern lernten.

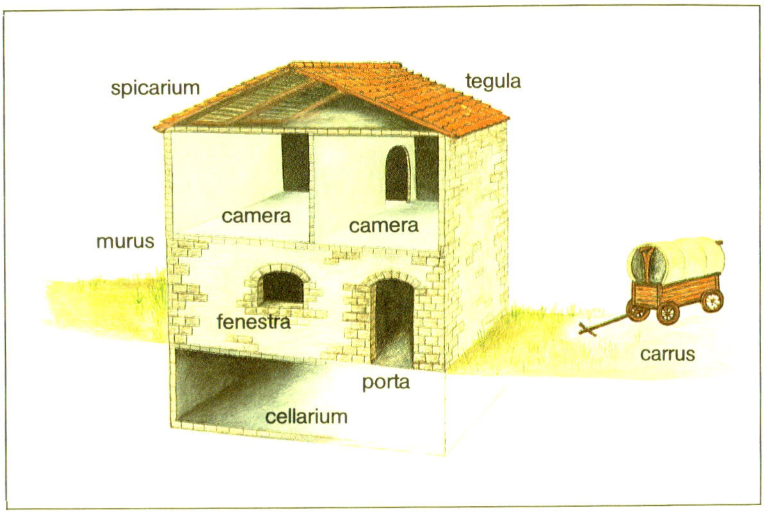

Gau: In germanischer Zeit der Bezirk, der von einer Sippe oder einigen Sippenverbänden besiedelt war. Der Gau stellte zugleich einen Unterbezirk (d. h. eine untere Verwaltungseinheit) des Stammes dar und wurde dann von einem „Gaufürsten" geführt.

Gefolgschaft: Bei Kelten und Germanen konnte ein angesehener Adliger junge Männer aus adligen Familien um sich scharen; sie verpflichteten sich zum Kriegsdienst für ihn, während er ihnen seinen Schutz gewährte und für ihren Lebensunterhalt sorgte.

Lehnwort: Lehnwörter wurden ursprünglich als Fremdwörter einer anderen Sprache entnommen, sind aber unserer Sprache in der Form und Aussprache so angeglichen, daß man ihre Herkunft nicht mehr ohne weiteres erkennen kann.

Sippe: Bei den Germanen der Verband der Blutsverwandten und Verschwägerten, also die Großfamilie. Sie bildete eine Rechts- und Schutzgemeinschaft, die z. B. für ein Verbrechen an einem Sippenmitglied die Blutrache vollzog.

58–51 v. Chr.	Caesar erobert Gallien und Britannien
um 100 n. Chr.	Romanisierung der Kelten Tacitus' Germania
260 n. Chr.	Germanen überwinden den Limes

Quellennachweis

(1) E. Erdmann: Römische Zivilisation an Rhein und Donau. Paderborn 1980, S. 11.
(2) Tacitus, ein römischer Geschichtsschreiber, gest. 120 n. Chr., Germania, Kap. 16. Deutsche Übersetzung in: Geschichtliche Quellenhefte mit Überblick, Heft 2, a.a.O., S. 64.
(3) Tacitus: Agricola. Deutsche Übersetzung in: Geschichte in Quellen, Band 1, a.a.O., S. 642.
(4) Tacitus: Germania. Deutsche Übersetzung in: H. v. Hentig: Hellas und Rom, a.a.O., S. 357 ff.

Lesetip

P. MacKendrick: Deutschlands römisches Erbe, Bastei-Lübbe Tb. 600006 (SB)
H. Döbler: Die Germanen. Legende und Wirklichkeit. Bertelsmann, Gütersloh und Heyne Sb. 7036 (SB)
R. Christlein: Die Alemannen. Stuttgart 1978 (WD)
I. Linfert-Reich. Römisches Alltagsleben in Köln. Röm.-Germ. Museum Köln 1975 (WD)
W. Menghin: Kelten, Römer und Germanen. Archäologie und Geschichte. München 1980 (WD)
E. Nack: Germanien. Überreuter, Wien-Heidelberg 1977 (SB)
R. Pörtner: Bevor die Römer kamen. Städte und Stätten deutscher Urgeschichte. Knaur Tb. 69 (SB)
R. Pörtner: Mit dem Fahrstuhl in die Römerzeit. Städte und Stätten deutscher Frühgeschichte. Knaur Tb. 144 (SB)
J. Ruttmann: Titus kommt nicht alle Tage. Hamburg 1980 (JB)
W. Völker: Ein gewisser Arminius. Anrich Verlag, Neunkirchen 1982 (JB)

5.3. Die Völkerwanderung und ihre Folgen

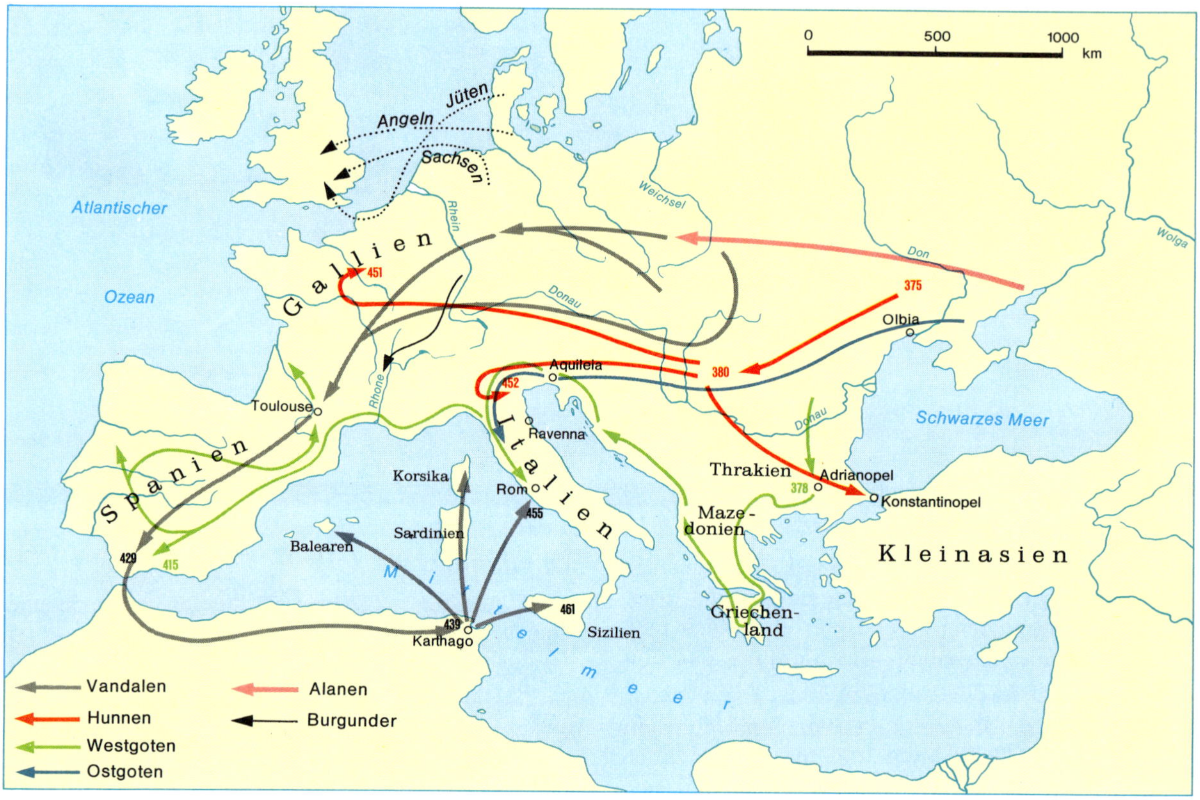

Die große Wanderung der Germanen.

In der Welt gibt es zur Zeit nach Schätzungen mehr als 15 Millionen Flüchtlinge. In der Bundesrepublik leben fast 2 Millionen ausländische Arbeitnehmer mit ihren Angehörigen. Es gibt viele Gründe, die Heimat zu verlassen und sich in der Fremde niederzulassen. Vor mehr als 2000 Jahren begann eine Wanderung ganzer Völker in Europa.

- Was brachte sie dazu, ihre Heimat zu verlassen und neues Siedlungsland zu suchen?
- Wie hat sich im Verlauf dieser *Völkerwanderung** die europäische Landkarte verändert, und welche Staaten sind auf den Trümmern des weströmischen Reiches entstanden?

Germanen dringen ins Römerreich ein. Die Germanen lebten ursprünglich in Nordeuropa. Schon im 2. Jh. v. Chr. verließen manche Stämme die Heimat; niemand kann genau sagen, weshalb. In der Zeit von Caesar kam es erneut zum Aufbruch. Germanen breiteten sich nach Süden und Westen aus, verdrängten z.T. die Kelten oder verschmolzen mit ihnen. Um 200 n. Chr. ging die friedliche Nachbarschaft an der römischen Grenze zu Ende (vgl. S. 95). In harten Kämpfen mit den römischen Legionen schlossen sich Sippen und Stämme zusammen. So entstanden z.B. die großen Verbände der Franken, Alemannen und Goten. Die Franken überschritten den Rhein, die Alemannen durchbrachen den Limes, die Goten siedelten sich in Südrußland und auf dem Balkan an. Auf vielen Seefahrten plünderten die Sachsen und die im heutigen Holstein ansässigen Angeln die benachbarten Küsten. Um 450 n. Chr. eroberten sie gemeinsam mit den Jüten die britische Insel.

Die Alemannen (von den Römern auch Alamannen oder Sueben, d.h. Schwaben genannt) nahmen das Land am Oberrhein und Neckar, am Bodensee und in der heutigen Nordschweiz in Besitz. Sie zeigten (im Unterschied zu den Franken) wenig Verständnis für die römische Zivilisation und ließen Straßen und Brücken, Gutshöfe und Badeanlagen aus der Römerzeit verfallen. Wer von der keltisch-romanischen Bevölkerung nicht fliehen konnte, wurde unterworfen. Unter Führung der Ältesten gründeten Sippen neue Weiler und Dörfer, deren Namen mit der Endung ,,-ingen" an jene Zeit und den Sippenvorsteher erinnern (z.B. Tutilo – Tuttlingen). Ihre Toten bestatteten die Alemannen seit der Zeit um 500 n. Chr. in Reihengräbern: Ein Zeichen dafür, daß die Zeit der Kriegszüge beendet und die ,,Landnahme" abgeschlossen war.

Der Vorstoß der Hunnen. Zuvor hatte freilich der Ansturm der Hunnen viele Germanenstämme aus ihren eben erworbenen Siedlungsräumen vertrieben. Dieses mongolische Reitervolk aus Innerasien, das halb nomadisch um den Aralsee gelebt hatte, war im 4. Jh. n. Chr. nach Westen gezogen und besiegte 375 n. Chr. in einer entscheidenden Schlacht das Ostgotenreich am Schwarzen Meer. Danach schufen die Hunnen selbst ein gewaltiges Reich, das im Westen bis zur mittleren Donau reichte.

Die Germanenstämme flohen vor den heranziehenden Hunnen. Die Westgoten zogen über Italien nach Spanien; die Vandalen ließen sich für kurze Zeit in Südspanien nieder und gründeten dann ein Reich in Nordafrika, von wo sie mehrere Raubzüge nach Italien unternahmen. Die Burgunder zogen ins obere Rhonetal, nachdem sie von den Hunnen besiegt wurden, die unter ihrem König Attila bis nach Gallien vorgedrungen waren. Dort wurden die Hunnen jedoch von einem römisch-germanischen Heer 451 n. Chr. in der Schlacht auf den Katalaunischen Feldern zur Umkehr gezwungen. Nach dem Tod Attilas zerfiel das große Reich der Hunnen. → (2)

Das Ostgotenreich Theoderichs. Die Ostgoten zogen, vom Balkan kommend, nach dem Zerfall des Hunnenreichs nach Italien, wo ein germanischer Heerführer namens Odoakar den letzten weströmischen Kaiser im Jahr 476 abgesetzt hatte. Theoderich beseitigte Odoakar heimtückisch und errichtete ein eigenes Reich mit der Hauptstadt Ravenna. Die Ostgoten – ein Volk von knapp 150000 Menschen – bildeten die militärische Oberschicht in Italien, das damals eine Bevölkerung von rund 6 Millionen besaß. Die einheimischen Bewohner des Landes behielten ihre Rechte. In der Verwaltung und Rechtsprechung wirkten weiterhin römische Beamte, auch Gewerbe und Handel blieben in römischen Händen. Der Gotenkönig ernannte sogar vornehme Römer zu seinen Ministern. Den militärischen Schutz übernahmen die Gotenkrieger. Sie erhielten von den Römern ein Drittel der Landgüter mit Wohnung, Sklaven und Vieh. Dafür brauchten die römischen Bürger jetzt keine Kriegssteuer mehr zu bezahlen. Sie lebten unter dem Schutz der Ostgoten; ihre Wirtschaft gesundete. Es gab aber auch Spannungen, vor allem wegen der Religion. Die Goten gehörten zu den ,,Arianern" (vgl. S. 103) und galten deshalb aus der Sicht der römischen Kirche als Irrgläubige. Der byzantinische (oströmische) Kaiser versuchte, die Macht der Ostgoten einzuschränken. Nach Theoderichs Tod wurden sie in einem langen und blutigen Krieg von Ostrom besiegt (vgl. S. 124). → (3)

Entstehung und Aufbau des Frankenreichs. Von allen Völkern, die auf dem Gebiet des weströmischen Reiches (vgl. Karte S. 120) neue Staaten gründeten, sind die Franken für unsere Geschichte am wichtigsten geworden. Sie bestimmten die politische Ordnung von West- und Mitteleuropa. Die kleinen Stämme, aus denen das fränkische Volk entstand, wohnten damals am Niederrhein und an der Nordseeküste; sie waren zum Teil mit den Römern verbündet. Ein Gaufürst mit Namen Chlodwig (Ludwig) machte sich zum König der Franken (482–511), indem er die Fürsten der anderen Gaue durch Mord, Verrat und List beseitigte. Den letzten römischen Statthalter in Gallien hatte er schon vorher besiegt. Die romanische Bevölkerung mußte ihn als König anerkennen. Er ließ sich taufen; so gewann er leichter die führende Schicht des Landes,

vor allem die Bischöfe in den Städten und die Äbte der Klöster für seine Regierung. Seine Frau war bereits Christin.
König Chlodwig baute seine Herrschaft auf zwei Fundamenten, einem germanischen und einem römischen, auf:
Er stützte sich – nach germanischer Art – auf die Gefolgschaft seiner Getreuen, die den Kern seines Heeres bildeten. Im Kriegsfall war er oberster Heerführer. Die fränkische Volksversammlung ersetzte er durch einen Rat der Adligen und der hohen Geistlichkeit; er selbst führte den Vorsitz im Rat und wirkte als oberster Richter. Das Land, das er erobert hatte, war sein Eigentum. Einen Teil verschenkte er an Adlige, die ihm dienten, und an Klöster, Bischöfe und Priester, die ihn unterstützten. Nach germanischer Auffassung besaß der König besondere Kräfte: Die Untertanen vertrauten darauf, daß er Glück und Erfolg bringe.
Die römischen Grundlagen seiner Macht waren vor allem die befestigten Städte im Land und das Netz fester Straßen. Außerdem konnte Chlodwig die Einrichtung der römischen Provinzverwaltung, vor allem das römische Steuerwesen, benutzen und sich auf den Rat der Bischöfe, Äbte und Geistlichen verlassen.
Das fränkische Volk und die romanische Bevölkerung hatten gleiche Rechte; die beiden Bevölkerungsteile vermischten sich, besonders seit die Franken das Christentum annahmen. Das Land zwischen Rhein und Atlantik, das die Franken beherrschten, hieß künftig Francia, Frankreich. Chlodwig und seine Nachfolger unterwarfen auch die Nachbarstämme und dehnten das Frankenreich nach Osten aus.

Die Christianisierung des Frankenreichs. Den Franken fiel es leichter, das Christentum anzunehmen, weil ihre romanischen Mitbürger längst Christen waren. Viel schwieriger war es, die anderen Stämme für den neuen Glauben zu gewinnen. Aus Irland kamen Wandermönche, die als *Missionare** unerschrocken unter den heidnischen Alemannen, Bayern oder Hessen wirkten, Klöster gründeten und die Menschen sowohl lehrten, den Urwald zu roden als auch zu Gott zu beten.
Die endgültige Christianisierung des Frankenreiches gelang erst dem angelsächsischen Mönch Winfried, später Bonifatius genannt. Er versuchte zuerst die Friesen zu missionieren, wandte sich dann den Thüringern und Hessen zu, wo er die Donareiche bei Geismar, ein heidnisches Nationalheiligtum der Hessen, fällte. Karl Martell (vgl. S. 143) unterstützte den Missionar, und der Papst ernannte ihn zum Erzbischof von Mainz. Er übertrug ihm die kirchliche Organisation der Gebiete rechts des Rheins; so wurde Bonifatius zum „Apostel der Deutschen“, gründete mehrere Bistümer und Klöster und unterstellte sie der päpstlichen Gewalt. Als 80jähriger unternahm Bonifatius nochmals eine Missionsreise zu den Friesen, auf der er 754 den Märtyrertod fand. In seinem Lieblingskloster Fulda wurde er begraben. → (4)

(1) Wo brechen die römischen Grenzen?

(a) Zeigt auf der Karte S. 119, von welchen Völkern das Römerreich bedroht wurde und wo es zu Schlachten kam.

(b) Wie stark waren die Römer, wie stark die Germanen? Was meint ihr? Wiederholt Kap. 4.4.

(2) Die Hunnen im Spiegel römischer Geschichtsschreiber

„Niemand bestellt bei ihnen das Feld oder rührt je einen Pflugsterz an. Alle nämlich schweifen ohne feste Wohnsitze, ohne Heim oder unwandelbares Gesetz und Brauch, immer Flüchtlingen gleich, mit ihren Wagen umher, in denen sie wohnen: in diesen weben ihnen die Weiber ihre häßlichen Gewänder und gebären ihre Kinder und nähren sie bis zur Reife. Und niemand kann bei ihnen die Frage beantworten, wo er herstammt, da er an einem Ort erzeugt, fern davon geboren und weitab aufgezogen wurde. Bei einem Waffenstillstand sind sie treulos und unzuverlässig, bei jedem neuen Hoffnungsstrahl, der leuchtet, zum Wechsel ihrer Haltung geneigt, völlig untertan ihren leidenschaftlichen Trieben.“ (1)
„Es wurde das Barbarenvolk der Hunnen so mächtig in Thrakien, daß sie mehr als hundert Städte verwüsteten und sogar Konstantinopel in Gefahr brachten. Die Mehrzahl der Einwohner ergriff bereits die Flucht. Ja, selbst die Mönche in Jerusalem wollten schon fliehen, da sie die Zerstörung Konstantinopels fürchteten. Morden und Blutvergießen waren so groß, daß die Zahl der Toten nicht einmal schätzungsweise errechnet werden konnte.“ (2)
Q

(a) Wie werden die Hunnen in den zwei Quellenzeugnissen geschildert?

(b) Welche Eigenschaften der Hunnen werden in der ersten Quelle besonders hervorgehoben?

(c) Von welchem Standpunkt aus sind die Texte verfaßt?

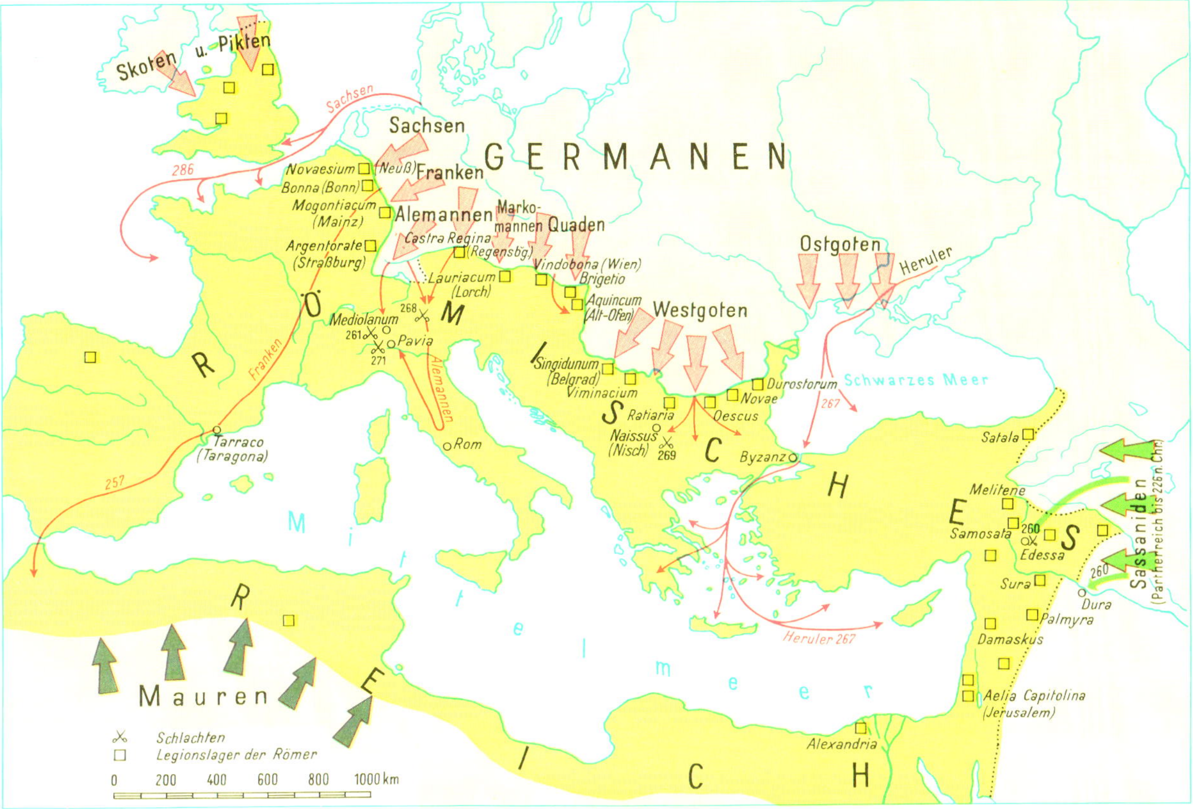

Die Bedrohung der römischen Grenzen seit der Mitte des 3. Jahrhunderts.

(3) Theoderich – warum „der Große"?

„Seine gewaltige Hand sorgte für Gerechtigkeit an allen Orten und war ein starker Schirm für Recht und Gesetz. Vor Einfällen benachbarter Barbaren bewahrte er sein Land; seine Weisheit und Tapferkeit waren gefürchtet und geehrt weit in die Runde. Weder ließ er sich irgendein Unrecht gegen seine Untertanen zu Schulden kommen, noch ließ er einem andern derartiges durchgehen; nur den Teil der Landgüter, die Odoaker seinen Parteigängern zugewiesen hatte, überließ er seinen Goten. So war Theoderich dem Namen nach ein Tyrann, in Wirklichkeit aber ein rechter Kaiser, nicht um Haaresbreite geringer als irgendeiner von denen, welche sonst diese Würde bekleidet haben. Obgleich es dem menschlichen Charakter zu widersprechen scheint, liebten und verehrten ihn tatsächlich Goten und Italiker ohne jeglichen Unterschied ... Nach einer Regierung von 37 Jahren starb er, der Schrecken seiner Feinde, von seinen Untertanen aufs tiefste betrauert." (3) Q

(a) Was erfährt man aus dem Quellentext über Theoderich?

(b) Theoderich „der Große". Wieso? Was hat er geleistet?

(c) Urteilt ihr ebenso über Theoderich wie der Verfasser der Quelle?

Das Grabmal des Ostgotenkönigs Theoderich in Ravenna. Eine riesige Flachkuppel (Durchmesser 11 m), die aus einem einzigen Felsblock gehauen und 8000 Zentner schwer ist, lastet wie der Deckstein eines Hünengrabes auf dem zehneckigen Gebäude.

(4) Missionierung der Germanen

„Die Göttertempel braucht man nicht zu zerstören, nur die Götzenbilder darin. Man besprenge die Tempel mit Weihwasser, dann errichte man in ihnen christliche Altäre und lege Gebeine von Heiligen in diese. Sieht nämlich das Volk, daß man seine heiligen Stätten nicht vernichtet, dann wird es um so leichter den Irrtum aus seinem Herzen verbannen und zur Anbetung des wahren Gottes an den gewohnten Ort kommen. Das Fest der Heiligen mögen die Leute ruhig auch mit äußeren Festlichkeiten und einem Festmahl feiern. Man kann ja harten Herzen nicht alles auf einmal abschneiden, und wer auf den Gipfel eines hohen Berges steigen will, kommt nur langsam Schritt für Schritt, nicht mit Sprüngen hinauf." (4) Q

„Als der heilige Wolfram den Friesen das Christentum predigte, brachte er endlich ihren Herzog Radbot dazu, daß er sich taufen lassen wollte. Radbot hatte schon einen Fuß in das Taufbecken gestellt; da fiel ihm ein, vorher zu fragen, wohin denn seine Vorfahren gekommen wären, ob sie bei den Scharen der Seligen oder in der Hölle seien. Sankt Wolfram antwortete: ‚Sie waren Heiden, und ihre Seelen sind verloren.' Da zog Radbot schnell den Fuß zurück und sprach: ‚Ihre Gesellschaft mag ich nicht verlieren; lieber will ich elend bei ihnen in der Hölle wohnen als herrlich ohne sie im Himmelreich.'" (5) Q

(a) Versucht, die Anweisung des Papstes zur Missionierung einzuschätzen (erste Quelle).

(b) Nennt Schwierigkeiten für die Ausbreitung des christlichen Glaubens bei den Germanen (zweite Quelle). Erläutert das Bild S. 121.

1. Schildere Aussehen und Verhalten der Hunnen. Berichte, wie sie in Europa vordrangen, wer sie regierte und wie ihre Herrschaft endete.

2. Zeige auf der Karte die Germanenreiche, die auf dem Gebiet des weströmischen Reiches entstanden, und sage, welche Länder heute dort liegen.

3. Stelle zusammen:
Leistungen Theoderichs – Leistungen Chlodwigs.

Germanische Reiche zur Zeit Theoderichs.

Bonifatius spendet die Taufe und erleidet den Märtyrertod. Buchmalerei in einem Fuldaer Sakramentenbuch (875). Beachte die Form, in der die Taufe vorgenommen wird. Bonifatius wurde zusammen mit 52 Gefährten auf einer Missionsreise in Friesland getötet.

Mission: Verkündigung des Evangeliums und Verbreitung des christlichen Glaubens bei Nichtchristen mit dem Ziel der „Bekehrung", d. h. der Annahme der Religion des Christentums durch die Taufe.

Völkerwanderung: Im engeren Sinn wird die Wanderung germanischer Stämme vom 3. bis ins 6. Jh. als Völkerwanderung bezeichnet. Ursachen waren vermutlich Klimaverschlechterungen in Nordeuropa, Übervölkerung und Landnot sowie die Anziehungskraft des Römischen Reiches. Der Einbruch der Hunnen gab der Völkerwanderung den stärksten Schub. Mit der Gründung germanischer Reiche auf dem Boden des weströmischen Reiches fand sie ihr Ende.

375	Hunnen vernichten das Ostgotenreich
451	Schlacht auf den Katalaunischen Feldern
476	Ende des weströmischen Reiches
489–526	Theoderich der Große, König des Ostgotenreiches
482–511	Chlodwig, König des Frankenreiches

Quellennachweis

(1) Ammianus Marcellinus, griechischer Geschichtsschreiber, 4. Jh. n. Chr., deutsche Übersetzung in: Materialien für den Geschichtsunterricht, Das Mittelalter. Diesterweg 7332, S. 20.
(2) Kallinikos: Leben des heiligen Hypathius. Deutsche Übersetzung: Materialien, a.a.O., S. 22.
(3) Prokop, ein Geschichtsschreiber um 500 n. Chr.; deutsche Übersetzung in: Geschichtliche Weltkunde, Quellenlesebuch, Band 1, a.a.O., S. 135.
(4) Anweisung Papst Gregors d. Gr. 601 n. Chr.; deutsche Übersetzung in: Quellenbuch zur Kirchengeschichte, Band I/II. Diesterweg, Frankfurt 1976, S. 51 f.
(5) Deutsche Übersetzung in: Materialien für den Geschichtsunterricht, Das Mittelalter, a.a.O., S. 69.

Lesetip

P. Dickinson: Silvesters abenteuerliche Reise ins Land der Hunnen. Boje, Stuttgart 1975
J. C. Grund: Feuer am Limes. Loewes Verlag (JB)
E. F. Jung: Sie bezwangen Rom. Heyne. Sachbuch 7081 (SB)
H. Plate: Attila. Engelbert, Balve (SB)
R. Pörtner: Die Erben Roms. Städte und Stätten des deutschen Früh-Mittelalters. Knaur Tb. 132 (SB)
L. Radauer: Attila und seine wilden Reiter. Styria, Graz (JB)
H. Schreiber: Die Hunnen. Attila probt den Weltuntergang. Econ, Düsseldorf 1976 (SB)

5.4. Das oströmische Reich

Kaiser Justinian. Mosaik aus der im Jahr 547 geweihten Kirche S. Vitale in Ravenna. Ganz rechts ein Bischof, sein Name steht darüber. Dazwischen vermutlich der Feldherr Belisar.

Konstantinopel – das neue Rom, Hauptstadt eines tausendjährigen Reiches zwischen Europa und Asien, Mittelpunkt einer glanzvollen Kultur, das „goldene Byzanz". Ist es spurlos versunken?

- Welche Rolle spielte das oströmische Reich für Europa?
- Worin bestanden Glanz und Anziehungskraft der oströmischen Hauptstadt Byzanz?
- Was für eine politische Ordnung hatte das oströmische Reich?

Konstantinopel, das neue Rom. Seit Diokletian die Herrschaft über das Römische Reich aufgeteilt hatte, verlor Rom als Hauptstadt seine Bedeutung (vgl. S. 96). Nun entschloß sich Kaiser Konstantin, ein zweites Rom im Osten zu gründen. Er wählte Byzanz, das genau an der Nahtstelle zwischen Europa und Asien liegt. Die Stadt erhielt den Namen des Kaisers: Konstantinopel. Die neue Residenz sollte dem alten Rom gleichen, nur daß an die Stelle der heidnischen Tempel christliche Kirchen traten. In wenigen Jahren entstanden kaiserliche Paläste, zahlreiche Kirchen, Theater, Wasserleitungen und Bäder. Das neue Rom erhielt auch einen Senat. Er hatte aber nichts zu bestimmen; denn Konstantin regierte mit unumschränkter Gewalt wie einst die Herrscher des Orients.

Der von Diokletian errichtete Zwangsstaat blieb auch unter Konstantin erhalten. Er regierte mit Hilfe eines streng kontrollierten Beamtentums. An der Spitze stand der Kaiser in unnahbarer Größe, man durfte ihm nur in demütiger Verehrung begegnen. Seine Residenz enthielt einen prunkvollen Empfangssaal für feierliche Anlässe, mehrere Speisesäle und zahlreiche Räume für die Dienerschaft. Durch eine silberne Tür gelangte der Kaiser in seine Privatwohnung. Auch die Kaiserin besaß eigene Räume im Palast.

Ein strenges Zeremoniell regelte das Leben am Hofe; selbst hoher Besuch mußte sich dem unterwerfen. Von Beamten geleitet, warf man sich schweigend an der Schwelle und in der Mitte des Thronsaales zu Boden und wartete, bis sich der schwere Vorhang öffnete, hinter dem der Kaiser auf seinem goldenen Sessel saß. Ein Fußkuß bezeugte Unterwerfung und Verehrung. Dann geruhte der Kaiser, mit dem Gast zu sprechen.

Einer der Nachfolger Konstantins, Kaiser Theodosius (vgl. S. 103), vererbte die Herrschaft an seine zwei Söhne, von denen der eine den Westen, der andere den Osten des Reiches regierte (395 n. Chr.). Nach dieser Reichsteilung blieb Rom die Hauptstadt des Westens, obwohl der Westkaiser seit 404 n. Chr. in Ravenna residierte. Konstantinopel war weiterhin die Kaiserstadt des Ostens. Im Osten wurde griechisch gesprochen, im Westen lateinisch. → (1)

„Die Stadt besaß viele öffentliche Bäder mit verschiedenen Öffnungszeiten für Männer und Frauen, und Regierung und Kirche gewährten ärztliche Versorgung und Krankenhausbehandlung allen, die kein Geld dafür hatten. Trotz dieser Vorsorge breiteten sich Seuchen schnell aus und forderten immer einen furchtbaren Zoll.

Die Hauptstraße der Stadt führte von den landwärts gelegenen Stadtmauern im Westen fast bis zu den Toren des kaiserlichen Palastes und hieß die ‚Mese', das heißt Mittelstraße. Gesäumt von Kolonnaden und unterbrochen von monumentalen Plätzen mit den Statuen von Kaisern und Kaiserinnen, bildete sie die königliche Prachtstraße. Im allgemeinen folgten alle bedeutenderen kaiserlichen Festzüge der Mese. Hier befanden sich auch die eleganten Läden der Stadt, gefüllt mit den Erzeugnissen des byzantinischen Luxusgewerbes: Seiden und Brokate, Kupfer- und Goldwaren, Leder und Glas, Juwelen und Reliquienbehälter. Am Ende der Straße hatten die Parfümhändler ihre Stände, so daß – nach einer zeitgenössischen Quelle – ‚die süßen Düfte aufsteigen . . . und gleichzeitig das Vestibül [Vorhalle] des kaiserlichen Palastes erfüllen konnten'.

In dieser Straße bekam man auch am besten einen Begriff von der Verschiedenartigkeit der Stadtbevölkerung, die man zur Zeit Justinians auf etwa 600 000 Einwohner schätzte . . .

Die Stadt zog als blühender Seehafen und als Hauptstadt des größten Weltreiches auch von weither alle Arten von Besuchern an. Aus Britannien, Spanien und Gallien, aus Skandinavien und Rußland, aus Persien und Afrika kamen Scharen von Kaufleuten, Seeleuten, Diplomaten und Reisenden. In der Straße mischten sich diese Besucher in ihrem exotischen Aufzug – Mäntel in lebhaften Farben, Pelze, seltsame Haartrachten – und mit ihrer fremdartigen Sprache unter die einfacher gekleideten Byzantiner und erregten beträchtliches Aufsehen. Auf den Straßen sah man auch die zahlreichen Sklaven, oftmals Kriegsgefangene, welche die niederen Arbeiten in Byzanz verrichten mußten." (1) → (4)

Kaiser Justinian. Manche Kaiser begnügten sich mit der Würde und überließen die Regierungsarbeit den Beamten. Kaiser Justinian (527–565) tat das nicht. Er regierte selbst und verlangte von den Beamten wie von den Soldaten die äußerste Anstrengung. Er selbst gab ihnen ein Beispiel. Seine Frau, Kaiserin Theodora, unterstützte ihn, außerdem hatte er vorzügliche Mitarbeiter und Feldherrn. Justinian verfolgte drei große Ziele: Er wollte das Ansehen des Reiches heben, allen Recht und Gerechtigkeit zukommen lassen und die Einheit des alten Römerreiches wiederherstellen.

Dem Glanz und Ansehen des Reiches sollten zahlreiche neue Bauwerke dienen. Das großartigste entstand mit der Kirche „Hagia Sophia" auf dem Kaiserplatz. 6 Jahre dauerten die Bauarbeiten, 10 000 Menschen waren beteiligt. Die Kuppel der Kirche gilt als Meisterwerk. Ein Zeitgenosse des Kaisers schildert den Eindruck, den ihm die Kirche machte:

„Sie ist ein wunderschönes Prachtstück von unsäglicher Harmonie. Sie ist großartig und zugleich maßvoll. Von Licht und Sonne wird sie durchflutet. Über das Heiligtum ergießt sich ein Übermaß an Licht. Die gewaltige Kuppel scheint gar nicht auf festem Mauerwerk aufzuruhen, sondern wie an goldenen Ketten vom Himmel herabhängend den Raum zu überspannen." (2) Q

In kostbaren Mosaiken war Christus als Weltenherrscher dargestellt. Justinian betrachtete sich selbst als Stellvertreter Christi auf Erden und zugleich als Oberhaupt der Kirche in seinem Reich. Der *Patriarch** von Konstantinopel war ihm unterstellt. Unter seinen Nachfolgern kam es zum Streit mit dem Papst in Rom. 731 wurden die oströmischen Christen der päpstlichen Oberhoheit entzogen. Es entstand eine eigene Ostkirche. Ihre Sprache war griechisch, in Glaubensdingen bezeichneten sich die oströmischen Christen als „rechtgläubig" (griechisch: orthodox). So erklärt sich ihr Name. Die Spaltung in eine „griechisch-orthodoxe" Ostkirche und eine „römisch-katholische" Kirche im Westen wurde 1054 besiegelt. → (2)

Justinian ließ alle Gesetze und Rechtssätze des Reiches von Gelehrten sammeln und in einem Buch (Corpus juris) zusammenfassen. Er schuf damit ein bleibendes Werk, denn hier stehen Sätze, die heute noch bei Gerichtsverhandlungen angewandt werden (vgl. S. 72 f.). → (3)

Das Ende der Vandalen und Ostgoten. Justinian wollte Nordafrika und Italien wieder der Herrschaft des Reiches einfügen. Die Macht der Vandalen und Ostgoten war geschwächt. So konnte Belisar, ein Feldherr des Kaisers, im Jahre 533 die Vandalen besiegen. Der letzte Vandalenkönig mußte sich im Zirkus von Konstantinopel vor Justinian demütigen. Der Krieg gegen die Ostgoten dauerte 20 Jahre. Sie kämpften verzweifelt, obwohl sie weniger Männer hatten und schlechter gerüstet waren als die Söldner des oströmischen Kaisers. Als am Vesuv der letzte Ostgotenkönig fiel, baten die Überlebenden um freien Abzug. Sie gelobten: „Wir sind bereit, die Waffen zu strecken und für alle Zeit Frieden zu halten." Sie durften mit ihrem toten König nach Norden ziehen und zerstreuten sich jenseits der Alpen. Das Ostgotenreich war vernichtet (554).

Italien gehörte jetzt zum oströmischen Reich; es wurde von einem Statthalter in Ravenna regiert. Der Krieg hinterließ schwere Verwüstungen in Italien wie in Nordafrika, das zu einem „Land der Bettler" geworden war.

Andauernde Bedrohung des Reiches. Die verlustreichen Kriege in Afrika und Italien schwächten auch Ostrom, so daß seine Kraft nicht ausreichte, die übrigen Grenzen zu sichern. Auf dem Balkan drangen Serben und Bulgaren nach Süden vor. Die Awaren, wie die Hunnen aus Innerasien kommend, zogen die Donau aufwärts. In Kleinasien kam es zu langwierigen Kämpfen mit dem erstarkten Perserreich.

Justinian versuchte, den Frieden mit diesen Völkern durch Verträge zu sichern oder durch Geldzahlungen zu erkaufen. Das führte zu Steuererhöhungen. Um die Einnahmen des Staates noch mehr zu steigern, übernahm er aus China die Zucht von Seidenraupen. Dennoch mußte der Kaiser am Ende seines Lebens gestehen, das sein Staat völlig verarmt war. Auch Italien ging wenige Jahre nach seinem Tod fast ganz verloren. Der ostgermanische Stamm der Langobarden besetzte das Land bis zum Tiber. Nur Süditalien und das Gebiet um Ravenna blieben oströmische Provinz.

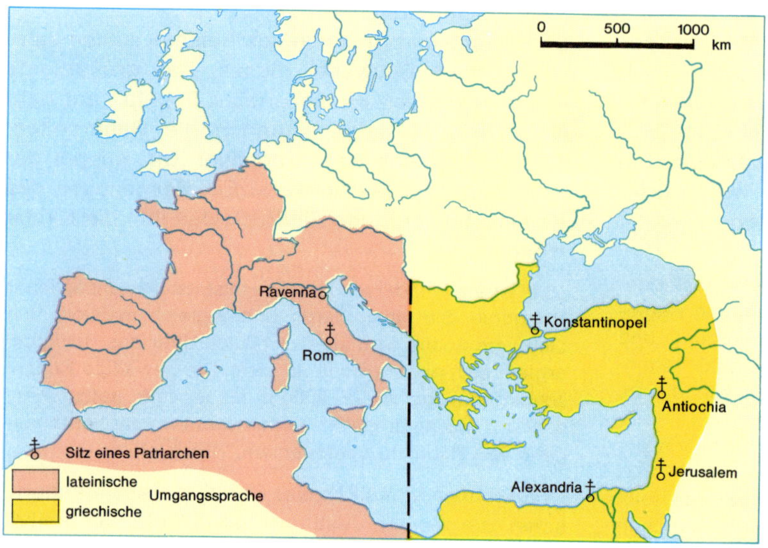

(1) **Teilung oder Zerfall des Römerreiches?**

(a) Zeigt an der Karte, wo die Grenze zwischen Westrom und Ostrom verlief und wo die Hauptstädte lagen.

(b) Berichtet anhand des Textes S. 96 über die Entwicklung, die zur Reichsteilung führte. Wo regierten die „Vierfürsten"?

(c) Welches Schicksal hatte Westrom?

(d) Erklärt die Darstellung der „Tetrarchen".

Teilung des Römischen Reiches.

Die sogenannten Tetrarchen, d.h. Vierfürsten. Außen: Diokletian und Maximian. Vorne: Constantius Chlorus und Galerius. Die Porphyrplastik stammt aus der Zeit um 300 n. Chr. und wurde 1258 nach Venedig gebracht; heute befindet sie sich an der Südwestecke der Markuskirche (vgl. S. 273).

(2) **Wie fremdartig ist die byzantinische Kunst?**

Justinian bei der Einweihung der Hagia Sophia:

„Preis und Ehre sei Gott, dem Allerhöchsten, der mich für würdig hielt, ein solches Werk zu vollenden. Salomo, ich habe dich übertroffen!" Q

(a) Beschreibt das Bauwerk und versucht, den Baustil zu charakterisieren.

(b) Äußert eure Meinung zu den Abbildungen auf S. 122 und 127: Was fällt auf, was gefällt euch? Begründet euer Urteil.

Innenansicht der Hagia Sophia in Konstantinopel. Die Kirche ist der „Heiligen Weisheit" geweiht als Zeichen dafür, daß der Kaiser dem Geist den Vorrang vor der Macht gab. Das Gebäude mit seinen Kuppeln ist ein Meisterwerk statischer Berechnung; die Zentralkuppel hat einen Durchmesser von 36 m. Die Wände waren mit Marmor verkleidet oder mit Mosaiken geschmückt.

(3) **Der oströmische Staatsaufbau: ein allmächtiger Kaiser?**

(a) Erläutert das Schaubild.

(b) Vergleicht die Stellung des Patriarchen von Byzanz mit der Stellung des Papstes in Rom.

(c) Was versteht man unter Byzantismus?*

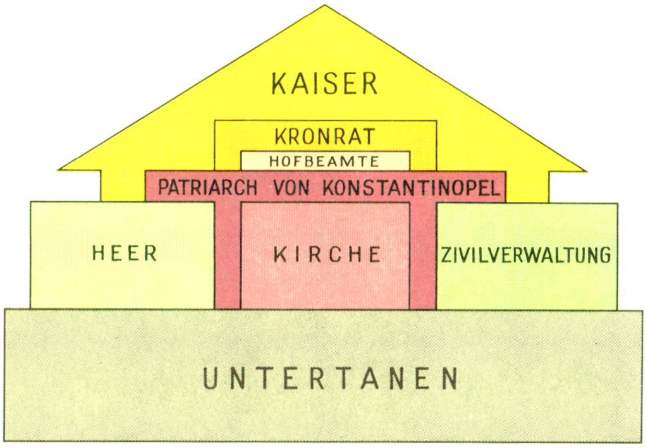

(4) **Byzanz: eine Brücke zwischen Ost und West**

(a) Stellt fest, welche Waren aus dem Orient über Byzanz (Konstantinopel) nach Europa geliefert wurden. Um was für Güter handelt es sich?

(b) Vergleicht die Lage von Byzanz mit der von Alexandrien im Altertum.

1. Diokletian – Konstantin – Theodosius – Justinian:
Wie haben sie zur Teilung des Römischen Reiches gestanden?

2. *Versuche zu beurteilen, was Byzanz (das Oströmische Reich) und seine Kultur für Europa bedeuteten.*

3. *Vergleiche ein Germanenreich mit dem Oströmischen Reich (beachte Staatsoberhaupt, Regierungsform, Stellung der Kirche, Größe des Gebietes).*

4. *Beantworte zwei der Schlüsselfragen auf S. 122.*

Byzantinismus: Das Hofzeremoniell der Kaiser von Byzanz verlangte die strenge Einhaltung von Vorschriften bei offiziellen Anlässen, insbesondere Zeichen der Unterwerfung unter Höhergestellte. Heute versteht man unter „Byzantinismus" ganz allgemein unwürdige Formen der Unterwürfigkeit.

Patriarch: wörtlich „Erzvater". Titel der Bischöfe einiger besonders berühmter Städte und Bistümer: Rom, Konstantinopel (Byzanz), Alexandria, Antiochia und Jerusalem.

Staatskirche: Ist die Kirche Teil des Staates und der staatlichen Gewalt untergeordnet, spricht man von Staatskirchentum. Die kirchlichen Grenzen stimmen mit der Staatsgrenze überein.

395	Teilung des Römischen Reiches in Ostrom und Westrom
527–565	Kaiser Justinian
554	Ende des Ostgotenreiches
1054	Trennung der „orthodoxen“ Kirche von Rom

Quellennachweis

(1) P. Sherrard: Byzanz. Kaisertum zwischen Europa und Asien. Rowohlt Life 30. Reinbek bei Hamburg 1972, S. 30 ff.
(2) Prokop. Deutsche Übersetzung in: Materialien, a.a.O., S. 45.

Lesetip

J. M. Hussey: Die byzantinische Welt. Urban Tb. 35 (WD)
Ph. Sherrard: Byzanz. Kaisertum zwischen Europa und Asien. Rororo Life 30 (SB)

Kaiserin Theodora mit Gefolge. Mosaik in der Kirche S. Vitale (vgl. S. 122).

6. Der Islam: Die neue Weltreligion und ihre Macht

6.1. Vom Glauben der Muslime

Innenhof der Harem-i-Sharif-Moschee in Mekka mit dem Heiligtum der Kaaba, einem würfelförmigen Bau, in dem ein schwarzer Meteorit eingemauert ist.

„Ich bezeuge, daß es keine Gottheit außer Allah gibt, und ich bezeuge, daß Mohammed sein Gesandter ist." So lautet das Glaubensbekenntnis von über 600 Millionen Anhängern des *Islams** ; nahezu zwei Millionen leben als unsere Mitbürger in der Bundesrepublik Deutschland.

- Wer war Mohammed, der Begründer des Islams, und was hat er verkündet?
- Was haben Christen und Muslime gemeinsam und was trennt sie voneinander?
- Warum gab (und gibt) es unter Christen Vorurteile gegenüber den Muslimen?

Leben und Lehre Mohammeds. Noch war ein Teil der Bevölkerung im Abendland heidnisch, da breitete sich von der arabischen Halbinsel her eine andere Weltreligion wie ein Sturmwind aus: der Islam. Er war von dem *Propheten** Mohammed verkündet worden, der um 630 die arabischen Stämme religiös und politisch einigte. Die ganze Christenheit geriet in Schrecken, als sich die Herrschaft der Muslime – so nennen sich die Anhänger des Islams – im Nahen Osten, in Nordafrika und Spanien ausbreitete. Diese christlichen Gebiete gingen in kurzer Zeit an den Islam verloren. Als der Vormarsch um 732 zum Stehen kam, hielt man im Abendland den Islam weiterhin für die gefährlichste Bedrohung.
Das Glaubensbekenntnis eines Muslim ist kurz und klar. Es lautet: Ich bezeuge, es ist kein Gott – außer Allah, und Mohammed ist sein Gesandter.
Mohammed war ein Kaufmann in Mekka, einer alten arabischen Handelsstadt, ein nachdenklicher und welterfahrener Mann. Ihn ärgerte, daß seine Landsleute eine Menge Götter verehrten und dabei nur einen oberflächlichen Glauben besaßen. Er selbst hatte den Glauben der Juden und Christen an einen einzigen Gott kennengelernt. Eines Tages, mit 40 Jahren, überkam ihn eine Erscheinung: Er fühlte sich der Erde entrückt, ein Engel befahl ihm zu verkünden, was Gott durch den Engel sagte. Diese Offenbarungen wiederholten sich. Was Mohammed auf diese Weise offenbar wurde, haben seine Anhänger später niedergeschrieben. So entstand der Koran, der für die Muslime das „Wort Gottes“ enthält.

„Im Jahre 613 begann Mohammed in Mekka öffentlich zu predigen. Allah, so lehrte er, sei nicht nur ein Gott unter vielen anderen, sondern der einzige und ewige Herrscher des Weltalls; ihm verdankten die Menschen ihr Dasein, und nur ihn dürften sie verehren. Er predigte, daß alle Gläubigen vor Gott gleich seien und daß die Reichen ihr Vermögen mit den Armen teilen müßten. Und zugleich wies er darauf hin, daß das Schicksal des Menschen in Gottes Hand liege: Einst werde der Tag des Gerichts kommen über alle Menschen.“ (1) → (1)

Weil Mohammed seine Landsleute als Götzendiener bezeichnete, verfolgten ihn vor allem die reichen Kaufleute in Mekka. Er verließ im Jahr 622 seine Heimatstadt und gründete in Medina eine Gemeinde treuer Anhänger. Das war der Beginn der islamischen Herrschaft, und deshalb beginnt mit diesem Jahr die Zeitrechnung der Muslime. Mohammed wurde für seine Leute nicht nur der religiöse, sondern zugleich der politische Führer ihrer Gemeinde. Es gelang ihm, Mekka zu bezwingen und dort als Sieger einzuziehen. Dann einigte er in wenigen Jahren alle arabischen Stämme, die bis dahin völlig zersplittert waren. Alle Araber hatten nun Allah als einzigen Gott und Mohammed, seinen Propheten, als alleinigen Herrscher. Mohammed starb 632 und wurde in Medina beigesetzt.

Die fünf Pfeiler des Islams.

„Mohammed hat weder eine organisierte Priesterschaft eingesetzt noch Sakramente. Er hatte aber eine Anzahl unbedingt einzuhaltender Satzungen vorgeschrieben, die als die ‚Fünf Pfeiler des Islams‘ bekannt sind: Es sind dies folgende:
Erstens: Verkündigung des Einen Gottes. Ihren Ausdruck findet sie in dem Glaubensbekenntnis: Es gibt keinen anderen Gott außer Allah; Mohammed ist sein Prophet!
Zum zweiten muß der gläubige Moslem fünfmal täglich ein Gebet mit dem Gesicht nach Mekka sprechen, wo immer er sich befindet, freitags aber in der Moschee. → (3)
Die dritte der Pflichten verlangt Almosengeben als Opfer für Allah und als Akt der Frömmigkeit. Der vierte der fünf Pfeiler des Islams ist die Einhaltung des Ramadan-Fastens. Nach dem Koran empfing der Prophet die erste seiner Offenbarungen im Ramadan, im neunten Monat des muselmanischen Jahres . . . Später erklärte Mohammed den ganzen Ramadan – der nach dem westlichen Kalender jedes Jahr auf eine andere Zeit fällt – zum Fastenmonat . . .
Der fünfte „Pfeiler“ ist die Wallfahrt nach Mekka.
Außer diesen Hauptregeln für das religiöse Verhalten enthält der Koran auch eine Vielzahl moralischer und rechtlicher Anweisungen. Er untersagt dem Gläubigen den Genuß von Schweinefleisch, den Wucher und Glücksspiele jeder Art; er regelt Eheschließung und Scheidung und setzt Strafen für Verbrecher fest . . .“ (2) → (2)

Staat und Gesellschaft der Muslime. Man sieht, die Religion des Islams hat vieles mit Judentum und Christentum gemeinsam. Aber der Islam bildet keine „Kirche“ innerhalb weltlicher Staaten. Der Koran bestimmt das religiöse Verhalten der Gläubigen ebenso wie die Gesetze und Pflichten der Bürger, der Beamten und Herrscher. Staat und Religion sind eng miteinander verbunden. Das Volk der Gläubigen bildet eine enge Gemeinschaft. Am Freitag kommen alle zur Mittagszeit in das Bethaus, die *Moschee**. Jede Moschee besitzt eine Halle und einen großen Vorhof, in dem ein Wasserbecken oder ein Brunnen steht. Hier müssen sich die Gläubigen vor jedem Gottesdienst waschen, denn „Reinheit ist der halbe Glaube“, lehrt Mohammed. Zum Gebet kauern die Muslime nieder und verbeugen sich, wo immer sie sich befinden, in der Richtung, in der Mekka liegt. Der Koran verpflichtet sie, Gutes zu tun und die Gebote einzuhalten. Wer dies nicht tut, begeht ein Unrecht und kommt vor den Mufti oder den Kadi. Der Mufti ist für religiöse Angelegenheiten zuständig, der Kadi trifft die Entscheidungen in Rechtsstreitigkeiten. Beide sprechen Recht, indem sie den Koran anwenden.
Nach dem Tode Mohammeds (632) übernahm der „Kalif“, d. h. Stellvertreter des Propheten, die Herr-

schaft im islamischen *Gottesstaat**. Er ist religiöses Vorbild, dem die Gläubigen folgen, und zugleich Staatsoberhaupt. Der Kalif ist als Nachfolger des Propheten dafür verantwortlich, daß geschieht, was im Koran steht.

Jeder Muslim ist zu regelmäßigen Almosen verpflichtet; diese Almosen bilden die Steuern, die für den Staat notwendig sind. Ihre Höhe richtet sich nach dem Besitz und Einkommen eines Muslim. Die Religion verpflichtet somit jeden zu einem finanziellen Beitrag für die Gemeinschaft. In der Familie bildet der Vater das Oberhaupt. Der Koran erlaubt dem Muslim, bis zu vier Frauen zu haben, vorausgesetzt, daß er keine von ihnen benachteiligt. → (4)

(1) **Mohammed und das „heilige Buch"**

In der Nacht, in welcher Gott aus Barmherzigkeit gegen seine Diener ihn mit seiner Botschaft ehrte, brachte ihm Gabriel den Befehl Gottes.

„Ich schlief," so erzählt Mohammed selbst, „als er mir ein beschriebenes seidenes Tuch brachte, und sagte: ‚Lies!' Ich sagte: ‚Ich kann nicht lesen.' Da drückte er mich in das Tuch, daß ich glaubte, ich müßte sterben, dann ließ er mich los und sagte wieder: ‚Lies!' Als ich wieder sagte, ich könne nicht lesen, bedeckte er mich wieder mit dem Tuche, daß ich beinahe den Geist aufgab, dann ließ er mich wieder los und wiederholte seinen Befehl. Ich fragte nun, was ich lesen sollte, aus Furcht, er werde mich wieder wie früher behandeln, da sagte er: ‚Lies im Namen Deines Herrn, der den Menschen aus einem Blutklumpen erschaffen hat, lies. Dein Herr ist der Gnädigste, der durch die Feder den Menschen gelehrt hat, was er nicht wußte.' Ich las nun, und Gabriel verließ mich wieder. Hierauf erwachte ich, und es war, als stünden diese Worte in mein Herz geschrieben." (3) Q

(a) Berichtet, wie Mohammed die Botschaft Gottes erhielt, wie er sich dabei verhielt und wie die Botschaft auf ihn wirkte.

(b) Wie ist es zu erklären, daß Mohammed die Offenbarung vom Engel Gabriel empfing? Woher kannte er den Namen?

(2) **Was soll ein Muslim glauben und tun?**

„Auf sechs Glaubenssätzen ruht der Glaube des Islams: der Glaube an Gott, an die Engel, an die geoffenbarten Bücher, an die Gesandten Gottes, an den Jüngsten Tag und an die göttliche Vorherbestimmung ... Auf fünf Säulen ruht das Tun des Islams: Das Bekennen, das Beten, das Fasten, das Pilgern und das Abgeben." (4)

(a) Erläutert einzelne Punkte des islamischen Glaubensbekenntnisses.

(b) Vergleicht einzelne Punkte mit entsprechenden Glaubenssätzen des Christentums.

Buchmalerei aus Raschid Ad-Dins „Universalgeschichte": Mohammed empfängt die Offenbarung vom Erzengel Gabriel.

Der arabische Felsendom in Jerusalem. Er wurde noch im 7. Jh. an der Stelle erbaut, an der einst Salomon den jüdischen Tempel errichtet hatte. In der Mitte des Felsendoms befindet sich der „heilige Fels", auf dem ursprünglich der jüdische Brandopferaltar stand. Die Muslime betrachten Judentum und Christentum als Vorläufer des Islams. Darum gilt ihnen auch der Felsendom in Jerusalem als das zweithöchste Heiligtum, das sie – ähnlich wie Mekka – durch Wallfahrten verehren.

(3) Das Gebets- und Versammlungshaus der Muslime: die Moschee

(a) Beschreibt Grundriß, Form und Verzierung dieser Moschee.

(b) Berichtet, wozu die Moschee den Muslimen dient und wie sich Gläubige in der Moschee verhalten. Lest dazu S. 129 und erläutert das Bild S. 137.

(4) Über die Stellung der Frau im Islam

Aussagen Mohammeds zur Ehe:

„Heiratet, was euch an Frauen gut ansteht, zwei und drei und vier."
„Der ist der beste unter euch, der gegen seine Frau der beste ist." Q

Aussagen eines islamischen Theologen über die Frau:

„Wir wollen die Pflichten der Frau gegenüber dem Mann noch einmal zusammenfassen: Die Frau soll im Innern des Hauses bleiben und an ihrem Spinnrad sitzen, nicht viel auf das Dach steigen und sich dort umsehen. Mit den Nachbarn soll sie nicht viel reden und nur in dringenden Angelegenheiten sie besuchen. Sie soll stets ihren Mann im Sinne haben, mag er gegenwärtig oder abwesend sein, und in allen Dingen ihm Freude zu machen suchen; sie soll ihm die Treue halten, in bezug auf sie selbst und sein Vermögen. Sie soll das Haus nicht verlassen außer mit seiner Erlaubnis, und wenn sie ausgeht, sich in abgetragene Kleider hüllen und wenig begangene Wege wählen, die Hauptstraßen und Märkte dagegen vermeiden. Auch soll sie darauf achten, daß kein Fremder ihre Stimme höre oder an ihrem Äußern sie erkenne; in keiner Sache darf sie sich an einen Freund ihres Mannes wenden, vielmehr soll sie sich vor demjenigen, von dem sie annimmt, daß er sie kenne, oder den sie kennt, unkenntlich machen oder ihm zu verstehen geben, daß sie notwendig etwas zu besorgen oder für den Haushalt einzuholen habe. Sie soll ferner die vorgeschriebenen Gebetszeiten und Fasten beobachten. Begehrt ein Freund ihres Mannes an der Türe Einlaß und der Mann ist nicht zuhause, so soll sie ihn nicht nach seinem Begehr fragen und sich in kein Gespräch mit ihm einlassen in peinlichster Rücksichtnahme auf sich selbst und ihren Gatten. Ferner soll sie zufrieden sein mit dem, was Gott ihrem Gatten beschert hat. Der Mann soll bei ihr an erster Stelle stehen, dann erst soll sie selbst und ihre Verwandten kommen. Auch soll sie bei sich auf peinliche Sauberkeit achten und in jeder Hinsicht stets so beschaffen sein, daß der Mann sie genießen kann, wenn er will. Auch soll sie zärtlich sein gegen ihre Kinder, wenn sie solche von ihm hat, sie hegen und pflegen und sie sorgsam hüten, auch die Kinder so wenig als möglich schelten und möglichst wenig dem Manne widersprechen." (5) Q

(a) Was gefällt, was mißfällt euch an diesen Auffassungen über die Frau bzw. die Ehe?

(b) Informiert euch über die Stellung von Frauen und Mädchen in türkischen Gastarbeiterfamilien: Wie leben sie? Worin sind sie gegenüber den Männern benachteiligt?

1. Berichte über das Leben Mohammeds und erkläre, wie sich unter seiner Leitung die muslimische Glaubensgemeinschaft entwickelt hat.

2. Nenne die wichtigsten Grundsätze des Islams und erläutere einige.

3. Erörtere Probleme, die sich für einen gläubigen Muslim ergeben, der als Arbeiter in der Bundesrepublik lebt. Denke z. B. an die Gebets- und Speisevorschriften des Islams.

Gottesstaat: Staatsform, in der die religiöse und weltliche Ordnung als ein und dasselbe betrachtet wird. Der „Wille Gottes" bestimmt die Gesetze des Staates. Die Staatsgewalt liegt in der Hand des religiösen Oberhauptes.

Die Hagia Sophia in Konstantinopel war lange Zeit das prächtigste christliche Gotteshaus. Die Türken machten daraus nach der Einnahme der Stadt im Jahr 1453 (vgl. S. 268) eine Moschee und errichteten Minarette.

Islam: arabisch: Hingabe, Vertrauen, Ergebung in Gottes Willen. Als Islam wird die von Mohammed begründete Religion bezeichnet, deren Gläubige („Muslime") den Koran als Glaubensbuch anerkennen. Der Islam ist wie das Christentum monotheistisch, d. h. verkündet die Existenz eines einzigen Gottes.

Moschee: Das Gebetshaus und Kultgebäude einer Muslimgemeinde. Vor dem Eingang befindet sich in der Regel ein Brunnen (für die rituellen Waschungen), im Innern eine Gebetswand und eine Kanzel. Bei der Moschee stehen meist ein oder mehrere Minarette (Türme für den Gebetsrufer).

Prophet: Verkünder oder Deuter einer göttlichen Botschaft. Der Prophet übermittelt Gottes Willen an seine Mitmenschen. In einer zweiten Bedeutung wird als Prophet bezeichnet, wer etwas voraussagt, „prophezeit" (vgl. auch die jüdischen Propheten, S. 39).

622	Flucht Mohammeds von Mekka nach Medina. Beginn der islamischen Zeitrechnung
632	Tod Mohammeds
711	Eroberung Spaniens durch die Araber

Quellennachweis

(1) D. Stewart: Islam. Die mohammedanische Staatenwelt. Rowohlt Life 29. Reinbek bei Hamburg 1972, S. 18 f.
(2) Die großen Religionen der Welt. München 1968, S. 99 f., gekürzt.
(3) Muhammad Ibn Ischak, ein Biograph Mohammeds, gest. 767. Deutsche Übersetzung in: Geschichtliche Weltkunde, Quellenlesebuch, Band 1, a.a.O., S. 145.
(4) U. Schoen: Die Gesellschaft im Islam. In: M. Fitzgerald u. a.: Mensch, Welt, Staat im Islam. Graz 1977, S. 119 f.
(5) Al-Gazali, ein muslimischer Gelehrter des Mittelalters. Deutsche Übersetzung in: Geschichtliche Weltkunde, Quellenlesebuch, Band 1, a.a.O., S. 149 f.

Lesetip

E. Brunner-Traut: Die fünf großen Weltreligionen. Herder Tb. 488 (WD)
F. Gabrieli: Geschichte der Araber. Urban Tb. 73 (WD)
E. Kellerhals: Der Islam – Geschichte, Lehre, Wesen. Goldmann Tb. 134 (WD)
Mohammed und seine Zeit. Vollmer, Wiesbaden o. J. (SB)
H. P. Richter: Mohammed. Engelbert, Balve 1974 (SB)
D. Stewart: Islam. Die mohammedanische Staatenwelt. Rowohlt Life 29 (SB)

6.2. Die Ausbreitung des Islams

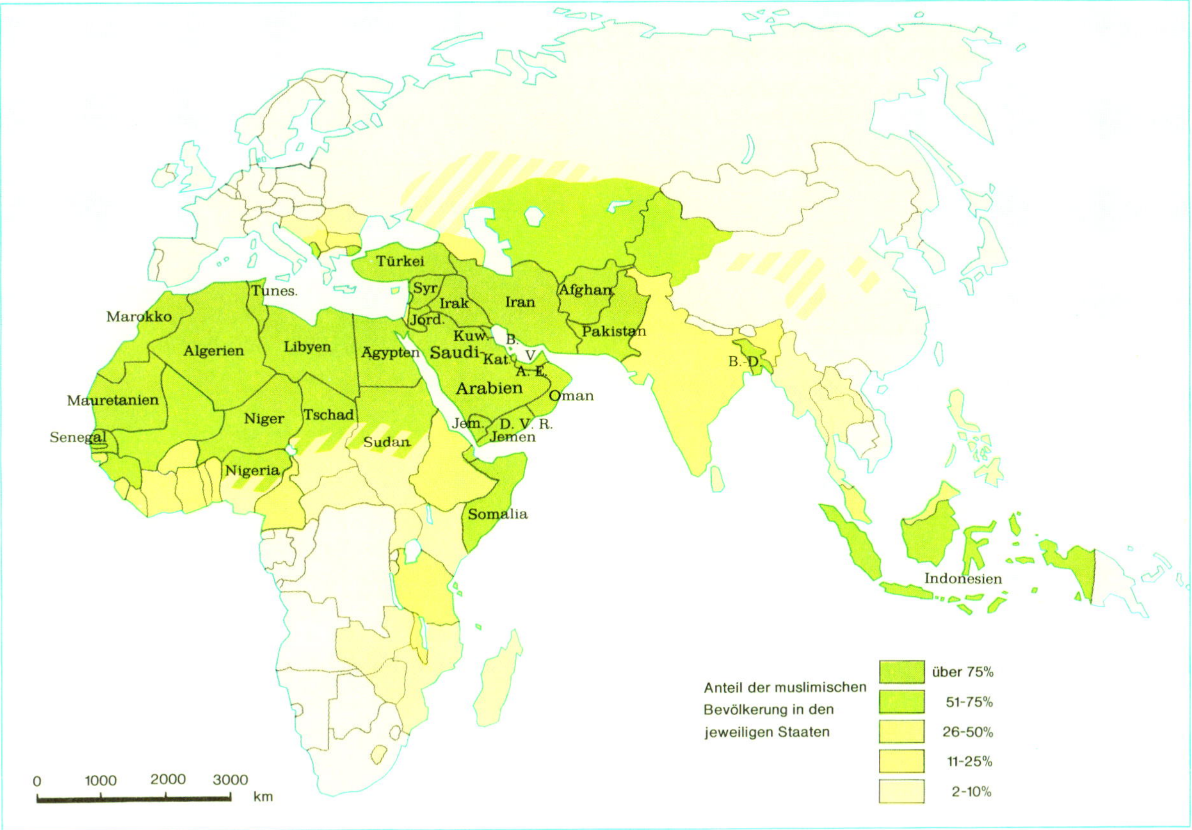

Muslimische Bevölkerung in der Welt.

Kann man seine religiöse Überzeugung anderen aufzwingen? Darf man das? Wie vollzieht sich überhaupt die Ausbreitung einer Religion? Das Beispiel des Islams läßt uns erkennen:

- Was ist von einem „Heiligen Krieg" zu halten?
- Was hat „den Siegeszug der Araber" ermöglicht? Welche Einstellungen hatten die Muslime zu Krieg und Bekehrung Andersgläubiger?
- Welche Antriebskräfte stecken im modernen Islam?

Siegeszug der Araber. Religion und Herrschaft der Araber breiteten sich nach allen Richtungen aus.

„Ein Jahr nach Mohammeds Tod brachen die Reiterscharen des Islams über die Grenzen Arabiens in die völlig überraschten Nachbarländer ein. Die drei ersten Kalifen, Abu Bekr, Omar und Othman, brauchten weniger als zwei Jahrzehnte, um die reichsten Fürstentümer des Nahen Ostens zu erobern: Syrien (635), Irak (637), Palästina (640), Ägypten (642) und das große Persische Reich (650).
Die siegreichen Heere drangen so stürmisch vor, daß sie zunächst gar keine Zeit fanden, die Bewohner der eroberten Gebiete zu bekehren und eine wirksame Regierung auszuüben. Sie begnügten sich damit, die Unterworfenen tributpflichtig zu machen. Zahlten sie, so ließ man sie in Ruhe. Bald nahmen immer mehr Untertanen den Glauben der Eroberer an. Die Araber erreichten Indien im Osten und den Atlantik im Westen. Sie drangen über die Straße von Gibraltar nach Spanien und Portugal und über die Pyrenäen bis nach Frankreich vor. Hier, bei Tours und Poitiers, siegte der Frankenherrscher Karl Martell [vgl. S. 143] über ein arabisches Heer und stoppte ihren Vormarsch im Jahr 732." (1)

Die *Kalifen** feuerten die Muslime zum *Heiligen Krieg** (gihad) an, wie der Koran es befahl: „Kämpfet, bis keine Bedrohung mehr ist und alle Anbetung Allah allein zukommt . . ." Aber der Koran legt auch eindeutig fest: „Es darf keinen Zwang in Glaubensdingen geben." Das galt vor allem gegenüber Christen und Juden, den anderen „Buchgläubigen", die auch eine Offenbarung in Form einer „Heiligen Schriftt" und auch den Glauben an den einen Gott besitzen. → (1)
Wenn die besiegten Völker die islamische Herrschaft anerkannten und Tribut entrichteten, durften sie ihren Glauben behalten. Der Islam verspricht zwar dem Krieger, der im Kampf für die Ausbreitung der Rechte Gottes sein Leben verliert, das Paradies und die Vergebung der Sünden, verlangt aber auch Toleranz gegen Andersgläubige. → (2) (3)

Der beispiellose Erfolg des Islams hatte verschiedene Gründe. Die wichtigsten sind:
Die beiden größten Reiche, auf die die Araber zuerst stießen (das persische und das oströmische Reich), waren zu jener Zeit politisch und militärisch schwach. Die Araber kämpften als geschlossene Einheit, von Kalifen geführt, die alle politische, militärische und religiöse Gewalt besaßen. Viele Christen im Orient und in Nordafrika hatten sich von der Lehrmeinung der oströmischen Kirche getrennt (vgl. S. 124); sie waren deswegen bedroht und verfolgt worden; so begrüßten sie die Araber als Befreier. Die unterworfenen Christen wurden nicht gezwungen, zum Islam überzutreten; sie mußten jedoch eine besondere Steuer zahlen, sie durften keine Waffen tragen und keinen Fernhandel treiben. Die unterworfenen Völker durften ihre Eigenart und – falls sie Christen oder Juden waren – sogar ihren Glauben behalten. Die bestehenden Einrichtungen – vor allem das Beamtentum und das Steuerwesen – behielten die Araber bei.
Das muslimische „Volk der Gläubigen" war felsenfest überzeugt, im Besitz der einzig wahren Religion zu sein; denn Mohammed, so sagte ihr Glaube, war der letzte, der endgültige Prophet des einzigen Gottes.

Sunniten und Schiiten. Die ersten Kalifen stammten aus Mohammeds Verwandtschaft. Der dritte Kalif, Othman, kam aus der reichen Kaufmannsfamilie der Omaijaden; diese hatte einst Mohammed lange Jahre bekämpft. Othman wurde 656 ermordet. Sein Nachfolger Ali, ein Neffe und Schwiegersohn Mohammeds, wurde von einem Teil der Araber nicht anerkannt, weil sie meinten, er sei mitschuldig an Othmans Tod. Man nannte sie später Sunniten (von Sunna, d. h. Festhalten an der echten Tradition), während sich die Anhänger Alis als Schiiten (von Schiat, d. h. Partei Alis) bezeichneten. Als auch Ali ermordet wurde, setzten die Sunniten die Wahl ihres Führers zum Kalifen durch. Die Schiiten blieben eine Minderheit, die sich vor allem im Iran verbreitete, wo der Kalif Ali noch heute wie ein Nationalheiliger verehrt wird. Rund 90% aller Muslime zählen heute zu den Sunniten, deren Zentrum Mekka darstellt. Der Kalif, der sich bei den Sunniten nach Alis Tod durchsetzte, verlegte die Residenz von Medina nach Damaskus und begründete die Dynastie der Omaijaden. Sie wurde 750 von den Abbasiden abgelöst, die bis 1258 in Bagdad regierten. Daneben gab es in Spanien ein eigenes Kalifat mit Sitz in Córdoba, das seine Blütezeit im 10./11. Jh. hatte.

Der Islam heute. Der Islam verbreitet sich heute noch. Er beherrscht – von den arabischen Ländern abgesehen – das Leben im Iran, in Pakistan, in Indonesien und in weiten Teilen Afrikas. Auch in Indien, in China, in der Sowjetunion und in den USA (Black Muslems) leben viele Millionen Muslime. Insgesamt zählen zum Islam rund 600 Millionen Gläubige, das ist ca. ein Siebtel der Weltbevölkerung. In den ersten Jahrhunderten mußte der Islam kaum Verluste hinnehmen, zumal der Abfall von Allah mit schärfsten Strafen bedroht wird. Da jeder Muslim zugleich ein Verkünder des Glaubens ist, braucht der Islam keine Missionare und keine organisierte Kirche. Neue Anhänger lassen sich leicht gewinnen, denn die Grundwahrheiten des Korans sind einfach und klar. Nach einer Stunde der Einführung kann einer bereits sich als Muslim bekennen. So kommt es, daß der Islam heute dabei ist,

„sich erneut auszubreiten und nun sogar in Gebiete vorzudringen, die bisher noch nie islamisiert worden sind. Muslim-Gemeinden gibt es heute in Europa und in Amerika. In verschiedenen Regionen Afrikas haben sich die Muslimen in den letzten Jahrzehnten verdoppelt. Es ist ausgerechnet worden, daß, wenn zehn Afrikaner die traditionellen Naturreligionen aufgeben, nur drei von diesen zehn Christen werden, aber sieben Muslimen. Auch in Asien, das den Islam schon seit Jahrhunderten kennt, faßt der Islam immer mehr Fuß. Seit der Entkolonisierung haben einige Länder den Islam zur Staatsreligion erhoben . . ." (2)

Die Unterwerfung der Welt durch Europäer stieß bereits im vergangenen Jahrhundert auf Widerstand im Islam. Viele Muslime erstreben – geführt von Männern wie Khomeini und Ghadafi – eine Erneuerung des islamischen Glaubens und die Rückkehr zu den strengen Gesetzen des Koran. Sie wehren sich gegen die „Verwestlichung" des Lebens z. B. in der Kleidung, im Schulwesen, in den Kinos und Zeitungen und verlangen u. a., daß die muslimischen Frauen in der Öffentlichkeit wieder den Schleier tragen, daß Tanzbars geschlossen und der Ausschank von Alkohol verboten werden. Staaten wie der Iran oder Libyen sind zu „islamischen Republiken" ausgerufen worden, in denen alle Gesetze vom Geist des Koran bestimmt sind. Radikale Führer dieser Bewegung kämpfen im Zeichen einer „islamischen Revolution" für die „Befreiung aller Unterdrückten" mit dem Ziel, den Islam als „einzigen Weltglauben" durchzusetzen.

(1) **Die Ausbreitung des Islams**

Mohammed vor der Schlacht bei Badr:

„Jeder, der heute standhaft . . . . gegen den Feind kämpft, nur vorwärts strebt und nicht zurückweicht und dann den Tod findet, den wird Gott ins Paradies eingehen lassen." Q

(a) Beschreibt die Szene auf dem Bild; beachtet, wie Mohammed begrüßt wird.

(b) Erklärt, was die Muslime beim Kampf anspornte.

(c) Lest den Abschnitt „Siegeszug der Araber" S. 134 und erklärt den Erfolg der Araber.

Mohammed nach der Eroberung einer befestigten Stadt (Buchmalerei).

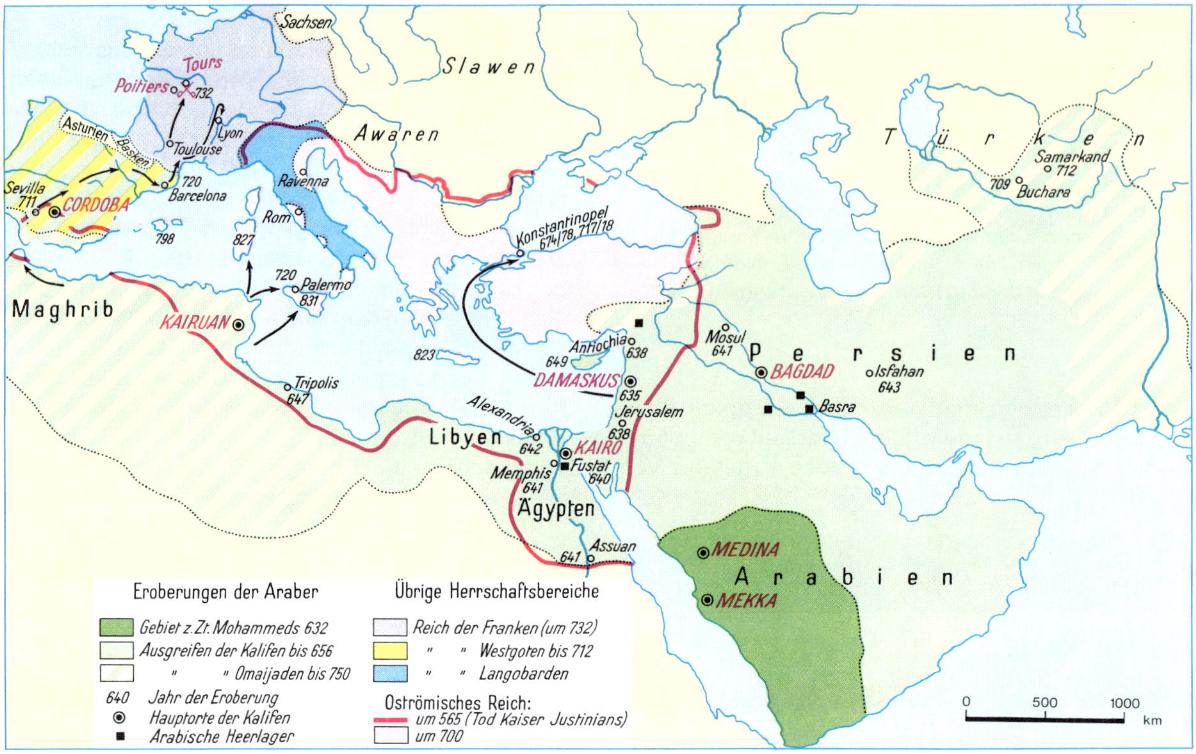

Die Ausbreitung des Islams.

(2) Ein neues Weltreich?

(a) Zeigt an der Karte, in welche Reiche der Islam vorgedrungen ist. Vergleicht mit der Karte S. 133.

(b) Wo verliefen die Grenzen zwischen Islam und Christentum? Wer bedrohte wen?

(3) Wie schätzt man Krieg im Islam ein?

„Ursprünglich war also der gihād (Heiliger Krieg) niemals als Feldzug konzipiert, der auf die Gewinnung von Konvertiten [zu einem anderen Glauben Übergetretene] abzielte. Im allgemeinen blieb dies auch weiterhin typisch für ihn. Als Ziel aber sollte nicht nur Beute gemacht, sondern auch Land dazugewonnen werden, das Pacht und Steuern eintrug. Ein weiteres Ziel war die Verteidigung des Territoriums, das sich bereits unter muslimischer Herrschaft befand. Man gewöhnte sich daran, die Welt in zwei ‚Sphären' einzuteilen: in die ‚Sphäre des Islam' (dār al-islām) und die ‚Sphäre des Krieges' (dār al-harb). Zur ersten Sphäre gehörten die Gebiete, deren Herrscher ein Muslim war, der seine Herrschaft an islamischen Grundsätzen orientierte. Die ‚Sphäre des Krieges' umschloß alle anderen Gebiete."

Im März 1979 wurde der Iran durch einen Volksentscheid zur „Islamischen Republik" ausgerufen. Ihr geistiger Führer Khomeini erklärte: „Der Heilige Krieg bedeutet die Eroberung der nicht-mohammedanischen Territorien. Es ist möglich, daß er nach der Bildung einer islamischen Regierung erklärt wird ... unter der Leitung des Imam (d. h. Khomeinis selbst) oder auf seinen Befehl. Dann wird es die Pflicht jedes volljährigen und waffenfähigen Mannes sein, freiwillig in diesen Eroberungskrieg zu ziehen, dessen Endziel es ist, das Gesetz des Koran von einem Ende der Welt bis zum anderen regieren zu lassen." (3)

(a) Sagt mit eigenen Worten, wie der Verfasser des ersten Textes die Einstellung der Muslime zum Krieg erklärt.

(b) Prüft, inwieweit der zweite Text diese Auffassung bestätigt oder widerlegt.

(c) Informiert euch, welche Rolle die Religion und Geistlichkeit heute in der Politik des Iran spielen.

1. *Erkläre, warum der Islam sich zu einer Weltreligion entwickelte.*

2. *Gib einige Gründe für den Erfolg des Islams an.*

3. *Äußere deine Meinung über die Einstellung zum Krieg im Islam.*

4. *Suche auf der Karte S. 133 Staaten, deren Bevölkerung sich überwiegend zum Islam bekennt.*

„Heiliger Krieg“: Krieg gegen Ungläubige oder Andersgläubige, um sie mit Waffengewalt zu bekehren bzw. zu unterwerfen. Im weiteren Sinn jeder Krieg, der mit religiösen Gründen gerechtfertigt wird.

Kalif: Stellvertreter oder Nachfolger des Propheten Mohammed. Offizieller Titel des geistlichen und weltlichen Oberhauptes islamischer Reiche. Das Kalifat von Bagdad bestand bis 1258.

732	Sieg Karl Martells über die Araber bei Tours und Poitiers
bis 749/50	Kalifat der Omaijaden in Damaskus
bis 1258	Kalifat der Abbasiden in Bagdad
im 10./11. Jh. bis 1492	Kalifat von Córdoba Königreich von Granada in Spanien

Quellennachweis

(1) Die großen Religionen der Welt, a.a.O., S. 104.
(2) R. Italiaander: Die Herausforderung des Islam. Göttingen 1965, S. 8.
(3) Ayatollah Khomeini: Weisheiten, Warnungen, Weisungen. München 1979, S. 20.

Lesetip

Allah ist groß. Sturm aus der Wüste. Geschichte mit Pfiff 2/1980

Der Islam. Weltatlas der alten Kulturen. Christian Verlag (SB)

P. Scholl-Latour: Allah ist mit den Standhaften. DVA, Stuttgart 1983 (SB)

Blick in die Gebetshalle der Omaijaden-Moschee in Damaskus.

6.3. Islamische Kultur im Mittelalter

Unterhaltung zweier Reisender mit einem Dorfbewohner. Buchmalerei des Malers al-Wasiti in einer Schwanksammlung des arabischen Dichters al-Hariri (1054–1121).

„Echte Orient-Teppiche" – Märchen aus „Tausendundeiner Nacht" – „Arabische Ziffern" – „Schätze aus dem *Morgenland**": Solche Dinge sind uns bekannt und vertraut. Wie so vieles stammen sie von den Arabern.

- Worauf beruhte die kulturelle Leistung, ja Überlegenheit des Islams in jener Zeit?
- Was verdanken wir Europäer der islamischen Kultur?

Bagdad, die Stadt des Kalifen. Das Oberhaupt des islamischen Reiches war der Kalif. Er residierte zuerst in Damaskus, wo sich mehr als 100 000 Muslime ansiedelten, danach im neuerbauten Bagdad am Tigris.

„Die Kalifen erhoben Bagdad nicht nur zum Zentrum der neuen Weltreligion, sondern auch zu einer Hochburg der Wissenschaft, wie es keine zweite gab (außer allenfalls Byzanz), und zu einem der größten Handelsplätze der Erde. Der Tigris ist bis Bagdad schiffbar. Die Stadt lag im Treffpunkt der Karawanenstraße aus Persien, Kleinasien, Ägypten und der arabischen Halbinsel. Der Kalif Harun al-Raschid (786–809) baute eine Brücke über den Tigris und dehnte das Stadtgebiet auf das Ostufer des Flusses aus; es wurde dadurch viermal so groß wie das von Rom. Er zog Künstler und Wissenschaftler an seinen Hof und unterhielt Beziehungen zu Karl dem Großen [vgl. S. 143]. In den Märchen aus Tausendundeiner Nacht wird seine Gerechtigkeit gerühmt, und mehrfach wird erzählt, wie er sich, begleitet von seinem Wesir, verkleidet unters Volk mischte, um von den Sorgen und Nöten des kleinen Mannes zu erfahren . . .
Der Kalif Mamun, Sohn Harun al-Raschids, gründete das ‚Haus der Weisheit', zu dessen Aufgaben es gehörte, wissenschaftliche Bücher aus dem Griechischen ins Arabische zu übersetzen. . . Nicht weniger als 100 000 Moscheen, Kapellen und Bethäuser soll Bagdad während seiner beiden Blütezeiten im 9. und 11. Jahrhundert gehabt haben, dazu 60 000 öffentliche Bäder und 12 000 Karawansereien. Selbst wenn man zwei Drittel davon orientalischer Fabulierfreude [Erzählkunst] zuschreibt, muß Bagdad wahrhaft eine Weltstadt von märchenhafter Buntheit gewesen sein. Der arabischen Überlieferung nach hatte es 2 Millionen Einwohner; europäische Schätzungen begnügen sich mit einer halben bis 1 Million." (1)

Überlegenheit des Morgenlandes. Im Orient, wo die Kulturen der Griechen, Perser und Inder zusammentrafen, konnten die Araber in kurzer Zeit eine islamische Kultur entwickeln. Zahlreiche persische und griechische Gelehrte wirkten daran mit und haben besonders viel auf dem Gebiet der Naturwissenschaften geleistet. Die Werke der griechischen, persischen und indischen Dichtung und Wissenschaft wurden ins Arabische übersetzt. Der Kalif ließ kostbare Handschriften sammeln und scheute keine Kosten dafür. Viele Menschen konnten lesen und schreiben, und die Buchhandlungen machten gute Geschäfte. In Bagdad gab es über hundert Buchläden, in Spanien etwa siebzig. Die Bücher wurden häufig mit kostbaren Malereien versehen. Die Araber lernten diese Kunst von den Persern.
Von den Indern übernahmen sie die Schreibweise der Zahlen, die „arabischen Ziffern", und das „Zehnersystem", mit dem auch wir heute rechnen. Sie erfanden den Kompaß (vielleicht lernten sie ihn auch bei den Chinesen kennen), und ihre Schiffe beherrschten das Mittelmeer, befuhren aber auch den Indischen Ozean. Die Bahn der Sonne, des Mondes und der Planeten wurde mit großer Genauigkeit berechnet. Arabische Chemiker entdeckten wichtige Grundstoffe, z. B. Schwefelsäure, Salpetersäure, Alkali, Ammoniak. Sie entwickelten ein Verfahren zum Destillieren und Kristallisieren. Auch in der Medizin haben die Araber hervorragende Verdienste. Sie führten schwierige Operationen durch und erprobten zahlreiche Medikamente, die sie aus Pflanzen herstellten. In den Städten errichteten sie die ersten Krankenhäuser, manche sogar mit besonderen Stationen für Geisteskranke. → (1) (2)

Was wir den Arabern verdanken. Wir Europäer haben lange Zeit von den arabischen Chemikern, Ärzten, Mathematikern und Geographen gelernt. Auch in der Landwirtschaft und im Handwerk haben wir manches von den islamischen Ländern übernommen. Der Anbau von Baumwolle, Spargel, Melonen und Aprikosen kam aus dem Orient. Wir lernten von den Arabern, wie man Papier herstellt. In der Kunst der feinen Metallverarbeitung, des Teppichknüpfens und der Elfenbeinschnitzerei blieben die Araber uns stets überlegen. Noch heute erinnern viele Worte in unserer Sprache an den Einfluß des Orients, z. B. Zucker, Rhabarber, Alkohol, Reis, Admiral, Ziffer, Tarif, Algebra, Gitarre. Diese Worte stammen aus dem Arabischen und zeigen, daß diese Dinge von dort zu uns gekommen sind. Welchen Einfluß die arabische Literatur auf die Christen ausübte, zeigt die Klage eines spanischen Bischofs aus dem 10. Jh.:

„Meine Mitchristen genießen die Gedichte und Romanzen der Araber; sie studieren die Werke mohammedanischer Theologen und Philosophen, nicht um sie zu widerlegen, sondern um sich einen korrekten und eleganten arabischen Stil anzueignen. Wo gibt es heutzutage einen Laien, der die lateinischen Kommentare zur Heiligen Schrift lesen kann? Ach! die jungen Christen . . . kennen keine andere Literatur als die arabische; sie lesen und studieren arabische Bücher; sie häufen unter ungeheuren Kosten ganze Bibliotheken an und singen überall das Loblied arabischen Brauchtums." (2) Q → (3)

Die Araber brachten zahlreiche Gelehrte hervor wie den Geographen Edrisi, den Philosophen Averroës oder den vielseitig gebildeten Wissenschaftler Avicenna (gest. 1037), der mehr als 100 Werke hinterlassen hat, darunter ein umfassendes Lehrbuch der Medizin. Es wurde ins Lateinische übersetzt und diente jahrhundertelang den Ärzten im Abendland als Grundlage ihres Faches. An den islamischen Hochschulen z. B. in Bagdad, Mekka, Samarkand und Kairo wirkten hervorragende Forscher, Lehrer, Übersetzer und Schriftsteller.

(1) Córdoba, eine „Zierde der Welt"

Die Hauptstadt des islamischen Spanien, Córdoba, hatte im 10. Jh. 260 000 Häuser und Paläste mit Gärten, Brunnen und Bädern, 700 öffentliche Bäder, gepflasterte Straßen mit Gehsteigen und Straßenbeleuchtung sowie eine Wasserversorgung der ganzen Stadt.
Roswitha von Gandersheim, eine gelehrte Nonne im 10. Jh., nannte die Stadt „eine Zierde der Welt".

(a) Vergleicht Córdoba mit Bagdad.

(b) Worin war die städtische Kultur der Araber der überwiegend bäuerlichen Kultur der Germanen überlegen?

(2) Islamische Baukunst in Spanien

(a) Man hat das Innere der Moschee von Córdoba mit einem Wald von Palmen verglichen. Warum wohl? Wer brachte die Palme, eine noch heute in Spanien verbreitete Baumart, hierher?

(b) Vergleicht Form und Farbe der Säulen und das Gewölbe dieser Moschee mit Bauwerken aus Byzanz (S. 125). Erklärt den Zusammenhang.

(3) Arabische Literatur

Kalif Hakam II. soll in der Zeit vor 1000 n. Chr. rund 400 000 Bände in der Bibliothek seines Palastes in Córdoba gesammelt haben.

(a) Berichtet, was auf dem nebenstehenden Bild dargestellt ist und was ihr über die Kultur der Araber herauslesen könnt.

(b) Falls jemand eine Geschichte aus der arabischen Märchensammlung „Tausendundeine Nacht" kennt, sollte er sie erzählen.

(c) Wenn es in eurem Schul- oder Wohnort eine öffentliche Bücherei gibt, kann einer von euch feststellen, wie viele Bände sie hat und welche Art von Büchern am häufigsten ausgeliehen werden.

Inneres der Moschee in Córdoba (Spanien). Diese Moschee (begonnen 780, fortgeführt im 9. und 10. Jahrhundert) war die größte nach der von Mekka.

In der Bibliothek einer Moschee. Persische Buchmalerei.

(4) **Welt und Überwelt im Islam**

Ein Ausspruch Mohammeds lautet:

„Arbeite für diese Welt, als wenn du ewig in ihr leben müßtest; arbeite für das Jenseits, als wenn du morgen sterben müßtest.“ Q

(a) Erklärt, wie Mohammed diese Welt und das Jenseits bewertet.

(b) Berichtet, in welchen Bereichen der Islam besondere Leistungen hervorgebracht hat, und versucht zu erklären, was sie mit der Religion zu tun haben.

1. Nenne bedeutende Leistungen der islamischen Kultur des Mittelalters auf folgenden Gebieten: Medizin, Geographie, Mathematik, Literatur, Architektur.

2. Vergleiche die beiden Additionsaufgaben miteinander und erkläre, mit welchen Ziffern man besser rechnen kann.

römische Ziffern		*arabische Ziffern*	
	MM		*2000*
+	*XVIII*	+	*18*
	MMXVIII		*2018*

3. Ordne die folgenden Lehnwörter aus dem Arabischen nach Sammelbegriffen:
Zucker, Rhabarber, Alkohol, Reis, Admiral Ziffer, Tarif, Gitarre, Algebra, Sofa, Orange, Muskat, Limonade, Matratze, Damast, Kattun, Kaffee.

4. Vergleiche die Lehnwörter aus dem Griechischen, Lateinischen und Arabischen (S. 55 und S. 111, 115) und stelle fest, aus welchen Bereichen dieser drei Kulturen jeweils Einflüsse auf unsere Sprache und Kultur stammen.

Medina: Stadt des Propheten, zugleich Bezeichnung des Stadtviertels mit der Hauptmoschee in islamischen Städten. Im Bezirk der Medina liegen meist auch die Basars, d. h. die Ladenstraßen arabischer Händler.

Morgenland: Bezeichnung für die Länder östlich vom Mittelmeer, oft gleichbedeutend mit Orient (Osten), d. h. dem Land, wo die Sonne aufgeht. Man versteht als Morgenland vor allem die von der arabisch-islamischen Kultur geprägten Gebiete im Unterschied oder im Gegensatz zum christlich geprägten „Abendland“, d. h. dem Westen.

um 750	Granada von Arabern gegründet
im 8./9. Jh.	Blütezeit von Wissenschaft und Kultur in Bagdad
um 900	Sammlung der Märchen von „Tausend und einer Nacht“
1037	Tod des arabischen Gelehrten Avicenna

Quellennachweis

(1) W. Schneider: Überall ist Babylon. München 1965, S. 174 f.
(2) Bischof Alvaro. Deutsche Übersetzung in: D. Stewart: Islam, a.a.O., S. 151.

Lesetip

Cavel DuRy: Islamische Kunst. Heyne Enzyklopädie der Weltkunst, Bd. 8 (SB)
Der Islam. Weltatlas der alten Kulturen. Christian Verlag (SB)

7. Von Karl dem Großen zu Otto dem Großen: Frankenreich und „Deutsches Reich“

7.1. Karl der Große und sein Reich

Karl der Große mit der Kaiserkrone. Büste aus dem Aachener Domschatz. Sie wurde um 1350 angefertigt und sollte der Aufbewahrung des Schädels Karls des Großen dienen.

Der „Vater Europas“ wurde Karl der Große schon zu seiner Zeit von Schriftstellern genannt. War er das wirklich?

- Was für ein Mensch war dieser Karl der Große? Welches Reich hat er regiert?
- Wie hat er sein Reich geschaffen, mit Gewalt oder auf friedliche Weise?
- Wie ist aus dem Frankenreich ein Kaiserreich geworden?

Karolinger werden Könige im Frankenreich. Das Frankenreich, das Chlodwig begründet hatte, wurde von Königen aus dem Geschlecht der Merowinger regiert. Aber oft waren das schwache Herrscher, und seit dem 8. Jh. regierten praktisch die obersten Beamten, die Hausmeier. Dieses Amt hatte die Familie der Karolinger in Besitz: Der Hausmeier Karl Martell (d. h. der Hammer) besiegte im Jahr 732 bei Tours und Poitiers die Araber (vgl. S. 134). Sein Sohn Pippin machte sich 751 zum fränkischen König. Die fränkischen Adligen waren einverstanden, weil nach germanischer Auffassung das alte Königsgeschlecht das *Königsheil** verloren hatte und weil der Papst in Rom auf Anfrage erklärte, daß derjenige König sein solle, der die Macht ausübe. Den letzten Merowingerkönig ließ Pippin in einem Kloster „unterbringen".

Bonifatius (vgl. S. 118) salbte Pippin mit geweihtem Öl, das war die Zustimmung der Kirche zur Königswürde. Dafür half Pippin dem Papst gegen den germanischen Stamm der Langobarden in Oberitalien und schenkte ihm einen Landstreifen von Ravenna bis Rom: den Grundstock des späteren *Kirchenstaates**. Der Papst verlieh dem Frankenkönig und seinen Söhnen den Ehrentitel „Schutzherr der Römer" (Patricius Romanorum) und übertrug ihm damit die Verantwortung für Rom, seine Bürger und seine Kirche. → (1)

Karl der Große und die Sachsen. Als Pippin 768 starb, umfaßte das Frankenreich das heutige Frankreich, Belgien, Holland, das Rheinland, Thüringen, die fränkischen Kernlande an Mosel, Mittelrhein und Main sowie das heutige Baden, Württemberg und Schwaben (bis zum Lech); außerhalb lag Sachsen, während sich Bayern nur in lockerer Abhängigkeit befand. Pippins Sohn Karl, der später den Beinamen der Große erhielt, unterwarf auch sie. → (3)

Karl der Große begann bald nach seiner Thronbesteigung 768, in Kriegszügen das Reich zu erweitern. Dreißig Jahre lang dauerte sein Kampf mit den Sachsen. Die heidnischen Nachbarn sollten der fränkischen Herrschaft unterworfen, aber auch zur Annahme des Christentums gezwungen werden. Der sächsische Adel zeigte sich eher bereit, das Christentum anzunehmen, als das Volk; er war deshalb frankenfreundlicher. Nach seiner Unterwerfung behandelte Karl das sächsische Volk so streng, daß auch diejenigen Widerstand leisteten, die sich hatten taufen lassen. Es kam zu einem furchtbaren Blutbad bei Verden an der Aller, wo Truppen Karls des Großen (angeblich) 4500 Sachsen umbrachten. Ganze Sippen wurden zwangsweise ins Frankenland umgesiedelt. Viele Adlige, unter ihnen Widukind, der Anführer der Sachsen, nahmen nach aussichtslosen Kämpfen das Christentum an. Es war keine wirkliche Bekehrung: Im geheimen hielt das sächsische Volk an seinem germanisch-heidnischen Glauben fest. Es war besiegt, aber noch nicht vom Christentum überzeugt worden. → (2)

Man brauchte vor allem gute Missionare und gerechte Gesetze, wie Alcuin, einer der einflußreichsten Männer am Hofe Karls des Großen, erkannte. Seine Einsicht, daß man fremde Stämme und Völker nicht durch Gewalt bekehren oder zu Freunden machen kann, überzeugte Karl den Großen. So wurden sächsische Rechtskundige bei der Erarbeitung neuer Gesetze herangezogen; die Sachsen erhielten ein neues Rechtsbuch (802), in dem altes sächsisches Volksrecht mit fränkischem Reichsrecht verschmolz. Pfarreien, Bistümer und Klöster wurden errichtet, was die Eingliederung Sachsens in das fränkische Reich erleichterte. Sächsische Adlige übernahmen politische oder geistliche Ämter im Frankenreich. Hundert Jahre nach ihrer Unterwerfung stellten die Sachsen nach dem Aussterben der Karolinger den neuen König.

Erweiterung und Sicherung des Reiches. In Oberitalien herrschten die germanischen Langobarden. Sie griffen Rom an, und der Papst ersuchte Karl den Großen um Hilfe. Ein starkes Langobardenreich in Italien konnte auch das Frankenreich im Norden bedrohen, zumal sich damals noch der Bayernherzog einer Eingliederung in dieses Reich widersetzte. So zog Karl mit einem starken Heer über die Alpen, belagerte und eroberte die langobardische Hauptstadt Pavia. Er krönte sich selbst mit der „Eisernen Krone" der Langobarden (774). Die beiden Reiche der Franken und Langobarden waren vereinigt.

Auch Bayern verlor seine Selbständigkeit – nicht durch Waffengewalt, sondern durch einen Prozeß. Denn Karl der Große bezichtigte den Bayernherzog Tassilo, der sich angeblich mit den Awaren (Nachbarvolk im Osten) verbunden haben soll, des Treuebruchs und Landesverrats. Eine Reichsversammlung zu Ingelheim am Rhein setzte ihn 788 ab.

Noch waren die Grenzen ungesichert. In zahlreichen Feldzügen eroberte Karl Grenzgebiete, die er als sogenannte *Marken** militärisch sicherte.

Karl wird Kaiser. Der Frankenkönig Karl besaß große Macht und hohes Ansehen in der damals bekannten Welt. Er stand in Verbindung mit dem oströmischen Kaiser in Byzanz und mit dem Kalifen von Bagdad. Das Frankenreich nahm die Stelle des aufgelösten weströmischen Kaiserreiches ein. Der Papst ließ den oströmischen Herrscher nicht mehr in den Gebeten der Kirche erwähnen, sein Name verschwand aus Urkunden und von den Münzen; an seine Stelle trat Karl. Er gilt als der „Vater Europas". Als Papst Leo III. in Streit mit dem römischen Adel geriet, kam er hilfesuchend nach Paderborn. Der Frankenkönig half: Er schickte den Papst mit fränkischen Truppen nach Rom zurück und kam im Jahr danach (800) selbst in die Stadt, um über die streitenden Parteien zu richten. Am Weihnachtstag des Jahres 800, als Karl in der Kirche von St. Peter niederkniete, setzte ihm Papst Leo eine Krone aufs Haupt und beugte huldigend das Knie, wie das in Ostrom üblich war. Er rief: „Karl dem Erhabenen (Augustus), dem von Gott gekrönten, großen und friedenbringenden Kaiser der Römer, Leben und Sieg!" Das Volk und die Geistlichen huldigten dem neuen Kaiser. →(4)

Der oströmische Kaiser fürchtete, daß Karl als Kaiser auch Byzanz seiner Herrschaft unterwerfen würde. Aber Karl wollte das nicht. Die beiden christlichen Kaiserreiche sollten gleichberechtigt nebeneinanderstehen. Karl hat dieses Ziel nach schwierigen Verhandlungen erreicht. Der oströmische Kaiser anerkannte das neue Kaisertum, wenngleich noch Jahrzehnte danach immer wieder Streit um die Kaiserwürde der Frankenkönige ausbrach. Karl der Große wollte das verfallene Römerreich erneuern. Er siegelte seine Urkunden nach römischer Art mit Gemmen, die sein lorbeergeschmücktes Bild zeigten und die Inschrift „Erneuerung des Römischen Imperiums". Auf den gleichen Urkunden las man: „Karl der Erhabene und von Gott gekrönte Augustus, der große friedenstiftende Kaiser, der das römische Reich regiert, von Gottes Gnaden König der Franken und Langobarden." Aber nicht Rom wählte der Kaiser zu seiner Residenz, sondern Aachen, wo er sich am liebsten aufhielt. Die Pfalzkapelle, die er dort baute, schmückte er mit Säulen, die in Rom und Ravenna gestanden hatten, und mit Mosaiken, die man ebenso aus Italien holte wie das Reiterstandbild des Gotenkönigs Theoderich. In Aachen starb Karl im Jahre 814. Er liegt dort in der Pfalzkapelle, dem Kern des heutigen Münsters, begraben.

(1) Königsheil und Königssalbung – und was sie bedeuten

In einer Aufzeichnung aus den Jahren 749 bis 754 wird der Machtwechsel von den Merowingern zu den Karolingern folgendermaßen geschildert:

„Bischof Burkhard von Würzburg und der Kaplan Folrad [ein hoher Beamter Pippins] wurden zu Papst Zacharias gesandt, um wegen der Könige im Frankenreich zu fragen, die damals keine Macht als Könige hatten, ob das gut sei oder nicht. Und Papst Zacharias gab Pippin den Bescheid, es sei besser, den als König zu bezeichnen, der die Macht habe, statt den, der ohne königliche Macht blieb. Um die Ordnung nicht zu stören, ließ er kraft seiner apostolischen [päpstlichen] Autorität den Pippin zum König machen.
Pippin wurde nach der Sitte der Franken zum König gewählt und gesalbt von der Hand des Erzbischofs Bonifatius und dann von den Franken in Soissons zum König erhoben. Hilderich aber, der Scheinkönig [aus dem Geschlecht der Merowinger], wurde geschoren und ins Kloster geschickt.
Im Jahr 753 kam Papst Stephan ins Frankenreich, um Beistand und Hilfe zu suchen für die Rechte des Papsttums. Der erwähnte Papst Stephan bestätigte 754 Pippin durch die heilige Salbung als König ..." (1) Q

(a) Erläutert den Vorgang, der hier berichtet wird.

(b) Die Salbung durch den Papst: Was bedeutet sie für den König? Was für den Papst selbst?

(c) Erörtert verschiedene Formen, wie das Verhältnis von Staat und Kirche geregelt werden kann.

(2) Christentum und Politik

Die folgenden Bestimmungen stammen aus einem Gesetz Karls des Großen für die Sachsen:

2. Wenn einer seine Zuflucht in einer Kirche genommen hat, so habe er Frieden, bis er vors Gericht gebracht wird.
4. Wenn einer das heilige 40tägige Fasten aus Mißachtung des Christentums nicht hält und Fleisch ißt, so soll er sterben.
5. Wer einen Bischof oder Priester tötet, soll mit dem Tod bestraft werden.
8. Wenn einer hinfort im Volk der Sachsen ungetauft sich verstecken und sich unter ihnen verbergen will, der soll des Todes sterben.
9. Wenn einer einen Menschen dem Teufel opfert und ihn nach heidnischer Sitte den bösen Geistern als Opfer darbringt, der soll des Todes sterben.
10. Wenn einer mit Heiden einen Anschlag gegen Christen macht, der soll sterben.
11. Wenn einer dem Herrn König die Treue bricht, der werde mit dem Tode bestraft.
14. Wenn aber einer wegen solcher todeswürdiger Verbrechen aus eigenem Antrieb zum Priester flieht, seine Schuld bekennt und Buße tun will, so soll ihm das Leben geschenkt werden.
17. Ebenso bestimmen wir, daß alle den Zehnten ihres Eigentums und der Arbeit ihren Kirchen und Priestern geben. (2) Q

(a) Was sollten diese Gesetzesartikel bewirken?

(b) Wie beurteilt ihr einzelne Artikel? Konnten die Sachsen so zu Christen gemacht werden?

(c) Besprecht Punkt 14 und 17 und erklärt, was man unter „Asylrecht" und „Kirchenzehnt" versteht.

(3) Was für ein Mensch war Karl der Große?

Einer der engsten Mitarbeiter Karls, der Geschichtsschreiber Einhard, schildert Karl den Großen folgendermaßen:

„Karl war von breitem und kräftigem Körperbau, hervorragender Größe, die jedoch das richtige Maß nicht überschritt ... Der obere Teil seines Kopfes war rund, seine Augen blickten sehr groß und lebhaft; die Nase ging etwas über das Mittelmaß, er hatte schöne graue Haare und ein freundliches, heiteres Gesicht. So bot seine Gestalt, mochte er sitzen oder stehen, eine höchst würdige und stattliche Erscheinung ... Er hatte einen festen Gang, eine durchaus männliche Haltung des Körpers und eine helle Stimme, die jedoch zu der ganzen Gestalt nicht recht passen wollte ... Beständig übte er sich im Reiten und Jagen, wie es die Sitte seines Volkes war; denn man wird nicht leicht auf Erden ein Volk finden, das sich in dieser Kunst mit den Franken messen konnte ... Er kleidete sich nach seiner Väter, nämlich fränkischer Weise. Auf dem Leib trug er ein leinenes Hemd und leinene Unterhosen, darüber ein Wams, das mit seidenen Streifen verbrämt war, und Hosen; sodann bedeckte er die Beine mit Binden und die Füße mit Schuhen und schützte mit einem aus Fischotter- und Zobelpelz verfertigten Rock im Winter Schultern und Brust; endlich trug er einen blauen Mantel und beständig das Schwert an der Seite ... Bei festlichen Gelegenheiten schritt er einher in einem mit Gold durchwirkten Kleide und in mit Edelsteinen besetzten Schuhen, den Mantel durch eine goldene Spange zusammengehalten, auf dem Haupt ein aus Gold und Edelsteinen verfertigtes Diadem; an anderen Tagen unterschied sich seine Kleidung wenig von der gemeinen Tracht des Volkes." (3) Q

Reiterstatuette Karls des Großen aus dem Schatz der Kathedrale von Metz (Bronze, 9. Jahrhundert).

(a) Was erfährt man aus dieser Schilderung über das Äußere und über den Charakter des Kaisers?

(b) Vergleicht die Beschreibung Einhards mit der kleinen Bronzestatue und der Abbildung S. 142. Welchen Eindruck gewinnt man von Karl aus dem Text, welchen aus der bildlichen Darstellung?

(4) Widersprüchliche Berichte zur Kaiserkrönung Karls des Großen

Zwei zeitgenössische Berichte schildern die Kaiserkrönung Karls des Großen folgendermaßen:

„Als der König gerade am hl. Weihnachtstag [des Jahres 800] sich vom Gebet vor dem Grab des sel. Apostels Petrus zur Messe erhob, setzte ihm Papst Leo eine Krone aufs Haupt, und das ganze Römervolk rief dazu: ‚Dem erhabenen Karl, dem von Gott gekrönten, großen und friedenbringenden Kaiser der Römer, Leben und Sieg!' Und nach den lobenden Zurufen wurde er vom Papst nach der Sitte der alten Kaiser durch Kniefall geehrt und fortan, unter Weglassung des Titels Patricius, Kaiser und Augustus genannt." (4) Q

„Karls letzte Reise nach Rom wurde auch dadurch veranlaßt, daß Papst Leo durch die vielen Mißhandlungen, die er von seiten der Römer erlitten hatte, in dem sie ihm nämlich die Augen ausrissen und die Zunge abschnitten, sich genötigt sah, den König um Schutz anzuflehen. Er kam also nach Rom und brauchte daselbst den ganzen Winter, um die Kirche aus der überaus großen Zerrüttung, in die sie verfallen war, zu reißen. Damals war es, daß er die Benennung Kaiser und Augustus empfing; das war ihm zuerst so zuwider, daß er versicherte, er würde an jenem Tage, obgleich es ein hohes Fest war, die Kirche nicht betreten haben, wenn er des Papstes Absicht hätte vorherwissen können. Den Haß der römischen Kaiser [in Konstantinopel], die ihm die Annahme des Kaisertitels sehr verübelten, trug er mit großer Gelassenheit, und mit der Hochsinnigkeit, in der er ohne alle Frage weit über ihnen stand, wußte er ihren Trotz zu besiegen, indem er häufig durch Gesandtschaften mit ihnen verkehrte und sie in seinen Briefen als Brüder anredete." (5) Q

(a) Vergleicht die beiden Berichte und sagt, worin sie sich unterscheiden.

(b) Erklärt anhand der Texte, wer für die Kaiserkrönung und wer gegen sie war.

Das Frankenreich zur Zeit Karls des Großen.

1. Das Reich und seine Grenzen:
Nenne die Germanenstämme, die zum Karolingerreich gehörten.
Erkläre, wo Marken des Reiches lagen und was sie für das Reich bedeuteten.

2. Was bedeutete die Erneuerung des römischen Kaisertums für den Frankenkönig, für den Papst und für die Völker Europas?

3. Erkläre anhand des nebenstehenden Textes aus einem Lexikon, welchen Sinn die Verleihung des „Karlspreises" in unserer Zeit hat.

4. Beantworte in Stichworten eine der Schlüsselfragen von S. 142.

KARLSPREIS, von der Stadt Aachen seit 1950 jährl. für bes. Verdienste um die europ. Einigung verliehener Preis, verbunden mit einer Dotation von 5000 DM und einer Medaille mit dem Bild Kaiser Karls des Großen. Bisherige *Preisträger:* R. N. Graf Coudenhove-Kalergi[-Balli] (1950), H. Brugmans (1951), A. De Gasperi (1952), J. Monnet (1953), K. Adenauer (1954), Sir Winston Churchill (1956), P. H. Spaak (1957), R. Schuman (1958), G. C. Marshall (1959), J. Bech (1960), W. Hallstein (1961), E. Heath (1963), A. Segni (1964), J. O. Krag (1966), J. M. A. H. Luns (1967), Kommission der Europäischen Gemeinschaften (1969), F. Seydoux Fornier de Clausonne (1970), R. H. Jenkins (1972), S. de Madariaga y Rojo (1973), L. Tindemans (1976), W. Scheel (1977), K. Karamanlis (1978), E. Colombo (1979), S. Veil (1981), König Juan Carlos (1982). (6)

Grenzmark: Als Marken bezeichnete man seit der Karolingerzeit die z. T großen Grenzgebiete am Rande des Reiches, die einerseits dem militärischen Schutz dienten, andererseits allmählich dem Reich voll eingegliedert werden sollten. In den Grenzmarken wurden deshalb Burgen errichtet und das Land mit Bewohnern des Frankenreiches besiedelt.

Kirchenstaat: Herrschaftsgebiet des Papstes. Aus verstreutem päpstlichen Grundbesitz entstand durch die Schenkungen Pippins ein geschlossenes Staatsgebiet in Mittelitalien: der Kirchenstaat.

Königsheil: Ein Herrschergeschlecht besaß nach germanischer Auffassung besondere Eigenschaften, die ihm Glück, Erfolg, Sieg und Überlegenheit verliehen. Daraus wurde das Erbrecht für die königliche Familie (auch „Geblütsrecht") abgeleitet. Unter den Karolingern trat an die Stelle des Königsheils die Königsweihe durch die Kirche. Die besondere Stellung der Königsfamilie beruhte seitdem auf der religiösen Auffassung vom „Gottesgnadentum" (Auserwählung durch Gott).

768–814	Karl der Große
774	Eroberung des Langobardenreiches
775–804	Sachsenkriege
800	Kaiserkrönung in Rom

Quellennachweis

(1) Reichsannalen zu den Jahren 749–753. Deutsche Übersetzung in: Materialien für den Geschichtsunterricht, Das Mittelalter, a.a.O., S. 76.
(2) Aus dem Capitulare gegen die Sachsen 785. Deutsche Übersetzung in: Geschichtliche Quellenhefte mit Überblick, Heft 3. Diesterweg 7943, S. 44.
(3) Einhard: Leben Karls des Großen. Lateinisch-deutsche Ausgabe. Darmstadt 1955, S. 193 ff.
(4) Reichsannalen. Deutsche Übersetzung in: Geschichtliche Weltkunde, Quellenlesebuch, Band 1, a.a.O., S. 165.
(5) Einhard: Leben Karls des Großen. Deutsche Übersetzung in: Geschichtliche Weltkunde, Quellenlesebuch, Band 1, a.a.O., S. 166.
(6) Meyers Enzyklopädisches Lexikon, Band 13, Sp. 471 und Nachträge.

Lesetip

J. D. de Bayac: Karl der Große. Heyne Tb. 5598 (SB)
W. Braunfels: Karl der Große. Rowohlt Monographie 187 (WD)
G. Simons: Mönche, Krieger, Lehensmänner. Rowohlt Life 33 (SB)
L. Ugolini: Karl der Große. Styria, Graz 1977 (JB)

7.2. Herrscher und Volk im Karolingerreich

Der Thron Karls des Großen in der Pfalzkapelle in Aachen, mit dem aus Weißmarmorplatten gefügten Sitz und niederer Lehne. Davor eine Steintreppe mit sechs Stufen, die für Huldigung, Lehnsnahme oder Unterwerfung vorgesehen war. Hinter dem Königsstuhl eine Platte, auf der Speer- und Schildträger Aufstellung nahmen.

Karl der Große hat nicht nur in der Baukunst an die große Zeit des Altertums angeknüpft und damit neue Maßstäbe gesetzt. Er ließ z. B. auch Sprache und Schrift pflegen: Damals entstanden die Buchstaben unserer heutigen Schreibschrift. Er schuf eine Währung mit dem Pfennig als wichtigster Münze. Viele Obst- und Gemüsesorten, Pflanzen- und Tierarten gibt es bei uns erst seit Karl dem Großen. In Aachen, einer Stadt mit warmen Quellen, ließ er aus Marmor das erste Schwimmbecken nördlich der Alpen bauen, legte den ersten Tierpark in Deutschland an, und darin konnte man sogar einen weißen Elefanten – ein Geschenk Harun al-Raschids an den Kaiser – bewundern.

- Wie war das Leben am Hof und in den Pfalzen des Kaisers? Wie wurde regiert und verwaltet?
- Wie haben die Menschen im Karolingerreich gelebt und gearbeitet?
- Was haben Gelehrte und Künstler jener Zeit geleistet und für die Nachwelt hinterlassen?

Pfalzen, Grafen, Königsboten. Die fränkischen Könige (und ihre Nachfolger) hatten keine Hauptstadt. Die königliche „Residenz" war da, wo sich der König gerade aufhielt. Bischöfe, Äbte und *Grafen** waren verpflichtet, den König auf seinen Reisen zu beherbergen, und zwar als Gegenleistung für das erhaltene Reichsgut. Er besaß aber auch zahlreiche eigene Stützpunkte, die sogenannten *Pfalzen**. Sie lagen über das ganze Reichsgebiet verstreut. Neben Aachen zählten Worms, Ingelheim, Frankfurt/Main, Forchheim, Nimwegen, Diedenhofen zu den bedeutendsten zur Zeit der Karolinger.

Oft blieb der König nur wenige Tage, manchmal auch viele Monate an einem Ort. Hier hielt er „Hof": Er empfing Diplomaten und Bittsteller, er zog Adlige, Bischöfe und Äbte zur Rechenschaft – denn das Kaisertum hatte ihm weltliche und geistliche Aufgaben übertragen. Überall wohin er kam, konnte er in schwebende Gerichtsprozesse eingreifen und das Amt des Richters übernehmen. → (1)

Aber das Reich war groß. Karl der Große beauftragte deshalb Adlige, die in seinem Namen das Reich verwalteten. Er teilte das Reichsgebiet in Gaue oder Grafschaften ein, löste die alten *Stammesherzogtümer** auf und übertrug die Verwaltung der Gebiete den Grafen, die er einsetzte und die häufig dem ansässigen Adel entstammten. Sie waren Richter, kassierten Strafgelder ein und sammelten die Einkünfte aus Zöllen und aus den königlichen Gütern für den König. Sie bekamen dafür kein festes Gehalt, sondern lebten von eigenen Gütern oder von dem Amtsgut, das ihnen der König zur Nutzung überlassen hatte. Die Grafen stellten im Kriegsfalle auch das Heer zusammen und führten ihre Männer im Kampf. Alle freien Bauern waren wehrpflichtig (vgl. S. 169).

„Zur Kontrolle der Grafschaften setzte Karl der Große Königs- oder Sendboten [lat. „Missi"] ein. Sie kontrollierten die Gerichte, außerdem beschäftigten sie sich natürlich mit allem, was den König unmittelbar berührte, mit dem er sich in seinen ‚Ermahnungen' befaßte. Sie achteten auf Instandsetzung der Kirchen, auf christliche Lebensführung der Geistlichen, auf Ordnung in den Klöstern. Sie kümmerten sich um Witwen und Waisen und sorgten für die Bettler. Auch die Zuständigkeit der einzelnen Herren beim Heeresaufgebot wurde von ihnen geklärt. Ihre Tätigkeit galt meist einem bestimmten Landstrich und blieb auf kürzere Zeiträume befristet . . . Da Karl sich gleichermaßen für weltliche wie für geistliche Fragen verantwortlich fühlte – er hatte ja ermahnend seine Liebe zu zeigen –, nahm er seine Missi einmal aus Kreisen der Geistlichkeit, ein andermal aus den Kreisen weltlicher Fürsten." (1)

Die Versorgung der königlichen Familie und ihres Gefolges – oft über tausend Leute – war nicht leicht. In den Königspfalzen mußte die königliche Verwaltung mit den Aufgaben fertig werden. Die Inhaber der vier Hofämter überwachten sie und waren dafür verantwortlich: der „Kämmerer" als Vorsteher der Pfalzen und Verwalter der königlichen Einkünfte sowie des Königsschatzes, der „Seneschall" als Leiter des Haushalts, der „Schenk" als Betreuer des Weines und der „Marschall" als Aufseher über die Pferde. Diese vier Würdenträger waren zugleich Ratgeber, Beamte und Heerführer.

Zu jeder Pfalz gehörten große Wirtschaftsgebäude und Landgüter. Als Musterhof sollte die Pfalz auch die Bauern des Umlandes beeinflussen.

Die Landwirtschaft war noch wenig ertragreich. Man erntete kaum das Vierfache dessen, was man ausgesät hatte. Mit dem schwerfälligen Ochsengespann konnte man den Boden nicht tief genug pflügen. Es fehlte an Dünger, denn das meiste Vieh stand auf der Weide und mußte im Herbst geschlachtet werden. Man hatte mehr Kleintiere als Großvieh. Auf den Königsgütern und auf den mustergültig geführten Höfen der Klöster zog man jedoch schon die verschiedensten Feld- und Gartenfrüchte und erzeugte vielerlei Fleisch- und Milchprodukte. In der Zeit Karls des Großen wurde die fortschrittliche Dreifelderwirtschaft eingeführt: Man säte im ersten Jahr Wintergetreide – Weizen und Roggen –, im zweiten Jahr Sommergetreide – Hafer und Gerste – und ließ das Land im dritten Jahr brach liegen; im vierten Jahr begann der Wechsel von neuem (vgl. S. 177 f.). → (3)

Handwerk und Handel. Die meisten Menschen waren Bauern. Nebenbei verrichteten sie auch handwerkliche Tätigkeiten, vor allem um sich gegenseitig auszuhelfen. Im Laufe der Zeit wechselten manche den Hauptberuf: Sie wurden Handwerker und blieben Bauern im Nebenberuf. Die wenigsten arbeiteten in eigenen Werkstätten (z. B. als Weber, Zimmerer, Stellmacher, Töpfer oder Schmied); meist gingen sie ins Haus des Auftraggebers. Neben dem selbständigen Handwerker gab es die „unfreien" Handwerker, die in den Pfalzen und auf den Höfen ihrer weltlichen oder geistlichen Herren arbeiteten. Sie waren schon besondere Spezialisten: Waffen-, Kupfer-, Gold- und Silberschmiede, Baumeister, Steinmetzen, Drechsler, Böttcher, Schuster, Sattler oder Buchbinder.

Es gab also eine Arbeitsteilung, vor allem auch in den Städten wie Köln, Worms, Mainz und Trier, wo das Handwerk auf römische Überlieferung zurückging. Hier treffen wir sogar schon eine Preiskalkulation (Kalkulation = Ermittlung der Kosten) an, z. B. setzten sich die Verkaufspreise aus Arbeitslohn, Abnutzung der Werkzeuge und Rohstoffkosten zusammen.

Fernhändler und Kaufleute benutzten zur Karolingerzeit mit Vorliebe den Weg zu Wasser (Seen und Flüsse). Der Rhein z. B. begünstigte den Nord-Süd-Handel von Italien bis England und Skandinavien. Karl der Große versuchte sogar den Bau eines Kanals zur Verbindung von Rhein und Donau, um den Ost-West-Handel, der weitgehend auf Straßen abgewickelt wurde, mit dem Nord-Süd-Handel zu verbinden. Die technischen Schwierigkeiten waren jedoch unüberwindbar.
Seit den unruhigen Zeiten der Völkerwanderung zahlte man nicht mehr mit Geld; man tauschte Naturalien. Einige Generationen vor Karl dem Großen begannen jedoch einige Städte wieder Gold-, Silber- und Kupfermünzen zu prägen. Karl schuf eine einheitliche Währung; sie blieb Jahrhunderte maßgebend. Aus 1 Pfund Silber (damals = 327 Gramm) wurden 240 Denare (Pfennige) geprägt; 12 Pfennige machten 1 Solidus (Schilling) aus.

Die kaiserliche Hofkapelle. Karl der Große umgab sich mit einer Schar begabter und geistig aufgeschlossener Männer. Er hatte sie meist auf seinen Heereszügen kennengelernt. Sie traten an seinem Hof neben die fränkischen Adligen und bildeten die kaiserliche *Kanzlei** oder „Hofkapelle". Darunter verstand man also nicht nur den Raum für den Gottesdienst, sondern auch die Geistlichen am Hof, die zugleich die Träger des Bildungswesens waren. Paulus Diaconus, der Verfasser einer Langobardengeschichte, der als Dichter, Theologe und Politiker bekannte Theodulf aus Spanien und als bedeutendster Lehrer der Angelsachse Alcuin ragen neben dem Biographen Einhard aus der Umgebung Karls des Großen besonders heraus. Weil man in der Hofschule nicht nur lesen, schreiben, Kirchengesang und die Auslegung der christlichen Schriften lernte, sondern sich auch mit den Schriften aus dem alten Rom befaßte, sprach man schon damals von einer Wiedergeburt der Antike, d. h. von der „karolingischen Renaissance" → (2) (4)

(1) Wie wurde für Recht gesorgt?

Aus den Vorschriften Karls des Großen für seine Sendboten

3. Unsere Sendboten sollen Schöffen, Vögte, Notare ortsweise auswählen und deren Namen Uns bei ihrer Rückkehr aufgezeichnet mitbringen.
4. Wer sich weigert, sich an das Recht zu halten, soll durch Bürgen Uns vorgeführt werden.
5. Wer Heerbann schuldet, soll die Zahlung an den Heerbann-Einzieher entrichten.
6. Flüchtlinge und Fremde sind in Acht zu nehmen; Wir wollen wissen können, wer sie sind und woher sie kommen.

15. Kein Betrunkener darf vor Gericht seine Sache betreiben noch Zeugnis leisten; auch der Graf soll nur in nüchternem Zustand Gericht halten.
16. Keiner darf einen andern zum Trinken nötigen.
17. Von Unsern reisenden Sendboten oder andern, die in Unsern Diensten reisen: daß niemand ihnen Unterkunft verweigere.

19. Das Volk ist wegen der neuerdings erlassenen Volksrechte zu befragen. Nachdem alle zugestimmt haben, sollen sie ihre Unterschrift auf dem Kapitular anbringen.
20. Niemand soll vor Gericht geladen werden außer als Kläger oder Beklagter, und ausgenommen sieben Schöffen, wie sie bei jedem Gericht anwesend sein müssen.
21. Falsche Zeugen soll man nicht annehmen.
22. Niemand soll beim Leben des Königs oder seiner Söhne schwören.

28. Nach Falschmünzern ist zu fahnden. (2) Q

(a) Nennt und erläutert Aufgaben der Königsboten anhand des Quellentextes.

(b) Stellt fest, welche Bestimmungen sich auf das Recht und die Rechtsprechung beziehen. Was verlangen/verfügen sie?

(c) Vergleicht mit dem römischen Recht (S. 72 f.).

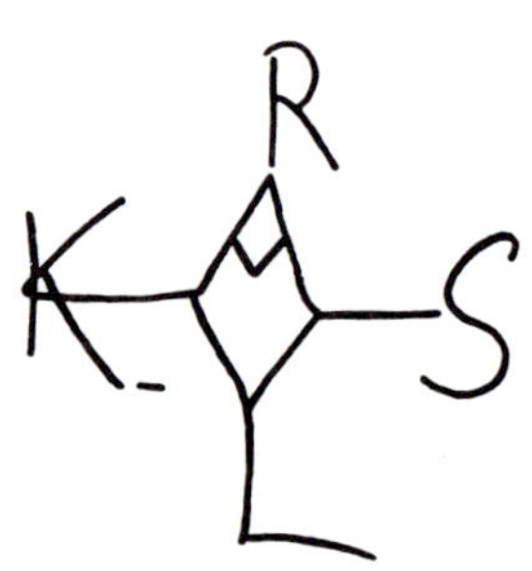

Die Unterschrift Karls des Großen.

Die Pfalzkapelle in Aachen mit Blick zum Thron.

(2) Pfalzkapelle und Hofkapelle

(a) Beschreibt das Gebäude (oben und S. 152) und erklärt, woher der Ausdruck Hofkapelle kommt.

(b) Sprecht über den Einfluß der Geistlichen auf die Politik Karls des Großen.

(3) Was man im Karolingerreich produzierte

Aus den Anweisungen Karls des Großen für die Verwaltung der königlichen Gutshöfe:

23. Auf jedem unserer Krongüter sollen die Amtmänner einen möglichst großen Bestand an Kühen, Schweinen, Schafen, Ziegen und Böcken halten; fehlen darf dies Vieh niemals. Außerdem sollen sie Kühe bereit halten, um mit Hilfe unserer Knechte die anfallenden Arbeiten zu verrichten, so daß sich der Bestand an Kühen und Pflug und Wagen für unsere Wirtschaft auf keinen Fall verringert.

34. Mit ganz besonderer Sorgfalt ist darauf zu achten, daß alles, was mit den Händen verarbeitet wird – wie Speck, Rauchfleisch, Sülze, Pökelfleisch, Wein, Essig, Brombeerwein, Würzwein, Most, Senf, Käse, Butter, Malz, Malzbier, Met, Honig, Wachs, Mehl –, daß dies alles mit der größten Sauberkeit hergestellt wird.

36. Unsere Wälder und Forsten sind sorgsam zu beaufsichtigen. Zur Rodung geeignetes Land soll man roden und verhindern, daß Ackerland wieder von Wald bewachsen wird, und nicht dulden, daß Wälder, wo sie nötig sind, übermäßig ausgeholzt und geschädigt werden. Unser Wildbestand in den Forsten ist gut zu hegen.

40. Jeder Amtmann halte auf unseren Krongütern um der Zierde willen etliches Edelgeflügel: Pfauen, Fasanen, Enten, Tauben, Rebhühner, Turteltauben.

41. Die Gebäude auf unseren Gutshöfen und die umgebenden Zäune sind in gutem Zustande zu erhalten. Ställe, Küchen, Backhäuser und Keltern müssen zweckmäßig eingerichtet sein, damit unsere Dienstleute ihre Arbeit dort entsprechend gut und sauber verrichten können.

42. Jedes Krongut soll in seinem Lagerraum vorrätig haben: Bettdecken, Matratzen, Federkissen, Bettlinnen, Tischtücher, Bankpolster, Gefäße aus Kupfer, Blei, Eisen und Holz, Feuerböcke, Ketten, Kesselhaken, Hobeleisen, Spitzhauen, Bohrer, Schnitzmesser – kurzum, alles nötige Gerät, so daß man es nicht anderswo zu erbitten oder zu entleihen braucht. Auch das eiserne Kriegsgerät muß man hier verwahren, damit es gut erhalten bleibt; nach Gebrauch ist es wieder in den Lagerraum zurückzubringen.

70. Wir befehlen: In den Gärten soll man alle nachgenannten Pflanzen ziehen: Lilien, Rosen, Frauenminze, Salbei, Gurken, Melonen, Flaschenkürbis, Rosmarin, Feldkümmel, Kichererbsen, Meerzwiebeln, Schwertlilien, Schlangenwurz, Anis, Salat, Schwarzkümmel, Kresse, Petersilie, Sellerie, Liebstöckel, Dill, Fenchel, Endivie, Weißwurz, Senf, Bohnenkraut, Brunnenkresse, Pfefferminze, Tausendgüldenkraut, Schlafmohn, Runkelrüben, Malven, Karotten, Kohlrabi, Kohl, Zwiebeln, Schnittlauch, Porree, Rettich, Schalotten, Lauch, Knoblauch, Koriander, Kerbel.
An Fruchtbäumen soll man nach unserem Willen verschiedene Sorten Apfel-, Birn- und Pflaumenbäume halten, ferner Eberesche, Mispeln, Edelkastanien und Pfirsichbäume verschiedener Arten, Quitten, Haselnüsse, Mandel- und Maulbeerbäume, Lorbeer, Kiefern, Feigen-, Nußbäume und verschiedene Kirschsorten. Die Apfelsorten heißen: Gosmaringer, Geroldinger, Krevedellen, Speieräpfel, süße und sauere, durchweg Daueräpfel; ferner solche, die man bald verbrauchen muß; Frühäpfel. Drei bis vier Arten Dauerbirnen, süßere und mehr zum Kochen geeignete und Spätbirnen. (3) Q

(a) Gebt anhand des Textes in Stichworten an, was auf einem königlichen Gutshof erzeugt wurde.

(b) Schildert anhand einzelner Beispiele aus dem Text, was die Menschen auf einem solchen Gutshof arbeiteten und wovon sie sich ernährten.

(c) Vorschriften und tatsächliche Verhältnisse sind nicht dasselbe. Warum nicht?

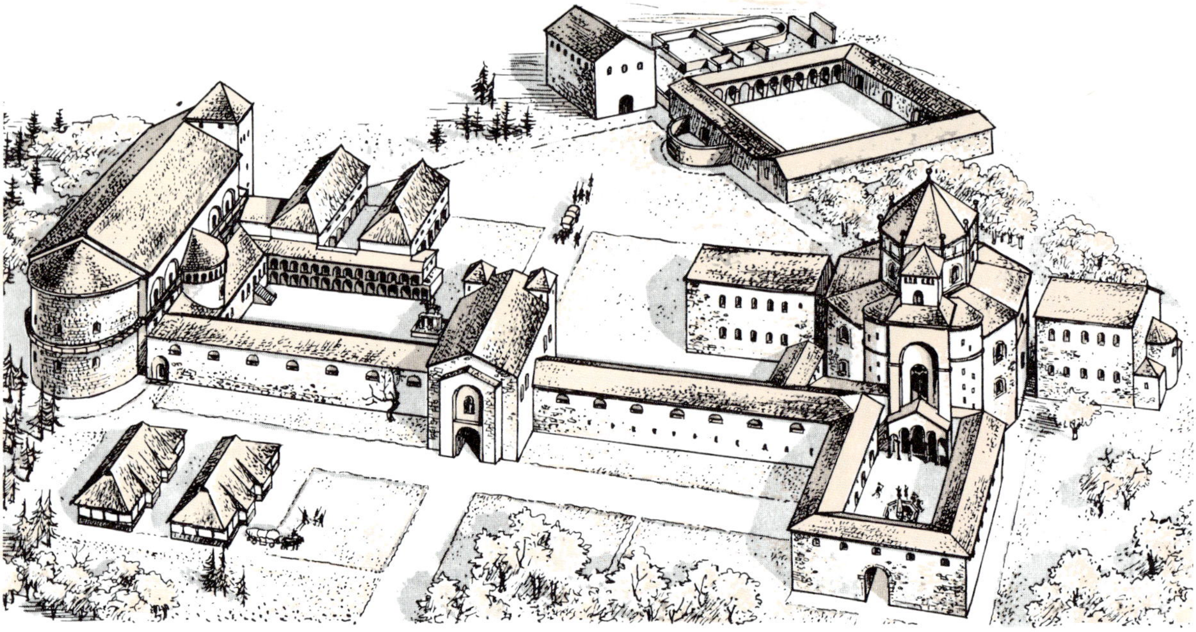

Die Kaiserpfalz in Aachen (Rekonstruktion). Das heutige Rathaus ruht auf dem Fundament der Königshalle (links) und besteht zum Teil noch aus dem alten karolingischen Mauerwerk. Rechts die Pfalzkapelle; sie bildet den Kern des heutigen Doms.

(4) Bildungsmaßnahmen Karls des Großen

Notker, der Verfasser des folgenden Berichtes, lebte von 840 bis 912 und war Leiter der Klosterschule von St. Gallen.

„Als aber Albinus [Alcuin] vom Volke der Angeln hörte, daß der fromme Kaiser Karl gern weise Männer aufnehme, bestieg er ein Schiff und kam zu ihm. Er war nämlich in allen Schriften bewandert wie keiner der neueren Zeit, als Schüler des gelehrten Priesters Beda, des nächst dem hl. Gregor kundigsten Auslegers der Schriften. Karl behielt ihn bis zu seinem Lebensende dauernd bei sich, außer wenn er in einen Krieg zog, der ihn bedrohte, so daß er sogar sich als seinen Schüler und ihn als seinen Lehrer bezeichnen wollte. Er verlieh ihm aber die Abtei des hl. Martin in Tours, damit er während seiner Abwesenheit sich dort erhole und die zu ihm herzuströmenden Schüler lehre. Seine Gelehrsamkeit trug so reiche Frucht, daß die heutigen Gallier oder Franken den alten Römern und Athenern gleichkommen.
Als nun der siegreiche Karl nach langer Zeit nach Gallien zurückkehrte, ließ er die Knaben, die er dem Lehrer Clemens übergeben hatte, zu sich kommen und ihre Briefe und Gedichte sich vorzeigen. Die Knaben aus mittlerem und niederem Stande brachten nun wider Erwarten die ihren gesüßt mit jeglicher Würze der Weisheit, was die Vornehmen aber boten, ließ kalt durch lauter Albernheit. Da nahm der weise Karl nach dem Vorbild des ewigen Richters die gut gearbeitet hatten heraus auf seine rechte Seite und sprach zu ihnen: ‚Habt vielen Dank, meine Söhne, daß Ihr darauf Bedacht genommen habt, nach Kräften zu tun, was ich geheißen habe und was zu Eurem Nutzen ist. Nun strebt darnach, zum Abschluß zu kommen, und ich will Euch herrliche Bistümer und Klöster geben und Ihr werdet in meinen Augen immer hochgeehrt sein.‘ Dann wandte er sich mit großer Strenge denen zu seiner Linken zu, und ihr Gewissen mit flammendem Blick durchbohrend, schleuderte er gegen sie mehr donnernd als redend mit Hohn und Spott diese schrecklichen Worte: ‚Ihr Vornehmen, Ihr Fürstensöhne, Ihr Verzogenen und Verzärtelten, auf Euren Stand und Euren Besitz vertrauend, mein Gebot und Euren Ruhm verachtend habt Ihr die Beschäftigung mit den Wissenschaften beiseitegesetzt und Euch dem Wohlleben, dem Spielen, dem Müßiggang und nichtigem Tun gewidmet.‘ Nach dieser Einleitung wandte er sein erhabenes Haupt und seine unbesiegte Rechte zum Himmel und blitzte sie mit dem Schwur an: ‚Beim Himmelskönig, ich mache mir nichts aus Eurem Adel und Eurer Schönheit, mögen auch andere Euch darum bewundern, und seid dessen sicher, wenn Ihr nicht rasch Eure bisherige Gleichgültigkeit durch Strebsamkeit wieder gut macht, dürft Ihr nie von Karl etwas Gutes erwarten‘ ...“ (4) Q

(a) Schildert mit eigenen Worten, was Karl der Große zur Förderung von Bildung und Wissenschaft tat.

(b) Welchen Eindruck gewinnt man von der Art und Weise, wie Karl der Große auf die Leistungen der Schüler reagierte?

(c) Warum und für wen hat Notker diese Geschichte wohl erzählt?

1. Erkläre anhand des Schemas, wie das Karolingerreich regiert wurde.

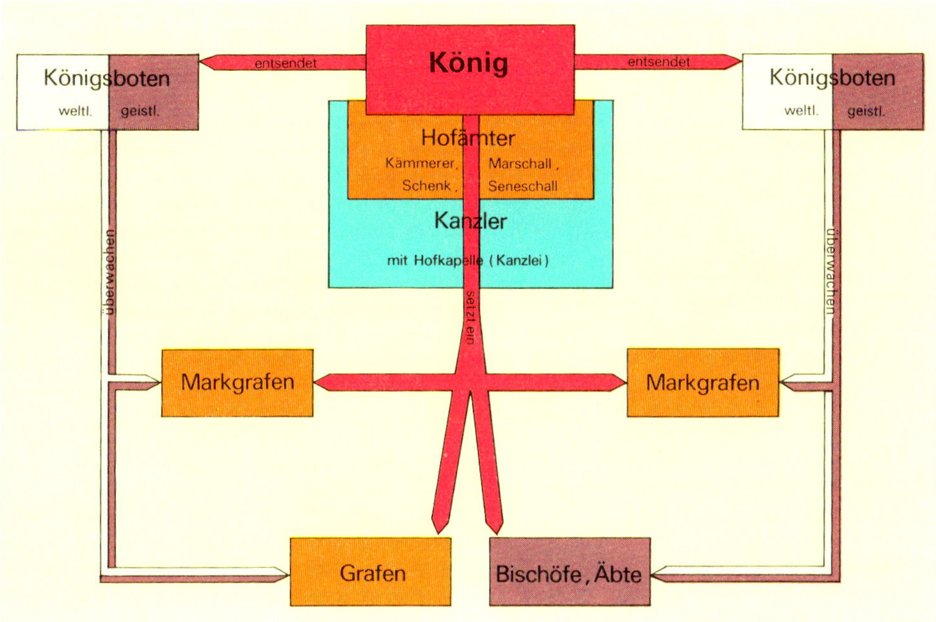

2. Nenne verschiedene Berufsgruppen und ihre Tätigkeiten zur Zeit des Karolingerreiches.

3. Erkläre den Ausdruck „karolingische Renaissance“ und zeige anhand der Abbildungen, wie in der Karolingerzeit das römische Erbe erneuert wurde.

4. Was verdanken wir den Leistungen der Karolingerzeit?

Links: Der Triumphbogen des Kaisers Konstantin in Rom. Der Bogen wurde zum Andenken an den Sieg Konstantins über seinen Rivalen in Italien errichtet. Er steht in der Nähe des Kolosseums. Rechts: Die Torhalle des zur Zeit Karls des Großen berühmten Klosters Lorsch zwischen Rhein und Odenwald (um 774).

Graf: Die Könige im Frankenreich ernannten Grafen als ihre Vertreter in den einzelnen Gebieten des Reiches (Grafschaften oder Gauen). Eine Grafschaft kann man etwa mit einem Landkreis vergleichen. Sie übertrugen den Grafen die richterliche und militärische Gewalt. Später ist aus dem Grafenamt ein reiner Adelstitel geworden.

Kanzlei: Behörde am Königshof, die den Schriftverkehr und die Rechtsgeschäfte (z. B. die Ausfertigung und Aufbewahrung von Urkunden) besorgte. In der Karolingerzeit waren die Geistlichen am Hof (d. h. die Männer der „Hofkapelle") zugleich für die Kanzleiarbeit zuständig. Aus dem Amt des obersten Hofkaplans entstand das Amt des Reichskanzlers.

Pfalz: Das Wort stammt von dem lateinischen „palatium", d. h. Palast. Es bezeichnet die Wohnsitze des (reisenden) Königs. Sie bestanden aus Wohngebäuden, Stallungen, Wirtschaftshof und Vorratsräumen. An den Pfalzen fanden häufig Hoftage und Reichsversammlungen statt.

Stammesherzogtum: Die germanischen Stämme (Volks- und Siedlungsgemeinschaften), die in der Zeit der Völkerwanderung entstanden waren, bildeten unter der Führung ihres Herzogs politische Einheiten: die Stammesherzogtümer. Es gab u. a. ein Stammesherzogtum der Franken, der Schwaben, der Bayern und der Sachsen. Ihre Herzöge wurden von den Großen des Stammes gewählt, später vom Kaiser eingesetzt.

Quellennachweis

(1) A. Nitschke: Frühe christliche Reiche. Propyläen Weltgeschichte Band 5. Berlin, Frankfurt, Wien 1963, S. 299 f.

(2) Aus dem Capitulare Missorum. Deutsche Übersetzung bei K. Kroeschell: Deutsche Rechtsgeschichte 1. Wiesbaden 1972, S. 83 f.

(3) Aus dem Capitulare de villis. Deutsche Übersetzung in: Geschichtliche Weltkunde, Quellenlesebuch, Band 1, a.a.O., S. 169 ff.

(4) Notker von St. Gallen, gest. 912: Taten Karls. Deutsche Übersetzung in: Geschichtliche Weltkunde, a.a.O., S. 166 f.

Lesetip

Einhard: Vita Caroli Magni – Das Leben Karls des Großen. Reclam 1969 (Q)

G. Faber: Das erste Reich der Deutschen – Geschichte der Merowinger und Karolinger. Bertelsmann, Gütersloh 1980 (SB)

F. Mütherich und J. E. Gaehde: Karolingische Buchmalerei. Prestel Verlag, München 1976 (WD)

Belagerung einer befestigten Stadt durch fränkische Truppen. Karolingische Buchmalerei aus einer Handschrift aus dem Kloster St. Gallen (883).

7.3. Das erste „Deutsche Reich“

Die *Insignien** (Herrschaftszeichen) des Deutschen Reiches.

Wann und womit beginnt die Geschichte der Deutschen? Die meisten Darstellungen der deutschen Geschichte beginnen mit der Zeit, in der das Karolingerreich zerfiel.

- Wie ist nach dem Zerfall des Karolingerreichs das erste Reich der Deutschen entstanden?
- Wer trug die Herrschaftszeichen des Deutschen Reiches, und welche Macht besaß der deutsche König?
- Wie sind die deutschen Könige zu Kaisern geworden? Was hat das für sie und für ihr Reich bedeutet?

Das Frankenreich wird geteilt. Der Nachfolger Karls, sein Sohn Ludwig der Fromme, konnte das große Reich noch zusammenhalten. Er stützte sich auf die Kirche, auf Bischöfe und Mönche. Sein Ziel war: *eine* Kirche und *ein* Reich. Schon die Söhne Ludwigs stritten aber um das Erbe, das gleichzeitig von äußeren Feinden bedroht war. Mehrmals drangen *Wikinger** in das Land ein; sie plünderten Städte wie Hamburg, Köln und Paris. → (3)
Zunächst teilten die Söhne Ludwigs das Karolingerreich in ein westfränkisches Reich, ein ostfränkisches und ein Mittelreich. Den Namen „Frankenreich" (d. h. Frankreich) behielten nur die Westfranken. Die Grenze, die im 9. Jh. von der Nordsee bis zum Oberrhein (vgl. S. 157) zwischen dem Westfranken- und Ostfrankenreich festgelegt wurde – das Mittelreich war inzwischen unter den beiden aufgeteilt worden –, blieb für rund 800 Jahre fast unverändert. Die beiden Reiche trennte auch eine Sprachgrenze. Als sich Ludwig der *Deutsche** und Karl der Kahle – zwei Söhne Ludwigs des Frommen – versöhnten, verpflichteten sich ihre Heere durch einen Eid 842 in altfranzösischer und althochdeutscher Sprache (jeweils in der Sprache des Partners), das Bündnis zu unterstützen. → (1)

Vom Ostfrankenreich zum „Reich der Deutschen". Im Streit der Karolingerbrüder waren Adel und Stämme wieder stark geworden. Im ostfränkischen (deutschsprachigen) Gebiet gab es wieder vier Stammesherzogtümer (vgl. S. 149): Bayern, Schwaben (Alemannien), Franken und Sachsen. Die Herzöge regierten als mächtigste unter den Adligen ihres Stammes selbständig; denn der König konnte nicht für Friede und Ordnung sorgen: Das mußte der Adel selbst tun. Als 911 der letzte Karolinger starb, wählten die mächtigen Adligen von Franken, Sachsen, Bayern und Schwaben den Frankenherzog Konrad zum König. Auch er konnte sich nicht gegen die Herzöge durchsetzen; er fühlte, wie der Geschichtsschreiber Widukind von Corvey berichtet, daß das Königsheil (vgl. S. 147) auf die Sachsen übergegangen sei. Deshalb rief er kurz vor seinem Tode seine Brüder und Vettern und die Großen des Frankenreiches zu sich.

„Er beschwor sie mit väterlichen Ermahnungen, es über die Wahl seines Nachfolgers nicht zu einer Spaltung im Reiche kommen zu lassen. Sie sollten den Sachsenherzog Heinrich, Ottos Sohn, erküren. Der sei ein tüchtiger und tatkräftiger Mann, der sich mit allem Eifer für den Frieden einsetze. Zum Zeichen, daß sie für dies hohe Amt keinen Würdigeren finden könnten, ließ er durch sie Zepter und Krone und die sonstigen königlichen Insignien ihm übergeben, auf daß er das Recht schirme und erhalte." (1)
Q

Die Franken und Sachsen wählten Heinrich zum König (919–936). Der schwäbische und der bayerische Stamm blieben der Wahl fern. Die Bayern erhoben den eigenen Herzog zum König und stellten somit den ersten Gegenkönig der deutschen Geschichte. Es glückte jedoch Heinrich I., die widerstrebenden Herzöge (auch den Bayern) in Verhandlungen an sich zu binden. Der König führte Krieg gegen Lothringen, das sich dem westfränkischen Reich anschließen wollte, und erzwang seinen Anschluß an das „Reich der Deutschen" (925), wie man das Ostfrankenreich nun nannte. Heinrich verteidigte das deutsche Reich erfolgreich gegen die Einfälle der Ungarn und erkämpfte gegen sie 933 einen bedeutenden Sieg. → (3)

Otto der Große. Im Jahr 936 wurde Heinrichs I. Sohn Otto I. in Aachen zum König gewählt und gekrönt. Über den Vorgang besitzen wir einen zeitgenössischen Bericht (vgl. S. 158). Otto wird als fromm, mild, geistig aufgeschlossen, aber zäh im Kampf und bei der Verfolgung seiner politischen Ziele geschildert. Das spürten auch die Adligen, als der junge König daran ging, die zentrale Gewalt des Reiches, d. h. das Königtum, zu stärken. Um das zu erreichen, mußte er die Stammesherzogtümer unter seinen Einfluß bringen. Deshalb machte er Angehörige seiner Familie zu Herzögen: Sachsen und Bayern erhielten Brüder des Königs. Lothringen kam an seinen Schwiegersohn und Schwaben an einen Sohn. Das alte Königsland Franken aber verblieb beim König selbst. Die neuen Herzöge sollten Amtsherzöge sein, dem König unmittelbar verantwortlich. Sie verloren wichtige Rechte, was sie nicht widerstandslos hinnahmen. Es kam zu blutigen Aufständen.
Jetzt suchte Otto nach zuverlässigeren Stützen der Reichsgewalt. Er schwächte die Macht der Herzöge, indem er in den Herzogtümern „Pfalzgrafen" bestellte, die im Königsgericht den Vorsitz führten und sich um die Verwaltung der königlichen Güter und Einkünfte kümmerten.

Die Kirche im Dienst des Reiches. Um sein politisches Ziel, nämlich ein starkes Königtum, zu erreichen, verbündete sich Otto wie seine karolingischen Vorgänger mit der Kirche. Er machte Bischöfe und Äbte zu *Reichsfürsten**. Seinem Bruder Brun, Erzbischof von Köln, übertrug er z. B. das Herzogtum Lothringen, nachdem er den aufständischen Schwiegersohn abgesetzt hatte.
Die geistlichen Reichsfürsten zogen manchmal selbst in den Kampf, doch meist übernahmen sie politische Aufgaben, denn dafür waren sie bestens vorbereitet. Otto I. wählte seine Bischöfe und Äbte

vornehmlich aus den Mitgliedern der königlichen Kanzlei und Hofkapelle (vgl. S. 154). Da sie den König auch auf seinen Reisen begleitet hatten, kannten sie seine Absichten gut, und er selbst wußte, daß er sich auf sie verlassen konnte.

Sicherung des Reiches. Die Ungarn überfielen, obwohl Heinrich I. sie besiegt hatte, fast jährlich Süddeutschland und zerstörten Dörfer, Städte und Klöster. Das öffnete den betroffenen Herzögen die Augen. Sie beugten sich dem König. Als Bischof Ulrich an der Spitze der tapferen Bürgerschaft die Stadt Augsburg gegen den ungarischen Ansturm verteidigte, eilte nicht nur Otto herbei, sondern mit ihm die Heere der Bayern, Franken, Schwaben und Böhmen. Auf dem Lechfeld bei Augsburg unterlagen die Ungarn der gemeinsamen Streitmacht der deutschen Stämme (955). Die Raubzüge wiederholten sich nicht mehr. In den Ebenen zwischen Donau und Theiß wurden die Reiternomaden seßhaft.

Im Osten sicherte und erweiterte Otto das Reich, indem er Kriegszüge gegen die Slawen führte. Hermann Billung, der spätere Sachsenherzog, und Markgraf Gero unterwarfen in seinem Auftrag die slawischen Stämme östlich der Elbe und machten die Oder zur Reichsgrenze. Die unterworfenen Slawen behielten ihren Grundbesitz gegen Tribut. Das herrenlose Land fiel an den König und wurde von Deutschen besiedelt.

Auch die Kirche kam in das eroberte Gebiet. Im Jahre 968 entstand das Erzbistum Magdeburg, das zuständig war für die Missionierung der neuen und alten Slawengebiete.

Das Kaisertum der Deutschen. Otto der Große konnte die Macht des Königs sichern und ausbauen. Nach einem Kriegszug über die Alpen gehörte auch Oberitalien zu seinem Reich. Als der Papst ihn um seinen Schutz bat, zog Otto nach Rom (962), wo er zum Kaiser gekrönt wurde. Der neue Kaiser gelobte, den Kirchenstaat zu schützen. Dafür mußte künftig jeder neugewählte Papst noch vor seiner Weihe dem Kaiser den Treueid leisten, d. h. der Kaiser hatte Einfluß auf die Papstwahl.

Seitdem blieb das Kaisertum (bis zum Jahre 1806) mit dem deutschen Königtum verbunden. Es brachte Otto I. und dem Deutschen Reich – es hieß eigentlich „Heiliges Römisches Reich deutscher Nation“ – großes Ansehen, aber auch weitere Kämpfe um Italien. Der Süden Italiens gehörte Byzanz, das sich feindselig zeigte, weil es die weitere Ausdehnung des Reiches befürchtete. Erst als Otto, der schon zu Lebzeiten der Große hieß, seinen Sohn Otto II. mit der byzantinischen Prinzessin Theophanu verheiratete, kam es zu guten Beziehungen zwischen den beiden großen Reichen. → (4)

Wie mächtig das Deutsche Reich war, zeigte z. B. der letzte Reichstag Ottos I. in Quedlinburg. Da erschienen russische, ungarische, bulgarische, oströmische, beneventanische, böhmische, polnische und dänische Gesandte und ehrten den Kaiser. Noch einmal suchte Otto seine Machtstellung im Osten zu stärken. Er beschloß die Gründung der Bistümer Posen und Prag. Als Otto der Große 973 in Memleben starb, war sein Sohn Otto II. schon zum König gewählt worden. Im Dom zu Magdeburg liegt der Kaiser begraben.

(1) **Zur Entstehung von Frankreich und Deutschland**

Die „Straßburger Eide“:

„Si Lodhuwigs sagrament, quae son fradre Karlo jurat, conservat, et Karlus meos sendra de sua part non lo stanit, si io returnar non l'intpois, ne io ne neuls, cui eo returnar intpois, in nulla aiudha contra Lodhuwig nun liver.“
„Oba Karl then eid, then er sinemo bruodher Ludhuwigs gesvor, geleistit, indi Ludhuwig min herro, then er imo gesuor, forbrihchit, ob ih inan es irwenden ne mag, noh ih noh thero nohhein, then ih es irwenden mag, widher Karle imo ce follust i ne wirdhit.“
Übersetzung: „Wenn Karl den Eid, den er seinem Bruder Ludwig schwur, hält, und Ludwig, mein Herr, was er geschworen hat, bricht, so will ich, wenn ich ihn nicht davon abzubringen vermag, weder selbst noch soll, wen ich sonst daran hindern kann, wider Karl ihm Hilfe leisten.“ (2) Q

(a) Zeigt anhand der Karte, wie oft das Karolingerreich geteilt wurde, und stellt fest, ob die Grenze zwischen dem westfränkischen und dem ostfränkischen Reich heute noch der Grenze zwischen Frankreich und Deutschland entspricht.

(b) Man kann herausfinden, welcher Text der Straßburger Eide in altfranzösischer und welcher in althochdeutscher Sprache verfaßt ist.

(c) Wo verläuft heute die Sprachgrenze zwischen Deutschland und Frankreich? Warum fällt sie nicht mit den politischen Grenzen zusammen?

(2) Ein Zeitzeuge schildert die Wahl und Krönung Ottos d. Gr.

„[Es] versammelten sich die Herzöge und die Ersten der Grafen mit der Schar der vornehmsten Ritter im Säulenhof, der mit der Basilika Karls des Großen verbunden ist, und sie setzten den neuen Herrscher auf einen hier aufgestellten Thronsessel; hier huldigten sie ihm, gelobten ihm Treue und versprachen ihm Hilfe gegen alle seine Feinde und machten ihn so nach ihrem Brauche zum König. Während dies die Herzöge und die übrige Beamtenschaft taten, erwartete der Erzbischof Hildebert (von Mainz) mit der gesamten Priesterschaft und dem ganzen Volk innen in der Basilika den Aufzug des neuen Königs. Als dieser eintrat, ging ihm der Erzbischof entgegen, berührte mit seiner Linken die Rechte des Königs, während er selbst in der Rechten den Krummstab trug, ... und schritt dann vor bis in die Mitte des Heiligtums, wo er stehen blieb. Dann zum Volke gewandt, das ringsumher stand – es waren nämlich in dieser Basilika Säulengänge unten und oben rundherum – so daß er von allem Volk gesehen werden konnte, sprach er also: ‚Sehet, hier bringe ich euch den von Gott erkorenen und einst vom großmächtigen Herrn Heinrich bestimmten, nun aber von allen Fürsten zum Könige gemachten Otto; wenn euch diese Wahl gefällt, so bezeugt dies, indem ihr die rechte Hand zum Himmel emporhebt.‘ Darauf hob alles Volk die Rechte in die Höhe und wünschte mit lautem Zuruf dem neuen Herrscher Heil. Sodann schritt der Erzbischof mit dem Könige, der nach fränkischer Art mit enganliegendem Gewande bekleidet war, hinter den Altar, auf dem die Abzeichen des Königs lagen, das Schwert mit dem Wehrgehenk, der Mantel mit den Spangen, der Stab mit dem Zepter und das Diadem. Dieser trat an den Altar, nahm hier das Schwert mit dem Wehrgehenk und sprach zum König gewendet: ‚Empfange dieses Schwert und treibe mit ihm aus alle Widersacher Christi, die Heiden und schlechten Christen, da durch Gottes Willen alle Macht im ganzen Frankenreich dir übertragen ist, zum bleibenden Frieden aller Christen.‘ Sodann nahm er die Spangen und den Mantel und bekleidete ihn damit, indem er sagte: ‚Die bis auf den Boden herabreichenden Zipfel seines Gewandes mögen dich erinnern, von welchem Eifer im Glauben du entbrennen und in Wahrung des Friedens beharren sollst bis in den Tod.‘ Darauf nahm er Zepter und Stab und sprach: ‚Diese Abzeichen sollen dich ermahnen, mit väterlicher Zucht deine Untertanen zu leiten und vor allem den Dienern Gottes, den Witwen und Waisen die Hand des Erbarmens zu reichen; und niemals möge dein Haupt des Öls der Barmherzigkeit ermangeln, auf daß du in Gegenwart und in Zukunft mit ewigem Lohne gekrönt wirst.‘ Darauf wurde er alsbald mit dem heiligen Öle gesalbt und mit dem goldenen Diadem gekrönt von den Bischöfen Hildebert und Wichfrid [von Köln], und als nun die rechtmäßige Weihe vollzogen war, wurde er von eben denselben Bischöfen zum Thron geführt, zu dem man auf einer Wendeltreppe hinanstieg, und er war zwischen zwei marmornen Säulen von wunderbarer Schönheit so errichtet, daß er von hier aus alle sehen und von allen wiederum gesehen werden konnte.
Nachdem man das ‚Te deum laudamus‘ [Großer Gott, wir loben dich] gesungen und das Meßopfer feierlich begangen hatte, stieg der König herab und ging in die Pfalz; hier trat er an die marmorne, mit königlicher Pracht geschmückte Tafel und setzte sich mit den Bischöfen und allem Volk; die Herzöge aber warteten auf. Der Herzog der Lothringer, Giselbert, zu dessen Machtbereich dieser Ort gehörte, ordnete die ganze Feier [als Kämmerer]. Eberhard [Herzog von Franken] besorgte [als Truchseß] den Tisch, Hermann der Franke führte [als Herzog von Schwaben] die Mundschenken, Arnulf [von Bayern] sorgte [als Marschall] für die ganze Ritterschaft und für die Wahl und Absteckung des Lagers.“ (3) Q

(a) Königswahl und Krönung verliefen so:
Wahl und Huldigung durch die Fürsten – Einzug in die Basilika – Begrüßung durch den Erzbischof von Mainz – Zustimmung des Volkes zur Wahl – Überreichung der „Reichsinsignien“ – Salbung mit hl. Öl – Krönung mit dem „Diadem“ – Thronbesteigung des Königs – Meßfeier – Krönungsmahlzeit.
Sucht die einzelnen Vorgänge im Quellentext.

(b) Welche Herrschaftszeichen (Reichsinsignien) werden genannt, welche sind auf der Abbildung S. 155 dargestellt? Was versinnbilden sie?

(c) Die Königswahl und -krönung fand in Aachen statt. Warum?

(d) Anhand der ausführlichen Beschreibung könnte man eine Reportage für die Zeitung oder den Rundfunk machen.

(3) Wikinger – Normannen

(a) Sucht die im folgenden Text genannten Länder, soweit möglich, auf der Karte.

(b) Wer kann etwas aus einem Jugendbuch über die Wikinger berichten?

„Dänische Wikinger (ein Stamm der Nordgermanen) suchten im 9. Jahrhundert vor allem die Flußmündungen im norddeutschen Raum heim. Die norwegischen Wikinger drangen nach Norden vor, wo sie 860 Island, 982 Grönland und um 1000 Amerika (Winland) entdeckten. Diese Entdeckung geriet jedoch später in Vergessenheit. Schwedische Wikinger gelangten über die Ostsee ins russische Nowgorod, wo sie das Reich der Waräger gründeten. Andere normannische Herrschaftsgebiete entstanden in Frankreich (Normandie) und in Unteritalien und Sizilien. In Skandinavien selbst bildeten sich die Königreiche Dänemark, Norwegen und Schweden.“ (4)

(4) Deutschland und Europa im Hochmittelalter: Was eine Karte verdeutlicht

(a) Vergleicht die Größe des „Deutschen Reiches“ mit der anderer europäischer Staaten: Flächenvergleich.

(b) Zeigt die Lage der „Marken“ und besprecht ihre Bedeutung: Kartenauswertung.

(c) Mit Hilfe einer modernen Europakarte könnt ihr feststellen, welche damaligen Staaten es noch heute gibt und wo heute die Grenze zwischen Deutschen und ihren östlichen Nachbarn verläuft: Vergleich zweier Karten.

Europa im Hochmittelalter.

1. Berichte anhand der folgenden Jahreszahlen über die stufenweise Entwicklung vom ostfränkischen zum deutschen Reich: 842 – 880 – 919 – 936 – 962.

2. Erläutere anhand der Wahl und Krönung Ottos des Großen, welche Stämme zum deutschen Volk gehörten und auf wen sich der deutsche König in seiner Herrschaft stützte.

3. Erkläre mit Hilfe der Abbildung, auf welche Gruppen von Reichsfürsten der König sich stützte.

Der thronende Kaiser aus dem Evangeliar Kaiser Ottos III. Buchmalerei aus der Schule des Klosters Reichenau, um 998.

4. Worin bestanden die besonderen Rechte und Pflichten des Kaisers gegenüber dem Papst und der Christenheit?

Deutsch: Sprach- und Volksbezeichnung. Das Wort ist zuerst in lateinischer Form „theodiscus" erwähnt und wird üblich für die Völker im Ostfrankenreich. Das „Deutsche Reich" hieß offiziell „Heiliges Römisches Reich deutscher Nation".

Reichsfürsten: Das waren im Mittelalter die Herzöge, Markgrafen, Pfalzgrafen, Gaugrafen und – seit Otto dem Großen – die Bischöfe und Äbte. Diese Adligen waren am mächtigsten aufgrund ihres Großgrundbesitzes, ihrer Nähe zum König und ihrer Ämter.

Reichsinsignien: Zeichen der Herrschaft des Königs bzw. Kaisers. Sie wurden als Krönungsschmuck getragen. Dazu gehörten Krone, Reichsapfel (Sinnbild der Weltkugel), Zepter, Schwert und Heilige Lanze. Die Reichsinsignien, die lange in Nürnberg aufbewahrt waren, sind seit 1805 in Wien.

Wikinger: Skandinavische Kriegerscharen und Seefahrer, die vor allem im 9. und 10. Jh. mit Raubzügen in Europa und Rußland einfielen. Sie setzten sich u. a. in der Normandie („Normannen" d. h. Nordmänner), in Rußland, Nordengland und Süditalien fest. Sie wurden erfolgreiche Händler und gründeten eigene Staaten. Um das Jahr 1000 entdeckten normannische Seefahrer erstmals Nordamerika.

843–880	Teilungen des Frankenreiches
919–936	König Heinrich I.
936–973	König Otto I., der Große
955	Sieg über die Ungarn auf dem Lechfeld
962	Otto I. wird in Rom zum Kaiser gekrönt

Quellennachweis

(1) Fortsetzung des Regino von Prüm. Deutsche Übersetzung in: Materialien für den Geschichtsunterricht, Das Mittelalter, a.a.O., S. 106.

(2) Nithart: Vier Bücher Geschichten. Lateinisch-deutsche Ausgabe, Darmstadt 1955, S. 441.

(3) Widukind von Corvey: Sachsengeschichte, Buch II, Kap. 1–2. Lateinisch-deutsche Ausgabe, Darmstadt 1971, S. 87 ff.

(4) F. Stephan-Kühn: Geschichte zum schnellen Lernen. Braunschweig 1983, S. 79.

Lesetip

S. Carter: Nordmänner und Drachenschiffe. Hoch, Düsseldorf 1976 (JB)

P. Gabriel: Die Steppenreiter kommen. Klopp, Berlin (JB)

H. Pleticha: Drachensegel am Horizont. Arena, Würzburg 1976 (SB)

8. Bauern und Adlige: Lebens- und Herrschaftsverhältnisse im Mittelalter

8.1. Lebensbedingungen im Alltag

Bauern und Dorfhandwerker bei der Arbeit (Vergil-Ausgabe, Straßburg 1502). Welche Tätigkeiten kannst du erkennen?

Geschichte handelt meistens von außergewöhnlichen Menschen. Doch was wissen wir vom Leben der anderen, vom Alltag der vielen?

- Was haben die Menschen gearbeitet?
- Wo haben sie gewohnt – in was für Häusern, in was für Dörfern?
- Wie haben die Menschen gelebt, sich gekleidet, sich ernährt?

Bevölkerungsentwicklung. In den ersten 500 Jahren des Mittelalters, also bis zum Jahr 1000, scheint die Bevölkerung Europas ziemlich gleichmäßig von knapp 30 Millionen auf etwa 40 Millionen angewachsen zu sein. Sie stieg bis 1150 weiter auf etwa 50 Millionen und dann schnell in den folgenden 5 Jahrzehnten auf rund 61 Millionen. Um 1300 hatte Europa mit etwa 70 Millionen Menschen den höchsten Stand im Mittelalter erreicht.

„Mit allen Vorbehalten kann man für Deutschland um 1200 mit einer Bevölkerungszahl von rund 8 Millionen rechnen, für die Wende vom 13. zum 14. Jh. bereits mit 14 Millionen. Der Anstieg ist beträchtlich gewesen, dennoch war nicht Deutschland, sondern Frankreich das volkreichste Land in Europa: Hier stieg die Bevölkerungszahl zwischen 1200 und 1300 von rund 12 auf 21 Millionen, und für England ergeben die sichersten Schätzungen für den gleichen Zeitraum 2,2 bis 4,5 Millionen Menschen . . . Die Bevölkerungsdichte muß sehr unterschiedlich gewesen sein. Man schätzt, daß in Deutschland 28 Menschen auf den Quadratkilometer gelebt haben und daß insgesamt, sieht man jetzt von England ab, die Bevölkerungsdichte von Westen nach Osten abnahm." (1) →(1) (2)

Im Vergleich mit der Bevölkerungsexplosion der modernen Menschheit blieb das Wachstum der mittelalterlichen Bevölkerung selbst in den besten Zeiten gering. Die Zahl der Geburten überstieg nur wenig die Zahl der Todesfälle pro Jahr. Man schätzt, daß kaum mehr als ein Drittel der Erwachsenen heiraten konnten, dafür brachten die Mütter mehr Kinder zur Welt, als das heute bei uns üblich ist. Rund ein Viertel der Kinder starb jedoch im ersten Lebensjahr, und ein weiteres Drittel erreichte höchstens das zweite Jahrzehnt seines Lebens. Von den Frauen starben besonders viele im Alter zwischen 20 und 40 Jahren, weil die häufigen Geburten und die schwere Feldarbeit sie offenbar für Krankheiten anfälliger machten als die gleichaltrigen Männer. Man war im allgemeinen gegen Krankheit und Unfälle hilflos. Nichts schützte gegen die Seuchen wie Pest, Malaria, Ruhr, Lepra oder Tuberkulose. Schmerzen mußten ertragen werden, lindernde Mittel und Operationen kannte man kaum. Krieger wurden im Kampf oft furchtbar verstümmelt. Manche Gebrechen waren auch Folgen von Strafen: Dieben wurde die Hand abgehauen, Aufrührern stach man die Augen aus, falls man sie nicht gleich erhängte.

Bevölkerungswanderung. Die Fortschritte in der Landwirtschaft und die Gewinnung von Neuland verbesserten die Ernährungslage der Menschen, aber gleichzeitig vermehrte sich ihre Zahl (vgl. oben) so, daß seit dem 12. Jh. in manchen Regionen das Land knapp wurde. Ein Teil der Bevölkerung wanderte in die entstehenden Städte, andere verließen die Heimat und siedelten sich in Gebieten östlich der Elbe an (vgl. S. 224 ff.). Überhaupt waren im Mittelalter viele Menschen unterwegs auf Wanderschaft. Manche wurden vom Hunger getrieben und bettelten in Scharen von Ort zu Ort, andere flohen vor ihrem Grundherrn, der sie mit Abgaben und Frondiensten drückte (vgl. S. 169), wieder andere machten Wallfahrten oder Pilgerreisen, die sich über Monate, wenn nicht Jahre hinzogen.

Die Mehrheit lebte auf dem Land. Bis zum 11. Jh. lebten über 90% der Menschen in Europa auf dem Land, in Einzelhöfen, Weilern oder in kleinen Dörfern, die kaum 100 Einwohner hatten. In vielen Gebieten glichen die Siedlungen kleinen Inseln in endlosen Wäldern. Der Wald war nur teilweise von Heideflächen, Mooren oder von Acker- und Weideland unterbrochen. An den Küsten und Flußufern bedrohten Sturmfluten und Überschwemmungen das Land. Allmählich lernten die Siedler, es durch Deiche und Dämme zu schützen. Dem Wald rangen Bauern (verstärkt seit dem 11./12. Jh.) durch harte *Rodungsarbeit** neues Siedlungsland ab.
In den wenigen Städten lebte bis dahin nur ein kleiner Teil der Bevölkerung. Die Zahl der Städte und ihrer Bewohner nahm erst seit dem 12. Jh. zu (vgl. S. 230 ff.). Noch am Ende des Mittelalters zählten gut vier Fünftel der Einwohner Deutschlands zur Landbevölkerung. Die große Mehrheit lebte vom Ackerbau. Was die Menschen erwirtschafteten, verbrauchten viele selbst, und was sie im Alltag brauchten, stellten die meisten selber her. →(4)

Wohnung und Siedlung. Die ältesten Bauernhöfe, die man heute – meist in Freilichtmuseen – findet, sind kaum älter als 300 Jahre. Sie unterscheiden sich jedoch nur wenig von den Behausungen der Menschen vor 500 und 1000 Jahren. Bauernhäuser waren aus Holz und (oder) aus Lehm gebaut. Es waren Block- oder Fachwerkhäuser oder auch Lehmhütten. Ziegel- und Steinbauten blieben bis ins 12. Jh. den „öffentlichen Gebäuden", den Kirchen und Pfalzen, Burgen und Wehrmauern vorbehalten. Wohnung und Stall waren getrennt, lagen aber unter einem Dach, bis im reicheren Mitteldeutschland Gehöfte mit separatem Wohngebäude, Stall und Scheune entstanden. Im Laufe der Zeit trennte man die Küche, in der einst alle (vor allem im Winter) um die offene, rauchig-rußige Herdstelle zusammenhockten, von der Wohn- und Schlafstube. Größere Höfe besaßen Schlafkammern im Obergeschoß. Die meisten Häuser blieben eng; man schätzt, daß sie in der Regel aus dem Holz von etwa 6 Baumstämmen erbaut waren. Auf dem gestampften Lehmboden lag Stroh. Die Fensterlöcher waren nicht mit Glas verschlossen, höchstens mit geöltem Pergament. Glas

benutzte man seit dem 12. Jh. für Kirchenfenster und für die Fenster von Stadthäusern.
In der Bauernstube standen Tisch und Bank, Stühle und Truhe, in der Schlafkammer ein hölzernes Bettgestell, die sogenannte ,,Bettlade". Man schlief auf einem Strohsack. Kleinkinder lagen in der Wiege, größere Kinder meist zu zweit in einem Bett.
Die Höfe und Hütten waren – wie das ganze Dorf – von einem Zaun umgeben, damit das Vieh nicht auf die Felder lief und nachts das Wild aus dem nah gelegenen Wald nicht eindringen konnte. Im Mittelpunkt des Dorfes stand die Kirche mit Friedhof und Pfarrhaus. Größere Siedlungen besaßen einen Dorfplatz mit einer Linde, wo auch die Dorfversammlung stattfand unter Leitung des Schulzen (d.h. des Schultheiß) oder des *Meiers**. Der stattlichste Hof war der Fronhof (Herrenhof) oder der Meierhof, auf dem der Verwalter (Meier) des Grundherrn saß und die Abgaben der hörigen Bauern einsammelte, um sie an den Grundherrn weiterzuleiten. Es gab gewöhnlich eine Mühle im Dorf, die in der Regel dem Grundherrn gehörte. Gasthäuser kamen erst gegen Ende des Mittelalters auf.

Nahrung und Kleidung. Das wichtigste, was die Menschen zum Leben brauchten, war Brot, das aus Weizen- und Roggenmehl, häufig als Fladen gebacken wurde, dann Suppe und Brei, vor allem Hafer- und Hirsebrei. Man aß Hülsenfrüchte (Erbsen, Linsen, Bohnen) und Gemüse, auch Eier, Käse und Milchspeisen; seltener gab es ein Huhn; im Winter schlachtete man ein Schwein. Fisch wurde gern gegessen, zumal in der Fastenzeit. Manchmal gab es Wild: Man fing Rehe, Hasen und Vögel mit Schlingen und Fallen, obwohl das durch den Grundherrn (vgl. S. 170) verboten war.
Die Kleidung machten die Leute sich bis ins 12. Jh. fast immer selber. Die Männer trugen ein Hemd, einen kurzen Rock, weite Leinenhosen, die sie am Fuß mit Bändern umwickelten. Die Jacke war aus zwei- oder dreifach gezwirntem Garn. Die Frauen trugen ein langes Untergewand und ein Obergewand aus Leinen oder aus Wolle. Bessere Kleidung und modische Sachen besaßen nur die adligen Damen und die Frauen reicherer Leute in der Stadt.

Eltern und Kinder. Man heiratete jung; Ehen von 13-jährigen Mädchen waren nicht selten. Doch nur wer einen Hof oder wenigstens ein Häuschen besaß, konnte eine Familie gründen. Knechte und Mägde, unverheiratete Tanten und Onkel, meist auch die Großeltern wohnten mit der Familie unter demselben Dach (Großfamilie). Die Ehen waren meist mit zahlreichen Kindern gesegnet, aber viele von ihnen starben früh. Es war selbstverständlich, daß die Mütter ihre Kinder, so lange sie konnten, selber stillten. Im Spätmittelalter ließen wohlhabende Frauen ihr Kind von einer Amme ernähren und aufziehen.
Waren die Kinder kräftig genug geworden, meist schon mit 7 Jahren, wurden sie fast wie Erwachsene behandelt. Sie trugen dieselben Kleider, spielten die gleichen Spiele, arbeiteten mit den Erwachsenen und führten das gleiche Leben wie sie. Man kannte keine Freizeit wie heute, keinen Urlaub.

Hunger, Pest und ,,Teuerung". Nach einer Hungersnot brach in der Mitte des 14. Jh. eine ungeheure Katastrophe über Europa herein: der ,,schwarze Tod", die *Pest**.

,,Die schlimmste und gefürchteste Krankheit im Mittelalter wurde ,der schwarze Tod' genannt; es handelt sich um die Beulenpest. Sie wurde durch Rattenflöhe übertragen; die Ansteckung bedeutete fast immer den Tod.
1347 brachten Schiffsratten die Pest aus dem Osten nach Europa. Alle Länder waren davon betroffen; wahrscheinlich starb mehr als ein Drittel der Bevölkerung. Viele Gemeinden verloren ihre gesamte Einwohnerschaft, Häuser standen verlassen, Unkraut überwucherte die Felder. Zur gleichen Zeit gab es durch lange Winter und naßkalte Sommer Mißernten und damit Viehseuchen in Europa, die zu Hungersnöten führten. Dadurch fehlte den Menschen die Widerstandskraft gegen die immer wieder auftretenden Pestepidemien." (2) →(5)

Niemand kannte die Ursachen der Pestepidemie. An vielen Orten beschuldigte man die Juden, sie hätten Brunnen vergiftet und so die Seuche verursacht. Die Folge waren furchtbare Judenverfolgungen (vgl. S. 232).
Trotz der dünnen Besiedlung und der scheinbar geringeren Ansteckungsgefahr starben auf dem Lande nicht weniger als in den Städten. Krisen verschiedener Art waren die Folge. Jetzt gingen große Teile des bewirtschafteten Ackerlandes, das man vor nicht allzu langer Zeit mühsam der Natur abgerungen hatte, wieder verloren. Ackerland verwandelte sich in Weide, Wald oder Ödland, weil die Pest in den Dörfern wütete, weil ganze Höfe und Siedlungen ausgestorben waren und weil manche Leute in die Städte zogen oder die weniger fruchtbaren Fluren und Weiden verließen, um sich in fruchtbareren Gegenden, insbesondere in den wärmeren Tälern anzusiedeln.
Der Getreidepreis stieg in den folgenden 30 Jahren um 70% gegenüber dem Preis von 1350. Die Löhne aber blieben zurück. Viele, die kein eigenes Feld besaßen, gerieten durch die Teuerung in Not und mußten hungern.

Geschätzte Bevölkerung in Europa – in Millionen:

	500	650	1000	1340	1450
Italien	4	2,5	5	10	7,5
Iberische Halbinsel	4	3,5	7	9	7
Frankreich – Niederlande	5	3	6	19	12
Britische Inseln	0,5	0,5	2	5	3
Deutschland – Skandinavien	3,5	2	4	11,5	7,5
West- und Mitteleuropa insgesamt	9	5,5	12	35,5	22,5
Osten insgesamt	5,5	3,5	9,5	13	9,5
Europa insgesamt	27,5	18	38,5	73,5	51
(3)					

(1) Bevölkerungsentwicklung – damals und heute

(a) Übertragt die letzte Spalte der Tabelle in ein Schaubild und erklärt Anstieg und Rückgang der Bevölkerung im Mittelalter.

(b) 1982/83 nahm die Weltbevölkerung innerhalb eines einzigen Jahres um über 80 Millionen Menschen zu. Vergleicht mit der Bevölkerungsentwicklung im Mittelalter.

(c) Die Erde gilt als überbevölkert: 1983 errechnete man die Zahl der auf der Erde lebenden Menschen auf 4,7 Milliarden. Wie kann die Entwicklung weitergehen?

(2) Geburt eines Kindes

(a) Zeigt auf dem Bild, was die Frauen nach der Geburt eines Kindes aus vornehmem Haus machten.

(b) Stellt im Unterschied dazu dar, wie die Verhältnisse wohl bei armen Leuten waren.

(c) Sprecht über die Frage der Säuglingssterblichkeit im Mittelalter und heute.

Geburt der Maria gemalt vom „Meister des Marienlebens" (1470/80). Die biblische Szene ist in ein vornehmes Bürgerhaus des späten Mittelalters verlegt.

(3) Kinderzahl und Kinderschicksal

„Abtreibung war nicht erlaubt. Der Vater nahm seit alters her das Recht in Anspruch, das noch ungetaufte Kind durch Aufheben vom Fußboden als legitim [rechtmäßig, ehelich] anzuerkennen oder aber es aussetzen zu lassen. Staat und Kirche haben die Aussetzung auch der unehelichen Kinder vergeblich durch Verbote bekämpft. Sie erfolgte gewöhnlich vor Kirche, Rathaus, Nonnenklöstern oder der Wohnung von Pfarrern. Für ausgesetzte Kinder wurden Stiftungen gemacht und Findelhäuser eingerichtet. Es kam auch vor, daß Findelkinder von Ehepaaren aufgezogen wurden." (4)

(a) Informiert euch, ob es auch an eurem Schulort ein „Findelhaus" gab.

(b) Nur die wenigsten „Findelkinder" überlebten. Warum wohl?

Kinderstube eines wohlhabenden Ehepaares. Die Großmutter ist mit der Spindel beschäftigt. Hinter dem Vorhang das Ehebett (Petrarca, Von der Artzney bayder Glück. Augsburg 1532).

(c) Schildert, was die Kinder, die hier abgebildet sind, tun. Wie viele sind es? In welchem Alter? Lest dazu auch S. 163.

(d) Warum gibt es nur Abbildungen aus der „Kinderstube" wohlhabender Familien?

(4) Alltag der Bauern

Die folgenden Dialoge sind einem Schulbuch entnommen, das der Mönch Aelfric verfaßte. Aelfric lebte zwischen 955 und 1025 in Südengland.

Der Bauer

„Lehrer: Nun, Pflüger, wie verrichtest du deine Arbeit?
Bauer: O Herr, meine Arbeit ist sehr schwer. Ich stehe auf, wenn es tagt, treibe die Ochsen auf das Feld und spanne sie vor den Pflug. Sei der Winter auch noch so streng, ich wage es nicht, im Haus zu bleiben, aus Furcht vor meinem Herrn. Jeden Tag muß ich einen vollen Morgen Land pflügen, nachdem ich die Ochsen eingespannt und die Pflugschar angehängt habe.
Lehrer: Hast du Gehilfen?
Bauer: Ich habe einen Jungen, der treibt die Ochsen mit einem Stock an, aber er ist jetzt heiser und erkältet vom vielen Schreien und der Kälte.
Lehrer: Was tust du sonst noch den Tag über?
Bauer: Freilich ist das nicht alles. Ich muß die Krippen der Ochsen mit Heu füllen, ihnen Wasser geben und den Dung fortschaffen.
Lehrer: Ja, ja, das ist sehr schwere Arbeit!
Bauer: Ganz recht, es ist sehr schwere Arbeit, und ich muß sie tun, denn ich bin nicht frei."

Der Schäfer

„Lehrer: Wie steht's mit dir, Schäfer? Hast du Arbeit?
Schäfer: Das kann man wohl sagen. Jeden Morgen sehr zeitig treibe ich meine Schafe auf die Flur und bleibe bei ihnen in Hitze und Kälte mit meinen Hunden, damit sie die Wölfe nicht fressen. Und ich treibe die Tiere zurück zu ihren Hürden und melke sie zweimal. Außerdem muß ich ihre Pferche versetzen. Ich muß Käse und Milch zubereiten, und ich bin ehrlich zu meinem Herrn." (5) Q

(a) Was arbeiten, worüber beklagen sich Bauer und Schäfer?

(b) Erklärt, in welcher Weise Bauer und Schäfer von der Natur abhängen.

(5) Der „Schwarze Tod" als „Geißel Gottes"

Boccaccio, Die Pest in Florenz, 1348:

„Etwa zu Frühlingsanfang des genannten Jahres begann die Krankheit schrecklich und erstaunlich ihre verheerenden Wirkungen zu zeigen. Dabei war aber nicht, wie im Orient, das Nasenbluten ein offenbares Zeichen unvermeidlichen Todes, sondern es kamen zu Anfang der Krankheit gleichermaßen bei Mann und Weib an den Leisten oder in den Achselhöhlen gewisse Geschwulste zum Vorschein, die manchmal so groß wie ein gewöhnlicher Apfel, manchmal wie ein Ei wurden, bei den einen sich in größerer, bei den andern in geringerer Anzahl zeigten und schlechtweg Pestbeulen genannt wurden. Später aber gewann die Krankheit eine neue Gestalt, und viele bekamen auf den Armen, den Lenden und allen übrigen Teilen des Körpers schwarze und bräunliche Flecke, die bei einigen groß und gering an Zahl, bei andern aber klein und dicht waren. Und so wie früher die Pestbeule ein sicheres Zeichen unvermeidlichen Todes gewesen und bei manchen noch war, so waren es nun diese Flecke für alle, bei denen sie sich zeigten.
Die Seuche gewann um so größere Kraft, da sie durch den Verkehr von den Kranken auf die Gesunden überging, wie das Feuer trockene oder brennbare Stoffe ergreift, wenn sie ihm nahe gebracht werden. Ja, so weit erstreckte sich

Pesttote werden 1349 in Tournai in einem Massengrab beigesetzt. Flämische Buchmalerei (1352).

dies Übel, daß nicht allein der Umgang die Gesunden ansteckte und den Keim des gemeinsamen Todes in sie legte; schon die Berührung der Kleider oder anderer Dinge, die ein Kranker gebraucht oder angefaßt hatte, schien die Krankheit dem Berührenden mitzuteilen ...
Die Lage der kleinen Leute und wohl auch der meisten aus dem Mittelstand war noch viel elender, da sie entweder von der Hoffnung oder von der Armut in ihren Häusern zurückgehalten wurden, mit den Nachbarn verkehrten und daher täglich zu Tausenden erkrankten und bei dem vollständigen Mangel an Pflege und Hilfe rettungslos starben. Es gab viele, die bei Tag oder Nacht auf offener Straße verschieden, viele, die ihren Geist in den Häusern aufgaben und ihren Nachbarn erst durch den Gestank, der aus ihren faulenden Leichen aufstieg, Kunde von ihrem Tode brachten. So war von den einen wie von den andern alles voll; denn überall starben Menschen." (6) Q

(a) Berichtet: Was wird im Text, was auf dem Bild dargestellt?

(b) Wie erklärt Boccaccio die Auswirkungen der Seuche?

(c) Informiert euch, wodurch in unserer Zeit die Ausbreitung von Seuchen verhindert wird.

1. Erläutere die Bevölkerungstabelle bzw. Bevölkerungskurve S. 164 und erkläre den Anstieg bzw. Rückgang der Bevölkerung.

2. Erläutere die beiden Kurven auf dem Schaubild:

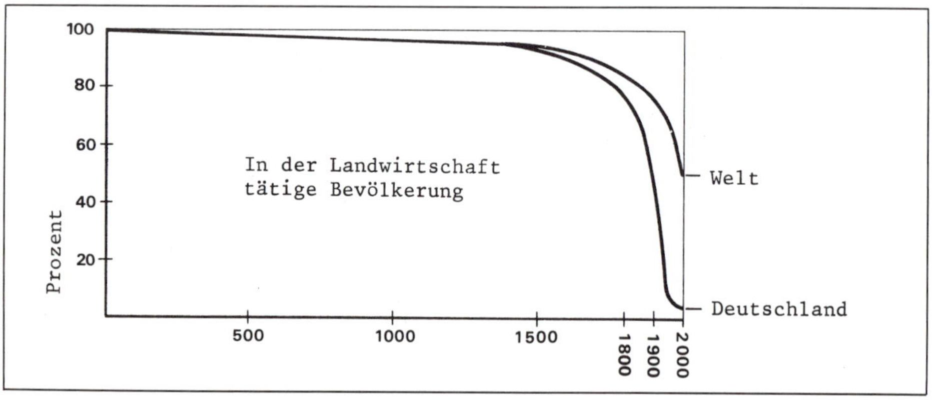

3. Man schätzt, daß es in den Dörfern des Mittelalters etwa 1/3 Vollbauern mit einem größeren Hof, 1/3 Kleinbauern mit einer Kleinlandwirtschaft und 1/3 Tagelöhner ohne eigenen Grundbesitz gab.

Überlege:

(a) Wie konnte sich diese Ungleichheit im Dorf auswirken?

(b) Wie konnten Tagelöhner existieren? Wovon lebten sie?

4. Nenne einige Ursachen und Folgen der Pestepidemien in der Zeit um 1350.

5. Erkläre, warum die Menschen im Mittelalter gegen Krankheiten weitgehend machtlos waren und vor allem auf Gott und das Jenseits hofften.

6. Versuche eine Regel zu formulieren, wie Bevölkerungsentwicklung und Wirtschaftsentwicklung (z. B. Löhne, Preise) wechselseitig zusammenhängen.

Kindersterblichkeit: Die Zahl der Kinder, die im 1. Lebensjahr sterben. Infolge fehlender Hygiene überlebte im Mittelalter nur etwa jedes zweite Kind. Auch viele Mütter starben bei der Geburt eines Kindes am „Kindbettfieber".

Meier: (lat. major = größer). Von einem Grundbesitzer eingesetzter Verwalter, der selbst einen größeren Hof (Meierhof) zur Bewirtschaftung erhält und die von seinem Herrn abhängigen Bauern beaufsichtigt sowie deren Abgaben einsammelt.

Pest: (auch Pestilenz genannt). Im Mittelalter z. T. eine Bezeichnung für verschiedene ansteckende Krankheiten. Im engeren Sinn meint das Wort die von Ratten und Flöhen übertragene Beulenpest, die entzündliche Schwellungen hervorrief und dann meist zum Tode führte. Man schätzt, daß bei der Pestepidemie von 1347–1352 zwischen 25 und 45 Millionen Menschen umkamen.

Rodung: Man schafft Neuland, indem Sümpfe trockengelegt und Wälder urbar gemacht werden. Siedler, die zur Rodung kommen, erhalten Vorrechte und brauchen als „Rodungsfreie" weniger Abgaben und Frondienste zu leisten als die übrigen Hörigen und Leibeigenen.

7.–11. Jh.	Langsames Bevölkerungswachstum in Europa
12./13. Jh.	Rasche Zunahme der Bevölkerung in Europa
1347–1352	Pestepidemie in Europa
seit ca. 1450	Erneutes Bevölkerungswachstum

Quellennachweis

(1) J. Leuschner: Deutschland im späten Mittelalter. Göttingen 1975, S. 33.

(2) H.-F. und H. Rosenfeld: Deutsche Kultur im Spätmittelalter. Handbuch der Kulturgeschichte, Wiesbaden 1978, S. 134.

(3) Cipolla/K. Borchardt (Hrsg.): Bevölkerungsgeschichte Europas. München 1971, S. 21.

(4) Rosenfeld, Handbuch der Kulturgeschichte, Band 1,2 a.a.O., S. 133.

(5) Deutsche Übersetzung in: Geschichtliche Weltkunde, Quellenlesebuch, Band 1, a.a.O., S. 183.

(6) Aus dem Decamerone. Deutsche Übersetzung in: Geschichtliche Weltkunde, Quellenlesebuch, Band 1, a.a.O., S. 117 f.

Lesetip

O. Borst: Alltagsleben im Mittelalter. Insel Tb. 513 (WD)

J. Lasker: Herrlich und in Freuden. Artemis, Zürich (JB)

W. H. McNeill: Seuchen machen Geschichte. Pfriemer Verlag (SB)

H. Pleticha: Bürger, Bauer, Bettelmann. Arena, Würzburg 2. Aufl. 1976 (SB)

Geißlerzug des Jahres 1348 in einer Weltchronik des 14. Jh. Der Text erzählt, daß die Pilger „durch vil landt und stet mit creuczen und mit vanen" zogen, und „sungen deucze lieder und predigten und gaisleten sich selber vil". Auf diese Weise wollten die Geißler Gott versöhnen und das „große Sterben" (die Pest) vertreiben. Als die Geißlerbewegung die Ordnung der Kirche bedrohte, wurde sie 1349 vom Papst verboten.

8.2. Herren und Hörige: Die Grundherrschaft

Bischof Adalbero von Laon: „Das Haus Gottes ist dreigeteilt, die einen beten, die andern kämpfen, die dritten endlich arbeiten. Diese drei miteinander lebenden Schichten können nicht getrennt werden. Die Dienste des einen sind die Bedingung für die Werke der beiden andern.“ Q

Das Grundgesetz für die Bundesrepublik Deutschland garantiert in Artikel 3: „Alle Menschen sind vor dem Gesetz gleich. Männer und Frauen sind gleichberechtigt.“ Aber gibt es nicht überall Mächtige und Abhängige, Arme und Reiche?

- Wie hat man im Mittelalter den sozialen Rang der Menschen begründet? Was meinte der Bischof Adalbero – und was drückt das Bild aus?
- Wer stand oben und wer stand unten in der mittelalterlichen Gesellschaft – und warum, glaubte man, war das gerecht?
- Was bedeuteten damals Grundbesitz und Grundherrschaft?

Sind die Stände gottgewollt? Die Menschen gehörten im Mittelalter verschiedenen Ständen an; zu welchem Stand man gehörte, entschied die Geburt: Unfreie stammten von Unfreien, Freie von Freien, Adlige von Adligen. Das, glaubte man, sei gottgewollt. Die Äbtissin Hildegard von Bingen, eine hochgelehrte Frau, schrieb um 1150: ,,Gott teilt sein Volk auf Erden in verschiedene Stände." Man verglich den Aufbau der Gesellschaft z. B. mit einem Kirchengebäude und meinte, geistliche und weltliche Fürsten entsprächen den Pfeilern und Mauern, die es tragen und zusammenhalten; das Dach seien die Ritter, die es schützen; die Gelehrten seien wie Fenster, die das Licht hereinlassen, während das Volk den Fußboden darstelle. Alle waren zwar aufeinander angewiesen, doch die einen standen oben, die anderen unten. →(1)

Der Adelsstand. Schon die germanischen Stämme oder Völkerschaften wurden von Angehörigen bedeutender Adelsfamilien angeführt (vgl. S. 111). Sie wählten aus ihren Reihen den Herzog oder König. Adlig zu sein bedeutete, daß man Eigentümer von großen Ländereien war, die sich innerhalb der Familie vererbten, und zwar meistens an den ältesten Sohn. Den übrigen Kindern suchte man eine Stelle im Kloster oder eine passende Heirat.
Im Frankenreich und unter Karl dem Großen wurden adlige Herren mit wichtigen Ämtern betraut, erhielten Grafschaften und Bischofssitze oder wurden als Königsboten bestellt (vgl. S. 149). Der König holte auch einfache Leute in solche Ämter, sie gehörten dann ebenfalls zum Adel. Wer dem König nahe stand, erhielt dadurch Ansehen und Macht. Im Laufe der Zeit sorgten die adligen Familien dafür, daß ihnen Besitz und Machtstellung nicht mehr verloren ging. Sie bauten sich Burgen (vgl. S. 181) als feste Wohnsitze; die Burg gab dem Geschlecht den Namen.
Seit dem 11. Jh. versuchten die Könige, den Einfluß der großen Adelsfamilien einzuschränken. Sie übertrugen nicht mehr alle politischen Ämter an alteingesessene Adlige, sondern zogen eigene Leute für die Verwaltung der Güter und Burgen, der Münz- und Gerichtsstätten heran. Am besten eigneten sich dafür Söhne aus Bauernfamilien, die sich als ,,Eigenleute des Königs" bewährt hatten. Man nannte diese Dienstmannen des Königs *Ministerialen**. Manche erhielten wichtige Stellungen. Als Burgmänner, Verwaltungs- und Hofbeamte übten sie großen Einfluß auf die Politik aus. Als Lohn erhielten sie ein Landgut, das sie bewirtschaften oder an eigene *Hörige** ausleihen bzw. verpachten konnten. So hob der bevorzugte Verwaltungs- und Herrendienst diese Ministerialen aus der Menge der übrigen Knechte heraus, zumal die Herren sie auch als Krieger einsetzten.
Im Unterschied zu den Adligen waren sie ganz davon abhängig, welche Aufträge und Weisungen sie von oben erhielten. Sie waren dem Herrn unmittelbar unterstellt. Aber schon in wenigen Generationen stiegen die unfreien Ministerialen in den niederen Adel auf, behielten ihr Dienstgut als ,,Lehen" (vgl. S. 207) und besaßen – wie andere Adlige – eine Burg.

,,Freie" und ,,Unfreie". Unter ,,Freiheit" hat man im Mittelalter nicht das verstanden, was wir heute meinen, wenn wir von der im Grundgesetz verbürgten ,,Freiheit der Person" und ihrem Recht auf ,,freie Entfaltung der Persönlichkeit" sprechen. Es gab im Mittelalter abgestufte Freiheitsrechte; das entsprach der Ständeordnung jener Zeit. Bei den Germanen gab es sowohl Adlige als auch freie Bauern mit eigenem Grundbesitz, daneben Halbfreie und Sklaven (vgl. S. 111). Halbfreie und Sklaven wurden in der Regel persönliches Eigentum eines Herrn und galten somit als *leibeigen**. Eigentlich waren sie ganz ohne Rechte, doch aufgrund der christlichen Lehre, daß jeder Mensch eine unsterbliche Seele besitze, hat sich die Stellung der Leibeigenen gebessert. Sie lebten teils als Knechte oder Mägde am Hof ihres Leibherrn oder bewirtschafteten ein Stück Land, das er ihnen zur Nutzung überließ. Dafür mußten sie ihm Abgaben zahlen und *Frondienste** leisten. Sie konnten nicht wegziehen und durften nur heiraten, wenn der Herr es erlaubte. →(3)

Schutz und Abhängigkeit. Die freien Bauern waren bis ins 8. Jh. wehrpflichtig (vgl. S. 149). Sie hatten das Recht, Waffen zu tragen, und die Pflicht, am Krieg teilzunehmen. Um der Kriegspflicht zu entgehen, unterstellten sich seit der Karolingerzeit viele Bauern einem Adligen oder einer Kirche. Diese übernahmen die Heerespflicht und den Schutz der Bauern, aber nicht umsonst: Die Bauern mußten ihren Besitz hingeben, den sie gegen Dienstleistungen und Abgaben zur Bewirtschaftung zurückerhielten. →(2)
Befreiung von der Wehrpflicht war nicht der einzige Grund, auf freien Besitz zu verzichten; auch wirtschaftliche Gründe sprachen dafür. Viele Bauern konnten mit den meist größeren und daher ertragreicheren Höfen der Großen nicht Schritt halten. Auch deshalb schien es solchen Bauern besser, sich in den Schutz des Mächtigeren zu begeben.
Ein Bauer, der sein Haus, Vieh und Feld einem Herrn übergab, erhielt zwar den Schutz des Herrn, verlor aber nicht nur die Verfügung über sein Eigentum, sondern auch seine Freiheit. Der Herr – ein Adliger

oder eine Kirche – war zum *Grundherrn** des Bauern geworden, und der Bauer zählte zu seinen Hörigen. Hörige „gehörten" dem Herrn, konnten aber nicht von ihrem Hof getrennt und in die Fremde verkauft werden. Das Hofgut konnten sie selbständig bewirtschaften, solange sie die vereinbarten Abgaben und Frondienste leisteten.

Die Grundherrschaft. Die Grundherrschaft schützte den Grundhörigen, aber sie verlieh dem Grundherrn auch Herrschaftsrechte über Grund und Boden und über alle Menschen, die darauf wohnten. Durch königliche Schenkungen oder durch Rodung herrenloser Wälder vergrößerten weltliche und geistliche Grundherren ihren Besitz, den sie allerdings nur selten direkt bewirtschaften konnten. Die Höfe lagen oft Hunderte von Kilometern verstreut. In der Regel erhielten unfreie Leibeigene, die bei der Rodung mithalfen, die Möglichkeit, zu Grundhörigen aufzusteigen.

Die Grundherrschaft drückte weniger, solange der Grundherr sich an die übernommene Verpflichtung hielt, „Schutz und Schirm" zu gewähren. Er verlangte jährliche Abgaben an Getreide, Vieh oder Milchprodukten als Entgelt für Grund und Boden sowie die Mithilfe bei Aussaat und Ernte, beim Bau von Wegen, Brücken und Burgen. → (4)
Die Lage der Hörigen war nicht überall gleich. Wo das Land von Bauern urbar gemacht wurde, indem sie Sümpfe entwässerten und Urwälder rodeten, konnten sie ihre Höfe zu so guten Bedingungen behalten, daß sie praktisch wie freie Bauern lebten. Umgekehrt galten Bauern, die auf einem Gut arbeiteten, das dem König gehörte, und die keinen anderen Herrn als den König hatten, als „Freie", obwohl sie Eigenleute des Königs waren, die er jederzeit verschenken konnte, z. B. an eine Kirche, ein Kloster oder an eine Adelsfamilie, die er für bestimmte Dienste belohnen wollte. → (5)

(1) Die Ständeordnung und ihre Rechtfertigung

Der Bischof von Laon in Frankreich schrieb im Jahr 1016:

„Das Haus Gottes ist dreigeteilt: die einen beten, die andern kämpfen, die dritten endlich arbeiten ... Diese drei miteinander lebenden Schichten können nicht getrennt werden. Die Dienste des einen sind die Bedingung für die Werke der beiden andern. Jeder trachtet danach, das Ganze zu unterstützen ... Die dritte Schicht [gemeint sind die ‚Arbeitenden'] sind die der Unfreien; diese unglücklichen Leute besitzen nur, was sie sich mühselig erarbeitet haben. Wer könnte, das Rechenbrett in Händen, die Sorgen zählen, die die Leibeigenen während ihrer langen Wege und ihrer harten Arbeit bedrücken? Geld, Kleidung, Nahrung: die Leibeigenen liefern alles an jedermann; nicht ein Freier könnte ohne sie bestehen." (1) Q

(a) Der Bischof vergleicht die Gesellschaft mit dem Haus Gottes (Gotteshaus). Wie findet ihr das? Wie beurteilt der Bischof diese „Ordnung"?

(b) In einem Bauernlied des 14. Jahrhunderts heißt es

„Als Adam grub und Eva spann, Kyrieleis,
wo war denn da der Edelmann, Kyrieleis?" Q

Was ist mit diesen Versen gemeint?

(2) Grundherrschaft: Schutz und/oder Abhängigkeit

Im Schenkungsbuch der Freisinger Domkirche lesen wir zum Jahr 818:

„Pernhart kam selbst nach Freising und übergab sich mit allem, was ihm an diesem Tage gehörte, in den Dienst der heiligen, immer jungfräulichen Maria und des heiligen Bekenners Christi Corbinian. Was er an diesem Tag an eigenen ererbten Gütern besaß, übergab er ganz ohne Einschränkung und schenkte es fest dem Domstift Sankt Mariae, nämlich den halben Hof und das halbe Wohnhaus mit der Hälfte der anderen Gebäude, mit Großvieh, Schafen und Schweinen, einem Leibeigenen, 12 Joch [1 Joch = 0,3 ha] Ackerland und Wiesen, die 30 Fuder Heu tragen. Ich, Pernhart, habe dies alles getan, damit ich im Domstift Lebensunterhalt und Kleidung erhalte. Und wenn ich weniger bekomme, als ich brauche, dann soll mir erlaubt sein, dies von meinem Eigentum, solange ich lebe, zu erwerben." (2) Q

In einem Schreiben Karls des Großen heißt es:

„Die Armen klagen, sie würden aus ihrem Eigentum vertrieben; und diese Klagen erheben sie gleichermaßen gegen Bischöfe, Äbte, deren Vögte, gegen Grafen und deren Amtmänner. Sie sagen nämlich, wenn jemand sein Eigen dem Bischof, Abt, Grafen, Richter oder Amtmann nicht geben will, suchen sie eine Gelegenheit, diesen Armen zu verurteilen oder ihn immer wieder gegen den Feind ziehen zu lassen, bis er, verarmt, wohl oder übel seinen Hof übergibt oder verkauft. Andere nämlich, die ihr Eigen bereits übergeben haben, bleiben ohne Belästigung durch irgend jemand zu Hause." (3) Q

(a) Nennt die Gründe für die Übertragung oder Schenkung der Bauerngüter an einen Herrn, die in den beiden Quellen mitgeteilt werden.

(b) Vergleicht und urteilt: Wer war an den Schenkungen am meisten interessiert? Lest dazu auch S. 191.

Links: Bauern bei der Ablieferung ihrer Abgaben. – Rechts: Fronarbeit. Holzschnitte aus Rodericus Zamorensis „Spiegel des menschlichen Lebens“, Augsburg 1479.

(3) Wer leistete wem Abgaben und Frondienste?

(a) Erläutert die beiden Abbildungen und zeigt, was die Herren bzw. die Bauern tun.

(b) Wie ist das Verhalten der Bauern dargestellt?

(4) „Aufbau“ der Grundherrschaft

(a) Erklärt anhand des Schaubildes das „System“ der Grundherrschaft. Erläutert die Tabelle S. 172.

(b) Wem gehörte der Boden: dem Grundherrn oder dem Bauern?

(c) Vergleicht die Hörigen mit heutigen Bauern, die ihr kennt.

(5) Kein Ausweg aus der Abhängigkeit

Akten des Klosters Muri, Unterdrückung von Bauern, um 1040

„In Wohlen lebte einst ein sehr mächtiger Herr namens Guntram, dort und andernorts mit vielen Besitzungen begabt und gierig auf seiner Nachbarn Eigen. Einige Freie nun, die in diesem Dorfe wohnten, übergaben ihm in der Meinung, er sei gütig und milde, ihr Land gegen den gesetzmäßigen üblichen Zins mit der Bedingung, daß sie unter seinem Schutz und Schirm sicher sein könnten. Jener verlegte sich übermütig und voller Arglist sogleich darauf, diese Leute zu unterdrücken, begann zunächst, sie mit bittweisen Forderungen anzugehen, machte dann von seiner unbeschränkten Machtfülle Gebrauch und befahl ihnen, fast als wären sie seine Hörigen, ihm Dienst zu leisten, und zwar in seiner Landwirtschaft, beim Schneiden und Einbringen des Heues, und bedrückte sie bei jeder Gelegenheit, wo es ihm paßte. Und als jene laut klagend Einspruch erhoben, hielt er ihnen entgegen, von ihrem Besitz komme nichts aus ihren Hütten, sie aber verwüsteten seine Äcker und Gärten und schlügen seine Wälder nieder. Er untersagte den Leuten, die diesseits des Flusses [Bünz] wohnten, zum Holzfällen seinen Wald zu betreten, wenn sie ihm nicht jährlich zwei Hühner gäben, eines für ihr Haus, ein anderes für die Waldnutzung; die Leute jenseits des Flusses [brauchten ihm] nur ein Huhn [zu geben]. Jene, unfähig, sich zu widersetzen, taten unter Zwang, was er befahl. Unterdessen kam der König zur Burg Solothurn; da zogen die Bauern dorthin und begannen wegen ihrer ungerechten Bedrückung Klage zu erheben. Doch unter einer so großen Zahl von Fürsten und wegen der unbeholfenen Rede ihrer Wortführer gelangte ihre Klage nicht vor den König. Waren sie in übler Lage gekommen, so zogen sie in noch schlimmerer wieder nach Hause. So verfuhr dieser Edle mit ihnen bis zu seinem Tode und hinterließ seiner Tochter Euphemia, diese wiederum ihrem Sohne Rudolf das auf so ungerechte Weise erworbene Erbe.“ (4) Q

(a) Erklärt, warum der Grundherr die Bauern unterdrückt und wie er das tut. Lest dazu S. 169.

(b) Warum erhalten die Bauern – dem Bericht zufolge – kein Recht vor dem König?

(c) Was habt ihr schon über den Bauernkrieg gehört, gelesen, gesehen?

Abgaben und Frondienste	Jährliche Abgaben	Hand- und Spanndienste (Frondienste)	Außergewöhnliche Abgaben
a) an den Grund- und Leibherrn	Leibzins (in Form eines Anerkennungszinses, z. B. jährlich 1 Huhn). Naturalabgaben (Getreide, Vieh, Milchprodukte). Bodenzins (je nach Größe des Landes).	Ursprünglich ungemessene Dienste. Arbeit auf dem Fronhof (Herrenhof). Mitarbeit bei Aussaat und Ernte.	„Heiratsbuße" (Abgabe für die Heiratserlaubnis). „Todfall" (bei Gutswechsel durch Tod oder Gutsverkauf): „Besthaupt" = das beste Stück Vieh, „Bestgewand" = das beste Kleidungsstück.
b) an den Gerichtsherrn	Vogt- oder Gerichtssteuer.	Brücken- und Wegebau.	Strafbußen.
c) an den Landesherrn		Burgenbau.	Kriegssteuern.

1. Sprich über die drei Stände der „Betenden", der „Kämpfenden" und der „Arbeitenden" im Mittelalter.

2. Nenne verschiedene Möglichkeiten, wie jemand im Mittelalter unfrei werden konnte.

3. Erläutere anhand der obenstehenden Tabelle, worin Hörige oder Leibeigene von ihrem Grund- oder Leibherrn abhängig waren. Ergänze die Tabelle, indem du aufführst, worin der Schutz bestand, den Hörige und Leibeigene von ihrem Herrn bekamen, und worin sie vom Willen des Herrn abhängig waren.

4. Erkläre, wie der Adel im Mittelalter zusammengesetzt war.

5. Versuche, die zweite Schlüsselfrage von S. 168 zu beantworten.

Frondienste: Unbezahlte Arbeitsleistungen, zu denen ein Leibeigener oder ein Höriger seinem Herrn gegenüber verpflichtet war, z. B. bei der Ernte, bei der Jagd, beim Holzfällen oder Hausbau. Je nach Stellung des Frondienstpflichtigen hatte er nur wenige Tage im Jahr bis zu mehreren Tagen in der Woche für den Herrn zu arbeiten. Bauern hatten in der Regel mit einem Pferd- oder Ochsengespann zu „fronen", ärmere Hörige oder Leibeigene leisteten „Handdienste".

Grundherr: Wer größeren Grundbesitz hatte, den er nicht selbst bewirtschaftete, herrschte über die Bauern, denen er Teile von seinem Grund und Boden zur Nutzung überließ. Sie mußten ihm, dem Grundherrn, Abgaben entrichten und Frondienste leisten, während er sie beschützen und ihnen in Notfällen beistehen sollte. Die Grundherrschaft bestand vom frühen Mittelalter bis ins 19. Jh.

Hörige: Bauern, die von einem Grundherrn abhingen, der ihnen Land zur Nutzung überlassen hatte und dafür Abgaben und Frondienste verlangte. Hörige konnten den Hof mit den Äckern, Wiesen und Wäldern vererben; der Grundherr aber konnte den Hof zusammen mit den Hörigen an einen anderen Grundherrn verkaufen.

Leibeigene: Menschen, die persönlich und rechtlich ganz von einem Herrn, dem Leibherrn, abhingen, dem sie Abgaben entrichten und Frondienste leisten mußten. Es gab Leibeigene, die als Knechte oder Mägde im Herrenhaus arbeiteten, und andere, die ein eigenes Häuschen besaßen, wo sie mit ihrer Familie lebten. Besonders drückend war die Leibeigenschaft im Gebiet östlich der Elbe. Hier entwickelte sich aus ihr die Erb- oder Gutsuntertänigkeit.

Ministerialen: wörtlich „Diener". Als Ministerialen (Dienstleute) bezeichnete man Unfreie, die einem Herrn (Adligen, Bischof/Abt oder König) in höherer Stellung dienten. Dafür bekamen sie ein Landgut. Als das Landgut erblich wurde, wurden die Ministerialen ein Teil des Adels.

Die Heuernte und die Weinlese. Buchmalerei aus der Schule des Meisters Bering. Brügge, um 1515.

um 500	Leibeigenschaft anstelle von Sklaverei
8./9. Jh.	Ausbildung der Grundherrschaft
12.–15. Jh.	Entwicklung unterschiedlicher Formen von Leibeigenschaft und Grundherrschaft
1525	Bauernkrieg. Widerstand gegen Leibeigenschaft
um 1800	Aufhebung der Leibeigenschaft
im 19. Jh.	Auflösung der Grundherrschaft

Quellennachweis

(1) Zitiert aus: G. Le Goff: Das Hochmittelalter. Fischer Weltgeschichte Bd. 11. Frankfurt 1965, S. 27.
(2) G. Franz: Quellen zur Geschichte des deutschen Bauernstandes im Mittelalter. Darmstadt 1967, Nr. 34.
(3) G. Franz, a.a.O., Nr. 29.
(4) G. Franz, a.a.O., S. 135 f.

Lesetip

A. Fremantle: Kaiser, Ritter und Scholaren. Rowohlt Life 34 (SB)
H. Pleticha: Bürger, Bauer, Bettelmann. Arena, Würzburg 2. Aufl. 1976 (SB)
S. Sancha: Das Dorf. So lebte man im Mittelalter auf dem Lande. Gerstenberg, Hildesheim 1983 (SB)
O. Zierer: Aus Knechtschaft zur Freiheit. Geschichte des Bauerntums. Salzburg 1979 (SB)

8.3. Bäuerliche Lebenswelt

Flämische Buchmalerei, 1473.

Nur noch 6% aller Erwerbstätigen arbeiten bei uns in der Landwirtschaft. Das bedeutet: Ein Bauer produziert so viel, daß sich gut zwei Dutzend Mitmenschen davon ernähren können. Im Mittelalter mußten 80% in der Landwirtschaft arbeiten, damit alle satt wurden. Warum so viele? Waren die Bauern zu faul, zu ungeschickt bei ihrer Arbeit?

- Welche „Bauernarbeiten" sind auf dem Bild dargestellt?
- Was produzierten die Bauern im Mittelalter?
- Wie hat sich die Landwirtschaft im Laufe des Mittelalters entwickelt?

Getreideanbau und Viehhaltung.

„Im Mittelalter arbeiten die meisten Menschen in der Landwirtschaft. Am Anfang fast alle, am Ende des Mittelalters – gegen 1500 – immer noch mehr als 80% – so viele wie heute in der Türkei oder in Pakistan. Die Ursache dafür ist die geringe Produktivität. Wer im Mittelalter ein Korn Getreide einsät, der wird kaum mehr als drei Körner ernten, und oft wird es weniger sein. Vermindert sich die Ernte um ein Drittel, so muß schon die Hälfte davon als Saatgut verwendet werden; fallen gar zwei Drittel dem schlechten Wetter zum Opfer, so erbringt die Ernte nur das, was für die Saat nötig wäre. Der Hunger ist eine alltägliche Erfahrung angesichts einer solchen Wirtschaftsweise, und der frühzeitige Tod das Schicksal der meisten Menschen." (1)

„Zum Mähen des Getreides nahm man die Sichel. Man ließ den Halm etwa 20–30 Zentimeter hoch stehen und pflügte alles zur Düngung unter. Das geschnittene Stroh benutzte man für Flechtarbeit, z. B. für Stroh- und Badehüte. Als Streu für das Vieh wurde Laub verwendet. Das Gras wurde mit der Sense geschnitten. Zunächst war dies schwierig, weil man gebückt oder kniend mähen mußte. Dann lernte man, eine Handhabe („Hamme") schräg in den Sensenbaum einzusetzen, konnte nun aufrecht mähen und dieselbe Arbeit in geringerer Zeit verrichten. Auch das Getreide ließ sich jetzt mit der Sense schneiden, wenn eine Binderin das Geschnittene sofort aufhob und zur Garbe band." (2) → (1)

Ein Hof von mittlerer Größe mit etwa 16 ha Land erbrachte in einem normalen Jahr ca. 27 dz Roggen und ca. 20 dz Hafer und Gerste. Ein Drittel der Ernte wurde als Saatgut benötigt. Rund 8 dz Hafer dienten als Futtergetreide. Gut 12 dz hatte der Bauer als Kirchenzehnt und Grundzins abzugeben. → (2)

„An Tieren wurden Pferde, Rinder, Schweine, Schafe, Ziegen, Hühner, Enten usw. gehalten. In karolingischer Zeit überwogen die Kleintiere die Großtiere im durchschnittlichen Verhältnis von vierzehn zu eins sehr erheblich. Überhaupt waren die Tiere kleiner, fleischärmer und weniger leistungs- und widerstandsfähig als in neuerer Zeit. Sie waren häufig überaltert, es mangelte an Zuchttieren und Zuchterfahrung, die Allmende war oft dürftig, im Winter herrschte erst recht Futterknappheit, die Haltung lag im argen. Es war nichts Seltenes, daß Kühe im Jahr nur zwischen 15 und 45 kg Käse und zwischen 2 und 6 kg Butter lieferten, und da sie unter dem Joch gingen und weit häufiger als Pferde zum Lastenzug, beim Pflügen und beim Dreschen eingesetzt wurden, war diese geringe Ergiebigkeit nicht verwunderlich. Eine Kuh, die im Jahr 540 bis 650 Liter Milch gab, war ein Mustertier. Die Legefähigkeit eines Huhns schätzte man im 13. Jh. auf gut hundert Eier. Im großen und ganzen erzielte man in der mittelalterlichen Viehwirtschaft vielleicht ein Drittel der Erträge, die in der zweiten Hälfte des 19. Jh. durch rationelle Landwirtschaft erreicht wurden." (3)

Technische Fortschritte. Die wichtigsten Arbeitsgeräte des Bauern waren Sichel, Sense und Pflug. Die ersten Pflüge, die in Deutschland verwendet wurden, waren hölzerne Hakenpflüge. Ein hölzerner Haken, der nach unten stand, riß in den Boden eine Rille für das Einbringen der Saat, mehr nicht. Die späteren Pflüge aus Eisen hatten ein Rädervorgestell und ein eisernes Pflugmesser, das Streifen des Bodens abschnitt, nach oben drückte und umdrehte. So wurde der Acker gründlich durchgearbeitet und für die Aussaat vorbereitet. Mit dem eisernen Räderpflug konnte man auch schwere Böden bearbeiten und Flächen nutzen, die man erst durch Rodung gewonnen hatte.

Ein Eisenpflug brauchte viel mehr Zugkraft als der hölzerne Hakenpflug. Deswegen wurde nach 1000 ein neues Spannsystem allgemein eingeführt. Die Pferde gingen nun im „Kummet", die Ochsen im Stirnjoch. Außerdem bekamen die Pferde Hufeisen. Jetzt konnten die Tiere vier- bis fünfmal mehr ziehen als früher, wo sie noch mit Stricken um Hals und Brust angespannt waren. Man benutzte jetzt auch mehr Pferde, obwohl Rind und Ochs vom Pferd als Zugtier für die Feldarbeit nicht ganz verdrängt wurden. Ein Pferd geht jedoch, wie moderne Versuche bewiesen haben, bei gleicher Arbeitsleistung um 50% schneller als ein Ochse, und es kann täglich 1 bis 2 Stunden länger arbeiten. Daher spannte man Pferde gern vor den zwei- oder vierrädrigen Wagen, dessen Reisegeschwindigkeit man dank eisenbeschlagener Räder erheblich erhöhen konnte. → (4)

Entscheidende Fortschritte wurden bei der Verarbeitung des Getreides gemacht. Seit dem 9. Jh. benutzte man zum Dreschen hölzerne Dreschflegel, wie sie bis zur Einführung mechanischer Dreschmaschinen im 19. Jh. üblich blieben. Seit dem 11. Jh. setzte sich rasch das wassergetriebene Mühlrad durch, und im 12. Jh. wurde die Windmühle erfunden, so daß sich in der Folgezeit fast in jedem Dorf eine wind- oder wassergetriebene Mühle befand. Sie arbeitete nicht nur schneller als die bis dahin von Hand oder von Tieren betriebenen Mühlen, sondern mahlte das Getreide auch besser aus.

Arm und reich im Dorf. Nicht alle, die auf dem Land wohnten, waren gleich. Es gab meist ein paar große Bauern im Dorf, Besitzer eines richtigen Hofes, auch *Hufe** oder „Hube" genannt. Je nach geographischer Lage umfaßte so ein Hof ca. 10 bis 40 Hektar. Daneben gab es „Halb- und Viertelshufner"; solche Höfe waren durch Erbteilungen verkleinert worden. Ihre Besitzer waren arm. Noch ärmer waren die „Häusler" oder „Kätner" (von „Kate", d. h. Hütte), die fast gar kein Land und nur ein armseliges Häuschen besaßen. Sie mußten sich ihr Brot im Taglohn verdienen, indem sie bei größeren Bauern aushalfen oder ein Dorfgewerbe ausübten, z. B. als

Weber, Schuster oder Schneider. Oft konnten sich die ärmeren Dorfbewohner nicht satt essen.
Am meisten angesehen waren der „Meier", der Verwalter des Hofes, der dem Grundherrn gehörte, und der Schultheiß, der wie ein Bürgermeister die Obrigkeit im Dorf vertrat. Auch Müller und Schmied konnten zuweilen im Dorf „das Sagen" haben. Jeder Dorfbewohner war aber mehr oder weniger von einem Grund- und Gerichtsherrn abhängig (vgl. S. 169 f.).

Die Dorfgemarkung. Die einzelnen Dörfer lagen in der Regel nur wenig voneinander entfernt. Das wird verständlich, wenn man berücksichtigt, daß es im Mittelalter in Deutschland schätzungsweise 170 000 Dörfer gab, während es heute nur noch rund 30 000 Gemeinden sind. Zwischen den Dörfern markierten Pfähle und Steine die Grenze, die „Mark". Das Gebiet eines Dorfes bildete seine „Gemarkung". Sie gliederte sich in einzelne Gewanne, in denen die Felder der Bauernhöfe lagen. Seitdem im 9. Jh. die *Dreifelderwirtschaft** aufkam, bei der man zur besseren Nutzung des Bodens mit der Bebauung jedes Jahr abwechselte, brauchte ein Dorf drei Gewanne: eines für Wintergetreide, eines für Sommergetreide und eines für Brachland. Die Gewanne wurden einheitlich bebaut, und jeder Bauer mußte sich einem Flurzwang unterwerfen, um Aussaat und Ernte des Feldnachbarn nicht zu stören.
Gemeinsames Eigentum aller Dorfbewohner waren Teile des Waldes, die Weideflächen und die Gewässer (Bäche und Teich). Diese *Allmende** konnten alle für ihre Bedürfnisse nutzen. → (5)

Landesausbau im Hochmittelalter. Wie die Tabelle S. 164 zeigt, vermehrte sich die Bevölkerung in West- und Mitteleuropa zwischen 1000 und 1350 auf das Dreifache. Weil der Boden knapp wurde und Hungersnöte drohten, suchte man Neuland zu gewinnen oder die Landwirtschaft zu verbessern. Wälder, Sümpfe, Moore und küstennahe Deichgebiete wurden in Ackerland umgewandelt (Rodung). Die Dreifelderwirtschaft behielt man bei, konnte aber die Erträge noch steigern, indem man z. B. Stallmist als Dünger verwendete. Außerdem lernte man die unterschiedliche Qualität der Böden kennen und machte sich das z. B. beim Anbau von Getreide und Wein zunutze. Es stellt eine besondere Pionierleistung dar, daß es seit dem 12./13. Jh. gelang, in Berggebieten Schwabens (z. B. im Schwarzwald), Bayerns, Tirols, Kärntens, des Elsasses und der Schweiz Grünland zu schaffen und dort Rinder zu halten, um Milchprodukte wie Käse und Butter für den städtischen Markt herzustellen.

(1) Aussaat und Ernte

(a) Berichtet anhand der Bilder S. 174, 176 u. 177 über die Arbeit bei der Aussaat und Ernte im Mittelalter.
(b) Vergleicht mit der heutigen Landwirtschaft: Was ist anders?

Das Getreide wurde mit der Sichel auf halbem Halm geschnitten, der Rest zur Düngung des Bodens umgepflügt. Im Hintergrund eine Wassermühle (Boccaccio, Ulm 1473).

(2) Ernteerträge damals und heute

Ein Bauernhof in Mecklenburg um 1300, der 5 bis 6 Personen umfaßte und über eine Fläche von 35 ha verfügte, konnte nach Schätzungen in einem normalen Jahr erzeugen:

Getreide:	(nach Abzug des Saatgutes) ca. 1100 kg
Rindvieh:	1 Kuh, 2 Rinder (= 200 kg Fleisch)
Milch:	1200 l
Schafe:	2 alte, 5 junge, ca. 10 kg Wolle
Schweine:	5
Geflügel:	Hühner, Gänse; ca. 600 Eier

(a) Vergleicht man den Ertrag, der aus 100 kg Saatgut im Mittelalter zu erzielen war, mit dem heutigen Ertrag, ergibt sich:

	Mittelalter	*Bundesrepublik Deutschland*
Aussaat	100 kg	100 kg
Ernte (normal)	300 kg	2000 kg
Bei Abzug der Saatmenge bleiben für den Verbrauch	200 kg	1900 kg
Mißernte	150 kg	1500 kg
Es bleiben für den Verbrauch	50 kg	1400 kg

(b) Errechnet den Ernteertrag im Mittelalter und heute in Prozenten und vergleicht.

(c) Wieviel Getreide, Fleisch und Milch stand in dem Bauernhof in Mecklenburg pro Person im Jahr durchschnittlich zur Verfügung?

(d) Nennt mögliche Ursachen und Folgen von Mißernten – damals und heute.

(3) Feldarbeit – Familienarbeit

(a) Beschreibt, was die auf S. 173 und 174 abgebildeten Personen tun, und stelle fest, wo es sich um Männer, Frauen oder Kinder handelt.

(b) Informiert euch, wie viele Arbeitskräfte ein landwirtschaftlicher Betrieb mit 30–65 ha heute benötigt.

(4) Technische Fortschritte in der Landwirtschaft

(a) Zeigt und erklärt an der Abbildung rechts die im Text S. 175 erwähnten Neuerungen, soweit sie zu erkennen sind.

(b) Informiert euch über den Stand der Landwirtschaftstechnik in Entwicklungsländern und vergleicht.

(5) Die Dorfgemarkung: Privatbesitz und Gemeineigentum

(a) Erklärt anhand des Schaubildes, wie die Gemarkung eines Dorfes gegliedert war und wie die Dreifelderwirtschaft praktiziert wurde.

(b) Die Allmende stand auch den Dorfbewohnern zur Verfügung, die keinen eigenen Hof besaßen. Welchen Nutzen hatten sie davon?

Aussaat, Pflügen und Arbeiten im Weinberg. Buchmalerei aus der Schule des Meisters Bering, um 1515.

(6) Mehr Arbeit, mehr Ertrag: Dreifelderwirtschaft

(a) Entwerft eine Skizze für die Bebauung der Felder in einer Dreifelderwirtschaft und gebt an, welche Arbeiten im Lauf des Jahres anfallen.

(b) Nennt Vorteile der Dreifelderwirtschaft gegenüber der Feld-Gras-Wirtschaft.

Dreifelderwirtschaft.

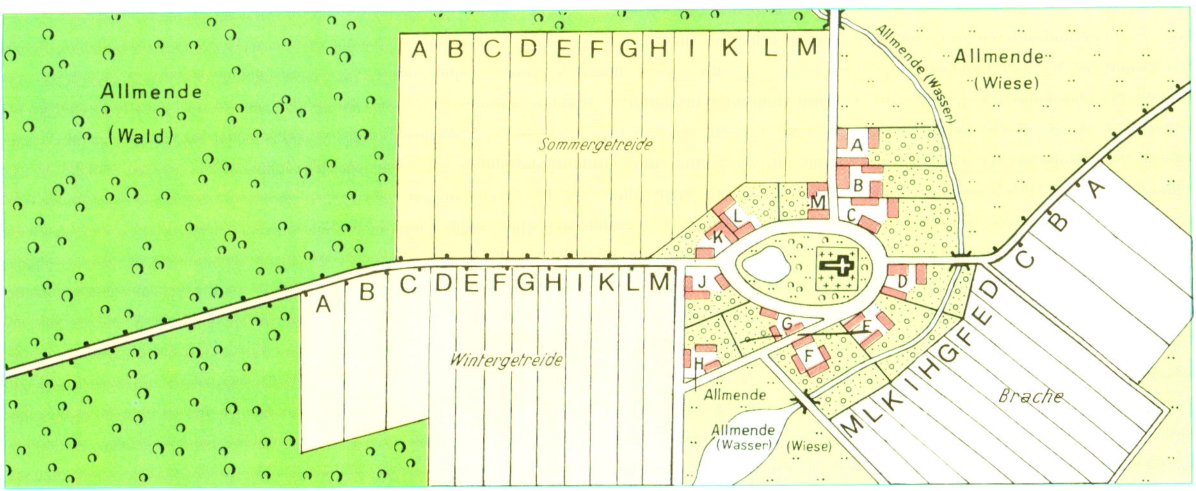

Bauern bei der Aussaat, beim Dreschen, beim Schlachten und beim Keltern der Weintrauben. Französische Buchmalerei, 1460.

1. Berichte anhand der Bilder über bäuerliche Arbeit im Mittelalter.

2. Erkläre, welchen Fortschritt die Einführung von Eisenpflug, Hufeisen und Kummet brachte.

3. Von der Landbevölkerung handelte ein Spruch, der gegen Ende des Mittelalters entstand:

„Der Bauer und sein Stier,
die sind zwei grobe Tier.
Der Bauer ist an Ochsen Statt,
nur daß er keine Hörner hat.“ Q

Welche Einschätzung des Bauern kommt hier zum Ausdruck?
Wer könnte den Spruch benutzt haben?

4. Erkläre an der Skizze eines mittelalterlichen Dorfes, wie die Gemarkung gegliedert war.

5. Erkundige dich (z. B. im Reisebüro oder beim ADAC), wo es in deiner Nähe ein Bauernmuseum gibt, und besorge dir Prospekte oder andere Anschauungsmittel daraus. Freilichtmuseen zur bäuerlichen Geschichte gibt es z. B. in Bad Zwischenahn, Bremen, Cloppenburg, Detmold, Grefrath, Kiel-Rammsee, Gutach und Mechernich.

Allmende: Gemeinsamer Besitz der Dorfbewohner an den Teilen der Gemarkung, die nicht den einzelnen Höfen gehörten. Zur Allmende zählten gewöhnlich Teile des Waldes, die Gemeinschaftsweiden und Gewässer (Fischteich usw.) sowie das Ödland. Alle Dorfbewohner, auch die Armen, hatten das Recht, die Allmende zu nutzen.

Dreifelderwirtschaft: In der Dreifelderwirtschaft wurden die Ackerflächen einer Gemarkung in regelmäßigem Wechsel (in der Regel jährlich) zu einem Drittel mit Wintergetreide, zu einem Drittel mit Sommergetreide bestellt, während das letzte Drittel brach lag. So konnten die Böden besser als in der Zweifelderwirtschaft (Feld-Gras-Wirtschaft) genutzt und doch geschont werden.

Hufe (Hube): Ein Bauernhof mit dem zugehörigen Ackerland und Nutzungsrecht an der Allmende. Sie umfaßte – je nach Region – ca. 10–40 Hektar.

Morgen: Flächenmaß in der Landwirtschaft, das bis ins 19. Jh., z. T. bis heute gebräuchlich war bzw. ist. Ursprünglich die Fläche, die ein Bauer mit dem Ochsengespann (dem „Joch“) an einem Morgen pflügen konnte. Daher auch „Joch“ oder „Jauchert“ genannt. Die Größe ist in den verschiedenen Regionen unterschiedlich; sie betrug im Durchschnitt 0,25–0,36 Hektar.

Seit dem 8. Jh.	Einführung der Dreifelderwirtschaft
seit dem 9. Jh.	Verwendung von Räderpflügen, Dreschflegel
seit dem 10. Jh.	Eisenpflug, Hufeisen, Kummet
seit dem 11./12. Jh.	Wassermühlen, dann Windmühlen
seit dem 12. Jh.	Rodung von Neuland

Quellennachweis

(1) H. Boockmann: Einführung in die Geschichte des Mittelalters. München 1978, S. 53.
(2) Rosenfeld: Handbuch der Kulturgeschichte, Band I, 2., a.a.O., S. 41.
(3) R. Engelsing: Sozial- und Wirtschaftsgeschichte Deutschlands. Göttingen 1973, S. 33.

Lesetip

J. Blum (Hrsg.): Die bäuerliche Welt. Geschichte und Kultur in sieben Jahrhunderten. München 1982 (SB)
S. Epperlein: Der Bauer im Bild des Mittelalters. 1975 (SB)
L. White jr.: Die mittelalterliche Technik und der Wandel der Gesellschaft. 1968 (WD)

8.4. Ritterliche Lebensformen

Ein Sinnbild des ritterlichen Herrscherideals der Stauferzeit ist der Reiter am Aufgang zum Georgenchor des Bamberger Doms (um 1235). Das lebensgroße Standbild ist hoch an einem Pfeiler angebracht. Wen der Bildhauer darstellen wollte, ist nicht bekannt.

Vielleicht hat schon manche(r) geträumt, einmal als Ritter oder als Ritterfräulein auf einer Burg zu leben, auf dem Pferd in den Kampf zu ziehen oder sich als Dame den Hof machen zu lassen. Doch viele Vorstellungen vom Leben der Ritter gleichen mehr einem Märchen als der geschichtlichen Wirklichkeit.

Redewendungen aus der Ritterzeit:

gut gerüstet sein
jemanden anspornen
niedergeschlagen
fest im Sattel sitzen
keinen Stich machen
Böses im Schilde führen
sich aus dem Staub machen

- Ideale Ritter – ritterliche Ideale: Was versteht man darunter?
- War ein Ritterleben wirklich so verlockend, wie man in manchen Büchern lesen kann?
- Ritter, Burgen und Turniere: Wie gehört das zusammen?

Entstehung des Ritterstandes. Im hohen Mittelalter – im 12./13. Jh. – waren Ritter angesehene Leute, dem Adel gleichgestellt. Das war aber nicht immer so. Bei den Germanen waren die Bauern bewaffnet und zum Kriegsdienst verpflichtet. Seit der Karolingerzeit entzogen sich die freien Bauern der Heerespflicht und unterstellten sich dem Schutz eines Herrn. Dieser stellte unfreie Knechte in seinen Dienst, die für den Kriegsfall mit eisernem Panzer, Schild, Schwert und Lanze ausgerüstet wurden und für den Kampf zu Pferd trainiert sein mußten. Diese schwergepanzerten Reiter bildeten im Lauf der Zeit einen eigenen Stand, den der *Ritter**. Als Dienstleute ihres Herrn – des Königs oder eines weltlichen oder geistlichen Fürsten – erhielten sie für ihre „Arbeit" ein Landgut mit dazugehörigen Bauern als „Lehen" übertragen. So konnten sie wie die Adligen leben.
In der Zeit der Kreuzzüge (vgl. S. 199) verschmolz der neue Ritterstand mit dem alten Adelsstand. In dieser Zeit hatten die Ministerialen und Adligen das gleiche Ideal: als schwer gepanzerte Reiter zu kämpfen und sich Ruhm zu erwerben. Da die Ministerialen inzwischen auch über eigene Ländereien verfügten, die sie für ihre Dienste erhalten hatten, waren sie auch wirtschaftlich dem Adel gleichgestellt. Die Ministerialen bildeten seit dem 12. Jh. zusammen mit dem alten Geburtsadel die Oberschicht in der Gesellschaft des Mittelalters: das Rittertum.

Was ein Ritter können mußte. Um Ritter zu werden, mußte der Page (junger Adliger) an fremdem Adelshof in die „Lehre" gehen; mit vierzehn Jahren wurde er zum Knappen gemacht. Er lernte, die Pferde zu striegeln und aufzuzäumen, in voller Rüstung zu reiten und mit Schwert und Lanze zu kämpfen, in Krieg oder Fehde (Kleinkrieg zwischen Adligen) die Lanze seines Herrn zu tragen und dessen Kriegsschild und Panzer in einem gesonderten Sack mitzuschleppen. Er lernte die dem Adel vorbehaltene Jagd kennen und den Herrn und dessen Gäste in höfischen Formen zu bedienen und zu betreuen.
Mit 21 Jahren wurde der Knappe durch Schwertleite und Ritterschlag zum Ritter erhoben. Dies geschah nach einem bestimmten Zeremoniell. Es sollte dem jungen Edelmann sinnbildlich vor Augen führen, daß Rittertum nicht nur Rechte, sondern auch Pflichten in der Gemeinschaft der Besten und Auserwählten aufgibt: Der wahre Ritter streitet zum Schutz des Glaubens und der Gerechtigkeit, er hilft den Schwachen und Unterdrückten. Die Farben Weiß, Rot und Schwarz seines Gewandes, in dem er vor dem Altar den Rittereid leisten wird, sollen ihn an die Reinheit seines Lebens, an die Rittertugenden „mâze" (maßvolle Selbstbeherrschung), Zucht und Treue, an das Blutvergießen Christi um der Liebe zu den Menschen willen und an den Tod erinnern. → (1) (2)

„Ritterlichkeit" und höfische Dichtung. Viele Ritter blieben zwar weit hinter dem Ideal zurück, aber ritterliches Verhalten war doch üblich. Man vernichtete den Gegner nicht blindwütig und man setzte sich für Schwache, Kranke und Bedürftige ein. Zur Ritterlichkeit gehörte auch ein gutes Benehmen. Als Page mußte man lernen, bei Tisch höflich Gäste zu bedienen und sich selbst an strenge Regeln zu halten. → (3)
Der Glanz des Rittertums fällt in die Zeit der staufischen Kaiser Friedrich I. Barbarossa und seines Enkels Friedrich II. (vgl. S. 212 ff.). Damals entstanden große Werke der Weltliteratur in Erzähl- und Versform: Das „Nibelungenlied", der „Parzival" des Wolfram von Eschenbach, der „Tristan" Gottfrieds von Straßburg oder schon früher in Frankreich die „Chansons de geste", das Rolandslied und die Artus-Epen.
Bis dahin waren im Mittelalter fast ausnahmslos nur Geistliche als Dichter hervorgetreten; sie schrieben in der Sprache der Kirche, in Latein. Nun aber schrieben Laien, nämlich Ritter, Fürsten und Ministerialen; und erstmals schrieben sie in ihren Volkssprachen (Deutsch und Französisch bzw. in einem der zahlreichen Dialekte).
Die Erzählungen und Gedichte handeln nicht wie bisher vom seligen Leben nach dem Tod. Die ritterlichen Dichter freuen sich an der irdischen Welt. Sie berichten von Kämpfen und Abenteuern ihrer Vorfahren und besingen vor allem die Tugenden der Ritter. Als schönste Tugend galt der Minnedienst, der Dienst für die Herrin. Im Minnesang rühmen die Ritter die Frau; ihr Lied, das sie als Troubadours (vom französischen Wort „trouver", d.h. erfinden) zur Laute vortragen, gilt der verheirateten Herrin, die sie in tiefer Liebe verehren.

„Mit den Minneliedern, die der Troubadour an die Burgherrin richtet, versucht er, ihre Gunst zu gewinnen und in den Hofdienst aufgenommen zu werden. Viele Troubadours hatten an den Höfen eine feste Anstellung mit Jahresgehalt . . . Sie waren für die Damen Berater in Dingen der Bildung." (1)

Herrin und Dame. Der Troubadour sang und spielte nach festgefügten gesellschaftlichen Regeln. Sie beruhten auf dem Lehnswesen, in dem strenge Formen der Über- und Unterordnung bestanden (vgl. S. 206 ff.). Die „Herrin" übernahm im Minnesang und im höfischen Spiel die Rolle des Lehnsherrn. Im Alltag blieb sie jedoch dem Mann untertan. Ihre Liebe zu einem Sänger durfte sie nur in Blicken und Gesten zeigen; das Ehe- und Familienleben blieb

davon unberührt. Die im Minnesang ausgedrückte Hochachtung der Frau führte auch nicht dazu, daß man adligen Damen mehr Rechte in der Öffentlichkeit zugestand. Hier regierte allein der Mann. In völliger Abhängigkeit standen die Frauen der niederen Schichten von ihren Männern.
Im späten Mittelalter begannen die Bürger der Städte, die Ritter nachzuahmen. Auch sie wollten „höflich" sein, und sie übernahmen sogar die Bezeichnungen aus der Welt des Adels für den „Herrn" und die „Dame". Die Frau nahm in der bürgerlichen Gesellschaft einen neuen Platz ein, ohne jedoch dadurch neue Rechte zu gewinnen.

Leben auf der Burg. Das häusliche Leben der Ritter, der Minnesänger, der adligen Frauen spielte sich in der *Burg** ab. Man hatte seit dem 9./10. Jh. solche Burgen gebaut, und zwar zum Schutz vor Feinden. Das Recht zum Burgenbau war ein Vorrecht des Königs, der es jedoch an seine Getreuen weiterverlieh. So bauten auch Fürsten und Grafen, Bischöfe und Äbte eigene Burgen. Seit dem 11. Jh. entstanden Tausende solcher Burgen in ganz Europa, allein in Deutschland rund 10 000. In der Ritterzeit ließen Burgherren ihre „Wehrbauten" künstlerisch ausgestalten, so daß manche Burgen architektonische Kunstwerke darstellen. → (4)
Die Burgen waren zugleich Herrschafts- und Wohnsitz der Adligen, die dort mit ihrer Familie, ihren Dienstmannen und ihrem Gesinde lebten. Da der Herr gewöhnlich über ausgedehnte Besitzungen verfügte, waren die Burgen zugleich Mittelpunkt der Verwaltung. Lage und Anlage der Burgen hingen von der Landschaft ab. Wir kennen die Wasserburg, die Felsenburg, die mit Wall und Graben umgebene Burg. Als Jagdsitz baute sich Kaiser Friedrich II. Castel del Monte in Apulien; der Tower in London, zunächst eine Normannenburg, wurde zur Stadtresidenz der englischen Könige umgebaut; vereinzelt waren Burganlagen so weitläufig, daß sie die umliegenden Dörfer mit einschlossen; die Stadtmauern erfüllten eine vergleichbare Aufgabe.
Das Leben auf der Burg war eigentlich nur in der wärmeren Jahreszeit erträglich. Es gab noch keine Glasfenster und Öfen; die Böden aus Lehm oder Ziegelstein waren kalt. Nur im großen Saal und im Frauengemach (Kemenate von caminata = heizbares Zimmer) brannte das Feuer. Die Betten verhängte man mit dicken Vorhängen, um sich vor kalter Zugluft zu schützen. Das Burggesinde hauste auf Stroh in Ställen oder in den Werkstuben. → (6)
Nur der reiche Adel konnte sich prächtig ausgestattete Burgen leisten. Da sie ohnehin immer weniger der Verteidigung dienten, bauten sich diese Adligen oft zusätzlich einen festen Wohnsitz im Tal oder in der Stadt. Auf der Burg feierte man fröhliche Feste, empfing Gäste, hielt *Turniere** ab oder ließ Minnesänger im Sängerwettstreit auftreten. Hier zeigte sich die mittelalterliche Gesellschaft des Adels und der Ritter in farbenprächtigen Gewändern. Es sollte noch lange dauern, bis man die Oberschicht der städtischen Bürger mitfeiern ließ.

Das Turnierspiel. Wir kennen Turniere seit dem 11. Jahrhundert; in Frankreich wurden sie erstmals ausgetragen und bald an vielen europäischen Adelshöfen nachgeahmt.

„Nach den ursprünglichen Regeln war der einzige Unterschied zwischen einem Turnier und einer Schlacht der, daß beim Turnier das Ziel darin bestand, den Gegner gefangenzunehmen, nicht aber ihn zu töten. Es handelte sich keineswegs um einen Zweikampf, aber es wurde nicht mit stumpfen Waffen gekämpft, und eine Anzahl bedeutender Leute fand dabei den Tod. Der gefangengenommene Teilnehmer verlor sein Pferd und seine Rüstung an den, der ihn besiegte, und wenn man wußte, daß er Geld besaß, mußte er auch noch ein Lösegeld bezahlen . . . Das Turnier war das ritterliche Kampfspiel des Mittelalters. Die Teilnahme an den Turnieren war nur Rittern vorbehalten, die eine bestimmte Anzahl von Ahnen vorweisen konnten. Die Turnierfähigkeit wurde von einem Herold, der im Wappenwesen erfahren war, geprüft. Als Turnierfeld diente ein offener, von Schranken begrenzter Platz. Man unterschied mehrere Kampfarten: Beim Buhurt rannten die Ritter in Scharen ohne Schwert und Panzer Mann gegen Mann geradlinig gegeneinander an. Bei der Tjoste standen sich zwei Ritter gegenüber, die im schärfsten Galopp aufeinander zu ritten, um beim Aufeinanderprall den Gegner aus dem Sattel zu heben. Beim Turnier im engeren Sinn, einer Verbindung aus Buhurt und Tjoste, waren die Teilnehmer in zwei möglichst gleichgroße Scharen geschieden. Kampfziel war der Durchbruch durch den gegnerischen Haufen." (2) → (5)

Reicher und armer Adel. Es gab immer wieder Zeiten, in denen ein Teil des Adels ohne sinnvolle Beschäftigung lebte und wie ein Krebsgeschwür dem Volke schadete. Eine solche Zeit herrschte vor allem gegen Ende des Mittelalters, wo Raubritter über Bürger und Bauern herfielen und sie ausplünderten. Man darf sich den Adel überhaupt nicht als eine einheitliche Schicht vorstellen.

„Während einzelne Geschlechter der kaiserlichen Ministerialen zu hohen Ämtern aufstiegen, verarmte mancher Zweig des Hochadels. Die Vermögensunterschiede wurden außerordentlich groß. Die Herzöge und einige Grafen in Deutschland, die Grandseigneurs in Frankreich, die Barone in England besaßen Tausende von Morgen bebauten Landes und riesige Forste, während manch kleiner Lehnsritter seinen Acker mit dem eigenen Roß pflügte. Dabei blickte er wohl mit Neid auf den reicheren Meier seines Burgnachbarn. Die Fürsten und die städtischen

Kaufherren, die ‚Geschlechter', gingen in kostbaren Gewändern, auf ihren Tischen glänzten Gold- und Silbergefäße, während der arme Landjunker zufrieden war, wenn er sich aus seinen hölzernen Schüsseln sattessen konnte. Noch heute erinnert eine kärgliche Speise, Brot in Milch getaucht und geröstet, die man ‚arme Ritter' nennt, an die Hänselei, die reiche Bürger gegen solche Habenichtse von Rittern wegen ihrer schmalen Kost übten. In einer späteren Zeit wurden aus diesen Habenichtsen die Strauch-, Hekken- oder Raubritter, die der Schrecken ganzer Landstriche waren." (3)

(1) „Ritterschlag" oder „Schwertleite"

In einer Chronik des Grafen Wilhelm von Holland wird beschrieben, wie ein Ritterschlag erfolgte:

„Jeder, der Ritter sein will, muß hochgemut, edelsinnig, freigebig, tadellos und ehrenfest sein", sprach der Kardinal zum Knappen Wilhelm. Darauf legte er dessen Hände in ein Meßbuch und ließ ihn den Rittereid schwören: „Ich, Wilhelm, Fürst der holländischen Ritterschaft und des heiligen Reiches freier Lehnsmann, gelobe der Ritterregel zu gehorchen." Der König von Böhmen gab dem Knappen einen kräftigen Schlag auf den Hals und sprach: „Zur Ehre des allmächtigen Gottes schlage ich dich zum Ritter und nehme dich mit Freuden in unsere Gemeinschaft auf." (4) Q

(a) Schildert (aufgrund des Textes) die feierliche Erhebung eines Knappen zum Ritter.

(b) Nennt und deutet die religiösen Zeichen (Symbole) des Ritterschlages.

(2) Was ein Ritter können mußte

Im „Ritterspiegel" des Johannes Rothe (um 1415 geschrieben) heißt es:

„Zu einem vollkommenen Manne gehört, daß er gut reiten, schnell auf- und absitzen, gut traben, rennen und wenden kann und mit Verstand von der Erde etwas aufnehmen. Zum zweiten muß er schwimmen, im Wasser tauchen und sich vom Rücken auf den Bauch und vom Bauch auf den Rücken drehen können. Zum dritten muß er mit Armbrust, Büchse und Bogen schießen können: davon hat er bei Fürsten und Herzögen wohl Nutzen. Zum vierten muß er auf Leitern klettern können, wenn es nötig ist, wie etwa im Kriege, auch an Stangen und Seilen. Zum fünften muß er wohl turnieren können, streiten und stechen und recht und redlich tjostieren. Zum sechsten muß er zu Abwehr und Angriff ringen können, auch weit springen und mit der Linken ebenso gut fechten wie mit der Rechten. Zum siebenten muß er bei Tische aufwarten können, tanzen und hofieren, auch Schach zu spielen verstehen und alles, was ihm zur Zierde gereicht." (5) Q

(a) „Die Ausbildung eines Ritters bestand in vormilitärischen Übungen." Nehmt Stellung zu dieser Behauptung.

(b) Nennt die verschiedenen Bereiche, in denen sich ein Ritter üben und auszeichnen sollte.

(c) Erklärt, zu welchem Zweck diese „Rittertugenden" verlangt wurden.

(3) Tischsitten damals und heute

„1. Kein Edelmann soll mit einem andern zusammen von einem Löffel essen.
2. Beim Essen rülpst man nicht und schneuzt auch nicht in das Tischtuch.
3. Wer mit dem Löffel seine Speisen nicht aufnehmen kann, der schiebe sie nicht mit den Fingern darauf.
4. Auch ziemt es nicht, sich während des Essens über die Schüssel zu legen und dabei wie ein Schwein zu schnaufen und zu schmatzen.
5. Beim Essen kratzt man nicht mit bloßer Hand, wenn es etwa an der Kehle juckt. Kann man es aber nicht vermeiden, so kratzt man besser mit seinem Gewand.
6. Es ist bäuerliche Sitte, mit angebissenem Brot wieder in die Schüssel einzutunken.
7. Auch den Knochen, den man abgenagt hat, legt man nicht in die Schüssel zurück.
8. Wer gerade Essen im Mund hat, der trinke nicht wie ein Vieh.
9. Man stochere nicht mit dem Messer in den Zähnen herum.
10. Man soll auch nicht gleichzeitig reden und essen wollen." (6) Q

(a) Vergleicht die hier aufgeführten Regeln für das Verhalten bei Tisch mit denen, die heute gelten.

(b) Erklärt den Ausdruck „höfliches Benehmen" aus der Geschichte.

(4) Mittelalterliche Burganlagen

(a) Erklärt anhand der Zeichnung die einzelnen Bestandteile einer Burg und ihre Funktion.

(b) Zeigt anhand der Abbildungen den Unterschied zwischen verschiedenen Burganlagen.

(c) Wozu könnte man solche Burgen heute verwenden?

Wartburg bei Eisenach.

1 = Graben
2 = Zugbrücke
3 = Äußeres Tor
4 = Vorburg mit Häusern für die ritterlichen Dienstmannen und für Knechte und Mägde
5 = Zwinger der Vorburg
6 = Inneres Tor
7 = Kemenate (Wohnung der Frauen)
8 = Bergfried
9 = Palas
10 = Zisterne (Brunnenanlage)
11 = Pferdeställe
12 = Wehrturm
13 = Mauer
14 = Wehrgang

Burg Eltz an der Mosel.

Wasserburg der Grafen von Flandern in Gent (Belgien).

(5) Ein Turnier oder: Wie gefährlich dürfen Wettkämpfe sein?

Ulrich von Liechtenstein, Beschreibung eines Turniers, 1224:

„Da erhob sich mancher schöne Puneis [Kampf], jeder Ritter bemühte sich, den anderen niederzustechen, was auch oft geschah. Es waren vierzig oder mehr Kampfplätze da, wo so mancher von ritterlicher Tat Schmerzen leiden mußte, denn Ritterschaft bringt Arbeit, wer sie pflegen will, muß auf Ruhe verzichten, Ritterschaft gibt Würde, aber mit viel Mühsal.
Die Spiele währten den ganzen Tag ..., dann wurde nach ritterlicher Sitte so manches Bein entzwei geritten, oft prallten die Ritter so aneinander, daß beide stürzten und ohnmächtig auf der Erde lagen. Mancher verlor sein Roß, weil er heruntergestochen wurde, der hatte zum Schaden noch den Spott. An diesem Tage fand jeder, was er wollte: Hier turnierten sie, um ihren Mut zu zeigen, dort, um Gut zu erwerben, und so mancher um nichts anderes als um seiner Herrin willen, wieder andere zur Übung, und jene dort allein um die Ehre. Viele Splitter bedeckten den Boden, viele Ritter waren gestürzt und mußten der Ruhe pflegen, mancher litt so, daß er die Nacht nicht gerne sah. Der Tag war hin, die Nacht gekommen, ein Trost für manchen müden Mann ... [Am folgenden Tag ging es weiter]. Man gab den Rossen die Sporen, zu kräftigem Stoß sprengten die Ritter aufeinander los, Mann und Roß sah man stürzen. Mächtig krachten die Speere, heftig stießen die Schilde aneinander, davon schwollen die Knie. Beulen und Wunden von den Speeren gab es genug, die Panzerringe bereiteten Schmerzen, und manches Glied war verrenkt. Die Ritter drängten hin und her und versuchten, den Gegner zu Fall zu bringen. Mancher Helm brach ab, dort drängten sich die Ritter um einen, der gezäumt werden sollte. Klingend schlugen Schwerter auf Helme. Viele Schilde zerbrachen von den heftigen Stößen ...
Das Turnier war wirklich gut. Manch hochgemuter Ritter durchbrach mit einem Stoß den Haufen. Man verstach viele große Speere, und wer durch sie zu Boden gefällt wurde, der litt viel Schmerzen durch Tritte ..." (7) Q

(a) Beschreibt, soweit möglich, wie ein Ritter beim Kampf ausgerüstet war.

(b) Wie ist nach eurer Meinung ein Turnier einzuschätzen: als ritterlicher Wettkampf, als grausame Schlägerei, als ...?

(c) Wo finden heute „Turniere" statt?

Herr Walter von Klingen besiegt einen Ritter im Turnier. Die Damen nehmen von einer Tribüne aus lebhaften Anteil am Glück oder Mißgeschick der Kämpfenden. Die verheirateten Frauen tragen eine Haube mit Kinnbinde, die unverheirateten einen Blumenkranz. Das Bild ist eine Buchmalerei aus der berühmten Manessischen Liederhandschrift, die in der Universitätsbibliothek in Heidelberg aufbewahrt wird. Benannt ist diese Handschrift nach dem Züricher Ratsherrn Rüdiger Manesse († 1304), der ein eifriger Sammler alter Lieder war. Das Buch enthält mittelhochdeutsche Minnelieder von 140 Dichtern und ist mit 137 ganzseitigen farbigen Bildern geschmückt.

Höfisches Mahl. Buchmalerei in der Erzählung von „Parzival". Die Abbildung befindet sich in einer Handschrift, die zwischen 1228 und 1236 vermutlich in Straßburg entstanden ist. Beachte die vornehmen Gesten der Tischgesellschaft.

(6) Leben auf der Burg

Ulrich von Hutten, geb. 1488, berichtet über das Leben auf der Burg in seiner Jugendzeit:

„Die Burg selbst, ob sie auf dem Berg oder in der Ebene liegt, ist nicht als angenehmer Aufenthalt, sondern als Festung gebaut. Sie ist von Mauer und Graben umgeben, innen ist sie eng und durch Stallungen für Vieh und Pferde zusammengedrängt. Daneben liegen dunkle Kammern, vollgepfropft mit Geschützen, Pech, Schwefel und sonstigem Zubehör für Waffen und Kriegsgerät. Überall stinkt es nach Schießpulver; und dann die Hunde und ihr Dreck, auch das – ich muß es schon sagen – ein lieblicher Duft! ... Man hört das Blöken der Schafe, das Brüllen der Rinder, das Bellen der Hunde, das Rufen der auf dem Feld Arbeitenden, das Knarren und Rattern der Fuhrwerke und Karren; ja sogar das Heulen der Wölfe hört man in unserem Haus, weil es nahe am Wald liegt.
Der ganze Tag bringt vom Morgen an Sorge und Plage, ständige Unruhe und dauernden Betrieb. Äcker müssen gepflügt und umgegraben werden, Weinberge müssen bestellt, Bäume gepflanzt, Wiesen bewässert werden; man muß eggen, säen, düngen, mähen und dreschen; jetzt steht die Ernte bevor, jetzt die Weinlese. Wenn aber einmal ein schlechtes Ertragsjahr kommt, wie in dieser mageren Gegend meistens, dann haben wir fürchterliche Not und Armut." (8) Q

(a) Wie beschreibt Hutten das Leben auf einer Burg am Ende des Mittelalters?

(b) Zu welcher Schicht des Adels gehörte Hutten nach dieser Beschreibung?

1. „Ritter" oder „Rittertum" – das war nicht zu allen Zeiten dasselbe. Berichte über Entstehung und Entwicklung des Ritterstandes.

2. Nenne die drei Stufen im Werdegang eines Ritters und vergleiche, in welchen Stufen heute junge Menschen zum Beruf gelangen. Lege dazu eine Tabelle nach folgendem Muster an:

Werdegang des Ritters	Schul- und Berufsausbildung heute
7.–14. Jahr:	6.–15. Jahr:
14.–21. Jahr:	
ab 21 Jahren:	

3. Informiere dich im Deutschunterricht über die höfische Dichtung des Mittelalters und über einzelne Dichter bzw. Minnesänger.

4. Vielleicht gibt es Burgen in deiner Heimat. Wie heißen sie? Welche Teile der Burg sind erhalten? Besorge dir eine Abbildung und Beschreibung davon.

5. Vergleiche die Stellung vornehmer Frauen im Mittelalter mit derjenigen heute.

6. Manche behaupten, das höfische Leben der Ritter sei mit dem Elend der abhängigen Bauern erkauft worden. Äußere deine Meinung dazu.

Burg: Befestigter Wohnsitz. Seit dem 10./11. Jh. sind Burgen als Herrensitze dem Adel bzw. den Rittern vorbehalten. Sie entwickeln die Burg zu einer umfassenden Wohn- und Verteidigungsanlage mit Toren, Türmen, Vorratslagern, Wohnräumen, Zisternen usw. in vielfältigen Formen. Auf der Burg findet das „höfische Leben" statt, und von ihr aus beherrschen die Adligen und Ritter ihr Land und ihre Leute. Zeitweise bezeichnet man auch die Stadt als Burg (englisch: „borough") und ihre Bewohner als „Bürger".

Ritter: Im Frühmittelalter: Reiter, Krieger. Als Reiter kämpften Adlige und ihre Dienstmannen (Ministerialen). Im Laufe des 10.–12. Jh. bildete sich aus der Schicht der ehemals unfreien Krieger und dem Geburtsadel der Ritterstand. Er verpflichtete zu einer „ritterlichen" Lebensweise und prägte die weltliche Kultur des Hochmittelalters.

Turnier: Ritterliches Kampfspiel, in dem die Teilnehmer die vollkommene Beherrschung von Pferd und Waffe übten oder zeigten. Man unterscheidet den Tjost, d. h. den Zweikampf, und den Buhurt, d. h. den Kampf zwischen zwei Reitermannschaften. Das Turnier mußte nach strengen Regeln ablaufen und verlief oft blutig oder sogar tödlich.

10. Jh.	Grenzburgen
11.–15. Jh.	Ritterburgen (Höhen- und Wasserburgen)
12.–13. Jh.	Höfische Dichtung
16.–18. Jh.	Schlösser und Festungen

Quellennachweis

(1) A. Latour: Kulturgeschichte der Dame. Frankfurt 1965, S. 21.
(2) C. Hohler: Blüte des Mittelalters. München 1966, S. 159 u. 146.
(3) Bilder aus der Weltgeschichte, Heft 4: Das Hochmittelalter. Diesterweg 7204, S. 6.
(4) Zitiert nach: Spiegel der Zeiten, Bd. 2. Diesterweg 3322, S. 75.
(5) Abgedruckt in: Materialien für den Geschichtsunterricht, Das Mittelalter, a.a.O., S. 154f.
(6) Tischzucht des 13. Jh., zitiert nach: Die Reise in die Vergangenheit. Bd. 2, Braunschweig 1971, S. 46.
(7) Deutsche Übersetzung in: Geschichtliche Weltkunde, Quellenlesebuch, Band 1, a.a.O., S. 199f.
(8) Aus einem Brief Ulrichs von Hutten vom 25. 10. 1518. Deutsche Übersetzung in: Materialien für den Geschichtsunterricht, Die Neuzeit. Diesterweg 7333, S. 37f.

Lesetip

Ph. Brochard: So lebten sie in den Burgen des Mittelalters. Tessloff, Hamburg 1982 (JB)
J. Gilbert: So lebten sie damals: Die Ritter zur Zeit der Kreuzzüge. Heyne, Hamburg 1978 (JB)
J. Hindley: So lebten die alten Ritter. Delphin, Stuttgart 1977 (SB)
D. Macaulay: Es stand einst eine Burg. dtv junior 7915 (SB)
P. Miquel u. P. Probst: So lebten sie zur Zeit der Ritter und Burgen. Tessloff Hamburg, 1979 (JB)
H. Pleticha: Ritter, Burgen und Turniere. Arena, Jb. 1304, Würzburg 1974 (SB)
A. u. M. Politzer: Abenteuer mit Robin Hood. Stalling, Oldenburg 1975 (JB)

Museumsführer von historischen Burgen, z. B. in Altena/Westfalen, Burg a. d. Wupper, Burghausen, Coburg, Burg Eltz, Burg Hohenzollern/Hechingen, Jagsthausen, Landshut, Lichtenstein/Honau, Nürnberg, Prunn a. d. Altmühl, Würzburg (Marienberg).

9. Christliches Mittelalter: Geistliches Leben und kirchliche Macht

9.1. Mönchtum und Glaubensleben

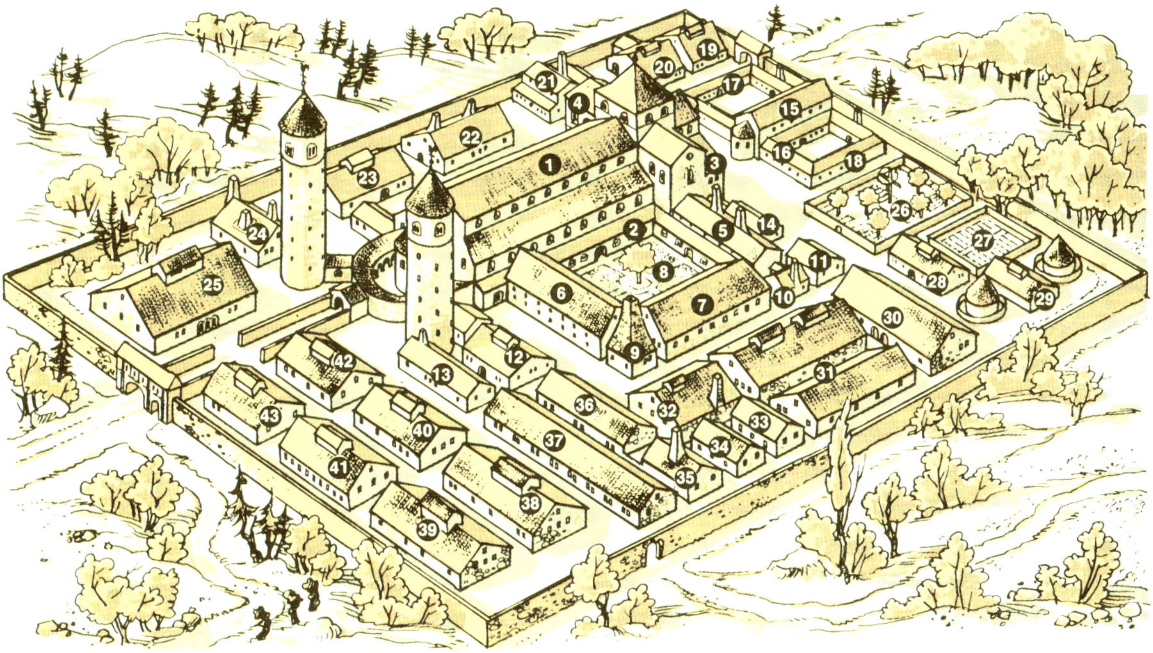

Rekonstruktion einer Klosteranlage nach dem im Besitz der Stiftsbibliothek von St. Gallen befindlichen Klosterplan.

1 Klosterkirche
2 Kreuzgang
3 Sakristei
4 Schreibstube/Bibliothek
5 Schlafsaal
6 Wein- und Bierkeller
7 Speisesaal
8 Klostergarten
9 Küche
10 Badehaus
11 Latrinen
12 Pilgerherberge
13 Brauerei und Bäckerei für Pilger
14 Badehaus
15 Spital- und Novizenkirche
16 Kreuzgang
17 Spital
18 Novizenschule
19 Ärztehaus und Apotheke
20 Haus für Aderlässe
21 Abtshaus
22 Schulhaus
23 Gästehaus
24 Brauerei und Bäckerei für Gäste
25 Haus für Gefolge der Gäste
26 Friedhof und Obstgarten
27 Gemüsegarten
28 Gärtnerhaus
29 Geflügelhaus
30 Kornscheuer
31 Handwerkerhaus
32 Brauerei und Bäckerei für Mönche
33 Mühle
34 Stampfe
35 Malzdarre
36 Kornhaus und Küferei
37 Ochsen- und Pferdesta
38 Kuhstall
39 Stutenstall
40 Ziegenstall
41 Schweinestall
42 Schafstall
43 Gesindehaus

Ordensleuten begegnet man heutzutage nicht so häufig. Die meisten würde man ohnehin kaum an ihrer Kleidung erkennen, wenn sie nicht wie manche Schwestern in Krankenhäusern eine Ordenstracht tragen. Vor 1000 Jahren und in den Jahrhunderten davor und danach war das anders, Ordensleute, Mönche und Nonnen sah man auf Schritt und Tritt. Sie fielen nicht nur durch ihre Kleidung auf. Sie bildeten eine Elite, eine geistige und religiöse Führungsschicht.

- Der Klosterplan verrät, auf welchen Gebieten Mönche tätig waren. Welche sind zu erkennen?
- Was wurde in den Männer- und Frauenklöstern des Mittelalters geleistet, und was gehörte den Klöstern?
- Wie hat sich das Mönchtum entwickelt?

Das Mönchtum breitet sich aus. Im Karolingerreich waren alle Germanenstämme christlich geworden, und zur Zeit Ottos I. und seiner Nachfolger haben auch die meisten Slawenstämme das Christentum angenommen. Danach wurden auch die nordeuropäischen Länder christianisiert. Das Christentum setzte sich in ganz Europa durch. Die Geistlichen erhielten einen führenden Platz in der Gesellschaft; dafür mußten sie auch politische Aufgaben übernehmen (vgl. S. 156f.). Neue Bistümer und zahlreiche *Klöster** entstanden, auch Klöster für Frauen (Nonnen). Im Frankenreich gab es z. Zt. Karls des Großen bereits über 1000 Klöster. Sie erhielten vom König, von Adligen, aber auch von Bauern immer mehr Grundbesitz geschenkt. Oft besaßen sie nicht nur das Land im Umkreis des Klosters, sondern auch Höfe, Mühlen und Sägen, ja ganze Dörfer, die manchmal weit entfernt lagen. → (1) (3)
Viele Menschen gingen ins Kloster, um Gott ganz persönlich zu dienen. Da Mönche und Nonnen angesehen waren, betrachteten es viele als Ehre, zu einem Kloster zu gehören. Darum traten auch adlige Söhne und Töchter gern ins Kloster ein. Äbte oder Äbtissinnen stammten in der Regel aus einer Adelsfamilie. Manche Klöster nahmen nur Adlige auf.

Leben und Arbeit im Kloster. Benedikt von Nursia hatte um 530 n. Chr. eine strenge Ordensregel für das Leben im Kloster verfaßt (vgl. S. 104). Zur Zeit Karls des Großen befolgten die meisten Klostergemeinschaften diese Regel, d. h. sie waren Benediktiner. Die Mönche und Nonnen mußten sich zu persönlicher Armut, Gehorsam und Ehelosigkeit bekennen. Sie lebten nach dem Grundsatz: Bete und arbeite!
Der Klosterplan von Sankt Gallen erzählt von den vielfältigen Aufgaben, die den Benediktinermönchen aufgegeben waren. Sie lebten hier wie in einer kleinen Stadt für sich: Um den Mittelpunkt von Kirche und Kreuzgang liegen Speisesaal und Schlafsaal für die Mönche, Vorratsräume für Lebensmittel, Wein und Bier, die Küche und die Badestuben. Auch an die Gärtner, Schaf-, Schweine-, Gänse-, Ziegen- und Kuhhirten sowie die Knechte für Pferdestall und Feldarbeit ist gedacht.
Handwerk und Landwirtschaft überließen die Mönche nicht ihrem Gesinde; sie packten selbst zu. In ihren Obstgärten sah man die schönsten Obstsorten und in den Ställen gesundes Vieh; sie bauten den besten Wein an. So mancher Bauer schickte seine Söhne ins Kloster, damit sie bei den Mönchen die Pflege des Viehs oder den günstigsten Wechsel von Aussaat und Brache erlernten.
Andererseits waren die Äbte als geistliche Grundherren selbst an tüchtigen Bauern interessiert. Wie anders hätte z. B. die Abtei Saint Germain des Près (bei Paris) ihre Hofgüter mit 1167 ha (davon 650 ha Ackerland) bewirtschaften sollen? Da es damals noch keine Maschinen gab, hat man den zur Bewirtschaftung notwendigen Aufwand so berechnet: 250 ha Ackerland erfordern rd. 30 Pferde oder 45 Ochsen, 120 Stück Großvieh, 50 Dienstboten und Feldarbeiter. → (2)

Bibliotheken und Schulen. Häufig waren die besten Handwerker unter den Mönchen gleichzeitig Künstler ihres Faches: Bildhauer, Goldschmiede, Seidenweber, Teppichwirker, Emailbrenner und vor allem Buchmaler. Schon damals waren die Bibliotheken von Klöstern und Bischofskirchen berühmt wegen ihrer Schönheit und ihres Reichtums. Die hier aufgestellten dicken Folianten konnte man nicht kaufen; die benachbarten Klöster tauschten sie untereinander aus. Mönche schrieben sie ab und malten sie in den leuchtendsten Farben kunstvoll aus.
Die Bücher in den Klosterbibliotheken enthielten nicht nur Texte der Bibel, Predigten der Kirchenväter oder die beim täglichen Gottesdienst gesprochenen und gesungenen Gebete, sondern auch die Literatur des Altertums. Hätten die Mönche nicht so emsig geschrieben, besäßen wir viele Texte überhaupt nicht mehr. → (5)
Schon Karl der Große hatte befohlen, daß in jeder Bischofsstadt und in jedem Kloster eine Schule errichtet werden solle. Sie war Grundschule, Gymnasium und Universität in einem. Neben Lesen, Schreiben und Singen wurden die „Sieben freien Künste" gelehrt: Grammatik, Rhetorik (Redekunst), Dialektik (Kunst der wissenschaftlichen Gesprächsführung), Arithmetik, Geometrie, Mathematik, Astronomie. Die lateinische Sprache lernte man perfekt in Wort und Schrift. In Latein waren die Bücher geschrieben, die Gesetze und Urkunden abgefaßt. Römische Schriftsteller wurden gründlich studiert. Die Erziehung im Kloster war streng. Wer gegen die Schulordnung verstieß, wurde mit Rute und Arrest bestraft.
Ähnlich wie in Mönchsklöstern verlief das schulische Leben in den Nonnenklöstern. Grundlage des Schulunterrichts waren auch hier die lateinische Sprache und die sieben freien Künste. Roswitha, eine Nonne aus dem Kloster Gandersheim am Nordwestharz, schrieb sogar Theaterstücke in lateinischer Sprache, die sie von ihren Schülerinnen aufführen ließ.

Neue Orden. Im 12. Jh. entstanden zwei neue *Orden**: der Zisterzienserorden (sein bedeutendster Abt war Bernhard von Clairvaux) und der Prämonstratenserorden, der sich nicht an Mönche wandte, sondern an die Weltpriester der größeren Kirchen. Sie sollten ihren eigenen Hausstand aufgeben und auf Eigentum verzichten. Als deutsche Siedler nach Polen, Böhmen und Ungarn kamen, um Wälder zu roden und Land urbar zu machen (vgl. S. 224ff.), verlegten beide Orden ihre Schwerpunkte aus dem Westen nach Osten, wo sie am Aufbau des Landes mitwirkten.

Die seit dem 13. Jh. wachsenden Städte erforderten eine bessere Seelsorge. Die Weltgeistlichen an den zahlreichen Pfarr- und Stiftskirchen waren häufig der Aufgabe nicht gewachsen, und die Klöster auf dem Lande konnten ihnen nicht helfen. So entstanden zwei weitere Orden, die nun ihre Klöster in den Städten errichteten: Der Franziskanerorden, gegründet von Franz von Assisi († 1226), und der Dominikanerorden, von Dominikus († 1221) gegründet. Beide Orden widmeten sich der Seelsorge, der Predigt und der Ausbildung der Jugend an Schulen und Universitäten. Die Franziskaner und Dominikaner verzichteten auf persönlichen und gemeinsamen Besitz, verpflichteten sich zu eigener Arbeit und, wenn dies nicht zum Lebensunterhalt ausreichte, zum Betteln. Die *Bettelorden** übten eine starke Anziehungskraft auf junge Menschen in ganz Europa aus. Zentral von einem „Generalminister" regiert, konnten die Ordensbrüder stets da eingesetzt werden, wo sie am dringendsten gebraucht wurden. So war es kein Wunder, daß sich ihre Kirchen füllten, während gleichzeitig die Stadtpfarreien sich leerten. Durch ihr tätiges Vorbild haben die Bettelmönche dazu beigetragen, die Spannungen zwischen Armen und Reichen in den Städten zu mildern. Neben den Männerklöstern entstanden auch zahlreiche Klöster für Frauen, die den Idealen des Franziskus und Dominikus folgten. → (4)

Wie fromm waren die Menschen im Mittelalter? Viele Beispiele zeigen so wie die Bettelmönche, daß die Menschen damals ihren Glauben ernst nahmen. Sie hielten die Bibel im wörtlichen Sinn für wahr und glaubten, der Teufel und die Heiligen könnten leibhaftig in ihrem Leben erscheinen. Wer der Kirche (z. B. einem Kloster) sein Eigentum schenkte, gab es dem jeweiligen Schutzpatron, damit dieser Heilige sein Leben beschütze und ihm einen Platz im Jenseits verschaffe. Im irdischen Dasein sahen die meisten Menschen eine Pilgerfahrt mit dem Ziel, im Jenseits ein glückseliges Leben zu erlangen. Dieses glaubte man sich durch gute Werke erkaufen zu können. So hatte die Frömmigkeit vieler Menschen etwas Geschäftsmäßiges. Man kaufte z. B. *Reliquien**, um sich dadurch den Schutz eines Heiligen zu erwerben; oft wurden solche Reliquien auch gefälscht. Manch ein Geistlicher erfand ein Wunder, um damit die Wallfahrer und deren Opferspenden in seine Kirche zu locken. Ein italienischer Kaufmann eröffnete sogar auf der Bank ein Konto für den lieben Gott, wobei er versprach, von jedem Gewinn im Geschäft etwas auf dieses Konto abzuzweigen.

Reiche oder arme Kirche? Hoch angesehen waren im Mittelalter die hohen Geistlichen: die Bischöfe, Äbte, Prälaten, die Kardinäle und die Päpste. Sie repräsentierten die Kirche. Adel und Könige, aber auch einfache Leute schenkten ihnen im Laufe der Jahrhunderte zahlreiche Ländereien. So wurde die Kirche in den meisten Gebieten zum reichsten Grundbesitzer; sie übertraf sogar die weltlichen Herren. Dazu konnte die Kirche sich auf den Schutz des Staates verlassen, das Christentum war ja Staatsreligion, kein anderer Glaube war erlaubt (vgl. S. 103). Der Papst schrieb 1215 für alle Länder der Christenheit vor, daß jeder erwachsene Christ mindestens einmal im Jahr zur Beichte und zur Kommunion (d. h. zum Abendmahl) gehen müsse.

Gegen die Macht und den Reichtum der Kirche erhoben sich immer wieder gläubige Christen, die auch Anhänger fanden, so z. B. um 1200, wo zwei Bewegungen die Kirche beinahe zu spalten drohten. Die einen nannten sich die „Reinen", „Katharer" (daher der Begriff „Ketzer") oder auch Albigenser (nach der französischen Stadt Albi). Sie erklärten, die Welt sei böse, vom Teufel geschaffen und gelenkt. Sie verurteilten den Reichtum der Kirche, sahen im Priestertum eine Quelle des Machtstrebens inner- und außerhalb der Kirche, lehnten die Sakramente ab, waren gegen Ehe und Familie und verweigerten den Genuß von Fleisch.

Anders die Waldenser, nach dem Kaufmann Waldes von Lyon benannt. Auch sie predigten gegen den Reichtum der Kirche; aber nicht weil die Welt böse sei, sondern weil Reichtum den Weg zu Gott versperre. Wie Waldes seinen großen Besitz an die Armen verschenkte, so sollte es auch die Kirche tun. Seine Anhänger zogen als die „Vollkommenen" ohne Beruf und Arbeit predigend durchs Land, in der Hand die Bibel, die sie in die Landessprache übersetzten.

Der Papst und die Bischöfe waren zwar bereit, die Gedanken dieser Prediger teilweise zu dulden, selbst wenn sich die Anklage des Reichtums gegen sie richtete. Aber sie wollten nicht zulassen, daß die Kirche sich völlig veränderte. Man schritt gegen die Ketzer ein, zunächst durch Ermahnung, dann mit Gewalt. Es kam zu Ketzerverfolgungen, die *Inquisition** entstand: Man folterte Menschen, um Geständnisse zu erzwingen. Wer als Ketzer angeklagt war und sich nicht zur katholischen Lehre bekannte, endete auf dem Scheiterhaufen.

Besitz des Klosters Reichenau im 10. Jh. Das Kloster besaß an den auf der Karte angegebenen Orten teils einzelne Höfe, teils gehörte ihm der ganze Ort, gegebenenfalls mit der Kirche und dem Fronhof (d.h. einem vom Kloster selbst bewirtschafteten Gutshof). Weiteren Besitz hatte das Kloster bei Chur, am Comer See und bei Pforzheim.

(1) Klostergründung: Zum Beispiel Fulda

Aus einem Brief des Missionserzbischofs Bonifatius an Papst Zacharias (Sommer 751) über die Gründung des Klosters Fulda:

„Inmitten der Völker meines Missionsgebietes liegt ein dichter Wald, der völlig abgelegen und einsam ist. Dort haben wir ein Kloster erbaut und Mönche angesiedelt. Es sind Männer, die nach der Regel des heiligen Vaters Benedikt leben, Männer von strenger Enthaltsamkeit. Sie essen kein Fleisch und trinken keinen Wein und kein Bier. Sie halten keine Knechte und sind zufrieden mit dem, was sie mit eigener Hand erarbeiten.
Dieses Gebiet habe ich von frommen und gottesfürchtigen Männern, vor allem von dem ehemaligen Frankenfürsten Karlmann, durch redliche Bemühung erworben und zu Ehren des heiligen Erlösers geweiht ..." (1) Q

(a) Was sagt dieser Brief über die Lage des Klosters und über seine Bewohner?

(b) Informiert euch über Benedikt, über Bonifatius und das Kloster Fulda (S. 104 und 118).

(c) Warum versammeln sich die katholischen Bischöfe Deutschlands bis heute regelmäßig in Fulda?

(2) Wie groß war der Klosterbesitz?

(a) Beschreibt die Lage des Klosterbesitzes S. 190.

(b) Der Besitz wurde von Bauern bearbeitet, die Teile des Ertrags an die Verwaltungshöfe des Klosters abführten. Welche Schwierigkeiten ergaben sich bei weiter Entfernung zum Kloster?

(3) Warum so viele Schenkungen an Klöster?

„Ich Ramuolf habe von Krankheit befallen die Hoffnung auf ein ferneres Leben aufgegeben. Für die Sünden, die ich auf Einflüsterung des Teufels in gesunden Tagen begangen habe, habe ich meinen freieigenen Besitz, den mir mein Vater Heripald als Erbe hinterlassen hat und den ich als meinen Anteil gegen meinen Bruder erlöst habe, den Stätten der Heiligen geschenkt, um dafür entsprechend beim gnädigen Gott Vergebung der Sünden zu erlangen. Ich habe zunächst an die bischöfliche Kurie ... in der Burg Freising ... geschenkt den Ort Viecht mit Knechten und Leibeigenen, mit Hörigen und Grundstücken, mit Wiesen und Weiden, mit Wäldern und waldigen Triften und die obere Mühle in Moosmühle ... sowie den Weinberg in Abensberg." (2) Q

„Wir, Berwein und meine Frau Williswind, schenken dem Kloster Lorsch, in dem der Leib des heiligen Nazarius begraben liegt, zum Heile unserer Seelen 15 Tagewerk Ackerland in Mannheim und eine Wiese mit einem Ertrag von vier Fuhren Heu." (3) Q

„Allen Getreuen sei bekannt, daß ich ... auf meinem Eigengut namens Sinsheim, das mir meine Eltern erbrechtlich hinterlassen haben und das im Elzgau in der Grafschaft des Grafen Bruno liegt, ein Kloster erbaut habe. Und zwar tat ich es für mein Seelenheil, das meiner Eltern und aller Verwandten ... Ich habe dieses Kloster mit der Zustimmung meiner Erbin Adelheid, der Tochter meines Bruders Graf Zeisolf, der dort begraben ist, ... mit verschiedenen Landgütern ausgestattet ... Alle diese Höfe haben wir mit allem, was zu ihnen gehört, bebautem und unbebautem Land, Wäldern, Wiesen, Mühlen, Wassern und Wasserläufen, Jagd- und Fischrechten, Nutzungsrechten und Einkünften sowie allen Rechten, die uns zustanden, mit allen Unfreien dem Kloster Sinsheim und den Brüdern, die dort Gott dienen, zu Eigentum geschenkt ..." (4) Q

(a) Was bekamen die Klöster geschenkt? Von wem?

(b) Erklärt, aus welchen Gründen die Schenkungen erfolgten.

(c) Von wem stammen die Urkunden?

(4) Franziskus, der Freund der Armen und der Tiere

„Den Vater der Armen, den selbst armen Franziskus, der sich allen Dürftigen gleichstellte, drückte es, jemanden zu sehen, der noch ärmer war, nicht aus eitler Ruhmsucht, sondern allein aus Mitleid. Obschon er mit einer Kutte bekleidet war, die alt und rauh genug war, wünschte er doch oft, dieselbe mit einem Armen zu teilen. Doch damit dieser allerreichste der Armen in seiner großen Barmherzigkeit jedem Notleidenden helfen konnte, erbat er bei besonders großer Kälte von den Reichen dieser Welt einen Mantel oder Pelz für sich. Wenn nun jene ehrerbietig und gern taten, was der allerseligste Mann von ihnen verlangte, pflegte er ihnen zu sagen: ‚Ich möchte dies in dem Sinne von euch erhalten, daß ihr es nicht wiederhaben wollt.' Wer nun von den Armen ihm zuerst begegnete, den kleidete er triumphierend und fröhlich mit dem erhaltenen Kleidungsstück ...
Sein überfließender Liebesgeist, seine Gefühle der Barmherzigkeit richteten sich nicht nur auf die Menschen, die Not litten, sondern sogar auf die stummen und unvernünftigen Tiere, auf alles, was da kreucht und fleucht, und die übrige fühlende und fühllose Kreatur. Bis zu den Würmlein erstreckte sich seine Liebe, weil er vom Erlöser den Ausspruch gelesen hatte: ‚Ich bin ein Wurm, nicht ein Mensch.' Deshalb pflegte er sie vom Wege zu lesen und an einem sicheren Ort zu verbergen, damit sie nicht von den Füßen der Vorübergehenden zertreten würden. Was soll ich noch von den anderen, niedrigeren Tieren sagen, wenn er sogar den Bienen im Winter, damit sie nicht so sehr unter der Kälte zu leiden hätten, Honig oder vom besten Wein hinstellen ließ? Ihren erfolgreichen Fleiß und ihre auffallende Klugheit pries er einst zur Ehre des Herrn in solcher Lobeserhebung, daß er einen ganzen Tag lang fast nichts anderes redete als von ihrem und der anderen Geschöpfe Lob ..." (5) Q

(a) Welche Eigenschaften des heiligen Franziskus werden in diesem Bericht geschildert, den einer seiner Mitarbeiter verfaßt hat?

(b) Besorgt den „Sonnengesang“ von Franziskus und vergleicht ihn mit diesem Bericht.

(c) Stellt fest, ob es noch heute Franziskaner, vielleicht an eurem Schulort oder in der Umgebung, gibt und was sie arbeiten, wie sie sich kleiden und wo sie wohnen.

(5) Was haben Mönche und Nonnen gearbeitet?

(a) Welche Tätigkeiten der Mönche sind in den Bildern dargestellt?

(b) Wem nützte die Tätigkeit der Mönche und Nonnen?

Ein Hauptwerk der romanischen Baukunst ist der 1029 von Konrad II. begonnene und von Heinrich III. (vgl. S. 195) vollendete Kaiserdom in Speyer. Wie diese beiden Kaiser wurden auch Heinrich IV. und Heinrich V. hier beigesetzt.

(6) Der romanische Baustil

Im Mittelalter wurden Kunstwerke lange Zeit fast ausschließlich für die Kirche gemacht. Auch die ersten Gebäude, die man im Karolingerreich mit Steinen baute, waren Kirchen. Nach römischen Vorbildern entstand im 10. Jh. ein Baustil, den man später als „romanisch“ bezeichnete. Er ist zu erkennen am dicken Mauerwerk, an Pfeilern und Rundbogen und an der flachen Decke des Kirchenraums, in späterer Zeit abgelöst von Tonnen- und Kreuzgratgewölbe. Der Grundriß bildet die Form eines Kreuzes. Kaiser, Bischöfe und Äbte waren die wichtigsten Bauherrn. Im romanischen Stil wurden z. B. die Dome von Konstanz, Speyer, Worms und Mainz, die Abteikirche Maria Laach, mehrere großartige Kirchen in Köln und die Michaeliskirche in Hildesheim errichtet.

(a) Zeigt an der Abbildung im Text genannte Bestandteile der romanischen Kirche.

(b) Was hat Menschen veranlaßt und befähigt, solche Dome zu bauen?

(c) Erklärt die Bezeichnung „Kaiserdom“.

1. Berichte anhand des Klosterplanes von St. Gallen über verschiedene Tätigkeiten der Mönche.

2. Stelle fest, welche Klöster es in der Stadt oder in dem Landkreis, in dem du wohnst, im Mittelalter gegeben hat.

3. Schulbesuch war im Mittelalter nur für einen kleinen Teil der Kinder und Jugendlichen möglich. Erkläre, warum das so war und warum es heute anders ist.

4. Die folgende Übersicht führt die wichtigsten Orden auf, die es heute gibt. Welche kennst du bereits? Welche gibt es in deinem Heimatort oder in seiner Umgebung?

Benediktiner, Zisterzienser, Augustiner-Chorherren, Prämonstratenser, Johanniter (Malteser), Kreuzherren, Franziskaner, Dominikaner, Augustiner-Eremiten, Kartäuser, Kamaldulenser, Trappisten, Serviten, Mercedarier, Theatiner, Jesuiten, Kapuziner, Karmeliten, Vincentinerinnen, Salesianerinnen, Ursulinen.

5. Nenne das nächstliegende romanische Bauwerk in deinem Wohnort oder in seiner Umgebung; informiere dich, wie es aussieht. Bedeutende Zeugnisse der romanischen Baukunst stehen z.B. in Aachen, Augsburg, Bonn, Essen, Fulda, Goslar, Hildesheim, Hirsau, Köln, Konstanz, Limburg, Lübeck, Magdeburg, Mainz, Merseburg, Münster, Naumburg, Osnabrück, Paderborn, Reichenau, Speyer, Worms, Würzburg.

Bettelorden: Im Unterschied zu den Benediktinern verzichten die Franziskaner und Dominikaner nicht nur auf persönliches Eigentum, sondern auch auf gemeinsamen Besitz des Klosters. Den Lebensunterhalt bestreiten sie aus Almosen. Als äußeres Zeichen der Armut gehen die Franziskaner barfuß und heißen daher auch „Barfüßer“. Beide Bettelorden, besonders aber die Dominikaner, sehen ihre Hauptaufgabe in der Predigt; man nennt die Dominikaner daher auch „Prediger“.

Inquisition: Wörtlich „Untersuchung“. Sie wurde von kirchlichen Behörden (meist von Dominikanern) zur Reinerhaltung des Glaubens gegen „Ketzer“ durchgeführt, wobei seit 1352 die Anwendung der Folter erlaubt war. Weltliche Stellen übernahmen die Vollstreckung der Inquisitionsurteile.

Kloster: Wörtlich: abgeschlossener Bereich (lateinisch: „claustrum“) für eine Mönchsgemeinschaft. Im weiteren Sinn bezeichnet man die Gesamtheit der Gebäude, in denen Mönche oder Nonnen in einer Gemeinschaft leben, als Kloster.

Orden: Gemeinschaft von Menschen, die sich verpflichten, nach einer bestimmten Regel (lateinisch: „ordo“) zu leben, einen gemeinsamen Vorsteher anzuerkennen und ihr Leben vor allem religiösen Aufgaben zu widmen.

Reliquien: Überreste, insbesondere Knochen von Heiligen, oder Gegenstände, die zu Christus oder den Heiligen in Beziehung standen. Sie wurden oft in kostbaren Gefäßen oder Schreinen (Reliquiaren) aufbewahrt.

Um 550	Benedikt von Nursia gestorben
1153	Bernhard von Clairvaux gestorben
um 1200	Katharer und Waldenser
1221	Dominikus gestorben
1226	Franziskus von Assisi gestorben
seit 13. Jh.	Inquisition mit Folter

Quellennachweis

(1) Deutsche Übersetzung in: Curriculum Geschichte, Band II.1, Diesterweg 7955, S. 72.

(2) Aus dem Schenkungsbuch von Freising zum Jahr 772. Deutsche Übersetzung in: G. Franz: Quellen zur Geschichte des deutschen Bauernstandes, a.a.O., Nr. 19.

(3) Aus dem Schenkungsbuch des Klosters Lorsch bei Worms.

(4) Württembergisches Urkundenbuch 1, Nr. 255, S. 318 ff., gekürzt.

(5) Thomas von Celano, ein Vertrauter und Begleiter des Franziskus, in seinem Lebensbericht über den Heiligen. Deutsche Übersetzung in: Geschichtliche Weltkunde, Quellenlesebuch, a.a.O., S. 195 f.

Lesetip

M. Bolliger: Euer Bruder Franz. Huber, Frauenfeld/Stuttgart 1982 (SB)

M. Lambert: Ketzerei im Mittelalter. Callwey Verlag, München 1981 (WD)

G. und Th. Sartory: Benedikt von Nursia. Herder-Bücherei Bd. 884. (SB)

L. Ugolini: Il Poverello. Styria, Graz 1973 (JB)

9.2. Der Papst im Konflikt mit dem Kaiser

Papst Gregor VII. im Februar 1076:

„Heiliger Petrus, Fürst der Apostel, neige zu mir gnädig Dein Ohr und höre mich, Deinen Knecht ...
An Deiner Statt und durch Deine Gnade ist mir von Gott die Gewalt, zu binden und zu lösen im Himmel und auf Erden, anvertraut und verliehen worden. Auf diese Zuversicht also bauend, zur Ehre und zum Schutze Deiner Kirche, *widersage ich im Namen des allmächtigen Gottes* kraft Deiner Macht und Gewalt, *dem König Heinrich,* Kaiser Heinrichs Sohn, der gegen Deine Kirche mit unerhörtem Hochmut sich erhoben hat, *die Herrschaft über das gesamte Reich* der Deutschen und Italiens *und löse alle Christen von dem Band des Eides,* welches sie ihm geleistet haben oder noch leisten werden, und *ich untersage jedem, ihm künftig als einem König zu dienen.*“ (1)
Q

König Heinrich IV. am 27. März 1076:

„Wir Heinrich, nicht durch eigene Anmaßung, sondern durch Gottes gerechte Anordnung König, an Hildebrand, nicht mehr den Papst, sondern den falschen Mönch. Solche Anrede wie diese hast Du für Deine Schande verdient, der Du aber auch keinen Stand in der Kirche verschont, sondern alle der Schmach, nicht der Ehre – des Fluches, nicht des Segens teilhaftig gemacht hast ... *So steige Du denn, durch diesen Fluch und das Urteil aller unserer Bischöfe und unser eigenes verdammt, herab* und *verlasse den päpstlichen Stuhl,* den Du Dir angemaßt hast! Ein anderer soll auf den Thron des heiligen Petrus steigen, der die Gewalttätigkeit nicht mit heiligen Gedanken überdecken, sondern die reine Lehre des heiligen Petrus lehren soll. Ich, Heinrich, von Gottes Gnaden König, mit allen unseren Bischöfen, wir sagen Dir: steige herab, steige herab.“ (2) Q

Links: Heinrich IV. bittet die Markgräfin Mathilde von Tuszien und den Abt Hugo von Cluny um Fürsprache bei Papst Gregor VII. Die Burg Canossa, auf der sich der Papst aufhielt, gehörte zum Besitz der Markgräfin. Buchmalerei aus dem „Leben der Mathilde“, um 1114.

Soll sich die Kirche in die Politik einmischen? Soll der Staat über die Kirche, die Kirche über dem Staat stehen? Wie sich der Streit um diese Frage zugespitzt hat, bezeugen die beiden Texte.

- Wie kam es dazu, daß der Papst den deutschen König und der deutsche König den Papst für abgesetzt erklärte?
- Welche Ziele verfolgte das Papsttum, und was wollte der König erreichen?
- Wie verlief und wie endete der Konflikt?

Verweltlichung der Kirche. Weltgeistliche und Mönche hielten vielerorts der Versuchung des Reichtums nicht stand. Sie vernachlässigten ihre Aufgaben als Seelsorger oder als Mönche, verwalteten die ausgedehnten Besitzungen und empfanden Gottesdienst, Chorgebet oder Predigt als Last. ,,Ein Bistum oder eine Abtei zu haben, wäre eine schöne Sache, wenn man nur nicht die Messe lesen müßte", klagte ein Erzbischof von Reims. Die niederen Geistlichen, die Pfarrer und die Leutpriester (Seelsorger) in den Dörfern, waren arm; viele waren verheiratet und kümmerten sich mehr um Frau und Kinder, um Vieh, Felder und Bauernhof als um Predigt und Sakramentenspendung. → (1)

In den kirchlichen Rechtsbüchern stand zwar, daß Bischöfe von Geistlichen zu wählen und vom gläubigen Volk zu bestätigen sind, doch in Wirklichkeit bestimmten der König oder die Großen im Lande, wer Bischof und wer Abt wurde. Manche Anwärter auf Abteien und Bischofsthrone scheuten sich nicht, Geld für das erstrebte Amt zu zahlen. ,,Simonie" hieß das Geschäft (nach Simon dem Magier, der von Petrus die Gabe, Wunder zu wirken, mit Geld erkaufen wollte). In Frankreich wurden im 10. Jahrhundert viele Bistümer als Familienbesitz von Generation zu Generation vererbt. Es war auch nicht ungewöhnlich, daß in hohen geistlichen Ämtern statt Priestern adlige Herren saßen. Denn wichtiger als geistliche Tugend galt die Fähigkeit, Herrschaft auszuüben, die kirchlichen Besitzungen zu verwalten und ausgerüstete, wehrfähige Männer für den Kriegsdienst bereitzustellen.

Auch das Papsttum war betroffen. Papst und Gegenpapst legten das Leben der Kirche fast lahm. Wäre der deutsche Kaiser Heinrich III. (1039–1056) nicht eingeschritten, wer weiß, wie lange dies noch gedauert hätte. Der Kaiser leitete Kirchenversammlungen, schritt gegen Mißstände öffentlich ein und ließ auf der Synode von Sutri 1046 drei Päpste absetzen, die gleichzeitig die Führung der Kirche für sich beanspruchten.

Die Reformbewegung. Die Autorität Heinrichs III. war so groß, daß er mehrere Male hintereinander beim Tode des Papstes ohne Widerspruch dessen Nachfolger vorschlagen konnte. Es waren Deutsche, darunter die Bischöfe von Bamberg und Eichstätt. Aber nicht allein deshalb schlug er sie vor, sondern weil sie von Reformgedanken erfüllt waren, die vom französischen Kloster Cluny aus viele Klöster erfaßt hatten.

Die Reformer wollten, daß die benediktinische Ordensregel eingehalten wurde, vor allem wollten sie die klare Trennung zwischen Kloster und ,,Welt". Sie setzten die freie Wahl der Äbte gegen Adel und Bischöfe durch, die bis dahin starken Einfluß ausgeübt hatten. Sie forderten ,,Freiheit der Kirche" und verhinderten, daß sogar weltliche Herren zu Äbten gewählt wurden. Die weiteste Verbreitung fanden die Reformen von Cluny in Frankreich (mit Ausstrahlungen nach England), in Spanien, Italien und Deutschland. In weniger als 200 Jahren entstand ein Klosterverband von nahezu 1000 Abteien.

Die deutschen Päpste brachten die Reformen nach Rom. Mönche und Weltgeistliche sollten wieder ein strengeres Leben führen, der Handel mit kirchlichen Ämtern sollte unterbleiben. Die Reformer verstanden die Kirche als eine Gemeinschaft, in der es nach Gottes Willen den Stand der Geistlichen und den der Laien gab, wobei dem geistlichen Stand die Führung zukam. Deshalb sollten Laien weder ein kirchliches Amt besetzen, noch an der Besetzung mitwirken.

Die Reformer durften folgerichtig auch vor dem Kaiser nicht zurückschrecken, auch wenn er Schutzherr der Kirche war. Sie erreichten nach dem Tode Heinrichs III., daß der Papst ohne Einmischung des Kaisers frei zu wählen war, und zwar durch *Kardinäle** (Papstwahldekret von 1059). Als Kardinäle galten die Bischöfe der sieben um Rom liegenden Bistümer, außerdem die Pfarrer und Diakone der stadtrömischen Hauptkirchen. Das Papstwahldekret erwähnte eine Mitwirkung des römischen Adels überhaupt nicht mehr. Auch der Kaiser behielt nur das Recht, den Papst nachträglich anzuerkennen. Von der engen Verbindung zwischen Papsttum und Kaisertum war kaum etwas übrig geblieben. → (2)

Der Streit um die Investitur. Ein Mönch aus Cluny bestieg 1073 den päpstlichen Thron; er nannte sich Gregor VII. (1073–1085). Er hatte zuvor als Leiter (Archidiakon) der römischen *Kurie** (päpstlicher Hof) die Politik der Päpste maßgeblich beeinflußt. In seinem Programm, das er zu Beginn seines Pontifikates (Regierungszeit des Papstes) aufstellte, richtete er sich gegen alle, die den päpstlichen Führungsanspruch in Frage stellten und Macht und Freiheit der Kirche bedrohten. Er wandte sich dabei vor allem gegen den Kaiser, mit dem es zum Konflikt kommen mußte. Dieser Konflikt, *Investiturstreit** genannt, erschütterte ein halbes Jahrhundert die Christenheit.

In Deutschland war nach dem frühen Tod Heinrichs III. dessen unmündiger Sohn als Heinrich IV. (1056–1106) zum König gekrönt worden. Einige Fürsten hatten, bevor er 15jährig die Regierung übernahm, Teile des königlichen Besitzes an sich gerissen. So mußte der junge König zunächst um die Rückgewinnung seines väterlichen Erbes kämpfen.

Auch der Kirche gegenüber wollte Heinrich IV. seine Rechte wahren: Er besetzte freie Bistümer und

Abteien mit Männern seines Vertrauens; er bekleidete sie mit Ring und Stab, den Zeichen ihrer Würde. Ein Verzicht auf das Recht der Investitur hätte weitreichende Folgen für den deutschen König gehabt; denn seit Otto dem Großen waren Bischöfe und Äbte die zuverlässigsten Gefolgsleute. Aber Gregor VII. duldete die Investitur durch den König nicht. Er belegte die eingesetzten Kirchenfürsten mit dem *Kirchenbann**, d.h. sie wurden aus der Kirche ausgeschlossen. Dem König selbst drohte er den Bann an. Der Kampf zwischen Heinrich IV. und dem Papst begann. → (3)

Der König berief eine Reichsversammlung nach Worms (1076). Neben weltlichen Herren erschienen zwei Erzbischöfe und 24 Bischöfe. Man beschuldigte den Papst schwerer sittlicher Vergehen und verfügte seine Absetzung. Als Gregor VII. das hörte, bannte er den König, was seiner Absetzung gleichkam. Die meisten Fürsten nutzten jetzt den Bannspruch aus, um die eigene Macht zu stärken, und wählten Rudolf von Rheinfelden zum Gegenkönig. Er sollte endgültig König werden, falls Heinrich sich nicht binnen Jahresfrist vom Banne löste. Den Papst luden die Fürsten nach Deutschland ein, damit er zwischen ihnen und dem gebannten Heinrich als Richter entscheide.

Der Gang nach Canossa. Der König war nicht stark genug, er mußte nachgeben. Er wollte seine Gegner, Papst und Fürsten, auseinanderbringen und ging Gregor VII. entgegen, der sich unterwegs nach Deutschland befand. Im Winter überschritt Heinrich mit seiner Gemahlin und seinem zweijährigen Sohn den Mont Cenis, da alle deutschen Alpenpässe von seinen Gegnern gesperrt waren. Der Papst zog sich, königliche Truppen fürchtend, in die Burg Canossa zurück. Aber Heinrich kam ohne Soldaten (1077). In demütiger Haltung wartete Heinrich drei Tage lang in einem Büßerhemd vor der Burg im Schnee, bis der Papst ihn vom Bannfluch befreite.

In einer mittelalterlichen Lebensbeschreibung Heinrichs IV. lesen wir: „Durch diese Haltung erreichte er zweierlei: Er erhielt nämlich die Lösung vom Bann und verhinderte durch sein Dazwischentreten die für ihn bedenkliche Aussprache des Papstes mit seinen Gegnern."

Die deutschen Fürsten hielten an Rudolf von Rheinfelden als Gegenkönig fest, so daß Heinrich jetzt zum Kampf rüstete. Als Rudolf die rechte Hand verlor, mit der er früher dem König Treue geschworen hatte, sahen die Zeitgenossen ein Gottesurteil wirken, und der König gewann viele Anhänger. Er behielt sie auch, als Gregor VII. im gleichen Jahr den Bann erneuerte. Die Waffe des päpstlichen Bannspruches war stumpf geworden.

Jetzt zog Heinrich IV. mit Truppen nach Italien, und der Papst floh zu den Normannen (vgl. S. 160) nach Salerno, wo er bald starb. „Ich habe die Gerechtigkeit geliebt und das Unrecht gehaßt. Deshalb sterbe ich in der Verbannung", sollen seine letzten Worte gewesen sein. Der Kampf um die Investitur ruhte, er war nicht beendet.

Das Wormser Konkordat. Im Reich standen die meisten Fürsten immer noch gegen den Kaiser, sogar dessen eigener Sohn. Als der Kaiser starb, dauerte es noch lange, bis sich eine kaiserliche und eine päpstliche Kommission nach langwierigen Verhandlungen 1122 in Worms einigten (Wormser *Konkordat**). Der Kaiser konnte Bischöfe und Äbte mit weltlicher Herrschaft belehnen, während der Papst ihnen ihr geistliches Amt übertrug. So behielt der Kaiser in weltlichen Dingen die Oberhoheit über die Bischöfe und Äbte, während sie in allen kirchlichen und religiösen Fragen dem Papst unterstellt waren. Diese Einigung kam zustande, weil man zwischen dem geistlichen und dem weltlichen Amt von Bischöfen und Äbten unterschied. Es war ein Kompromiß, aber beide Parteien empfanden sich als Sieger: Der Kaiser, weil er erreichte, daß in Deutschland zuerst die Belehnung der Bischöfe und Äbte durch ihn erfolgte und er dadurch praktisch seinen Einfluß auf die Kirche erhalten konnte; der Papst, weil er für Italien und Burgund die freie Wahl der Geistlichen durchgesetzt hatte und hier die geistlichen Ämter vergab, bevor die Gewählten vom Kaiser belehnt wurden. → (4)

(1) „Verweltlichung" der Kirche

Aus dem Leben des Bischofs Meinwerk von Paderborn. (Meinwerk war Mitglied der Hofkapelle Ottos III. und Heinrichs II. und 1009 bis 1036 Bischof von Paderborn. Sein Leben beschrieb ein Mönch des Klosters Abdinghof rund 100 Jahre später).

„Mit großem Eifer besichtigte er die bischöflichen Gutshöfe seines Sprengels, setzte alles Schadhafte wieder gut instand und zeigte sich damit im Erhalten ebenso getreu wie im Erwerben [neuer Besitzungen] geschickt. Das alte harte Recht der Hörigen linderte er voll väterlicher Huld durch eine neue Gnade, indem er den Meiern gebot, zur Erntezeit den Hörigen alles Nötige an Speise und Trank zu reichen, was vordem nicht üblich war.

Als der Bischof einmal nach Nieheim kam, fand er den Garten mit Ausnahme eines kleinen Fleckens in der Mitte von Brennesseln, weißem Senf und anderem Unkraut überwuchert. Da ließ er die Frau des Meiers kommen, ihr ihre feinen, hoffärtigen Kleider herunterreißen und sie dann durch den ganzen Garten ziehen, bis das hochgeschossene Unkraut völlig eingeebnet war. Dann tröstete er das tiefbetrübte Weib mit freundlichen Worten und machte sie durch seine gewohnte Freigebigkeit bald wieder fröhlich. Im nächsten Jahre fand der Bischof den ganzen Garten sorgfältig gepflegt und belohnte dafür die Frau mit Dank und reichlichen Geschenken." (3) Q

(a) Beschreibt die Art und Weise, in der dieser Bischof seine weltlichen Aufgaben wahrgenommen hat.

(b) Versucht, diesen Bischof zu charakterisieren.

(2) Die Zwei-Gewaltenlehre

In einem Brief an den oströmischen Kaiser schrieb Papst Gelasius I. im Jahr 494:

„Zwei sind es nämlich, erhabener Kaiser, durch die an oberster Stelle diese Welt regiert wird: die geheiligte Autorität der Bischöfe und die kaiserliche Gewalt ..." Q

In einer mittelalterlichen Rechtssammlung aus dem 13. Jh. werden die beiden Gewalten durch ihre Insignien (Schwert und Krone bzw. Bischofsmütze und Bischofsstab) dargestellt.

(a) Welchen Rang sollen beide Gewalten haben?

(b) Lest nach, wie das Verhältnis zwischen Kaiser und Papst unter Otto d. Gr. und Heinrich III. war und vergleicht mit der Auffassung des Papstes Gelasius.

Kaiser und Papst (aus der Heidelberger Handschrift des Sachsenspiegels, vgl. S. 208).

(c) Besprecht eure Meinungen zum Verhältnis zwischen Staat und Kirche heute.

(3) Was forderten Papst und Kardinäle?

Aus dem Programm Gregors VII.:

2. Der römische Bischof allein darf der allgemeine Bischof genannt werden.
4. Sein Legat (Bevollmächtigter) soll allen Bischöfen auf dem Konzil vorsitzen, auch wenn er geringeren Ranges ist, und er kann über sie das Urteil der Absetzung aussprechen.
5. Der Papst vermag Abwesende abzusetzen.
8. Er allein darf sich der kaiserlichen Insignien bedienen.
9. Des Papstes Füße allein haben alle Fürsten zu küssen.
12. Ihm ist es erlaubt, Kaiser abzusetzen.
19. Er selbst darf von niemandem gerichtet werden.
21. Alle wichtigeren Angelegenheiten einer jeden Kirche sollen dem Apostolischen Stuhl übertragen werden.
22. Die römische Kirche hat sich nie geirrt und wird nach dem Zeugnis der Schrift nie in Irrtum verfallen.
25. Der Papst vermag ohne Mitwirkung einer Synode Bischöfe abzusetzen und Gebannte wieder in die Gemeinschaft der Kirche aufzunehmen.
27. Er vermag Untertanen von ihrer Treueverpflichtung gegen Ungerechte zu entbinden. (4) Q

(a) Stellt die Punkte zusammen, die sich auf Reformen in der Kirche bezogen, die sich gegen den Kaiser richteten.

(b) Stellt anhand der folgenden Quellen fest, wie der Papst und seine Anhänger das Programm verwirklichen wollten.

Bericht über die Synode in Rom unter dem Vorsitz von Papst Gregor VII., 28. 2. 1075:

„Der Papst ... verbot dem König öffentlich, irgendwelche Bischofsämter zu vergeben. Der Papst verbannte alle aus der Kirche, die vom König solche Ämter angenommen hatten, ja er drohte sogar dem König den Kirchenbann an, falls er sich nicht diesem Synodenbeschluß unterwerfe." Q

Der lothringische Kardinalbischof Humbert sammelte alte Kirchenordnungen, aus denen er die Unabhängigkeit der Kirche von den weltlichen Herrschern nachzuweisen suchte. Er schreibt:

„Was geht Laien die Austeilung von kirchlichen Sakramenten an? Warum kümmern sie sich um die Austeilung der priesterlichen und bischöflichen Weihen? Was geht sie der Krummstab und der Ring an, durch die die Bischofsweihe durchgeführt wird und durch die die Bischöfe in ihr Amt eingesetzt werden? Wer also mit Ring und Stab jemanden in sein Amt einsetzt, der hat zweifellos die ganze kirchliche Hirtengewalt an sich gebracht." (5) Q

(c) Mit welchen Symbolen setzte der König die Bischöfe ein? Warum?

(4) Das Konkordat von Worms, ein „Kompromiß"?

Der Streit zwischen Kaiser und Papst fand 1122 einen vorläufigen Abschluß; sie schlossen folgenden Vertrag (= Konkordat).

Das Versprechen des Kaisers: „Ich, Heinrich, von Gottes Gnaden Kaiser der Römer, liebe Gott, die heilige römische Kirche, den Herrn Papst Calixtus und die heiligen Apostel Petrus und Paulus. Ich bin auch besorgt um das Heil meiner Seele. Deshalb verzichte ich in Zukunft auf die Investitur mit Ring und Stab. Ich erlaube allen Kirchen meines Reiches die freie kirchliche Wahl und Weihe. Alles was ich der römischen Kirche an Besitz genommen habe, gebe ich zurück. Dem Herrn Papst schenke ich wahren Frieden. Ich werde die römische Kirche schützen, wenn sie mich darum bittet. Die Fürsten des Reiches sind mit diesem Vertrag einverstanden."
Das Versprechen des Papstes: „Ich, Bischof Calixtus, Knecht der Knechte Gottes, erlaube Dir, lieber Sohn Heinrich, der Du von Gottes Gnaden Kaiser der Römer bist, daß in Deinem Reiche die kirchlichen Wahlen von Bischöfen und Äbten in Deiner Gegenwart stattfinden ... Der Gewählte soll in Deiner Gegenwart von Dir durch das Zepter (= Herrschaftsstab) die weltlichen Lehen erhalten. Der Gewählte soll Dir dafür den Lehnseid leisten. Ich werde Dich in Deinem Amt unterstützen. Ich schenke Dir und Deinen Freunden den Frieden." (6) Q

(a) Nennt die Zugeständnisse, die der Kaiser dem Papst bzw. der Papst dem Kaiser macht.

(b) Inwiefern kann man von einem „Kompromiß" sprechen?

(c) Wurde durch das Wormser Konkordat eine Trennung oder eine Verschmelzung von Kirche und Staat erreicht?

1. Berichte, warum die Kirche verweltlicht war und wie sich die Verweltlichung auswirkte; gib Beispiele dafür an.

2. Stelle in einer Tabelle zusammen: was die Kirchenreform wollte, wer die Kirchenreform wollte.

3. Schreibe in Stichworten auf, was du über den „Investiturstreit" gelernt hast, und gliedere deinen Bericht in folgende drei Teile:
Ursachen – Verlauf – Ergebnis.

4. Das Wormser Konkordat stellt einen Kompromiß dar. Erkläre anhand eines Beispiels aus dem Alltag, was ein Kompromiß ist und wie er zustande kommen kann.

Bann: Der vom Papst ausgesprochene Kirchenbann schließt den Betroffenen von den Sakramenten und von kirchlichen Ämtern aus. Die nächste Stufe, die „Exkommunikation", bedeutet den Ausschluß aus der Gemeinschaft der Gläubigen.

Investitur: Einsetzung eines Geistlichen in sein Amt und offizielle Übertragung der damit verbundenen Rechte an ihn. Sie geschieht in symbolischer Form: Dem Geistlichen werden Ring und Stab überreicht. Wenn das ein weltlicher Herr tut (z. B. der König), spricht man von „Laieninvestitur".

Kardinal: So hießen ursprünglich die Bischöfe der Hauptkirchen von Rom. Später Titel für die höchsten Würdenträger der Kirche nach dem Papst. Sie haben u. a. das Recht, den Papst zu wählen.

Konkordat: Vereinbarung zwischen der katholischen Kirche und einem Staat über Angelegenheiten, an denen beide beteiligt sind, z. B. die Ernennung von Bischöfen und Äbten oder die Ausübung des Religionsunterrichts.

Kurie: Als römische Kurie werden die zentralen Behörden der katholischen Kirche in Rom bezeichnet, die zusammen mit dem Papst den weltlichen Kirchenstaat regieren und alle wichtigen Fragen der katholischen Kirche entscheiden.

1056–1106	König Heinrich IV.
1073–1085	Papst Gregor VII.
1077	Gang nach Canossa
1122	Wormser Konkordat

Quellennachweis

(1) Exkommunikationsschreiben Gregors VII. vom Februar 1076. Deutsche Übersetzung in: Geschichtliche Quellenhefte mit Überblick, Heft 3, a.a.O., S. 61.
(2) Ebenda S. 62.
(3) Deutsche Übersetzung in: Geschichtliche Weltkunde, Quellenlesebuch, Band 1, a.a.O., S. 213 f.
(4) Dictatus Papae 1075. Deutsche Übersetzung in: Geschichtliche Quellenhefte mit Überblick, Heft 3, a.a.O., S. 59 f.
(5) Zitiert aus: Curriculum Geschichte, Band II, 1, a.a.O., S. 78.
(6) Ebenda S. 78 f.

Lesetip

A. Borst: Lebensformen im Mittelalter. Ullstein Sachbuch 34004 (WD)
Illustrierte Weltgeschichte, Das Mittelalter. Tessloff Verlag (SB)

9.3. Die Kreuzzüge

Die Eroberung Jerusalems durch die Kreuzfahrer 1099. Buchmalerei aus einer Handschrift der Kreuzzugsgeschichte des Wilhelm von Tyrus (13. Jahrhundert). Dargestellt sind die Belagerung und die Einnahme der Stadt. Im oberen Teil des Bildes eine Darstellung der Passion.

Nie wurde so lange und so erbittert Krieg geführt zwischen Christen und Nichtchristen wie in den *Kreuzzügen**. Sie sind umstritten bis in unsere Zeit. Muslime beurteilen sie anders als Christen, Glaubensfanatiker anders als nüchterne Leute. Um was ging es?

- Jerusalem wurde erobert: Von wem, aus welchem Grund, mit welchen Folgen?
- Wie soll man die Kreuzzüge einschätzen – aus damaliger Sicht, aus heutiger Sicht? Aus der Sicht der Kreuzfahrer, aus der Sicht der Muslime?

Aufruf zum Kreuzzug. 1095 reiste Papst Urban II. von Rom nach Oberitalien, um ein Konzil abzuhalten. Unter den Gästen der Kirchenversammlung befanden sich Abgesandte des Kaisers von Byzanz, die Soldaten für einen Feldzug gegen die Türken anwerben wollten. Die Seldschuken, ein türkischer Stamm, waren zum Mittelmeer vorgedrungen. Sie waren muslimisch geworden, und sie hatten die Herrschaft im Reich von Bagdad übernommen, Kleinasien, auch Palästina mit Jerusalem besetzt. Nun bedrohten sie Byzanz. Die kaiserlichen Gesandten versprachen den Söldnern aus dem Westen nicht nur gute Bezahlung; sie appellierten auch an das Gewissen der Christen: Das *Heilige Land** war, wie sie sagten, in den Händen der Ungläubigen, und wer nach Jerusalem pilgern wolle, sei vor nichts sicher; mit vereinten Kräften könne die Christenheit das Heilige Land den Muslimen wegnehmen.
Der Papst war so beeindruckt, daß er den Plan faßte, zum „Heiligen Krieg" aufzurufen. Im südfranzösischen Clermont, wo ein weiteres Konzil stattfand, verkündete er seinen Plan, Jerusalem zu erobern. Die Zuhörer unterbrachen die Rede des Papstes immer wieder mit dem Ruf „Deus lo volt" – „Gott will es!". Die Begeisterung war groß, und die Kirchenversammlung beschloß, daß allen Teilnehmern am Heiligen Krieg nicht nur Nachlaß der weltlichen Strafen für begangenes Unrecht gewährt sei, sondern daß ihr Besitz während der Abwesenheit dem Schutz der Kirche unterstellt und von allen Abgaben befreit werde. Jeder Teilnehmer am Unternehmen sollte als Sinnbild seiner Weihe das Zeichen des Kreuzes tragen: Ein Kreuz aus rotem Stoff war auf die Schulter des Überrocks aufzunähen. Jeder, der das Kreuz nahm, hatte einen Eid zu schwören, daß er nach Jerusalem ziehen werde. Kehrte er vorzeitig zurück oder zog er gar überhaupt nicht aus, sollte ihn der Kirchenbann treffen. Geistliche und Mönche durften das Kreuz nur mit Erlaubnis des zuständigen Bischofs oder Abtes nehmen. → (1)

Folgen der Begeisterung. Noch während die Bischöfe den Kreuzzug predigten, sammelte ein umherziehender Mönch, „Peter der Einsiedler", Leute von der Straße, um sie ins Heilige Land zu führen. Eine riesige, buntzusammengewürfelte Menge folgte ihm, darunter Frauen, manche sogar mit Kindern. Die meisten waren Bauern vom Niederrhein, wo damals infolge von Überschwemmungen, Seuchen und Dürre eine schwere Hungersnot herrschte. Auch Städter folgten dem Zug, sogar Straßenräuber. Ein heruntergekommener Graf namens Emich von Leiningen schlug vor, den Kreuzzug gleich hier im eigenen Land gegen die Juden, die manche für die „Feinde Christi" hielten, zu eröffnen. Man begann in Speyer, doch der Bischof nahm die Juden in Schutz; so zog man nach Worms.

„Am 18. Mai trafen Emich und seine Truppen in Worms ein. Kurz darauf lief ein Gerücht um, die Juden hätten sich eines Christen bemächtigt und ihn ertränkt und das Wasser, darin seine Leiche gelegen, dazu verwendet, um die Brunnen in der Stadt zu vergiften. Die Juden waren weder in Worms selbst noch in der Umgebung beliebt [vgl. S. 232]; das Gerücht bewog Stadtvolk und Landvolk dazu, sich dem Angriff der Leute Emichs auf das jüdische Viertel anzuschließen. Jeder Jude, den sie ergriffen, wurde zu Tode gebracht. Wie schon zu Speyer griff der Bischof ein und öffnete den jüdischen Flüchtlingen seinen Palast. Aber Emich und die wütende Menge, die sich um ihn geschart hatte, drückten die Tore ein und drangen ins Innere der Zufluchtstätte. Dort metzelten sie trotz des Bischofs Einspruch seine Gäste, gegen fünfhundert an der Zahl, ausnahmslos nieder."

Die Scharen Peters und seiner Anhänger zogen nach weiteren Grausamkeiten schließlich donauabwärts, plünderten in Ungarn und in Byzanz, bis sie in Kleinasien von den Türken vernichtet wurden. Sie haben Jerusalem nie erreicht.

Jerusalem wird erobert. Während die „Kreuzfahrt des Volkes" ein klägliches Ende fand, stellten Fürsten gutbewaffnete Ritterheere zusammen, zunächst in Lothringen, Süditalien, Südfrankreich und Flandern. Ihre Anführer verkauften und verpfändeten oft ganze Grafschaften, um Rüstung und Verpflegung für die Mannschaft, Pferde und Schiffe für den Transport zu finanzieren. Die Mehrzahl der Teilnehmer war beritten und kam aus der Schicht der Dienstleute von Königen, Bischöfen, Grafen und kleineren Herren, die im Kriegsfall zu Pferd in schwerer Rüstung kämpften (vgl. S. 180). Ihr „Stand" war bis zu jener Zeit noch nicht besonders angesehen. Darum sahen viele im Kreuzzug eine große Chance: Sie wollten als Ritter Gottes mehr Ehre und ein höheres Ansehen gewinnen. → (2)
Die einzelnen Ritterheere waren getrennt aufgebrochen, um sich in Byzanz zu vereinigen. Dort wurden sie gut empfangen. Aber der oströmische Kaiser hatte gefügige Söldner erwartet, keine selbständigen Heere. Er ließ die Kreuzfahrer erst weiterziehen, nachdem sie ihm den Lehenseid schwuren. Mißtrauisch verfolgte er fortan den Weg der Ritter. Auf dem langen Marsch durch Kleinasien quälten Durst, Hunger und Hitze die erschöpften Männer, von denen viele umkamen. Monate verbrachten sie mit der Belagerung von Antiochien, einer Großstadt der damaligen Zeit, die sie erst bezwangen, als ein Turmkommandant durch Verrat die Tore öffnete. Kaum war die Stadt erobert, wurden die Kreuzfahrer

selbst darin von einem türkischen Heer eingeschlossen. Hunger und Krankheit zermürbten die Ritter. Da täuschten die Anführer ein Wunder vor: Einer erklärte, die Lanze gefunden zu haben, mit der man einst Christus am Kreuz die Seite durchstochen hatte. Nun wurde das ganze Heer noch einmal von Siegesstimmung erfaßt, sprengte den Ring der Belagerer und kämpfte den Weg nach Jerusalem frei. Nach vierwöchiger Belagerung fiel die Stadt am 15. Juli 1099; mehrere Tausend Bewohner sind niedergemetzelt worden. Der Gegensatz zwischen Muslimen und Christen war jetzt auf schlimmste Weise verschärft worden. → (3)

Kreuzfahrerstaaten. Die Kreuzfahrer hatten auf dem Weg nach Jerusalem wichtige Plätze an Küsten und im Landesinnern erobert; sie wurden Mittelpunkte kleiner Staaten: Antiochien, Edessa und Tripolis. Zum Schutze dieser Staaten errichteten die Kreuzfahrer viele Burgen (vgl. S. 181). Der bedeutsamste Staat entstand im Königreich Jerusalem, das der Herzog Gottfried gründete. Er selbst machte sich nicht zum König, weil hier einmal Christus die Dornenkrone trug. Er nannte sich demütig „Schützer des Heiligen Grabes".

Seine Nachfolger konnten die Überfälle der Muslime zunächst immer wieder abwehren. Aber die Kämpfe mit Türken und Arabern brachten ständig Verluste, die nur vorübergehend durch neue Kreuzzüge aus der Heimat ausgeglichen wurden, denn die meisten scheiterten schon unterwegs.

Zum 2. Kreuzzug hatte der Abt Bernhard von Clairvaux, der berühmteste Prediger seiner Zeit, aufgerufen (vgl. S. 188). Doch obwohl die Heere vom deutschen Kaiser und dem König von Frankreich angeführt wurden, blieb das Unternehmen ohne Erfolg. 40 Jahre darauf – im Jahre 1189 – wollte Kaiser Friedrich Barbarossa im 3. Kreuzzug das Heilige Land zurückerobern, nachdem Sultan Saladin, der Herrscher Ägyptens und mächtigste Fürst der Muslime, Jerusalem in Besitz genommen hatte. Doch der Kaiser ertrank im Fluß Saleph (in Kleinasien). → (4)

Saladin erlaubte in einem Vertrag, daß christliche Pilger die heiligen Stätten in Jersualem besuchen konnten. Im umliegenden Land blieben einige Stützpunkte noch lange im Besitz christlicher Ritter. Ritterorden – wie die Tempelherren, die Johanniter oder die Ritter des Deutschen Ordens –, die damals entstanden waren, bemühten sich sowohl um die Verteidigung der Burgen wie um die Betreuung der Pilger. Nach und nach mußten jedoch die Kreuzfahrer ihre Stützpunkte räumen, bis im Jahr 1291 der letzte, die Burg Akkon, verlorenging.

Handels- und Kulturaustausch. Die Kreuzfahrerstaaten im vorderen Orient standen der islamischen Welt am nächsten. Aber sie blieben Inseln, fast ohne Kontakt mit der fremden Kultur. Dagegen nahmen die Handelsbeziehungen zwischen dem Westen und den islamischen Ländern im Verlauf der Kreuzzüge rasch zu. Die Hafenstädte von Italien und Südfrankreich ließen sich durch den Kriegszustand mit den Türken und Arabern nicht hindern, sie machten Geschäfte mit beiden Seiten.

Noch wichtiger wurde der geistige Austausch, der sich in Spanien zwischen den muslimischen Sarazenen und ihren christlichen Nachbarn entwickelte (vgl. S. 139). Arabische Wissenschaftler lebten am Hof christlicher Herrscher, arabische Dichtung wurde in europäische Sprachen übersetzt, die Schriften der griechischen Philosophen übertrug man aus dem Arabischen wieder ins Latein.

Arabische Geographen zeichneten Landkarten von der ganzen damals bekannten Welt und schufen so die Voraussetzung für die Entdeckungen der folgenden Zeit. Schöpfungen der arabischen Kunst und Technik gelangten in die christlichen Länder, nicht selten mit den arabischen Bezeichnungen, wie zahlreiche Lehnwörter in unserer Sprache beweisen.

(1) Aufruf zum Kreuzzug: Predigt oder Propaganda?

Die Kreuzzugspredigt Papst Urbans II. (1095), 12 Jahre später aufgeschrieben von dem Mönch Robert von Reims, der die Predigt seinerzeit in Clermont selbst gehört hatte.

„Ihr Volk der Franken, ihr Volk nördlich der Alpen, ihr seid, wie eure vielen Taten erhellen, Gottes geliebtes und auserwähltes Volk, herausgehoben aus allen Völkern durch die Lage des Landes, die Katholizität des Glaubens und die Hochschätzung für die heilige Kirche. An euch richtet sich unsere Rede, an euch ergeht unsere Mahnung: wir wollen euch wissen lassen, welcher traurige Anlaß uns in euer Gebiet geführt, welche Not uns hierher gezogen hat; sie betrifft euch und alle Gläubigen. Aus dem Land Jerusalem und der Stadt Konstantinopel kam schlimme Nachricht und drang schon oft an unser Ohr: Das Volk im Perserreich, ein fremdes Volk, ein ganz gottfernes Volk, eine Brut von ziellosem Gemüt und ohne Vertrauen auf Gott, hat die Länder der dortigen Christen besetzt, durch Mord, Raub und Brand entvölkert und die Gefangenen teils in sein Land abgeführt, teils elend umgebracht; es hat die Kirchen Gottes gründlich zerstört oder für seinen Kult beschlagnahmt. Sie beflecken die Altäre mit ihren Abscheulichkeiten und stürzen sie um . . .

Wem anders obliegt nun die Aufgabe, diese Schmach zu rächen, dieses Land zu befreien, als euch? Euch verlieh Gott mehr als den übrigen Völkern ausgezeichneten Waffenruhm, hohen Mut, körperliche Gewandtheit und die Kraft, den Scheitel eurer Widersacher zu beugen. Bewegen und zu mannhaftem Entschluß aufstacheln mögen euch die Taten eurer Vorgänger, die Heldengröße König Karls des Großen, seines Sohnes Ludwig und eurer anderen Könige. Sie haben die Heidenreiche zerstört und dort das Gebiet der heiligen Kirche weit ausgedehnt. Besonders bewegen mögen euch das Heilige Grab unseres Herrn und Erlösers, das von unreinen Völkern besetzt ist, und die heiligen Stätten, die jetzt ohne Ehrfurcht behandelt und mit dem Unrat dieser Leute frech beschmutzt werden. Ihr überaus tapferen Ritter, ihr Sprößlinge unbesiegter Ahnen, entartet nicht, sondern denkt an die Tatkraft eurer Vorfahren! Wenn euch zärtliche Liebe zu Kindern, Verwandten und Gattinnen festhält, dann bedenkt, was der Herr im Evangelium sagt: Wer Vater oder Mutter mehr als mich liebt, ist meiner nicht wert, jeder, der sein Haus, Vater, Mutter, Gemahlin, Kinder oder Äcker um meines Namens willen verläßt, wird Hundertfältiges erhalten und ewiges Leben haben.

Kein Besitz, keine Haussorge soll euch fesseln. Denn dieses Land, in dem ihr wohnt, ist allenthalben von Meeren und Gebirgszügen umschlossen und von euch beängstigend dicht bevölkert. Es fließt nicht vor Fülle und Wohlstand über und liefert seinen Bauern kaum die bloße Nahrung. Daher kommt es, daß ihr euch gegenseitig beißt und bekämpft, gegeneinander Krieg führt und euch meist gegenseitig verletzt und tötet. Aufhören soll unter euch der Haß, schweigen soll der Zank, ruhen soll der Krieg, einschlafen soll aller Meinungs- und Rechtsstreit! Tretet den Weg zum Heiligen Grab an, nehmt das Land dort dem gottlosen Volk, macht es euch untertan! Gott gab dieses Land in den Besitz der Söhne Israels; die Bibel sagt, daß dort Milch und Honig fließen. Jerusalem ist der Mittelpunkt der Erde, das fruchtbarste aller Länder, als wäre es ein zweites Paradies der Wonne. Der Erlöser der Menschheit hat es durch seine Ankunft verherrlicht, durch seinen Lebenswandel geschmückt, durch sein Leiden geweiht, durch sein Sterben erlöst, durch sein Grab ausgezeichnet. Diese Königsstadt also, in der Erdmitte gelegen, wird jetzt von ihren Feinden gefangengehalten und von denen, die Gott nicht kennen, dem Heidentum versklavt. Sie erbittet und ersehnt Befreiung, sie erfleht unablässig eure Hilfe. Vornehmlich von euch fordert sie Unterstützung, denn euch verlieh Gott, wie wir schon sagten, vor allen Völkern ausgezeichneten Waffenruhm. Schlagt also diesen Weg ein zur Vergebung eurer Sünden; nie verwelkender Ruhm ist euch im Himmelreich gewiß.“ (2) Q

Kreuzzugspredigt Urbans II. Holzschnitt 1482.

(a) Stellt zusammen, welche Gründe der Papst für einen Kreuzzug nennt, wie er die Zuhörer anspricht und welchen Lohn er den Teilnehmern am Kreuzzug verspricht.

(b) Welchen Eindruck gewinnt ihr von der Art, wie der Papst predigt?

(c) Beschreibt das Verhalten der Zuhörer auf dem Bild, beachtet dabei auch das Spruchband.

(2) Wofür so viele Strapazen?

Aus dem Bericht eines Zeitgenossen:

„Der römische König teilte die Scharen in zwei Heere und nahm mit seinem Heere unter griechischen Führern die Richtung nach Iconium durch die Wüste. Der König von Frankreich aber behielt mit seinem Heere die Richtung auf Antiochien und Jerusalem, die er eingeschlagen hatte, und zog teils zu Wasser, teils zu Lande. Es ist unmöglich, alle Leiden aufzuzählen, welche die beiden Heere erduldeten, nur das Wichtigste wollen wir kurz anführen. Das Heer, welches auf Iconium marschierte, wurde durch Anstrengung, Hunger und Durst in der Wüste erschöpft, außerdem durch sehr heftigen und fast allgemeinen Durchfall geplagt, denn diesem Leiden ist körperliche Anstrengung gar sehr schädlich. Da wurde der große Haufen durch Schwäche, Mühsal des Weges und zugleich durch Mangel gepeinigt, und es begann ein solches Sterben, daß täglich große Haufen durch Hunger, Krankheit und Mühsal aufgerieben hinstürzten. Endlich war die todbringende und mühselige Wüste durchschritten, und man kam in das Land der Feinde. Diese traten den Kreuzfahrern in Überfällen und Angriffen entgegen, doch nicht so, daß sie ihnen Gelegenheit zum Nahkampfe gaben, denn sie

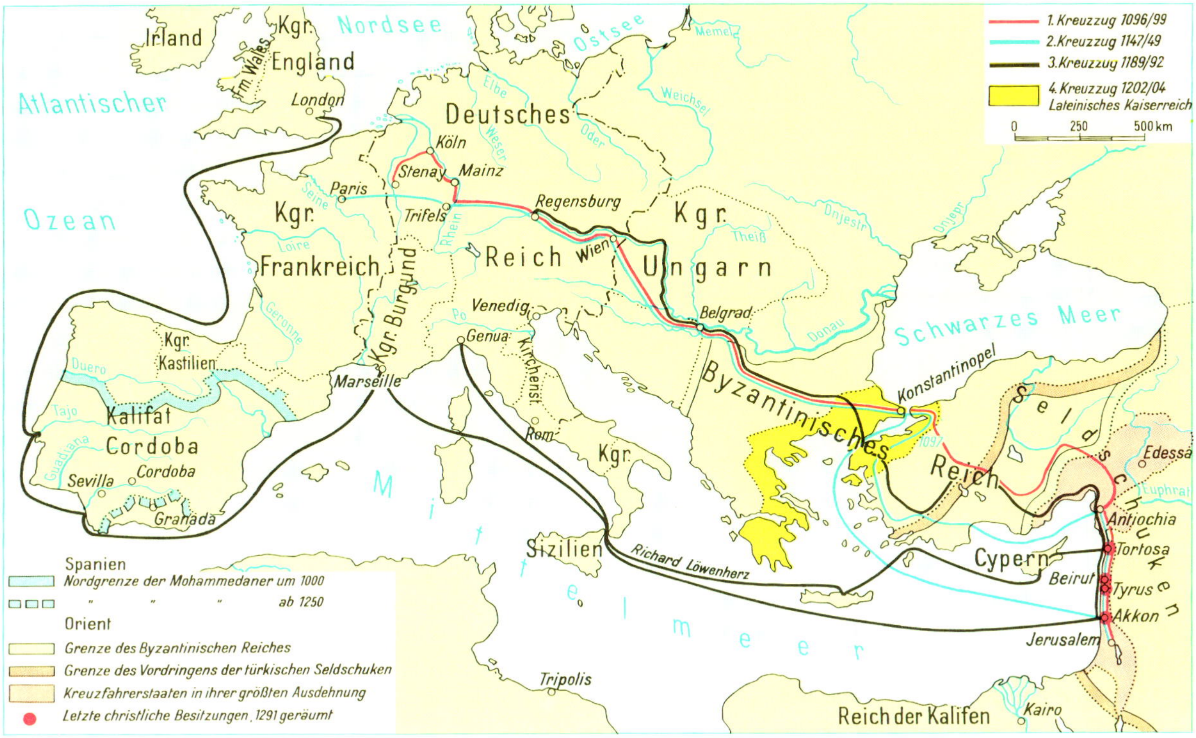

Die Kreuzzüge.

beschossen das Heer bei Tag und Nacht mit Pfeilen und flohen beim Angriff und ermatteten das Heer so, daß weder Gelegenheit zum Kampfe noch zum Siege war, und doch kein Augenblick frei von feindlichem Anlauf. Denn wenn unsere Reiter gegen die Feinde ansprengen wollten, konnten die Unseren die fliehenden nicht erreichen, weil die Pferde der Unseren durch Mühe und Hunger ermattet, die Pferde der Feinde aber wohlgenährt und ausgeruht waren. Bei unserem Heer waren aber nur wenig Bogenschützen, und die ganze Masse der Gegner war mit Bogen bewaffnet und kämpfte nur auf diese Art." (3) Q

(a) Der Bericht bezieht sich auf den 2. Kreuzzug. Zeigt seinen Verlauf auf der Karte.

(b) Schildert aufgrund des Berichtes einige Strapazen der Kreuzfahrer.

(3) Die Eroberung von Jerusalem aus zwei Perspektiven

Aus der Sicht der Kreuzfahrer:

„Herzog Gottfried, der erlauchte und herrliche Mann, drang vor allen anderen in die Stadt und ermahnte die übrigen, ihm nachzufolgen ... Wie die Feinde sahen, daß die Unsern die Mauern besetzt hatten und daß der Herzog bereits mit seinem Heere in die Stadt eingebrochen war, flüchteten sie von den Türmen und Mauern nach den Engpässen der Straßen. Sofort durchzogen der Herzog und die, welche mit ihm waren, in geschlossenen Reihen, mit gezückten Schwertern und mit Schilden und Helmen bedeckt, die Straßen und Plätze der Stadt und streckten alle Feinde, die sie finden konnten, ohne auf Alter und Rang Rücksicht zu nehmen, mit der Schärfe des Schwertes nieder. Und es lagen überall so viele Erschlagene und solche Haufen abgeschlagener Köpfe umher, daß man keinen anderen Weg oder Durchgang mehr finden konnte als über Leichen. Auch diejenigen, die sich in den Tempel Salomons geflüchtet hatten, entgingen dem Blutbad nicht. Sie drangen mit einer Menge von Reitern und Fußgängern herein und stießen, ohne jemand zu schonen, was sie fanden, mit den Schwertern nieder und erfüllten alles mit Blut. Es war dies ein gerechtes Urteil Gottes, daß die, welche das Heiligtum des Herrn mit ihren abergläubischen Gebräuchen entweiht und dem gläubigen Volk entzogen hatten, es mit ihrem Blute reinigen und den Frevel mit ihrem Tode sühnen mußten." (4) Q

Aus der Sicht der Araber:

„Die Franken wandten sich also gegen Jerusalem, nachdem sie Akkon erfolglos belagert hatten, und hielten es nach ihrer Ankunft mehr als vierzig Tage lang eingeschlossen. Sie errichteten zwei Türme, einen davon auf der Seite Zions, aber die Muslime verbrannten ihn und töteten alle, die in ihm waren. Kaum hatten sie ihn verbrannt, als ein Bote mit einem Hilferuf kam: die Stadt sei von der anderen Seite her genommen. Die Franken nahmen sie tatsächlich von der Nordseite, morgens am Freitag, dem 22. Sa'bān [15. Juli 1099]. Die Einwohner wurden ans Schwert geliefert, und die Franken blieben eine Woche in

Unter dem Vorwand, sich taufen lassen zu wollen, bitten „Ungläubige“ um Einlaß in ein Lager der Kreuzritter. Die Wachen werden das Opfer einer Täuschung. Buchmalerei aus „Chroniques de France“ (14. Jh.).

der Stadt, während deren sie die Einwohner mordeten. Eine Gruppe von diesen suchte Schutz in Davids Bethaus, verschanzte sich dort und leistete einige Tage Widerstand. Nachdem die Franken ihnen das Leben zugesichert hatten, ergaben sie sich; die Franken hielten den Vertrag, und sie zogen des Nachts in Richtung Askalon und setzten sich dort fest. Aus dem Felsendom raubten die Franken mehr als vierzig Silberleuchter, von denen jeder über dreitausendsechshundert Drachmen wog, einen großen Silberleuchter im Gewicht von vierzig syrischen Pfund, außerdem von den kleineren Leuchtern einhundertundfünfzig silberne und mehr als zwanzig goldene, und andere unermeßliche Beute.“ (5) Q

(a) Vergleicht die beiden Berichte: Worin stimmen sie überein, worin unterscheiden sie sich?

(b) Wie beurteilt ihr das Verhalten der Kreuzfahrer bei der Eroberung von Jerusalem?

(c) Welche „zwei Perspektiven“ sind hier wiedergegeben? Warum wohl?

(4) Saladin, was für eine Persönlichkeit?

„Saladin war gerecht, gütig, mitleidig und immer bereit, dem Schwachen gegen den Starken beizustehen. Jeden Montag und Donnerstag saß er einer öffentlichen Sitzung vor, um Recht zu sprechen, in Anwesenheit der Rechtsgelehrten, Qadis und Lehrer des Gesetzes; er hörte die Streitenden an, wobei jeder Zutritt zu ihm hatte, hoch und niedrig, hinfällige alte Frauen und gebrechliche Greise. Diesem Amt kam er nicht nur nach, wenn er sich in einer Stadt befand, sondern auch auf Reisen. Er war immer bereit, die Bittgesuche entgegenzunehmen, die ihm gebracht wurden, und allen Mißbrauch, der ihm gemeldet wurde, abzustellen. Täglich ließ er die eingereichten Bittschriften sammeln und öffnete das Tor der Gerechtigkeit; niemals stieß er jemanden zurück, der Unrecht erlitten hatte und Gerechtigkeit forderte. In einer Sitzung, die er nachts oder tags mit seinem Schreiber hielt, ließ er jedem Falle das Urteil zukommen, das Gott ihm diktierte. Niemand rief je seine Hilfe an, ohne daß er innegehalten hätte, zugehört, was er zu sagen hatte, seinen Fall geprüft und die Klage angenommen hätte.
Saladins Freigebigkeit war zu offenkundig, um hier festgehalten zu werden, und zu berühmt, um ihrer hier Erwähnung zu tun. Ich beschränke mich daher auf eine zusammenfassende Bemerkung ... Er schenkte in Zeiten des Mangels und in Zeiten der Fülle, und seine Schatzmeister hielten stets heimlich eine gewisse Rücklage, aus Angst vor plötzlich notwendig werdenden Ausgaben. Sie wußten sehr gut: hätte er von ihrem Vorhandensein gewußt, hätte er sie ausgegeben. Er gab mehr, als der Bittsteller selbst erhoffte, doch nie habe ich ihn sagen hören: ‚Wir haben dem und dem gegeben!‘ Er spendete reichlich und zeigte dem Beschenkten ein so frohes Gesicht, als ob er ihm ein Nichts gegeben habe. Er schenkte und erwies noch mehr Ehre, als er Geschenke machte. Die Leute wußten über ihn Bescheid, und obwohl sie jeden Augenblick seine Freigebigkeit in Anspruch nahmen, habe ich ihn nie sagen hören: ‚Ich habe euch schon so oft gegeben! Wieviel soll ich euch denn noch geben?‘“ (6) Q

(a) Welche Eigenschaften Saladins werden hier gepriesen? Informiert euch, wie Lessing in seinem Drama „Nathan der Weise“ Saladin darstellt.

(b) Vergleicht das Bild von Saladin mit den Aussagen der Kreuzzugspredigt Urbans II. über die Muslime.

1. Im folgenden Bericht sind verschiedene Gründe für die Teilnahme am Kreuzzug genannt. Zähle sie auf und nimm Stellung dazu.

„Die Predigt des Papstes ging in alle Welt hinaus. Auch diejenigen, die nicht persönlich die Worte des Papstes gehört hatten, begeisterten sich für den Marsch nach Jerusalem ...
Nicht alle, die zu dem Marsch nach Jerusalem aufbrachen, hatten sich die Sache gründlich überlegt. Viele kamen nur, um ihre Freunde, die nach Jerusalem zogen, nicht zu verlassen, andere nur, um nicht als feige und faul zu gelten. Viele aber zogen nur aus Leichtsinn und Abenteuerlust mit. Es brachen auch solche auf, die wegen ihrer Schulden ihren Gläubigern entrinnen wollten.
Die Motive waren also völlig verschieden. Aber alle eilten herbei und gelobten mit Herz und Mund den bewaffneten Pilgerzug. Alle, die den Zug mitmachten, hefteten das Zeichen des Kreuzes an ihre Kleider zur Erinnerung an das Leiden des Erlösers, dessen Stätte sie aufsuchen wollten. Das Gebot des Herrn ‚Wer mir nachfolgen will, der verleugne sich selbst und nehme sein Kreuz und folge mir' schien wörtlich in Erfüllung zu gehen." (7)

2. Sag mit eigenen Worten, was die Kreuzzüge den Christen bedeuteten und was sie für die Muslime waren.

3. Der Kulturaustausch zwischen Christen und Arabern hat eine lange Geschichte. Was weißt du darüber? (Wiederhole auch S. 139).

Heiliges Land: Biblischer Name für Palästina. Im Mittelalter wurde Jerusalem, die Hauptstadt des Landes, auch als Mittelpunkt der Erde betrachtet. Das „Heilige Land" ist Ziel der Kreuzzüge.

Kreuzzug: Krieg zur Rückeroberung verlorener ehemals christlicher Gebiete, vor allem in Spanien und Palästina. Im engeren Sinn werden die 7 Kriegszüge von 1096 bis 1291 zur Rückgewinnung Palästinas als Kreuzzüge bezeichnet. Die Kreuzfahrer hielten die Kreuzzüge für „gerechte Kriege", obwohl sich religiöse Motive mit wirtschaftlichem Macht- und Gewinnstreben vermischten.

634	Muslimische Araber erobern Jerusalem
1077	Seldschuken erobern Jerusalem
1099	Kreuzfahrer erobern Jerusalem
1187	Saladin erobert Jerusalem
1202/04	Kreuzfahrer erobern Byzanz
1291	Kreuzfahrer verlieren Akkon als letzte Festung in Palästina

Quellennachweis

(1) S. Runciman: Geschichte der Kreuzzüge. München 1968, S. 133 f.
(2) Deutsche Übersetzung in: A. Borst: Lebensformen im Mittelalter. Frankfurt 1979, S. 318 ff.
(3) Gerhoh von Reichersberg, gest. 1169, über den Kreuzzug von 1147. Deutsche Übersetzung in: G. Freytag: Bilder aus der deutschen Vergangenheit, hrsg. v. A. Reimann, Berlin 1927, S. 381 ff.
(4) Wilhelm von Tyrus, Kreuzzugsgeschichte. Deutsche Übersetzung in: Geschichtliche Quellenhefte mit Überblick, Heft 3, a.a.O., S. 66 f.
(5) Deutsche Übersetzung in: Die Kreuzzüge aus arabischer Sicht, aus den arabischen Quellen ausgew. u. übers. von F. Gabrieli. Zürich und München 1973, S. 49 f.
(6) Ebenda S. 136 f.
(7) Wilhelm von Tyrus, Kreuzzugsgeschichte. Deutsche Übersetzung in: Curriculum Geschichte, II, 1, a.a.O., S. 85.

Lesetip

K. Frischler: Das Abenteuer der Kreuzzüge. Heyne Bücherei Geschichte 21 (SB)
J. Lehmann: Die Kreuzfahrer: Goldmann Tb. 11281 (SB)
B. R. Lewis: Die Kreuzzüge. Neuer Tessloff Verlag, Hamburg 1976 (JB)
R. Pernoud: Die Kreuzzüge in Augenzeugenberichten. dtv. Tb. 763 (QS)
J. Prawer: Die Welt der Kreuzfahrer. Bastei Lübbe Tb. 64025 (SB)
G. Schreiber: Lösegeld für Löwenherz. Wien 1973 (JB)

10. Kaiser, Reich und Landesherren: Machtverhältnisse und ihre Entwicklung

10.1. Der „Lehnsstaat" des Mittelalters

Der König überreicht einem Bischof und einer Äbtissin Zepter, drei weltlichen Fürsten Fahnen – als Zeichen der Übertragung ihrer Ämter und „Lehen". Buchmalerei aus dem Sachsenspiegel (vgl. S. 208).

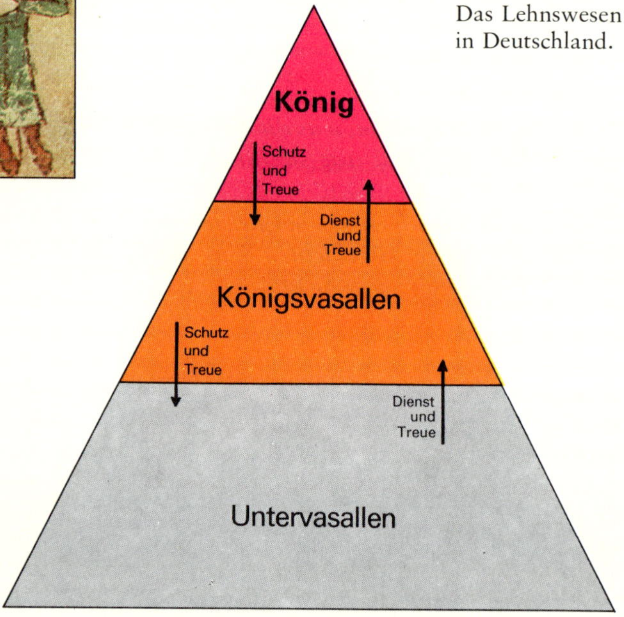

Das Lehnswesen in Deutschland.

So lautet der Treueschwur:

„Deine Feinde sind meine Feinde,
deine Freunde sind meine Freunde.
Ich will dir allezeit treu und gegenwärtig sein,
wenn du mich brauchst."

In den modernen Staaten werden Politiker gewählt, Beamte ernannt. Sie erhalten vom Staat, dem sie dienen, ihr Gehalt und sind zur Treue dem Staat gegenüber verpflichtet. Wie war das im Mittelalter?

- Wie hat der oberste Staatsmann, der König, Ämter übertragen, in welcher Form und mit welchen Worten?
- Welche Mitarbeiter hatte der König im mittelalterlichen Reich – und wie hat er ihre Dienste vergütet?
- Welche Einkünfte hatte der König selbst, und worin bestanden seine Aufgaben?

Landgüter als Lohn. Wie die andern Germanen kannten zunächst auch die Franken (vgl. S. 150) die Geldwirtschaft des Altertums nicht. Sie tauschten in Naturalien, also in Getreide, Mehl, Käse, Vieh oder sie halfen sich gegenseitig als Handwerker. Wie aber sollte der König und wie sollten die Grafen, Bischöfe und Äbte ihre Helfer und Bediensteten bezahlen? Solange der Herrschaftsbereich noch klein war und alle in unmittelbarer Nähe lebten, war eine Bezahlung durch freies Essen, Trinken, Kleiden und Wohnen möglich. Aber wir wissen schon, daß sich das fränkische Königreich immer weiter ausgedehnt hatte; dem entsprach auch die verzweigte Verwaltung und militärische Sicherung des Reiches (vgl. S. 149f.). Auch die weltlichen und geistlichen Herren mußten die weitverstreuten Güter bewirtschaften und verwalten lassen.

Der König entlohnte seine Leute durch ein Landgut; das bekamen sie nicht als Eigentum, sondern geliehen: Sie erhielten ein *Lehen**. Das gleiche taten die begüterten und mächtigen Adligen, auch die Bischöfe und Äbte: Sie übergaben als Lehnsherren dem Lehnsmann ein Lehen. Der Lehnsmann leistete dafür Dienste und schwor Treue, er wurde *Vasall** seines Herrn. Der Lehnsherr versprach dem Vasall auch Treue und dazu Schutz. Das lateinische Wort für Lehen heißt „beneficium" oder „feudum"; daher kommt der Ausdruck Feudalismus für die Lehnsordnung.

Das Lehnsverhältnis machte den Vasall nicht unfrei. Denn das Besondere des mittelalterlichen Lehnswesens war: Lehnsherr und Lehnsmann schworen sich gegenseitig den Treueid. Er lautete: „Deine Feinde sind meine Feinde, deine Freunde sind meine Freunde. Ich will dir allzeit treu und gegenwärtig sein, wenn du mich brauchst." Indem der Vasall seine Hände in die Hände des Herrn legte und dem Lehnsherrn huldigte, während der Lehnsherr den Vasall küßte und dadurch die Huldigung annahm, wurde ein Bündnis zwischen gleichwertigen, wenn auch nicht gleichrangigen Personen geschaffen. Die Treue sollte Herrn und Vasall binden. Darum leistete der Vasall nicht nur einzelne meßbare Dienste, sondern stand dem Herrn mit Rat und Hilfe zur Verfügung, wenn er sie brauchte. Das Lehnsgut war ein sichtbarer Ausdruck des Bundes und ein Faustpfand in der Hand des Herrn. → (1)

Die Lehnsordnung. Die mittelalterliche Ordnung in Staat und Gesellschaft ruhte auf dem Lehnsverhältnis. Der Vasall erhielt ursprünglich ein Lehen für Dienste und Treue. Allmählich drehte sich das Verhältnis um: Dienste wurden geleistet wegen des Lehens. Ein Lehen mußte nicht immer ein Landgut sein; auch ein Amt war begehrt, etwa ein Richteramt, aus dem der Vasall einträgliche Einkünfte (Gerichtsbußen) bezog, oder das Recht, Münzen zu prägen, Zölle zu erheben, Erz- und Salzbergwerke zu nutzen.

Ein Lehnsmann verlor seinen Besitz und seine Stellung, wenn er die Treue brach, d. h. wenn er den Gehorsam verweigerte. Das Lehnsverhältnis endete gewöhnlich durch den Tod des Lehnsherrn oder des Lehnsmannes. Der neue bzw. alte Herr konnte den Lehnsvertrag erneuern, er mußte nicht. Seit den letzten Karolingern waren die königlichen Lehen im ostfränkischen Reich erblich, so daß der deutsche König gezwungen war, sie an den jeweils Erstgeborenen weiterzugeben (Leihezwang). So verlor der Herrscher viele Königsgüter und die Verfügungsgewalt über manche königlichen Ämter.

Am liebsten verlieh er deshalb seine Lehen an die Kirche. Da die hohen Geistlichen nicht verheiratet waren und keine Erben hatten, konnte der König nach ihrem Tode immer wieder neue Männer seines Vertrauens in hohe Reichsämter bringen. Die riesigen Kirchengüter, die den Klöstern und Bistümern gehörten, galten als Reichsgut, und der König übertrug sie den geistlichen Reichsfürsten auch als Lehen. Dafür mußten diese dem König helfen, Soldaten stellen und den königlichen Hof auf seinen Reisen durchs Land versorgen. Mehr als die Hälfte aller Leistungen für das Reich erhielt der König von der Reichskirche.

Bischöfe, Äbte, Grafen und Herzöge waren häufig Lehnsherr und Lehnsmann zugleich, weil sie das eigene Gut oder das vom König erhaltene Lehen an kleinere Vasallen weiterverliehen. Sie alle bildeten eine Lehnspyramide, an deren Spitze der König stand, darunter seine Vasallen und deren Unter(After-) Vasallen. Die Königs- oder Kronvasallen waren dem König allezeit zu „Rat und Hilfe" verpflichtet.

In der Lehnspyramide war der Königsvasall zwischen König und Untervasall die einflußreichste Figur. Wenn er seinen Lehnseid brach und sich gegen den König stellte, war der Untervasall immer noch an seinen unmittelbaren Lehnsherrn gebunden, so daß er sogar mit ihm gegen den König zu Felde ziehen mußte. So kam es, daß der König stets um das Wohlwollen seiner Vasallen werben mußte. Je schwächer der König war, um so mächtiger wurden die deutschen Fürsten (vgl. S. 219).

Der König als Feldherr und Richter. Die Außenpolitik machte der König allein. Er war auch für die Kriegführung des Reiches verantwortlich. Der König besaß den „Heerbann", d. h. auf sein Geheiß mußten die Kronvasallen mit allen Untervasallen in

voller Reiterrüstung am Krieg teilnehmen. Wer den Kriegsdienst verweigerte, verlor sein Lehen. → (2)
Überall, wohin der König kam, war er oberster Richter. Er konnte jeden Prozeß unmittelbar an sich ziehen. Ebenso konnte er den Gerichtsbann – d. h. das höchste Recht, zu urteilen – auf seine Vertrauten, adlige oder beamtete Richter, übertragen. Gerichtsstätten waren nicht nur die Gerichtsstuben in Städten, Dörfern und Burgen, sondern auch „des Reiches Straßen", wo unter einem Baum das kaiserliche Gericht tagte. Die Gewohnheit des Adels, sich Recht mit eigener Gewalt, d. h. durch die *Fehde** selbst zu verschaffen, versuchten Könige und Kaiser mit einem allgemein gültigen *Landfrieden** zu brechen. Schon im 10. Jh. war wiederholt ein „Gottesfrieden" verkündet worden: Fehde und Krieg waren jede Woche von Mittwochabend bis Montag früh untersagt. Viele Ritter unterwarfen sich diesem Gebot. Das kam vor allem den Bauern und Kaufleuten zugute, die bisher unverschuldet die Folgen von Kriegszügen und adligen Fehden zu ertragen hatten. → (3)
Der König konnte nur die Gebiete selbständig regieren, die ihm als Familienbesitz gehörten (Hausmacht, vgl. S. 219) oder die aus dem Reichsgut gerade einmal nicht verliehen waren. Er setzte zur Verwaltung dieser Gebiete meist Dienstmannen (Ministerialen) ein (vgl. S. 172). Ihm gehörten aber auch Einkünfte aus Zöllen, Gerichtsgebühren, Silberbergwerken und Salinen. Er hatte das Recht, die öffentlichen Straßen und Flüsse zu kontrollieren, und er konnte die Güter einziehen, die ein kinderloser Königsvasall hinterließ.
Der deutsche König wohnte in den Pfalzen, auf seinen eigenen Burgen, aber auch bei Reichsfürsten, die ihm den „Königsdienst" zu leisten hatten. Eine Hauptstadt besaß das deutsche Reich im Mittelalter nicht. Der König mußte sein Amt gleichsam „im Umherziehen" ausüben. König Heinrich II. war z. B. während seiner 22-jährigen Regierungszeit 11mal in Aachen, ebenso oft in Regensburg, 16mal in Magdeburg, 5mal in Basel usw.; hinzu kamen die Kriege, die Italienzüge, die Reichsversammlungen. So verbrachte der König einen Großteil seiner Amtszeit im Sattel. → (4) (5)

Erb- oder Wahlkönigtum? Nach altem germanischem Recht war das Königsheil an die Sippe gebunden, d. h. das Volk anerkannte nur den als König, der aus einem Königsgeschlecht stammte (vgl. S. 147). Im Laufe des Mittelalters setzte sich jedoch die Auffassung durch, daß ein König gewählt werden müsse. So kam es, daß die Stammesherzöge zusammen mit ihrem weltlichen und geistlichen Gefolge den neuen König wählten.
Da aber das Geblütsrecht weiterwirkte, ergab sich folgende Regel: Der König ließ noch zu seinen Lebzeiten den Sohn zum Nachfolger wählen; oder: Beim Aussterben einer Königsfamilie suchte man den Nachfolger in der weiteren Verwandtschaft. Im Spätmittelalter setzte sich dann das Erbrecht auf das Königsamt durch, das ebenfalls auf das Geblütsrecht zurückgeht.
Der Kreis der Wähler verengte sich immer mehr. Ursprünglich nahm das Volk an der Wahl teil. Im 12. Jh. war es üblich, daß je 10 Wahlmänner aus dem Stamm der Bayern, Schwaben, Franken und Sachsen die Wahl vornahmen. Später gehörten dem Wahlgremium nur noch die höchsten Fürsten des Reiches an. Sie hießen Kurfürsten, weil sie den König zu küren hatten. Es waren die Erzbischöfe von Trier, Mainz und Köln, der Pfalzgraf vom Rhein, der Herzog von Sachsen, der Markgraf von Brandenburg und der König von Böhmen. Da der Papst den deutschen König zum Kaiser zu krönen hatte, leitete er daraus das Recht ab, den Kandidaten zu prüfen. Das führte mehrfach zum Streit zwischen dem deutschen König und dem Papst.

(1) Herr und Knecht in der Lehnspyramide

Um 1200 verfaßte der Ritter Eike von Repgow ein mit Buchmalereien versehenes Rechtsbuch, den Sachsenspiegel. Der Ausschnitt auf S. 209 erklärt das Lehnssystem. Auf der rechten Bildhälfte oben belehnt der König einen Kronvasallen, rechts unten belehnt der Vasall einen Untervasallen. Auf der linken Bildhälfte werden durch Wappen diejenigen 6 Rangstufen sinnbildlich dargestellt, die ein Lehen vergeben können: König, Markgraf, Bischof oder Abt, Herzog, Graf und Ritter. Darunter zeigt ein Lehnsherr mit verschränkten Armen, daß er an die neben ihm stehenden Personen (Bauer, Frau, Geistlicher und Kaufmann) kein Lehen vergeben kann.

(a) Welche Rangordnung ist in dieser Darstellung zu erkennen?

(b) Die Angehörigen der einzelnen Ränge sind in der folgenden schematischen Wiedergabe der „Heerschildordnung", d. h. Rangordnung aufgeführt. Erläutert, wie sie zueinander und zum König stehen.

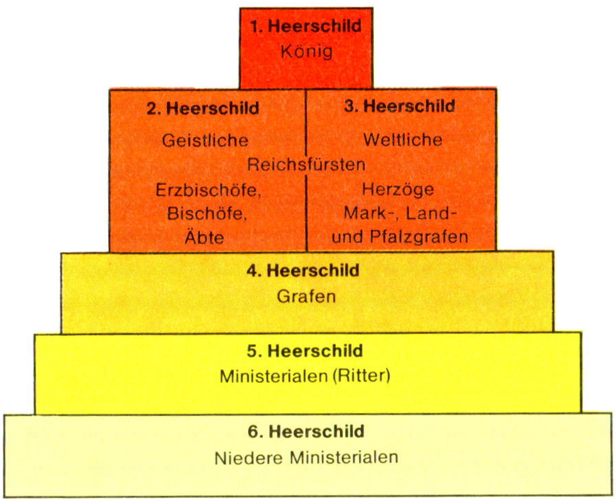

(2) Wer stellte die Reiter für den König?

Im Jahr 981 ließ Kaiser Otto II. ein Heer für Italien aufstellen und forderte die geistlichen und weltlichen Kronvasallen auf:

„Bischof Erkanbald von Straßburg schicke 100 Panzerreiter. Der Abt von Murbach führe selbst 20 an. Bischof Baldrich von Speyer schicke 20. Bischof Hildibald von Worms führe 40 an. Der Abt von Weißenburg schicke 50. Der Abt von Lorsch führe 50 an."

Weiter hatten anzuführen oder zu schicken:

Erzbf. von Mainz	100	Äbte von Stablo und Inden	12
Erzbf. von Köln	100	Graf Dietrich	12
Bf. von Würzburg	60	Graf Ansfrid	10
Abt von Hersfeld	40	Markgrafen Gottfried und Arnulf	30
Graf Heribert	30	Graf Sikkos Sohn	30
und sein Verwandter	40	Abt von Prüm	40
Megingaus (Adliger)	30	Erzbf. von Trier	70
Kuno (Adliger)	40	Bf. von Verdun	60
Herzogtum Elsaß	70	Bf. von Toul	20
Bezolin	12	Erzbf. von Salzburg	70
Azolin	30	Bf. von Regensburg	70
Otto	20	Bf. von Freising	40
Graf Hezil	40	Bf. von Eichstätt	50
Abt von Fulda	60	Bf. von Saben	20
Graf Guntram	12	Bf. von Augsburg	100
Unger	20	Bf. von Konstanz	40
Sikko (Bruder des Kaisers)	20	Bf. von Chur	40
Otto	40	Abt von Reichenau	60
Adalbert	30	Abt von St. Gallen	20
Herzog Karl	120	Abt von Ellwangen	40
Bf. von Lüttich	60	Abt von Kempten	30
Bf. von Cambrai	12		

(1) Q

(a) Vergleicht die Zahl der Panzerreiter, die von geistlichen bzw. von weltlichen Fürsten zu stellen waren. Was sagt der Vergleich?

(b) Erklärt anhand dieser Information, welche Bedeutung das Rittertum und welche Bedeutung die geistlichen Reichsfürsten hatten.

(3) Frieden durch Recht im Mittelalter

Im Jahr 1152 bestimmte Kaiser Friedrich Barbarossa in einem Landfrieden:

„Wir wollen einem jeden Menschen sein Recht sichern, und wir befehlen, daß der lange ersehnte und aller Welt so dringend notwendige Frieden in allen Gauen unseres gesamten Reiches bei unserer königlichen Autorität gehalten werde. Wie man aber diesen Frieden halten und bewahren solle, das lehren die unten folgenden Bestimmungen ganz eindeutig:

1. Wenn jemand während des verordneten Friedens einen anderen Menschen tötet, muß er die Todesstrafe auf sich nehmen. Es sei denn, er könne durch Zweikampf beweisen, daß er jenen anderen bei Verteidigung des eigenen Lebens erschlagen hat. Wenn es aber allen deutlich ist, daß er nicht unter dem Drucke der Not, sondern vorsätzlich jenen getötet hat, dann gebe es für ihn weder den Zweikampf noch eine andere Entschuldigung, sondern er werde zum Tode verurteilt ...
3. Wenn jemand während des verordneten Friedens einen anderen Menschen verwundet, dann werde ihm, falls er nicht im Zweikampf beweist, daß er dies bei der Verteidigung des eigenen Lebens getan hat, die rechte Hand abgeschlagen, und er werde so, wie oben gesagt ist, verurteilt, und der Richter sei gehalten, gegen ihn und seinen Besitz streng nach dem Rechte zu verfahren.
18. Wer einen Gegenstand im Werte von fünf Schillingen [etwa der Wert einer Kuh] oder mehr stiehlt, soll am Strick aufgehängt werden; wenn der Wert geringer ist, werde der Dieb mit Ruten gestrichen, mit Zangen gepeinigt oder kahl geschoren.
20. Wer auf der Reise über Land sein Pferd füttern will, darf ungestraft dem Tiere geben, was er, unmittelbar am Wege stehend, mit den Armen erreichen kann, um ihm Nahrung und Erholung zu verschaffen. Soweit das ohne Verwüstung und Schaden geschieht, darf er auch Kräuter und Grünzeug im Walde zu seiner Bequemlichkeit und zu seinem Bedarf verwenden.“ (2) Q

(a) Erklärt, wozu der Landfrieden verkündet wurde und gegen wen er sich richtete.

(b) Äußert euch zu den Strafen, die hier genannt werden.

(c) Prüft, ob und wie der König die Einhaltung des Landfriedens durchsetzen konnte.

(4) Wer hat den königlichen „Hof“ versorgt?

Die Güter, die den königlichen Hof versorgen mußten, nennt man Tafelgüter. In einem Verzeichnis aus dem Jahr 1131/32 heißt es:

„Dies sind die Höfe, die zur Tafel des Römischen Königs gehören. In Sachsen mit all ihrem Zubehör: die Lausitz, sie gibt 5 königliche Dienste; der Milzengau, der Nisangau; Bautzen ... Diese [und 17 weitere] Höfe in Sachsen also geben dem König soviel Dienste, wie Tage im Jahr sind, und 40 mehr. Wir machen euch auch bekannt, was ein königlicher Dienst in Sachsen ist: Es sind 30 große Schweine, 3 Kühe, 5 Ferkel, 50 Hühner, 50 Eier, 90 Käse, 10 Gänse, 5 Fuder (hl) Bier, 5 Pfund Pfeffer, 10 Pfund Wachs, Wein aus ihrem Keller überall in Sachsen.
Dies sind die Höfe in Rheinfranken: Tiel 2 königliche Dienste; Nymwegen 8; Aachen 8 ... Dies [und weitere 18] sind die Höfe in Franken. Soviel geben sie: 40 Schweine, 7 saugende Ferkel, 50 Hühner, 5 Kühe, 500 Eier, 10 Gänse, 5 Pfund Pfeffer, 90 Käse, 10 Pfund Wachs, 4 große Fuder Wein.
Dies sind die Höfe in Bayern: Nürnberg gibt 2 königliche Dienste; Gründlach 1 ... Dies [und weitere 10] sind die Höfe in Bayern. Sie geben 26 königliche Dienste, und zwar so groß wie die in Franken ...“ (3) Q

Der durchschnittliche Tagesverbrauch des königlichen Hofes wird für diese Zeit geschätzt auf:

5 Kühe
46 Schweine
8 Ferkel
14 Gänse
71 Hühner
216 Eier
129 Käse
14 Pfd. Wachs
5,5 Fuder (hl) Bier
1,3 Fuder (hl) Wein

(a) Äußert eure Meinung zum Umfang der geforderten Lieferungen.
Wieviel Menschen könnten zum Königshof gehört haben?

(b) Erklärt, warum „Steuern“ im Mittelalter eine andere Bedeutung hatten als heute.

(c) Zeigt den Zusammenhang zwischen den „Tafelgütern“ des Königs und der Art, wie er seine Herrschaft ohne Hauptstadt ausübte.

(5) Was war Sache des Königs?

(a) Arbeitet aus dem folgenden Bericht heraus, wie ein König im Mittelalter regierte:

„Als König Konrad sein königliches Gefolge beisammen hatte, zog er zunächst durch Niederlothringen nach der Pfalz Aachen, wo der von den früheren Königen und vornehmlich von Karl aufgerichtete berühmte Königsthron als der echte Stuhl des Reiches gilt. Hier nahm er Platz, erteilte treffliche Anordnungen für das Reich und waltete in allgemeiner Fürsten- und Kirchenversammlung zweckmäßig des kirchlichen und weltlichen Rechts.
Nach dem Aufbruch aus Niederlothringen kam er nach Sachsen. Hier bestätigte er nach dem Wunsche der

Sachsen durch feierlichen Spruch ihr hartes Recht. Darauf forderte er von den Barbaren an Sachsens Grenze Tribut und zog alle schuldigen Abgaben ein. Dann reiste er durch Bayern und Ostfranken nach Schwaben; durch solchen Umritt band er seine Länder in Landfrieden und Königsschutz eng aneinander." (4) Q

(b) Welche Fähigkeiten brauchte ein König damals? Lest den Abschnitt „Der König als Feldherr und Richter".

1. Zeige anhand des Schemas auf S. 206, wie ein Vasall zugleich Lehnsherr und Lehnsmann sein konnte.

2. Vergleiche einen „Lehnsstaat" mit einem modernen „Beamtenstaat": Worin liegen die Unterschiede in bezug auf den Regierungschef, die Beamten, die Steuern, die Hauptstadt?

3. Man kann sagen, der deutsche König habe im Mittelalter seine Herrschaft „erritten". Erkläre das.

4. Nimm Stellung zu folgenden zwei sich widersprechenden Thesen:

a) Das Reich wurde im Mittelalter durch König und Adel gemeinsam beherrscht.

b) Im Mittelalter kämpften König und Adel gegeneinander um die Herrschaft im Reich.

5. Berichte, von wem im Laufe des Mittelalters der deutsche König gewählt wurde.

Fehde: Außergerichtliche gewaltsame Auseinandersetzung, in der einer, der ein Unrecht (ein Verbrechen usw.) erlitt, sich an dem, der es ihm zufügte, zu rächen versucht. An der Fehde sind in der Regel die Familien, Sippen oder Gefolgschaften der Streitenden mitbeteiligt. Alle Waffenfähigen (Adlige, Freie, Städte) konnten sich durch die Fehde selber Recht verschaffen.

Landfrieden: Um Fehden einzuschränken, wurden seit dem 10. Jh. zunächst „Gottesfrieden" verkündet; sie verboten Fehden von Mittwochabend bis Montag früh und an Feiertagen. Seit dem 11. Jh. verkündeten Könige und Kaiser allgemein gültige „Landfrieden", um die staatliche Gerichtsbarkeit gegen das Recht der Selbsthilfe durchzusetzen. Erst der „Ewige Landfrieden" von 1495 hat das Fehdewesen endgültig beseitigt.

Lehen: Ein Lehen besteht in der Regel aus einem Landgut, das der Lehnsherr dem Lehnsmann auf Lebenszeit zur Nutzung „verleiht"; dafür muß der Lehnsmann dem Lehnsherrn helfen, vor allem in Kriegen und in der Verwaltung. Wenn ein Lehen übergeben wird, schwören sich Lehnsherr und Lehnsmann den Treueschwur.

Vasall: Ursprünglich: Knecht. Seit der Karolingerzeit wird der Lehnsmann als Vasall bezeichnet. Als Vasall bekommt er für seine Dienste ein Lehen, das er uneingeschränkt nutzen kann.

9. Jh.	Ausbildung des Lehnswesens
10. Jh.	Gottesfrieden
11.–16. Jh.	Landfrieden

Quellennachweis

(1) Nach G. Franz: Quellen zur Geschichte des Bauernstandes, a.a.O., S. 63 ff.

(2) Deutsche Übersetzung in: W. Lautemann: Geschichte in Quellen, Band 2. München 1969, S. 393 f.

(3) Deutsche Übersetzung in: Quellen zur Verfassungs-, Wirtschafts- und Sozialgeschichte bis 1250, hrsg. v. L. Weinrich. Darmstadt 1977, S. 189 ff.

(4) Wipo: Taten Konrads II., deutsche Übersetzung in: K. Kroeschell: Deutsche Rechtsgeschichte I, a.a.O., S. 148.

Lesetip

A. Fremantle: Kaiser Ritter und Scholaren. rororo Life 34 (SB)

K. Hampe: Das Hochmittelalter. Geschichte des Abendlandes von 900 bis 1250. Böhlau Verlag, Köln 1977 (WD)

F. Stöckle: ... bis er gesteht. Arena, Würzburg (SB)

10.2. Reichspolitik in der Stauferzeit

Kaiser Friedrich I. zwischen seinen Söhnen, König Heinrich VI. (dem späteren Kaiser) und Herzog Friedrich von Schwaben. Buchmalerei, 12. Jh.

Unter den Kaisern des Mittelalters ragen einige hervor, so z. B. Friedrich Barbarossa und Friedrich II., beide aus dem Geschlecht der Staufer. Ihre Politik nahm ein unglückliches Ende. Vielleicht träumten deshalb viele, die Stauferzeit sollte noch gar nicht zu Ende sein, wie es in einem Gedicht aus dem 19. Jh. heißt:

Der alte Barbarosse,
der Kaiser Friederich,
im unterirdischen Schlosse
hält er verzaubert sich.

Er ist niemals gestorben,
er lebt darin noch jetzt.
Er hat im Schloß verborgen
zum Schlaf sich hingesetzt.

Er hat hinabgenommen
des Reiches Herrlichkeit
und wird einst wiederkommen
mit ihr zu seiner Zeit.

- Wie groß war das Reich der Stauferkaiser – und wie haben sie es regiert?
- Was haben die Stauferkaiser Besonderes geleistet?
- Woran ist die Stauferherrschaft zerbrochen?

Kaiser Friedrich Barbarossa. Unter Friedrich I. (1152–1190) aus dem Hause der Staufer, einem schwäbischen Herzogsgeschlecht, erlebte das Kaiserreich einen neuen Höhepunkt seiner Macht. Kaiser Friedrich I. bekam seinen Namen „Barbarossa", d. h. Rotbart, von den Italienern. Ein wichtiges Ziel seiner Politik war, Italien seiner Herrschaft zu unterwerfen. Als König der Langobarden (vgl. S. 143 f.) und Kaiser des Reiches beanspruchte er das reiche und hochentwickelte Oberitalien, während der Papst über Rom und das angrenzende Land – den Kirchenstaat – regierte. Die Päpste glaubten, die Freiheit der Kirche werde gefährdet, wenn der Kaiser in Italien zu mächtig werde. →(1)

In Süditalien waren um 1050 normannische Seefahrer eingedrungen (vgl. S. 160); sie besiegten die Araber auf Sizilien und bildeten unter Roger II. ein starkes Königreich, das vom Papst 1139 anerkannt wurde.

Kaiser Friedrich I. zog während seiner Regierung sechsmal nach Italien, weil oberitalienische Städte seine Herrschaft ablehnten. Handel und Handwerk hatten diese oberitalienischen Städte reich, aber gleichzeitig auch selbstbewußt gemacht; sie wollten unabhängig sein. So wählten sie eigene Bürgermeister (Consules), nahmen die städtische Verwaltung in eigene Hände, prägten eigene Münzen und erhoben Steuern und Zölle. Dem Kaiser gelang es zeitweilig, den Widerstand der Städte zu brechen. Er nahm die *Reichsrechte** wieder wahr und ließ die Städte von kaiserlichen Beamten verwalten; das waren meist Reichsministerialen aus der Pfalz und dem Elsaß.

Der Papst schwieg zunächst, denn das normannische Unteritalien bedrohte von Süden her den Kirchenstaat. Als die Gefahr wegfiel, verbündete sich der Papst mit den oberitalienischen Städten als seinen natürlichen Bundesgenossen. Die vertriebenen Bürger kehrten in ihre vom Krieg zerstörten Städte zurück, die sie neu aufbauten und befestigten.

Der Kaiser war in einer Zwangslage. Auf eine Wiedergewinnung von Oberitalien war kaum zu hoffen, weil die deutschen Fürsten dem Kaiser nicht helfen wollten. Ihnen war nicht daran gelegen, daß die kaiserliche Macht in Deutschland oder Italien gestärkt wurde; sie wollten lieber selbst mächtige und selbständige Herren in ihren Herzogtümern und Grafschaften sein.

Der mächtigste Mann nach dem Kaiser war der Welfenherzog Heinrich der Löwe. Er beherrschte Bayern und Sachsen, dehnte sein Land zur Ostsee hin aus, indem er slawische Nachbarn besiegte, und sicherte seine Macht durch die Gründung von Städten (z. B. München, Lübeck) und Bistümern. Einem Aufruf des Kaisers, ihn auf dem Italienzug zu unterstützen, verweigerte Heinrich den Gehorsam. Er wurde deshalb später angeklagt, verurteilt und verlor seine Herzogtümer. Von Heinrich im Stich gelassen, mußte Friedrich Barbarossa mit dem Papst und den oberitalienischen Städten verhandeln. Es gelang ihm, beide voneinander zu trennen. Er zahlte keinen geringen Preis dafür: Die Städte erhielten das Recht auf freie Wahl der Bürgermeister, zur Erhebung eigener Zölle und zur eigenen Gerichtsbarkeit. Der ursprünglich kaiserfeindliche lombardische Städtebund durfte bestehen bleiben; der Kaiser benutzte ihn allerdings dazu, alle Städte auf die gleiche Stufe zu stellen, um dadurch die Übermacht einzelner Städte zu brechen.

Einen feierlichen Höhepunkt bildete das große Fest, zu dem der Kaiser am Pfingsttag 1184 in die Stadt Mainz einlud. Seine beiden Söhne erhielten dort den Ritterschlag. Über 40 000 Menschen sollen im „goldenen Mainz" gewesen sein; sie erlebten Turniere der Ritter und feierliche Gottesdienste der Bischöfe, hörten Spielleuten zu und genossen das Volksfest. Alles diente der Verherrlichung des Kaisertums, das damals überall in Europa hochangesehen war. Wenige Jahre später rüstete Barbarossa zu einem Kreuzzug. Durch einen Unglücksfall kam er dabei in Kleinasien 1190 ums Leben.

Sizilien unter Friedrich II. Der Sohn Barbarossas, Heinrich VI. (1190–1197), erbte nicht nur drei Königreiche: Deutschland, (Ober)Italien und Burgund; durch Heirat erwarb er auch das normannische Sizilien. So herrschte er über das größte Reich der damaligen Zeit. Seine Pläne reichten so weit, daß er auch das oströmische Reich in die staufische Herrschaft einbeziehen wollte. Deutschland und Sizilien sollten für immer verbunden bleiben und somit Grundlage und Kern eines Reiches werden. Den deutschen Reichsfürsten bot Heinrich VI. die Erblichkeit der Reichslehen in männlicher und weiblicher Folge dafür an, daß sie ihrerseits auf das Kaiserwahlrecht verzichteten und dem Staufergeschlecht unangefochten die Kaiserwürde zubilligten. Dieser weitausgreifende Erbreichsplan wurde von der Mehrheit der deutschen Fürsten zunächst zustimmend aufgenommen, scheiterte aber am Widerstand vor allem niederrheinischer und westfälischer Fürsten. Der frühe Tod des Kaisers – er starb mit 32 Jahren – verhinderte schließlich die Erfüllung dieser Pläne. →(2)

Sein Sohn Kaiser Friedrich II. (1214–1250) baute Sizilien zu einem vorbildlich verwalteten Staat aus. Auf einem Hoftag in Capua erklärte er alle bisherigen Privilegien und Vorrechte des einheimischen Adels für ungültig. In Zukunft durften nur die königli-

chen Beamten Steuern und Zölle einziehen. Eine staatliche Handelsflotte verdrängte die Genueser und Pisaner, die damals das westliche Mittelmeer beherrschten, und in den Hafenstädten mußten alle Waren in staatseigenen Lagerhäusern umgeschlagen werden.
Kupfer, Eisen, Salz, Rohseide, Hanf und Getreide durften private Kaufleute überhaupt nicht handeln. Der Staat beanspruchte die Verkaufsrechte, er besaß ein Monopol. Diese Maßnahmen füllten die Kassen des Königs.

„Der Kaiser war ein brillanter Sprachkenner und voll ernsthafter Begeisterung für naturwissenschaftliches Forschen und künstlerisches Gestalten. Er fühlte sich in der Philosophie des Aristoteles [vgl. S. 51] ebenso zu Hause wie in den griechischen und arabischen Naturwissenschaften. Er schrieb ein grundlegendes Werk ‚Über die Falkenjagd', übersetzte arabische Werke . . . Die Binnenhöfe seiner Paläste waren mit Springbrunnen geschmückt, die Räume mit dem Luxus Arabiens ausgestattet. Er wandelte seinen Hof von Palermo in eine Akademie um und vermerkte, daß ‚die Wissenschaften Hand in Hand mit Regierung, Gesetzgebung und Kriegführung arbeiten müßten'. Er gründete die Universität von Neapel, die erste Hochschule, die ihre Entstehung einer königlichen Initiative verdankte, und stattete die medizinische Hochschule in Salerno, die auch weibliche Studenten zuließ, reich aus." (1)

Die Verwaltung übertrug er Beamten, meist deutschen Ministerialen oder Normannen, auch Juden und Arabern. Er ließ sie an der Staatsuniversität Neapel ausbilden. Anstelle von Lehen oder Anteilen am Ertrag erhielten sie feste Gehälter. Das stehende Heer, das er aufstellte, ersetzte die mittelalterliche Lehnstruppe. Über das ganze Land verstreut baute er Kastelle; sie waren Mittelpunkte der Verwaltung und Verteidigung. →(3)

Papst und Kaiser im Konflikt. Seitdem die Kaiser auch über Sizilien herrschten, fühlten sich die Päpste im Kirchenstaat umklammert. Sie wehrten sich dagegen, besonders Innozenz III. (1198–1216), in dem viele den größten Papst des Mittelalters sehen. Er nutzte den fast zwanzigjährigen Thronstreit, der nach dem Tod Heinrichs VI. in Deutschland ausbrach. Innozenz III. verhielt sich ganz diplomatisch. Er legte sich lange Zeit weder für den einen noch für den anderen Kandidaten fest, nutzte vielmehr die Gelegenheit, den Umfang des Kirchenstaats fast zu verdoppeln. Das Verhältnis zwischen Papsttum und Kaisertum verglich er mit den zwei Gestirnen Sonne und Mond. Wie der Mond sein Licht von der Sonne erhalte, so empfange der Kaiser seine Macht vom Papst.
Im Kampf gegen Friedrich II., der schließlich Kaiser geworden war, setzten die Päpste auch wieder die geistliche Waffe des Kirchenbanns ein (vgl. S. 198). Friedrich II. wurde sogar des Aberglaubens und Unglaubens angeklagt, weil er sich an seinem sizilianischen Hof in Palermo mit arabischen und jüdischen Wissenschaftlern umgab. Aber der Kirchenbann, weil oft verhängt, blieb unwirksam; nur die Gegenwehr war heftiger.
Da das Reich der Staufer bald nach dem Tode Friedrichs II. (1250) zerfiel, könnte man sagen, der Papst habe im Streit zwischen Kaisertum und Papsttum gesiegt. Es dauerte aber nicht lange, bis das scheinbar befreite Papsttum in eine schlimmere Abhängigkeit geriet, diesmal in die des französischen Königs.

(1) Friedrich Barbarossa im Urteil von Zeitgenossen

„Nach den Stürmen der Vergangenheit strahlt nicht nur wieder der unerhört wolkenlose Himmel des Friedens, sondern es ist auch das Ansehen des römischen Reiches [des Kaiserreiches] dank der Tätigkeit des überall siegreichen Kaisers so gestärkt, daß unter seiner Herrschaft das Volk sich in demütigem Schweigen ruhig verhält und alle außerhalb des Reichs wohnenden Barbaren und Griechen [d. h. das oströmische Reich], durch das Gewicht seines Ansehens niedergehalten, in Furcht verharren." (2) Q

(a) Erläutert, worin der Biograph Barbarossas die Bedeutung des Kaisers sieht.

(b) Was sagt die Abbildung auf S. 212 über den Kaiser und seine Politik?

(2) Anspruch auf Weltherrschaft

(a) Heinrich VI. wollte das Reich über alle Staaten in Europa stellen; kann man das begründen? Was zeigt die Karte?

(b) Erklärt, was die Staufer meinten, wenn sie vom „Heiligen Reich" sprachen, das ihnen gehöre.

(c) Man kann im Reichsapfel (vgl. S. 155) das Sinnbild einer Weltherrschaft sehen; erklärt.

Europa um 1250.

(3) „Moderne" Leistungen Friedrichs II.

Aus einem Erlaß Friedrichs II. über Neapel, 1224:

„Wir wünschen ... in unserem Königreich eine Pflanzschule der Wissenschaften, um kluge und weitsichtige Männer auszubilden ... Wir verordnen daher, daß in Neapel Wissenschaften jeder Art gelehrt werden sollen, damit alle, die auf der Suche nach Wissen sind, ihr Verlangen im Königreich selber befriedigen können und nicht in andere Länder ziehen müssen. Wir haben die Absicht, dieses Gut zum Nutzen unseres Staates einzusetzen, da wir unsere besondere Aufmerksamkeit auf die Wohlfahrt unserer Untertanen richten. Die Lehrenden werden die besten Aussichten haben und reiche Güter erhoffen können ... Wer Rechtswissenschaft studiert, darf Gunst und viele Reichtümer erwarten. Wir werden gelehrte Männer in unseren Dienst stellen ..., und denjenigen, die sich durch eifriges und erfolgreiches Studium ausgezeichnet haben, werden wir die Lehre des Rechts und die Ausübung der Rechtsprechung anvertrauen ... Den Studenten bieten wir Wohnungen und Stipendien an ... Wer also irgendeine Wissenschaft studieren will, soll nach Neapel gehen, und niemand soll eine Schule außerhalb des Königreiches besuchen oder innerhalb des Königreiches an einer anderen Schule lehren oder lernen." (3) Q

Friedrich II. Vorderseite einer Münze mit dem Bildnis des Kaisers (aus Brindisi oder Messina, 1231).

Castel del Monte in Süditalien, 1240 auf einer Anhöhe errichtet. Bunter Marmor bedeckte Wände und Fußböden des Baus, wertvolle Steinmetzarbeiten schmückten Gewölbe, Fenster und Gesimse, prachtvolle Treppen zierten ihn im Inneren.

(a) Beschreibt, was an der Bauweise Friedrichs II. und an seinem Erlaß über die Gründung der Universität Neapel „modern“ erscheint.

(b) Berichtet über weitere Maßnahmen des Kaisers zur Modernisierung seines Staates. Lest dazu S. 213 f.

Castel del Monte, Grundriß.

1. Berichte über Leben und Leistung des auf dem Siegel abgebildeten Stauferkaisers.

Das Siegel Kaiser Friedrichs I. an einer Urkunde vom 26. Juni 1168. Die Rückseite zeigt eine stilisierte Darstellung der Stadt Rom.

2. Erkläre, weshalb der Welfenherzog Heinrich der Löwe wegen Treuebruch angeklagt und verurteilt wurde. Zeige an diesem Beispiel, welche Bedeutung das Lehnssystem für den deutschen König hatte.

3. Nenne Gründe für den Reichtum der italienischen Städte und schildere, wie Barbarossa sich ihnen gegenüber verhielt.

4. Nimm Stellung zu der Auffassung, Friedrich II. sei ein „moderner“ Herrscher gewesen.

Reichsrechte: Sie umfassen alle Hoheitsrechte des Königs im mittelalterlichen Reich, vor allem die Gerichts- und Militärhoheit, die Steuerhoheit mit dem Recht, Münzen zu prägen, Zölle zu erheben, Bergbau zu betreiben; auch die Oberhoheit über Straßen, Flüsse und Märkte gehört zu den Reichsrechten. Seit der Stauferzeit sind viele Reichsrechte den Reichsvasallen gegeben worden, die ihre eigene Macht stärken konnten.

1152–1190	Friedrich I. Barbarossa
1190–1197	Heinrich VI.
1198–1216	Papst Innozenz III.
1215–1250	Friedrich II.
1268	Tod Konradins, des letzten Staufers

Dieses Denkmal hat Heinrich der Löwe 1166 vor seiner Burg Dankwarderode in Braunschweig aufstellen lassen. Der Löwe, der einst vergoldet war, sollte ein Sinnbild für das Selbstbewußtsein und die Macht des Herzogs sein.

Quellennachweis

(1) Meilensteine der Geschichte, Band II. Frankfurt-Berlin-Wien 1971, S. 19.
(2) Otto von Freising und Rahewin: Taten Friedrichs. Deutsche Übersetzung in: Büssem/Neher: Arbeitsbuch Geschichte. Mittelalter. Pullach bei München 1975, S. 152.
(3) Deutsche Übersetzung in: H. D. Schmid: Fragen an die Geschichte, Band 2. Frankfurt 1980, S. 92.

Lesetip

O. Engels: Geschichte der Staufer. Urban Tb. 154 (WD)
S. Fischer-Fabian: Die deutschen Cäsaren. Zürich 1977 (SB)
E. Horst: Friedrich II. der Staufer. Heyne Biogr. 43 (SB)
H. Nette: Friedrich II. von Hohenstaufen. Rowohlt Bildmonogr. 222 (SB)
Th. Schieffer: Die deutsche Kaiserzeit. Ullstein Tb. 3841 (WD)

Konradin, der letzte Staufer, mit seinem Jagdfalken auf der Rebhuhnjagd, begleitet von seinem Freund Friedrich von Baden. Der Enkel Friedrichs II. fiel auf seinem Italienzug in die Hände Karls von Anjou und wurde auf dessen Befehl zusammen mit Friedrich von Baden 1268 auf dem Marktplatz in Neapel enthauptet. Buchmalerei aus der Manessischen Liederhandschrift.

10.3. Kaiserreich und Landesherrschaft

Kaiser Karl IV. und die Kurfürsten. Darstellung in einem Wappenbuch aus dem Jahre 1370.

Rechte des Königs und Kaisers sind:

„Das Heeresaufgebot zu erlassen, die Kontrolle über öffentliche Wege, schiffbare Flüsse und solche, aus denen schiffbare gemacht werden können, sowie über die Häfen auszuüben; Uferzölle, Durchgangs- und Marktzölle zu erheben, Münzen prägen zu lassen, Gebühren für Gerichtsverfahren zu kassieren, über Güter zu verfügen, die ein kinderloser Lehensmann hinterließ oder die einem Unwürdigen aufgrund der Gesetze entzogen wurden, sowie über die Güter der Verurteilten und Geächteten ... Das Recht, für einen Zug nach Rom die Bereitstellung von Posten, Wagen und Schiffen und eine besondere Steuer zu verlangen; die Macht zur Ausübung der Gerichtsbarkeit, das Recht, Behörden einzusetzen, der Besitz der Silberbergwerke und die Erträge aus Fischereien und Salinen ...“ (1) Q

Rechte des Landesherrn sind:

„Der gnädige Fürst und Landesherr zu Württemberg, ist rechter, einziger und regierender Herr im Dorf zu [Name des Dorfes]. Er hat daselbst, soweit dieses Dorfes Markung und Grenzen reichen, einzig und allein die Gerichtsgewalt, das Geleit, alle Obrigkeit und Herrlichkeit, das Recht auf Gebot und Verbot, hohes und niederes Gericht und sonst niemand.“ (2) Q

Wir haben in Deutschland eine Bundesrepublik mit einer Bundesregierung und einem Bundestag. Zugleich gibt es einzelne Bundesländer mit Landesregierungen und Landtagen. Das kann man geschichtlich erklären:

- Wie weit reichte die Macht des Kaisers – und wo begann die Macht der Landesherren?
- Haben die Landesherren das Kaiserreich zugrunde gerichtet – oder haben sie Recht und Ordnung aufrecht erhalten, wo der Kaiser dazu gar nicht fähig war?
- Wo sind die Grundlagen für den modernen Staat geschaffen worden?

Die Landesherren. Im mittelalterlichen Lehnsstaat war die „Staatsgewalt" auf viele verteilt: auf König, Fürsten, Grafen, Ministerialen, Kirche und Städte. Die Landesfürsten aber begannen, in ihren Ländern („Territorien") alle Gewalt zusammenzufassen und zu „zentralisieren": Sie schufen eine einheitliche Verwaltung, ernannten Beamte, die Steuern einzogen und darüber wachten, daß Gesetze und Anordnungen durchgeführt wurden. Ein einheitliches Landrecht, in Rechtsbüchern aufgeschrieben, kam in den Territorien zustande. Eine Staatskasse wurde eingerichtet. Die *Landesherren** stellten ein eigenes Heer auf mit einheitlicher Führung und Ausrüstung. Sie sorgten dafür, daß sich die Wirtschaft entwickelte; viele förderten Bergbau, Handel, Verkehr und Gewerbe. → (2)
Die *Territorien** entwickelten sich zu Staaten im Reich, sie waren selbständige Länder innerhalb des deutschen Reiches. Der Kaiser blieb auf das Wohlwollen der Landesherren angewiesen. Eine wirksame Reichspolitik war nur noch möglich, wenn sich der Kaiser auf eine starke *Hausmacht** (vgl. S. 208) stützen konnte. Im „Reichstag" hatten die *Reichsstände**, d. h. alle weltlichen und geistlichen Reichsfürsten, die Grafen und freien Herren, über die – allerdings nicht festumgrenzten – Angelegenheiten des Reiches mitzuentscheiden; im Spätmittelalter erkämpften sich auch die Reichsstädte dieses Mitspracherecht. → (3
Dem Reichstag entsprachen in den Ländern die *Landstände** (Landtag), in der alle Stände des Landes – Adel, Prälaten, Städte und vereinzelt auch Bauern – mitregierten. Das Maß dieser Mitregierung richtete sich nach dem Geldbedarf des Landesfürsten: Je mehr dieser verschuldet war, desto größer war auch das Mitspracherecht der Landstände.

Große Fürstengeschlechter. Der Ausbau einer „Landesherrschaft", d. h. eines eigenen Staates, gelang nur solchen Fürstenfamilien (Dynastien), die über Jahrhunderte hinweg an diesem Ziel festhielten, ihr Land nicht unter mehrere Söhne aufteilten, sondern geschlossen vererbten und durch Kauf, Heirat oder Krieg noch vergrößerten. Im deutschen Südwesten waren zunächst die Zähringer und Staufer besonders erfolgreich. Beide Adelsgeschlechter starben jedoch aus. Von ihrem Erbe gewannen die Habsburger ein großes Stück. Durch König Rudolf von Habsburg wurde der Schwerpunkt der habsburgischen Landesherrschaft jedoch nach dem Südosten verlagert. Rudolf gewann durch seinen Sieg über Ottokar von Böhmen (1278) Österreich und die Steiermark; später erwarben die Habsburger Kärnten, Istrien und Tirol, schließlich 1437 auch die Königreiche Böhmen und Ungarn.

Ein anderes Geschlecht aus Süddeutschland waren die Wittelsbacher. Sie erhielten nach dem Sturz Heinrichs des Löwen 1180 (vgl. S. 213) von Kaiser Friedrich Barbarossa das Herzogtum Bayern übertragen und erweiterten es durch Heirat, Erbschaften, Kauf und Einziehung frei gewordener Lehen zu einem fast lückenlos geschlossenen Territorium. Die Grafen von Württemberg, die am mittleren Neckar beheimatet waren, schufen im Lauf von 250 Jahren den größten Territorialstaat im deutschen Südwesten. 1495 verlieh Kaiser Maximilian (vgl. S. 220) den Württembergern den Herzogstitel und bestätigte so den Aufstieg dieses Fürstengeschlechts. Die Hohenzollern kamen ebenfalls aus Süddeutschland. In Schwaben gehörte ihnen das Land um Hechingen, Haigerloch und Sigmaringen. Kaiser Sigismund setzte die Hohenzollern als Markgrafen und Kurfürsten von Brandenburg ein. Sie beeinflußten seitdem die deutsche Geschichte maßgeblich, waren (seit 1701) Könige von Preußen und zuletzt (1871–1918) deutsche Kaiser. → (1)

Kaisertum im Spätmittelalter. Das Ende der staufischen Herrscher hatte das Reich in große Verwirrung gestürzt. Nach mehr als zwanzig Jahren kamen die Königswähler, die „Kurfürsten" (vgl. S. 208), zu der Einsicht, daß es nicht recht sei, die deutsche Königskrone weiterhin zu verschachern. Auf einen Holländer, Engländer und Spanier, die inzwischen die Krone getragen hatten, müsse endlich wieder ein Deutscher folgen. So einigte man sich 1273 auf Rudolf von Habsburg. Er verstand es, in den zwei Jahrzehnten seiner Regierung den Grundstein zur gewaltigen Hausmacht der Habsburger zu legen und im Reich wieder Ruhe und Ordnung zu schaffen, indem er Raubritter und Räuber, die sich in den kaiserlosen Jahrzehnten ausgebreitet hatten, unerbittlich verfolgte.
Die Kurfürsten wählten in der Folgezeit abwechselnd Herrscher aus verschiedenen Fürstenhäusern (Nassau, Habsburg, Luxemburg und Wittelsbach). Wenn der König zu mächtig wurde, schreckten die Kurfürsten nicht davor zurück, ihn abzusetzen und einen Gegenkönig aufzustellen. Dennoch war der Glanz des Kaisertums noch nicht erloschen: Kaiser Heinrich VII. (1308–1313), ein Luxemburger, wurde in Italien jubelnd begrüßt; von ihm erhoffte man die Beendigung der Kämpfe zwischen den Städten und führenden Familien. Der berühmte Dichter Dante, selbst aus Florenz verbannt, pries die Ankunft Heinrichs als den Anbruch einer neuen Zeit des Friedens und der Gerechtigkeit.

Die Goldene Bulle. Der deutsche Kaiser Karl IV. (1346–1378) aus dem Hause Luxemburg bestätigte

1356 die Bestimmungen seiner Vorgänger bezüglich der Königswahl. Das Dokument heißt „Goldene Bulle", weil die kaiserliche Kanzlei ein goldenes Siegel an jede den Kurfürsten ausgehändigte Urkunde hängte. Diese „Goldene Bulle" war eine der wichtigsten Verfassungsurkunden, die bis zum Ende des deutschen Reiches 1806 in Geltung blieb. Sie legte die Siebenzahl der Kurfürsten endgültig fest, regelte deren Rangordnung bei der Wahl, die in Frankfurt stattfinden mußte, verbot den Kurfürsten die Teilung ihrer Länder, um Streit wegen der Kurstimme zu vermeiden, räumte ihnen volle Gewalt und Gerichtsbarkeit in ihren Ländern ein; ihre Untertanen durften das kaiserliche Hofgericht nicht mehr anrufen. → (4)
Nur noch wenige deutsche Könige zogen in den nächsten Jahrhunderten nach Rom zur Kaiserkrönung. Auch hatte sich gegenüber der Zeit um 1250 ein Meinungswandel vollzogen: Die Kurfürsten waren sich einig, daß nur Angehörige der mächtigsten Familien im Reich zum Kaiser gewählt werden sollten. Mit wenigen Ausnahmen fiel bis zum Ende des Alten Reiches (1806) die Wahl auf einen Habsburger, obwohl diese nie ins Kurfürstenkollegium aufgestiegen waren. Aus einem Wahlkönigtum ist eine Erbwahlmonarchie geworden.

Die Reichsreform des Kaisers Maximilian. Das Deutsche Reich sah gegen Ende des Mittelalters schlecht aus: uneinig im Innern und im Westen von Frankreich, im Osten von den Türken bedroht. Eine Reform war notwendig. Damals herrschte Kaiser Maximilian I. aus dem Hause Habsburg (1493–1519). Auf zwei bedeutenden Reichstagen 1495 und 1500 beschlossen die Reichsstände:

1. Im ganzen Reich wird der ewige Landfrieden verkündet. Es darf niemand mehr durch Fehden sein Recht durchzusetzen versuchen. Dies ist nur noch über die Gerichte erlaubt.
2. Ein Reichskammergericht soll als letzte Instanz über die gleichmäßige Wahrung des Rechtes im Reich wachen. Unabhängig vom kaiserlichen Hofe tagte es zunächst in Frankfurt, später in Speyer und Wetzlar. Von seinen 17 Mitgliedern wurden 16 durch die Reichsstände bestellt.
3. Das Reich wird zunächst in sechs (später in zehn) überschaubare Reichskreise aufgeteilt. Sie sollen für die Durchführung des Landfriedens verantwortlich sein. In ihnen soll aber auch der gemeine Pfennig, eine allgemeine Kopfsteuer, eingezogen und an das Reich zur Finanzierung der Reichskriege abgeführt werden.
4. Im Reichsregiment teilen sich Kaiser und durch den Reichstag bestimmte Vertreter der Stände die Regierung des Reiches. Als Sitz wird Nürnberg bestimmt.

Nur das Reichskammergericht und die Reichskreise traten ins Leben, während das Kernstück der Reform, das Reichsregiment, ein Stück Papier blieb. Denn Kaiser und Fürsten wollten nicht das gleiche: Der Kaiser meinte Habsburg, wenn er vom Reich sprach; die kleinen Fürsten dagegen befürchteten, daß die Kurfürsten und die ebenso mächtigen, größeren Fürsten durch die Teilhabe an der Reichsregierung noch mächtiger würden. So scheiterte die Reform auch diesmal. Immerhin besaß der Reichstag künftig ein stärkeres Mitspracherecht, besonders als Maximilians Nachfolger Karl V. durch Heirat auch Spanien an Habsburg brachte. → (5)

(1) Ausdehnung von Land und Herrschaft

(a) Zeigt anhand der Karte, was den Wittelsbachern, Hohenzollern, Luxemburgern und Habsburgern im Spätmittelalter gehörte.

(b) Vergleicht die Größe ihres Besitzes mit heutigen Bundesländern.

(2) Ein Freibrief für die Landesherren?

In einem Gesetz vom 1. Mai 1231 verkündete der Sohn Kaiser Friedrichs II., der als gewählter deutscher König seinen Vater in Deutschland vertrat:

„Heinrich, durch Gottes Gnade allzeit erhabener König, entbietet allen seinen Getreuen seine Gnade und alles Gute. Da wir unsere geistlichen und weltlichen Fürsten in ihrer Freiheit erhalten und auf jede Weise fördern wollen, haben wir ihnen in königlicher Freigebigkeit diesen Gnadenerweis erteilt:

Wir bestimmen zuerst, daß wir keine neue Burg oder Stadt zum Nachteil der Fürsten errichten dürfen.
Ferner soll jeder Fürst die Freiheiten, Gerichtsbarkeiten, Grafen- und Zehntrechte ruhig nutzen nach den anerkannten Gewohnheiten seines Landes.
Ohne Zustimmung des Landesherren darf niemand die Gerichtsstätte verlegen.
Ferner sollen entflohene Leibeigene der Fürsten, Adligen, Ministerialen und Kirchen in unseren Städten nicht aufgenommen werden.
Ferner wollen wir keine neue Münze im Lande irgendeines Fürsten schlagen lassen, durch die das Münzrecht des Fürsten beeinträchtigt wird ..." (3) Q

(a) Welche Rechte tritt der König an die Landesherren ab?

(b) Vergleicht diese abgetretenen Rechte mit der Aufzählung der Königsrechte S. 218.

Hausmachtpolitik der Wittelsbacher, Habsburger, Hohenzollern und Luxemburger im späten Mittelalter.

(3) Hofhaltung der Landesherren

Über den Personalbestand am Hof des Markgrafen von Brandenburg 1470 erfahren wir:

„Der Hof umfaßte einen Hofmarschall, einen Rittermarschall, dreißig Hofkavaliere, einen Hausvogt, drei Schreiber, drei Kapläne, drei Chorschüler, einen Arzt, zwei Kammerknechte, zwei Zwerge, einen Barbier, vier Schneider, einen Küchenmeister, zwei Köche, drei Knechte, einen Knaben, einen Einträger mit einem Esel, einen Metzger, zwei Kellner, einen Küchenjungen, die Bäckerei und Wäscherei.
Der Marstall bestand aus achtunddreißig Pferden, darunter fünf Hengste für den Markgrafen, und sechs Schloßwagenpferden mit folgenden Dienern: zwei Handreiter, ein Sattelknecht, fünf Reitknechte und zwei Wagenknechte. Die Hofkavaliere hielten ihre eigenen Pferde.
Ferner gehörten zum Hofe ein Einheizer, zwei Torhüter, acht Wächter, zwei Landknechte und vier Einrosser für die Hofbriefpost ..." (4) Q

(a) Arbeitet anhand des Textes heraus, wofür ein Großteil der landesherrlichen Einnahmen benötigt wurde.

(b) Sprecht über die Ansicht, die Landesherren hätten die Grundlagen für die moderne Verwaltung und das Beamtentum geschaffen.

(4) „Kurfürsten": Wer hatte den deutschen König zu wählen?

Über die Königswahl bestimmte das Reichsgesetz der „Goldenen Bulle" von 1356:

Die sieben Kurfürsten (Mainz, Trier, Köln, Kurpfalz, Sachsen, Brandenburg, Böhmen) oder ihre Vertreter versammeln sich in Frankfurt. Sie sollen Frankfurt nicht verlassen, „bevor die Mehrzahl von ihnen der Welt oder Christenheit ein weltliches Oberhaupt gewählt hat, nämlich einen römischen König und künftigen Kaiser. Falls sie dies jedoch binnen 30 Tagen ... noch nicht getan hätten, sollen sie ... nach Verlauf dieser 30 Tage fortan nur Wasser und Brot genießen und keinesfalls aus besagter Stadt weggehen, bevor sie ... einen Herrscher ... gewählt haben ..." (5) Q

(a) Woran erkennt man auf dem Bild S. 218 die drei geistlichen und vier weltlichen Kurfürsten?

(b) War der Wahlvorgang zweckmäßig?

(c) Vergleicht die Goldene Bulle und das Königswahlrecht früher (vgl. S. 208).

(5) Ein Bild von Kaiser Maximilian

(a) Wie gefällt euch das Bild? Wie ist der Kaiser dargestellt?

(b) Vergleicht dieses Kaiserbildnis mit früheren Kaiserbildern (S. 160 u. 212) und erläutert die Unterschiede in der Darstellungsweise.

Kaiser Maximilian, wie ihn der Maler Albrecht Dürer auf dem Reichstag zu Augsburg 1518 gezeichnet hat. Die Eintragung in der rechten Ecke lautet: „Das ist Kaiser Maximilian, den hab ich, Albrecht Dürer, zu Augsburg hoch oben auf der Pfalz in einem kleinen Stüble konterfeit, da man zählte 1518 am Montag nach Johannis dem Täufer."

(6) Die Eidgenossenschaft – Freiheit in Raten

Der Sohn Rudolfs von Habsburg versuchte, das Gebiet um den Vierwaldstätter See unter habsburgischer Herrschaft zu halten. Da schlossen sich 1291 die drei „Waldstätte" Schwyz, Uri und Unterwalden zu einem Bund zusammen, um ihre Unabhängigkeit von habsburgischer Herrschaft zu bewahren. Dieser Bund, dem bald noch andere Gebiete beitraten (z. B. Luzern und Bern), verteidigte in zahlreichen Kämpfen seine Unabhängigkeit. Dabei zeigten sich die Schweizer als tüchtige Soldaten, die mit ihren langen Spießen hochgerüstete Ritterheere besiegten.

Im 15. und 16. Jahrhundert dehnten die Schweizer („Eidgenossen") ihr Staatsgebiet in den französischen, italienischen und räto-romanischen Sprachbereich aus. Erst 1648, am Ende des 30-jährigen Krieges, schied die Schweiz rechtlich aus dem Verband des Deutschen Reiches aus. In der Folgezeit entwickelte sich, nicht ohne Schwierigkeiten, aus den verschiedensprachigen Volksgruppen ein Schweizer Volk.

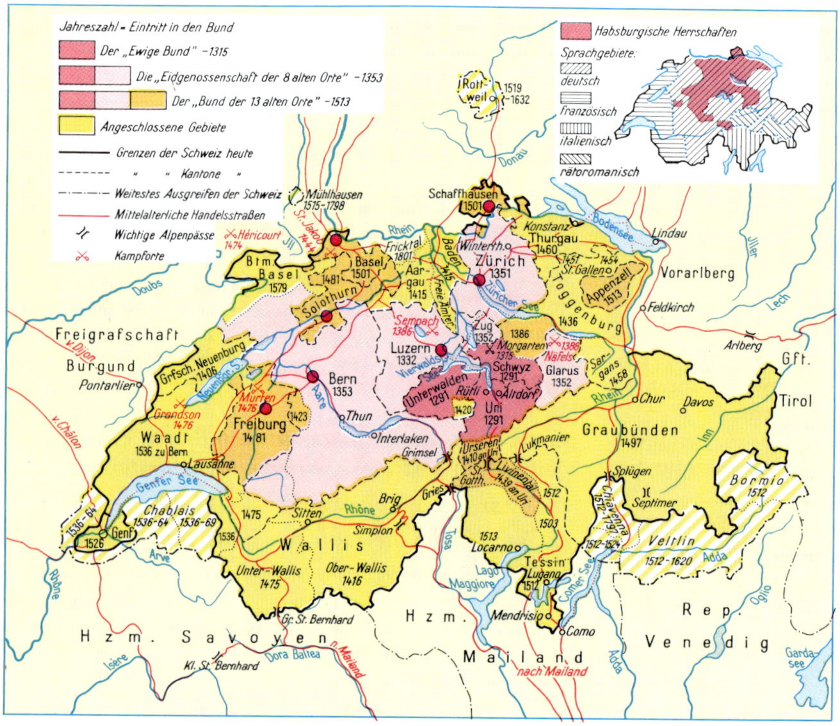

(a) Zeigt am Beispiel der Schweiz den Widerspruch zwischen Hausmachtinteressen und Reichspolitik der Habsburger.

(b) In der Schweiz gibt es vier Sprachgruppen. Kennt ihr andere Staaten, in denen das Volk verschiedene Sprachen spricht?

Die Entwicklung der Eidgenossenschaft.

1. *Erläutere, wie die Macht der Landesherren wuchs, anhand der folgenden Stichworte:*
Einfluß – Reichsfürsten – einheitliche Finanzen – Handel – Rechtsprechung – Verkehr – Bürger – Landesfürst – Territorium – Bauer – Beamte – Friedrich II. – Gewerbe

2. *Nenne einige mächtige Herrscherfamilien im Deutschen Reich und zeige an einem Beispiel, wie lange sie regierten und was aus ihrem Gebiet geworden ist.*

3. *Erkläre die Bestimmungen der Goldenen Bulle und ihre Bedeutung.*

4. *Formuliere deine Meinung zur Frage, ob die Landesfürsten aus Egoismus das Kaiserreich zugrunde gerichtet haben.*

Hausmacht: Ein mittelalterlicher König regierte zwar über das ganze Reich; er konnte aber nur über den Teil des Reichsgebietes, den seine Familie als erbliches Eigentum, d.h. als „Hausgut" oder „Hausmacht" besaß, uneingeschränkt verfügen; alles andere (das sogenannte „Reichsgut") mußte er Reichsvasallen als Lehen geben. Das Hausgut war seit dem 11. Jh. die wichtigste Grundlage der königlichen Macht.

Landesherr: Inhaber der Hoheitsgewalt (d.h. der obersten Befehlsgewalt und obersten Gerichtsbarkeit) in einem Territorium, d.h. einem abgegrenzten Staatsgebiet. Seit dem 13. Jh. vereinigen die Landesherren immer mehr Rechte, die ursprünglich dem König vorbehalten waren (Reichsrechte, Regalien) in ihrer Hand.

Landstände: Der Landesherr beruft in seinem Territorium (meist jährlich einmal) eine Versammlung der „Stände" ein, d.h. die „Prälaten" (Bischöfe und Äbte), die „Herren" (den Adel), die Städte und z.T. auch die Bauern. Sie bilden zusammen den Landtag, der ein Mitspracherecht bei Gesetzen und vor allem bei der Steuerbewilligung hat.

Reichsstände: Die weltlichen und geistlichen Reichsfürsten und Reichsstädte, die keinem anderen Herrn als dem Kaiser unterstanden. Sie hatten das Recht, an den vom Kaiser einberufenen Reichstagen teilzunehmen und über Reichsgesetze und Reichssteuern (z.B. für Kriegszüge) mitzuentscheiden.

Territorium: Seit dem 12. Jh. werden Hoheitsrechte innerhalb eines fest abgegrenzten Gebietes so zusammengefaßt, daß die Herrschaft für *alle* Bewohner dieses Gebietes gilt. So entstand ein geschlossenes Hoheitsgebiet, ein „Flächenstaat" bzw. ein Territorialstaat.

1220 u. 1231/32	Landesherren erhalten Reichsrechte übertragen
1273–1291	Rudolf von Habsburg
1346–1378	Karl IV.
1356	Goldene Bulle
1495	Reichsreform Maximilians I.

Quellennachweis

(1) Übersetzt nach: K. Kroeschell: Deutsche Rechtsgeschichte I, a.a.O., S. 180f.
(2) Lagerbücher aus der Zeit Herzog Christophs. Hauptstaatsarchiv Stuttgart.
(3) Statutum in favorem principum vom 1. Mai 1231.
(4) Das Kaiserliche Buch des Markgrafen Albrecht Achilles. Zit. nach: J. Bühler, Deutsche Vergangenheit, Bd. 2, a.a.O., S. 113ff.
(5) Materialien für den Geschichtsunterricht, Das Mittelalter, a.a.O., S. 312.

Lesetip

R. Buchner: Maximilian I. – Kaiser an der Zeitenwende. Persönlichkeit und Geschichte. Musterschmidt Verlag, Göttingen 1970 (WD)
J. Huizinga: Herbst des Mittelalters. Kröner, Stuttgart 1975 (WD)
Territorien-Ploetz. Geschichte einzelner Bundesländer. Ploetz Verlag, Freiburg i. Br. (WD)

10.4. Die deutsche Ostsiedlung und das Königreich Polen

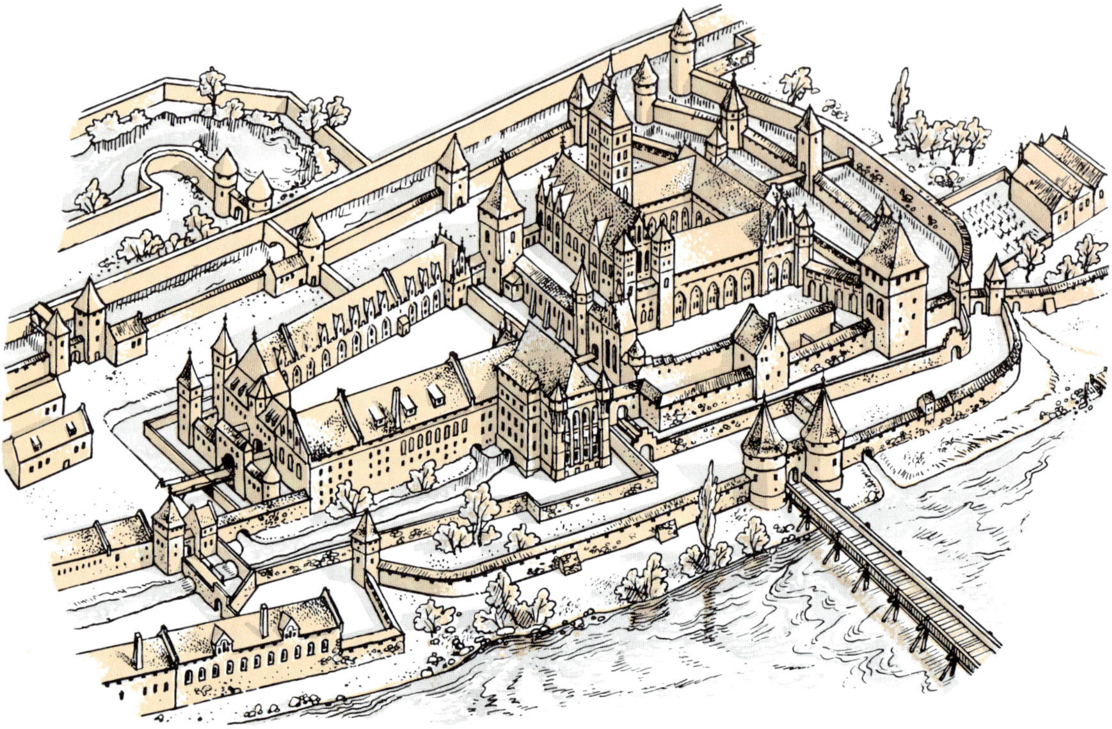

Die Marienburg zur Zeit der Hochmeister. Die Hauptgebäude rechts (Kirche und Hochschloß) bilden eine klosterähnliche Anlage. Das langgestreckte Gebäude links ist der Rittersaal; daran anschließend erkennt man den etwas vorstehenden Hochmeisterpalast. Von dem zweitürmigen Tor im Vordergrund führt eine Brücke über die Nogat. Die Marienburg wurde 1280 als Komtursitz gegründet und 1309 zur Residenz des Hochmeisters erhoben.

Zur Zeit Kaiser Ottos des Großen bildete die Elbe die Grenze des ersten Deutschen Reiches nach Osten. Jahrhunderte später floß die Elbe mitten durch Deutschland. Die deutsche Ostsiedlung hatte die Grenze verschoben. Vom Gebiet des zweiten Deutschen Reiches, das 1871 entstand, lagen zwei Fünftel östlich der Elbe, und 1910 wohnten 40% der Deutschen in diesem Gebiet. Sie waren Nachbarn der Polen.

- Was wissen wir von der Geschichte unserer Nachbarn im Osten?
- Wie haben sich die slawischen Völker entwickelt? Welche Kultur und welche Staaten haben sie aufgebaut?
- Was bewirkte die deutsche *Ostsiedlung** im Mittelalter, und wie wird sie bis heute beurteilt?

Anfänge Polens. Die Slawen waren in der Zeit, als sie sich – vor rund eineinhalbtausend Jahren – in Osteuropa ausbreiteten, kein einheitliches Volk. Ein Stamm der Westslawen, die Polanen (Polen), siedelte sich in der Gegend an, wo heute die Städte Gnesen (Gniezko) und Posen (Poznan) liegen. Auf ihren Burgen herrschten mächtige Adelsgeschlechter. Die meisten Slawenstämme an Elbe und Oder gerieten in langen und wechselvollen Kriegen mit deutschen Fürsten und Königen in deren Abhängigkeit; sie nahmen nur widerstrebend das Christentum an. Der Herzog der Polanen, Miezko I. aus dem Geschlecht der Piasten, ließ sich 966 taufen und holte christliche Missionare, Bischöfe und Äbte in sein Land. Er wurde Lehnsmann des deutschen Kaisers und gewann die Herrschaft über Schlesien. Sein Sohn Boleslaw Chrobry (der Tapfere) erkämpfte seinem Land die Selbständigkeit. Er unterstellte die polnische Kirche einem eigenen Erzbistum Gnesen, das im Jahr 1000 in Anwesenheit des Kaisers Otto III. gegründet wurde. Im Jahr 1025 ließ er sich zum König von Polen krönen.

„Boleslaw Chrobry wollte nicht bloß jede Abhängigkeit abstreifen, sondern seine Macht nach allen Seiten erweitern. Er griff Deutsche und Böhmen an und erreichte in einem denkwürdigen Zug, auf dem ihm auch deutsche Ritter folgten, Kiew, dessen Großfürstentum er für einen seiner Söhne zu gewinnen hoffte. Nach seinem Tode erfolgte ein Machtverfall, und Polen ist, bis es sich im späten Mittelalter zu neuer Größe erhebt, ein Fürstentum mit vielen Thronstreitigkeiten und wechselnden Bündnissen und Feindschaften im Kreise seiner Nachbarn. Die deutsche Lehensoberhoheit bestand dem Anspruch nach fort, obgleich es nur von Zeit zu Zeit gelang, sie auch durchzusetzen. Polen gehörte jedenfalls schon seit der Ottonenzeit zum christlichen Abendland. Seine Fürsten waren vielfach verbunden mit dem höchsten Adel des Deutschen Reiches." (1)

Deutsche Ostsiedlung. Die slawischen Gebiete waren bis ins 12. Jh. noch schwach besiedelt; weite Flächen waren von Urwald bedeckt. Die örtlichen Grundherren hatten nicht genügend Bauern, um den Wald zu roden und urbar zu machen. Sie wollten Siedler aus dem Westen haben. Im Lauf von rund 200 Jahren zogen nahezu 400 000 Menschen vorwiegend aus Deutschland und Flandern in den Osten.

„Was lag diesem Vorgang zugrunde? Verbesserungen der Landwirtschaftstechnik (Dreifelderwirtschaft, eiserne Feldgeräte, Pferdebespannung) hatten es in West- und Mitteleuropa ermöglicht, zunächst mit gleicher Menschenzahl mehr Boden zu bewirtschaften. In einer späteren Phase hatte sich in diesen Gebieten eine starke Bevölkerungsvermehrung ergeben. Die dadurch freigesetzten Menschen zogen ‚gen Osten', nach Pommern und Schlesien.
Diese Wanderung organisierte man so: Von ‚Unternehmern' (d. h. wagemutigen Personen, die für die damit verbundene Arbeit erbliche Bürgermeisterstellen erhielten) wurden Wagenzüge angeworbener Siedler in einheitlich geplante Großdörfer oder auch Städte mit eigenem Recht gelenkt. Die Siedler erhielten für die oft außerordentlich hohen Entbehrungen der Aufbauzeit eine verbesserte soziale Stellung. Weiter sandten christliche Orden ihre Mönche zur geistlichen Betreuung dieser Siedler mit; diese Mönche verfügten über interessante Spezialkenntnisse, wie zum Beispiel Schreiben. Der sich langsam entwickelnde Verkehr führte zu einer Art Straßennetz. An den Übergangsstellen der Flüsse, den Furten, entstanden Niederlassungen, in denen bald Kaufleute heimisch wurden. Gleichzeitig erschlossen eine neue Art von Schiffen, die ‚Koggen', die Ostsee und überbrückten die für damalige Verhältnisse recht großen Entfernungen in annehmbarer Zeit. Pommern und Schlesien waren sehr dünn besiedelt. Zwischen den wenigen Einwohnern und den zahlreichen Neusiedlern entstanden kaum Reibereien. Stattdessen entwickelte sich ein friedlich-nachbarlicher kultureller Angleichungsprozeß." (2)

In Pommern und Schlesien, auch in manchen Teilen von Böhmen, lebten allmählich mehr Deutsche als Slawen. In den Gebieten östlich davon vermischten sich die deutschen Siedler häufig mit den einheimischen Slawen. Lange Zeit behielten die Deutschen jedoch in den Städten eine bevorzugte Stellung, weil ihre handwerklichen Fähigkeiten weiter fortgeschritten waren und man ihnen günstige Rechte gewährt hatte. → (2) (3)

Der Deutschordensstaat. Einer der polnischen Teilfürsten, der Herzog von Masowien, holte nicht nur Bauern und Bürger in sein Land. Er führte seit langem Krieg mit den heidnischen Preußen (Prußen) nördlich von Polen. Da bat er den deutschen Ritterorden um Waffenhilfe. Der *Deutsche Orden**, der während der Kreuzzüge entstanden war und sich inzwischen neue Aufgaben suchte (vgl. S. 201), nahm die Aufforderung im Jahre 1226 an, besiegte die Preußen und bekehrte sie zum Christentum; dann eroberte er auch das Gebiet um Riga (Livland) und nahm schließlich auch Pommerellen mit der Stadt Danzig in Besitz. In der Nähe von Danzig entstand die Marienburg. Sie war der Sitz des „Hochmeisters" des Ordens und die Hauptstadt des ganzen Ordensstaates. Das Land wurde von den Rittern streng verwaltet; sie legten planmäßig Dörfer und Städte an, holten deutsche Siedler ins Land, bauten Burgen, Kirchen und Klöster. Sie ließen Wälder roden und Sümpfe entwässern. In den Städten konnten sich Handwerk und Handel entfalten. Aus den Häfen gingen große Transporte mit Holz und Getreide in den Westen. Danzig wuchs zu einer der größten und reichsten Städte im damaligen

Deutschland. Steuern und Abgaben füllten die Kassen des Ordensstaates, der immer mächtiger wurde.

→ (4)

Polen wird Großmacht. Die angrenzenden Länder fühlten sich von der wachsenden Macht des Ordensstaates bedroht. Das Königreich Polen war inzwischen selbst wieder stark geworden. König Kasimir (1333–1370), dessen Vater das Land geeint hatte, konnte die Teilfürsten entmachten, ließ verödete Landstriche besiedeln, verschaffte den Bauern mehr Rechte, gründete Schulen und auch eine Universität (in Krakau) und schloß mit den Nachbarstaaten Bündnisse. Als die polnischen Adligen – die das Recht hatten, den König zu wählen – im Jahre 1386 die Königstochter Jadwiga (Hedwig) auf den Thron erhoben und sie gleichzeitig mit dem Großfürsten von Litauen, Jagiello, verheirateten, war ein großes Reich in Osteuropa entstanden. Bald kam es zum Krieg mit dem Ordensstaat, den die Ordensritter in der entscheidenden Schlacht bei Tannenberg 1410 verloren. Nach weiteren Kämpfen schloß man 1466 den endgültigen Frieden (in Thorn):

„Diesmal erhielt Polen Danzig, Pomerellen und das Gebiet von Kulm mit einem Teil von Preußen selbst, einschließlich des Hafens von Elbing, der Stadt Marienburg und des Bistums Ermland . . . Der übrige Teil Preußens mit Königsberg als neuer Hauptstadt blieb dem Orden untertan . . . Doch sollte dieses Ostpreußen nicht mehr ein unabhängiger Staat, sondern ein polnisches Lehen sein.“ (3)

Polen war durch die Verbindung mit Litauen und durch seine Siege über den Ordensstaat zu einer Großmacht geworden. In der Zeit um 1500 waren auch Böhmen und Ungarn mit Polen verbunden, und der polnische König herrschte bis weit in das Gebiet des heutigen Rußland. Erst 100 Jahre danach begann der Abstieg Polens; verlustreiche Kriege mit Schweden und Russen, später vor allem das Großmachtstreben des Zarenreiches, Preußens und Habsburgs führten am Ende dazu, daß Polen unter diese drei Nachbarstaaten aufgeteilt wurde.

(1) Grundlagen der Einheit Polens

Man sagt, der polnische Staat im Mittelalter hielt zusammen durch die gemeinsame Sprache, die gemeinsame Religion und das gemeinsame Königtum.

(a) Erläutert diese Behauptung anhand der Informationen von S. 225.

(b) Besprecht, ob noch heute die Einheit von Staaten davon abhängt bzw. was sich geändert hat.

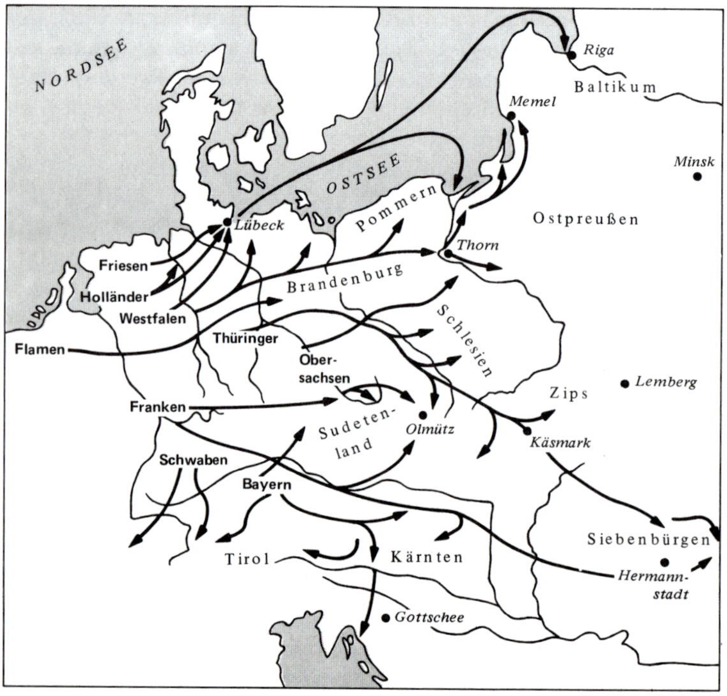

Die deutsche Ostwanderung im Mittelalter.

(2) Herkunft und Ziele der Ostsiedler

(a) Zeigt anhand der Kartenskizze wichtige Herkunftsgebiete der Ostsiedler.

(b) Stellt anhand der Kartenskizze fest, wohin die Siedler zogen.

(c) Erklärt anhand der Informationen auf S. 162 und S. 225, warum deutsche Siedler nach Osten gingen bzw. gehen konnten.

(3) Sonderrechte für Neusiedler?

Ein Sprichwort aus der Zeit der Ostsiedlung lautet: „Der erste hat den Tod, der zweite die Not, der dritte das Brot.“

In einer Urkunde von 1359 verlieh König Kasimir von Polen den Siedlern folgende Rechte:

„Eingedenk der getreuen Dienste des edlen Ritters Paul Gladisch, die er Unserem Vater seligen Angedenkens seines Lebens getreulich erwiesen hat, geben Wir seinem Sohne Johann, mit dem väterlichen Beinamen Gladisch genannt, einen Teil Unseres Waldes an beiden Ufern der Großen und Kleinen Zdynia, damit er sich Dörfer nach deutschem und Magdeburger Recht errichte, die er und seine ehelichen Nachkommen für immer erblich besitzen sollen ...
Damit aber der zuvorgenannte Johann Gladisch diesen weiter oben aufgeführten Wald sowohl an der Zdynia wie auch an der Ropa, den genannten Flüssen, leichter und besser fällen oder roden und damit er dort Leute ansiedeln kann, geben Wir allen Ankömmlingen, den jetzigen wie den zukünftigen Siedlern, gerechnet von dem Tage, an dem sie dort einen festen Wohnsitz nehmen, eine Frist von zwanzig Jahren und gewähren ihnen volle und gänzliche Freiheit, wobei Wir sie ausnehmen von all Unseren Abgaben, Steuern, Umlagen, Forderungen, Dienstleistungen, Arbeiten, Hand- und Spanndiensten, mit welchem Namen sie auch immer bezeichnet werden. Wir wollen auch, daß keiner der Richter, Unterrichter, Palatine [Grafen], Kastellane [Schloßaufseher] oder deren Stellvertreter, Dienstleute oder Amtsträger es sich herausnimmt, über irgendeinen der Einwohner dieser Dörfer oder einen Bürger dieser Städte zu richten, ausgenommen der Schulze richtet über seine Bauern, der Vogt über seine Bürger ...
Außerdem wollen Wir, daß dieser Johann Gladisch oder seine Nachfolger nach dem Erlöschen der Freiheit bereit sind, Uns zur Verteidigung Unseres Landes mit Lanze und guter Armbrust zu dienen. Also geben und übereignen Wir diese Unsere Schenkung Unserem Getreuen Johann Gladisch und seinen ehelichen Nachkommen mit aller Herrschaft und allen Einkünften und allem Erbrecht, für immer und ewig, zu Besitz, Eigentum, Verkauf, Schenkung, Tausch und freier Verfügung nach seinem und seiner Nachkommen freiem Willen." (4) Q

(a) Erklärt den Sinn des Sprichwortes aus der Zeit der Ostsiedlung.

Das gotische Rathaus in Breslau (Wroclaw), erbaut um 1450. Der reich geschmückte Hauptgiebel wird umrahmt von zwei kleineren Treppengiebeln.

(b) Stellt die Vorteile zusammen, die den Siedlern vom polnischen König gewährt wurden.

(c) Versucht zu begründen, warum Siedler in slawische Gebiete geholt wurden und warum sie dem Aufruf folgten.

(d) Was für Dörfer legten die Siedler an? Welchen der drei Dorftypen gibt es in eurer Umgebung?

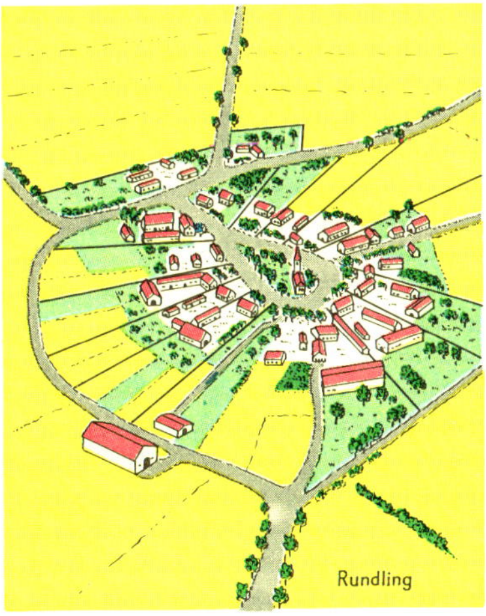

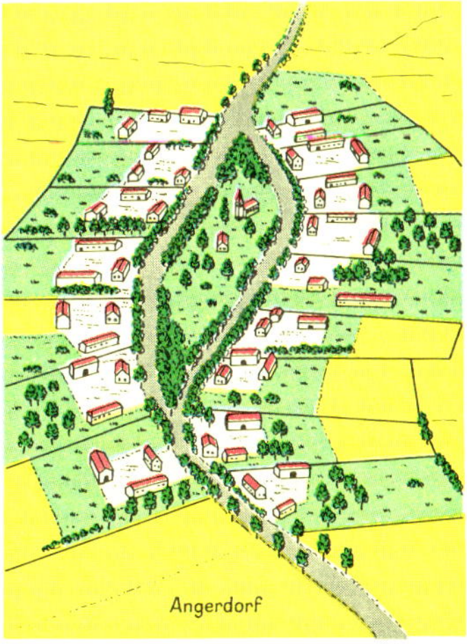

(4) Marienburg und Deutscher Ritterorden

(a) Welche Teile der Marienburg sind auf dem Bild S. 224 zu erkennen? Wozu dienten sie?

(b) Die Marienburg ist im Zweiten Weltkrieg stark beschädigt und nach Kriegsende vom polnischen Staat wieder aufgebaut worden. Warum wohl?

(5) Kunstwerke in Polen

(a) Beschreibt den Altar: Wie ist er aufgebaut? Was ist dargestellt?

(b) Was wißt ihr über die Bedeutung der Kirche in Polen?

(c) Inwiefern gehört die polnische Kultur zu Europa?

Mittelteil des zwischen 1477 und 1489 von dem Nürnberger Bildhauer Veit Stoß geschaffenen Hochaltars in der Marienkirche zu Krakau.

1. Das Kreuzworträtsel enthält Ereignisse aus den Anfängen der polnischen Geschichte. Zeichne die Kästchen nach der untenstehenden Vorlage ab und löse das Rätsel.

(1) Bedeutendstes polnisches Fürstengeschlecht
(2) Polnischer Herrscher der Zeit um das Jahr 1000
(3) Völkergruppe, der die Polen angehören
(4) Fluß in Polen
(5) Mittelpunkt eines polnischen Erzbistums

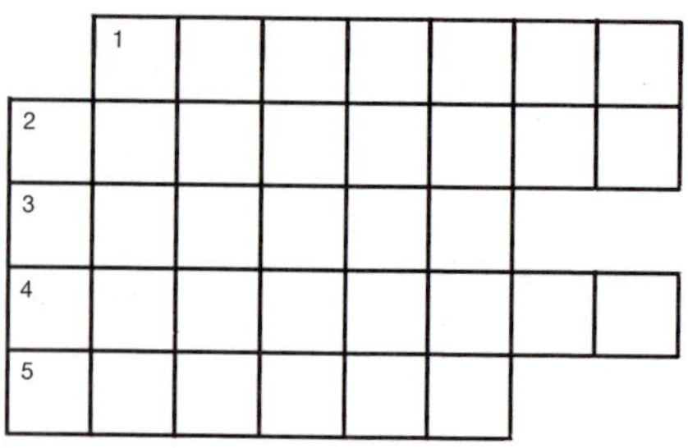

2. Schildere Entstehung, Entwicklung und Bedeutung des Ordensstaates.

3. Man sagt, Polen sei im Spätmittelalter eine Großmacht gewesen. Nimm Stellung dazu.

Deutscher Orden: Einer der drei in den Kreuzzügen entstandenen Ritterorden, 1190 gegründet, auch Deutscher Ritterorden oder Deutschritter genannt. Neben den drei Ordensgelübden (Armut, Gehorsam, Ehelosigkeit) geloben die Ordensritter, gegen die Ungläubigen zu kämpfen. An der Spitze des Deutschen Ordens wie auch des seit dem 13. Jh. aufgebauten Ordensstaates stand der Hochmeister.

Ostsiedlung: Man spricht von der deutschen oder europäischen Ostsiedlung bzw. Ostkolonisation. Die deutschen Fürsten in den Grenzmarken an Elbe und Donau sowie die Slawenfürsten der angrenzenden Gebiete förderten die Einwanderung von Siedlern aus den bevölkerungsreichen Regionen im Westen, um mit ihrer Hilfe die Herrschaft auszubauen und das Land wirtschaftlich zu entwickeln. Die Ansiedlung hat eine Ausbreitung von deutschem Recht in Osteuropa bewirkt und den wirtschaftlichen Aufschwung dieser Gebiete gefördert.

966	Taufe Mieszkos I. von Polen
992–1025	König Boleslaw I. Chrobry von Polen
1386	Verbindung von Polen mit Litauen
1466	2. Friede von Thorn

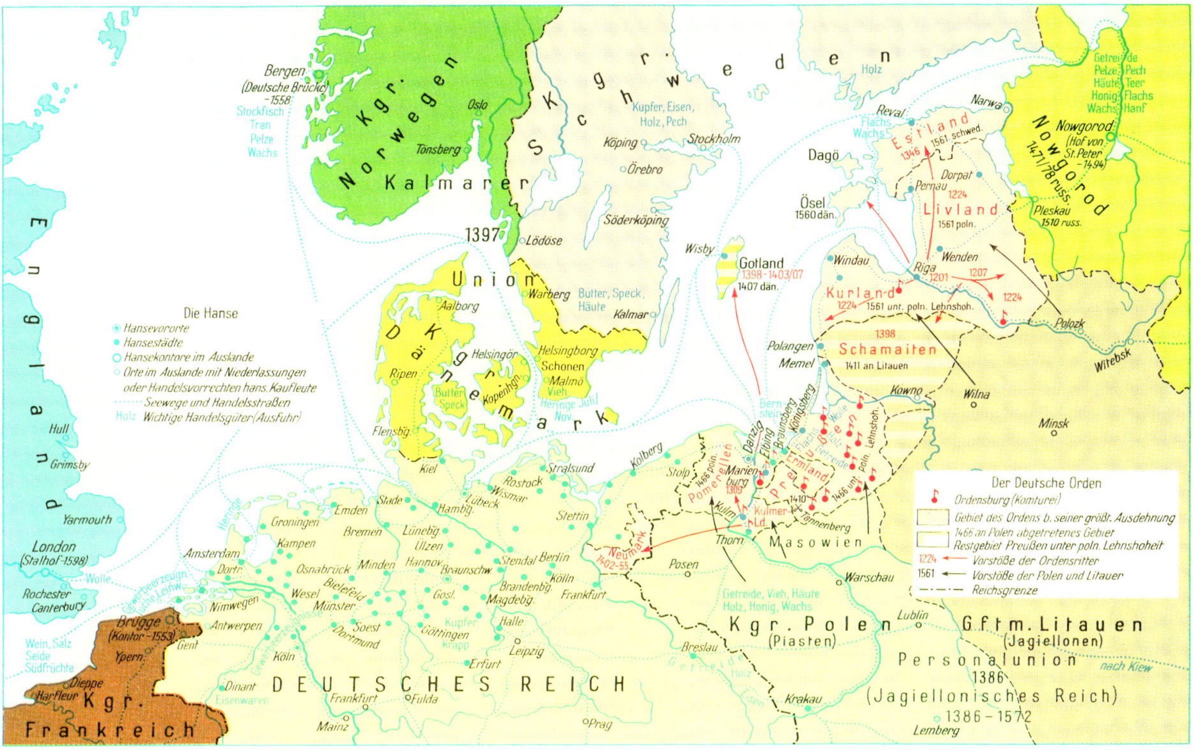

Der Deutsche Orden und die Hanse (vgl. S. 251).

Quellennachweis

(1) G. Tellenbach, in: Saeculum Weltgeschichte, Bd. 4. Freiburg 1967, S. 260.
(2) Informationen zur politischen Bildung, Folge 142: Deutsche und Polen 1. Bonn 1970, S. 2.
(3) O. Halecki: Geschichte Polens. Frankfurt 1963, S. 83 f.
(4) Deutsche Übersetzung in: Urkunden und erzählende Quellen 2, hrsg. v. L. Weinrich. Darmstadt 1970, S. 337 ff.

Lesetip

M. Hellmann: Daten der polnischen Geschichte. dtv 3268 (WD)
G. Rohde: Geschichte Polens. Ein Überblick. Darmstadt 1980 (WD)

11. Städte und ihre Bewohner: Handel und Handwerk im Mittelalter

11.1. Entstehung und Eigenart unserer Städte

Schiffe auf dem Rhein vor der Stadt Köln (mit dem noch unvollendeten Dom) im Jahre 1531.

In Europa gibt es ein paar tausend Städte, die älter sind als 500 Jahre. Aber nicht einmal 10% von ihnen existierten schon 500 Jahre früher. Die meisten „alten Städte" sind also im Mittelalter entstanden.

- Wann und wie entstanden Städte wie das hier abgebildete Köln? Wie alt ist deine Heimatstadt oder die nächste größere Stadt in der Umgebung?
- Wie haben die Städte sich damals entwickelt? Was unterschied sie von den Dörfern?
- Wer lebte in den mittelalterlichen Städten und wie war die Stadtbevölkerung zusammengesetzt?

Römerstädte – Bischofsstädte.

,,Die ältesten Städte auf deutschem Boden sind römischen Ursprungs. Dort, wo die Römer an Rhein und Donau und in dem schmalen, vom Grenzwall des Limes geschützten Zwickel des Zehntlandes ihre Kastelle und Niederlassungen angelegt hatten, wuchsen auch die ältesten Siedlungen mit stadtartigem Charakter . . . Soldaten und Kaufleute prägten das Gesicht dieser Niederlassungen, die nach römischen Gesetzen verwaltet wurden. In den rauhen Zeiten der Völkerwanderung verloren sie an Ansehen und Bedeutung, wurden zerstört, geplündert. An die römische Herrschaft erinnert oft kaum mehr als der Name. Aber die Siedlungen waren dennoch bedeutend genug, um in der Zeit der fränkischen Könige, also im 8. und 9. Jahrhundert, schon wieder Mittelpunkte zu bilden, in denen die königlichen Grafen oder Bischöfe residierten und hinter den soliden alten römischen Mauern Schutz in Kriegszeiten fanden. Solche wenigstens einigermaßen sicheren Plätze waren auch den Kaufleuten sehr willkommen . . .'' (1)

Manche Römerstädte konnten die Zeit der Völkerwanderung und der Normanneneinfälle überdauern, weil ein Bischof seinen Amtssitz in der Stadt hatte. Als die Kirche erstarkte und die Bischöfe unter Kaiser Otto dem Großen zu Reichsfürsten wurden (vgl. S. 156), waren am Wohnsitz der Bischöfe immer mehr Menschen beschäftigt, und die Siedlungen wuchsen. Außerdem entwickelten sich Orte, an denen ein neues Bistum gegründet wurde, bald zu städtischen Siedlungen. Auch Klöster bildeten oft den Kern eines zentralen Ortes, der sich zur Stadt entwickelte.

Kaufmannssiedlungen und ,,Gründerstädte''. Eine dritte Wurzel der Städte im Mittelalter stellen die Kaufmannssiedlungen dar. Sie sind vor allem an Küsten und Flußmündungen oder auch dort zu finden, wo sich die Handelswege gekreuzt haben. Oft handelte es sich zunächst um befestigte Stützpunkte der Fernhändler, die an solchen Plätzen ihre Waren stapelten und ihre Schiffe in Sicherheit brachten. Später, seit dem 11./12. Jh., schlossen sich Fernhändler zu festen Gruppen oder Genossenschaften zusammen. Sie richteten in ihren Siedlungen eine eigene Verwaltung ein, aus der sich der städtische Rat bilden konnte.

In dieser Zeit erkannten auch Könige und Fürsten, welchen Vorteil sie aus Handel und Handwerk ziehen konnten: Gewerbe und Markt erbrachten Einnahmen aus Zöllen und Marktgebühren. So gründeten viele adlige Herren planmäßig städtische Siedlungen. Nach mittelalterlicher Rechtsauffassung besaßen eigentlich nur König und Kaiser das Vorrecht zur Gründung einer neuen Stadt. Aber die weltlichen und geistlichen Fürsten waren immer mächtiger geworden, so daß der König bzw. Kaiser dieses Vorrecht auf Zeit, dann für immer weitergab. Neben den Fürsten nahmen im Laufe der Zeit auch adlige oder klösterliche Grundherren das Recht zur Stadt- oder Marktgründung für sich in Anspruch. So entstand die kaum noch überschaubare Zahl kleiner und kleinster Städtchen und Marktflecken.

Die politisch und wirtschaftlich bedeutenden Städte wuchsen schnell. Stadterweiterungen waren immer wieder notwendig, so daß sich teilweise um die alten Stadtmauern ringförmig neue Stadtgebiete mit neuer Befestigung legten oder an die ,,Altstadt'' eine ,,Neustadt'' angebaut wurde (z. B. die Fugger-Vorstadt in Augsburg, 15. Jh.). → (3) (4)

,,Stadtluft macht frei''. Kaufleute standen unter dem Schutz des Königs, wenn sie unterwegs waren. Kein anderer Herr hatte über sie zu befehlen. Insofern waren sie freie Leute. Das blieben sie auch, wenn sie sich in einer Stadt ansiedelten. Gleiches galt für die Handwerker in der Stadt. Über ihnen stand kein Grundherr, der Abgaben und Frondienste forderte. Stadtbürger waren in diesem Sinn frei und waren auch keinem Gericht unterworfen, außer dem in der eigenen Stadt. Diese Freiheit lockte im Mittelalter manchen Dorfbewohner, der keinen Hof besaß und als Knecht auf dem Hof eines anderen arbeiten mußte. Wenn er in die Stadt zog, wurde er nach Jahr und Tag persönlich frei, sofern der frühere Herr ihn in dieser Zeit nicht zurückforderte. Als *Bürger** konnte er heiraten nach eigener Wahl, Beruf und Wohnung frei wählen und über seinen Besitz frei verfügen, d. h. ihn vermehren oder verkaufen. Aber er mußte auch Verpflichtungen für die Gemeinschaft der Mitbürger übernehmen.

Die städtische Freiheit hat aber nicht die Unterschiede zwischen Reichen und Armen beseitigt. Die städtische Oberschicht, d. h. die reichen Kaufmannsgeschlechter, bestimmten lange allein über den Ausbau der Stadt. Danach kamen die Handwerker, die Wohnung und Werkstatt in der Stadt besaßen und mit ihrer Familie hier wohnten. Dazu gehörte das Gesinde, Gesellen und einfache Arbeitskräfte, die im Haus eines Bürgers lebten. Ein beträchtlicher Teil der Stadtbewohner – oft mehr als die Hälfte – hatte keinen eigenen Grund und Boden und zählte daher nicht zu den vollberechtigten Bürgern. Zu dieser städtischen Unterschicht zählten Hilfs- und Transportarbeiter, Knechte und Mägde, die im Dienst eines Herrn standen. Eine besondere Gruppe bildeten die ,,Pfahlbürger'', die außerhalb der Stadtmauern angesiedelt waren, weil seit dem 13. Jh. König und Landesfürsten den weiteren Zuzug in die Städte gebremst hatten. Die Städte umgingen das Verbot, neue Bürger aufzunehmen, indem sie die Zugezogenen unmittelbar vor den Toren der Stadt in einer ,,Vorstadt'' ansiedelten. → (5) (6)

Die Juden lebten seit ihrer Vertreibung aus Palästina (vgl. S. 102) in der „Diaspora". Als Händler und Kaufleute kamen sie mit dem römischen Heer bis an die Grenzen des Römerreiches und blieben dort auch nach seinem Zusammenbruch. Die Frankenkönige nahmen die Juden, die wie andere Fernhändler als schutzlose Fremde galten, unter besonderen Königsschutz. Mit dem Aufstieg der Städte wuchs die Bedeutung der Juden, die man seit dem 12. Jh. respektvoll als „kaiserliche Kammerknechte" bezeichnete. Sie hatten jedoch als Minderheit auch ihre Feinde. Ein Gelehrter des 12. Jh. schreibt:

„Keine Nation hat je derartiges für Gott erlitten. Unter alle Nationen zerstreut, ohne König oder weltliche Fürsten, werden die Juden mit schweren Steuern bedrückt, als ob sie jeden Tag von neuem ihr Leben loskaufen sollten. Die Juden zu mißhandeln, hält man für ein Gott wohlgefälliges Werk ... Wenn sie zum nächstgelegenen Ort reisen wollen, müssen sie mit hohen Geldsummen den Schutz der christlichen Fürsten erkaufen, die in Wahrheit ihren Tod wünschen, um ihren Nachlaß an sich zu reißen. Äcker und Weingärten können die Juden nicht haben, weil niemand da ist, der ihren Besitz garantiert. Also bleibt ihnen als Erwerb nur das Zinsgeschäft, und dieses macht sie wieder bei den Christen verhaßt." (2) Q

In der Mehrzahl der Städte waren die Juden jedoch als Mitbürger geduldet, wenn nicht sogar angesehen. Sie bildeten als Glaubensgemeinschaft eine eigene Gruppe in der Stadt (wie z. B. auch die Geistlichen), hatten ihren eigenen Wohnbezirk: Die „Judengasse" oder das „Judenviertel" (später als „Ghetto" bezeichnet), besaßen oft eine eigene Gerichtsbarkeit, eine eigene Schule und selbstverständlich ihre Synagoge (vgl. S. 40). In deren Nähe entstanden oft weitere Einrichtungen für die Gemeinschaftsbedürfnisse der Judengemeinde: ein Friedhof, ein Hospiz, ein Tanz- und ein Badehaus, eine Bäckerei, wo das „ungesäuerte Brot" hergestellt wurde. In vielen Städten – etwa in Köln, Prag, Wien oder Frankfurt – haben die Juden tatkräftig am wirtschaftlichen Aufstieg, am Handel und Ausbau der Stadt mitgewirkt und bedeutende Kunstwerke geschaffen. Nur von den Zünften der Handwerker und der städtischen Selbstverwaltung blieben sie ausgeschlossen. Ihre Sonderstellung wurde den Juden dann zum Verhängnis, wenn in Krisenzeiten das Volk einen „Sündenbock" suchte. So wurden Juden beim Ausbruch der Kreuzzüge und während der Pestjahre in grausamer Weise verfolgt, ein Großteil von ihnen getötet. Schließlich haben zahlreiche deutsche Landesherren im Spätmittelalter ihre jüdischen Untertanen des Landes verwiesen, worauf sie größtenteils nach Polen auswanderten. → (7)

Mauer und Markt unterscheiden auf den ersten Blick die Stadt vom Dorf. Die Mauer schützte alle Stadtbewohner wie eine befestigte Burg. Das Wort „Burg" konnte bis ins 13. Jh. auch eine Stadt bezeichnen. Die Bewohner nannten sich Bürger. Wall und Graben sicherten die Mauer ab, die mit ihren Wehrgängen, Schießscharten und Wehrtürmen ein Eindringen des Feindes verhindern sollte. Man gelangte in eine solche Stadt nur durch Tore, zu denen die Straßen über Zugbrücken führten. → (1) (10)

Das Herz der Stadt war der *Markt**. Er lag im Schnittpunkt der Straßen, die von den Toren in den Mittelpunkt des städtischen Lebens führten – ein runder oder langgestreckter Platz, von schönen Bauten umgeben.

Es gab zunächst nur wenige Markttage im Jahr, so im Frühjahr oder Herbst oder zu kirchlichen Festtagen, bis später allmählich der wöchentliche Markt üblich wurde. Was die Bauern nicht für die eigene Familie und den herrschaftlichen Hof benötigten, brachten sie auf den städtischen Markt. Da lernten sie, sich nach den jeweiligen Bedürfnissen ihrer städtischen Kundschaft zu richten. Sie begriffen, daß Angebot und Nachfrage den Markt bestimmten. Dasselbe galt erst recht für die Handwerker und Händler, die auf den Markt brachten, was ihre Kunden verlangten, z. B. feines Gewebe, Leder, Schuhe, Töpfe aus Kupfer und Eisen, Geschirr, Geräte und Waffen, auch Schmuck aus Gold oder Silber.

Der Weg zwischen Hersteller und Verbraucher war kurz: Der Bauer verkaufte seine Erzeugnisse unmittelbar an den Handwerker. Sie trafen sich auf dem Marktplatz. Man tauschte nach Angebot und Nachfrage seine Waren aus, d. h. es gab keine Zwischenhändler für die Güter des täglichen Bedarfs. Im übrigen arbeiteten die Handwerker das meiste nur auf Bestellung für ihre Kunden, besonders Kleidung, Möbel oder Schmuck. Auf dem Markt stand in vielen Städten das Marktkreuz; es galt als Zeichen des Friedens. Denn der Marktbereich stand unter erhöhtem Friedensschutz. Wer etwa durch Streit oder Betrug den Frieden brach, mußte eine besonders hohe Strafe zahlen. Eine öffentliche Waage auf dem Marktplatz überprüfte das Gewicht der mitgeführten Waren, nach dem sich die Gebühren für Stadtzoll und Marktbenutzung richteten. → (2)

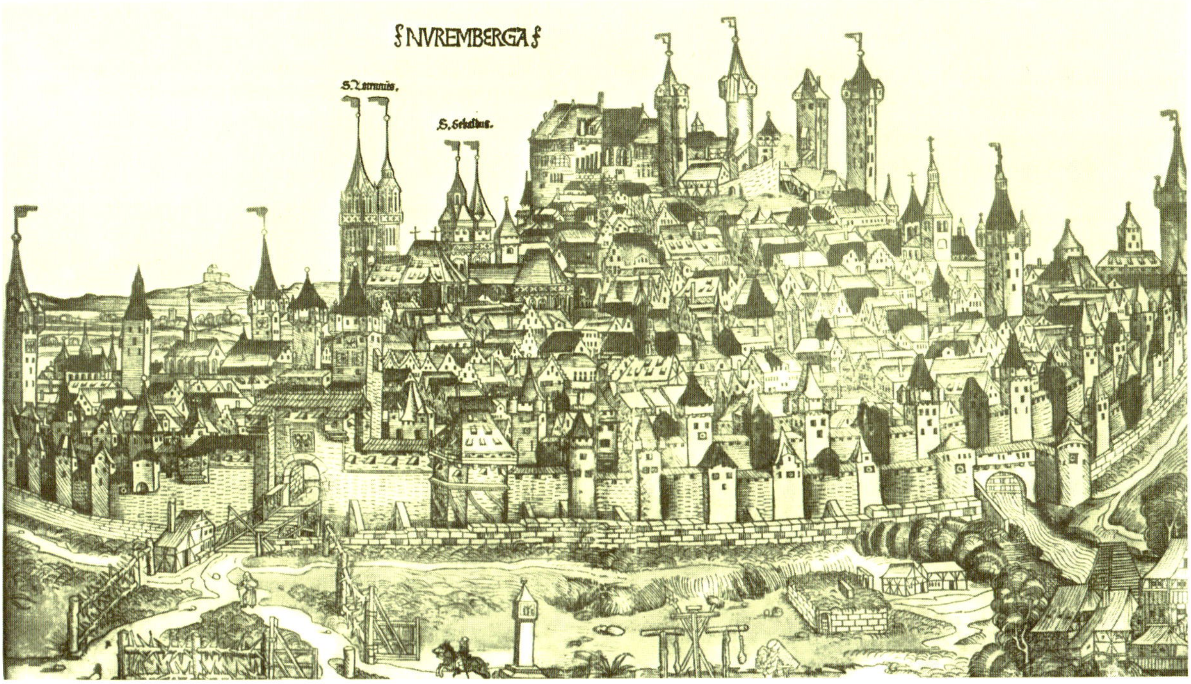

Ansicht der Stadt Nürnberg (Holzschnitt aus Schedels Weltchronik 1493).

(1) „Typisch mittelalterlich": eine Stadtansicht

(a) Nennt Gebäude und andere Einzelheiten, die euch besonders auffallen, und beschreibt sie.

(b) Zeigt, wie die Stadt befestigt ist.

(c) Erklärt, warum in manchen Städtenamen die Bezeichnung „-burg" steckt (z. B. Hamburg, Freiburg) und weshalb man die Bewohner von Städten „Bürger" nannte.

(2) Stadtgeschichte im Spiegel des Stadtplanes

(a) Zeigt den Verlauf einzelner Straßen, der Stadtmauer, die Lage von Plätzen, Kirchen und Toren.

(b) Was sagen euch die Namen der Straßen, Plätze und Tore?

(c) Beschafft euch Stadtprospekte anderer Städte, die eine Altstadt besitzen, und macht eine Fotomontage.

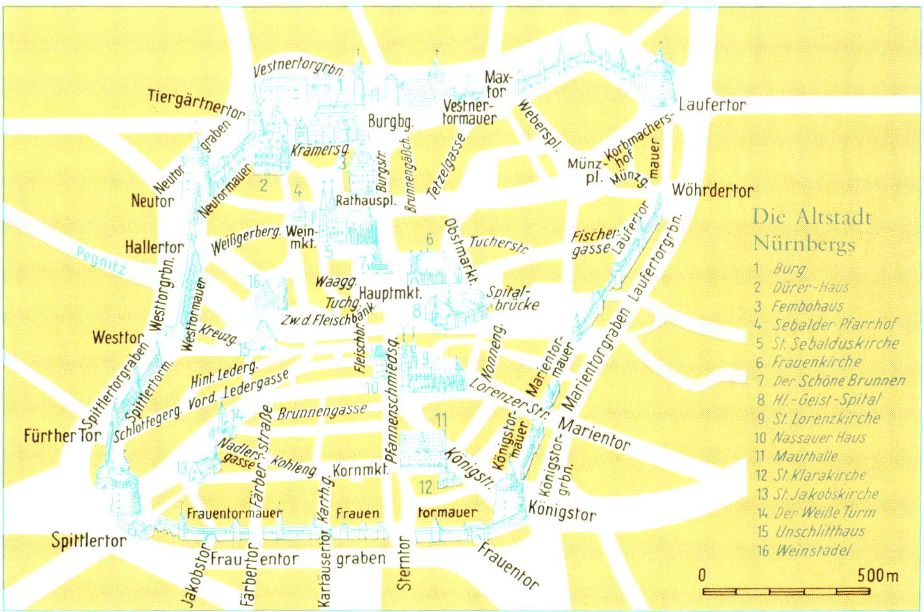

(3) Was verspricht die Freiburger Gründungsurkunde?

Aus dem *Stadtrecht** des Herzogs von Zähringen für Freiburg im Breisgau (12. Jh.):

„In meinem Eigentum Freiburg habe ich einen Markt gegründet im Jahre 1120 n. Chr. Nachdem angesehene Kaufleute überallher zusammengerufen wurden, habe ich jedem ein Grundstück für die Errichtung von Häusern zugeteilt, wovon mir jährlich ein Schilling Zins bezahlt werden soll. Allen, die meinen Marktort aufsuchen, garantiere ich Frieden und Sicherheit, soweit meine Macht reicht ... Wenn einer von meinen Bürgern stirbt, kann seine Witwe mit den Kindern das volle Erbe behalten. Allen meinen Kaufleuten erlasse ich den Marktzoll. Meinen Bürgern werde ich stets nur den zum Vogt und zum Priester einsetzen, den sie selbst gewählt haben. Wenn es zu einem Rechtsstreit unter meinen Bürgern kommt, soll nicht nach meinem Ermessen, sondern nach dem Recht der Kaufleute ein Urteil gesprochen werden. Wenn einer in Not gerät, kann er seinen Besitz jedem beliebigen Käufer verkaufen." (3) Q

(a) Stellt zusammen, welche Vorteile der Stadtgründer den Siedlern bietet.

(b) Erklärt aufgrund der Angaben in dieser Urkunde, welche Interessen ein Stadtherr an der Stadt hatte und was für Menschen sich in einer Stadt ansiedelten.

(4) Immer mehr Städte im Mittelalter

Um das Jahr 1000 gab es in Mitteleuropa etwa 200 bis 300 Städte. Am Ende des 15. Jahrhunderts gab es bereits 4000 Städte; davon zählten etwa

2800	100 – 1 000 Einwohner
900	1000 – 2 000 Einwohner
200	2000 – 10 000 Einwohner

„Großstädte" mit über 10 000 Einwohnern waren z. B.:

Hamburg	10 000	Straßburg	25 000
Frankfurt	15 000	London	30 000
Augsburg	20 000	Köln	37 000
Nürnberg	20 000	Brügge	50 000
Worms	20 000	Gent	50 000
Danzig	20 000	Rom	50 000
Rostock	20 000	Paris	60 000
Lübeck	25 000	Neapel	150 000

(a) Errechnet den Anteil der „wirklichen" Städte (mit mehr als 2000 Einwohnern) an der Gesamtzahl der Städte am Ende des 15. Jh.

(b) Vergleicht die Einwohnerzahl von „Großstädten" aus dem Mittelalter mit ihrer heutigen Einwohnerzahl (Lexikon, Atlas, Geographiebuch benutzen!). Wie ist der Unterschied zu erklären? Vergleicht auch mit Athen, Rom, Alexandria und Konstantinopel (S. 43, 65, 84, 123).

(5) Vermögensgruppen in mittelalterlichen Städten

Bevölkerungsschichten in deutschen Städten, gegliedert nach steuerpflichtigem Vermögen (in Prozenten der Bevölkerung) um 1450:

	Lübeck	Eßlingen	Augsburg	Basel
Oberschicht Vermögensgrenze	22,3 600 Mark	9,7 500 Gulden	8,5 400 Gulden	5,4 1000 Gulden
Mittelschicht Vermögensgrenze	38,3 150 Mark	36,5 100 Gulden	5 100 Gulden	26 100 Gulden
Unterschicht	39,4	53,8	86,5	68,6

1 Gulden hatte etwa den Wert von 1,5 Mark damaliger Währung. Ein Taglöhner verdiente im Jahr – so schätzt man – 10 bis 20 Gulden. (4)

(a) Vergleicht den Anteil der „Oberschicht" in den vier Städten: Wo ist er am höchsten, wo am niedrigsten?

(b) Was sagt die Tabelle über das Verhältnis zwischen arm und reich z. B. in Augsburg?

(c) Versucht festzustellen, wer in eurem Wohnort zur „Oberschicht" zählt und wie groß deren Anteil an der Gesamtzahl der Einwohner ist.

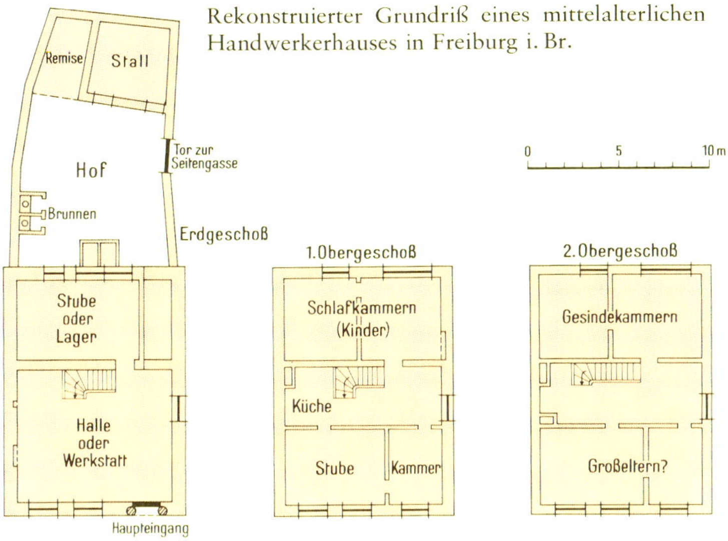

Rekonstruierter Grundriß eines mittelalterlichen Handwerkerhauses in Freiburg i. Br.

(6) Grundriß eines mittelalterlichen Hauses

(a) Erläutert anhand des Grundrisses, wie die „Familie" eines Handwerkers (zu der meist drei Generationen, aber auch Lehrlinge, Gesellen, evtl. Knechte und Mägde zählten) wohnte, wo gearbeitet wurde und was alles zum Haus gehörte.

(b) Zu welcher Vermögensschicht dürfte der Eigentümer gezählt haben?

(7) Juden in einer mittelalterlichen Stadt

Straßburger Stadtchronik, Judenverfolgung in Straßburg, 1349

„Im Jahr 1349 war das größte Sterben, das je gewesen, es ging von einem Ende der Welt bis zum anderen, diesseits und jenseits des Meeres; in der Heidenschaft war das Sterben größer als in der Christenheit ... Wegen dieser Pest wurden die Juden in der Welt verleumdet und bezichtigt, sie hätten es verursacht, indem sie Gift in das Wasser und die Brunnen getan, darum wurden die Juden von dem Meer bis nach Deutschland verbrannt, nur in Avignon beschützte sie der Papst. Zu Bern und Zofingen folterte man etliche Juden, die sagten aus, sie hätten viele Brunnen vergiftet, auch fand man das Gift in den Brunnen. Da verbrannte man sie in vielen Städten und schrieb diese Geschichte nach Straßburg, Freiburg und Basel, damit sie dort auch ihre Juden verbrannten. Da meinten die Mächtigsten in diesen drei Städten, die die Gewalt in Händen hatten, man solle den Juden nichts tun. In Basel zog das Volk auf das Richthaus und zwang die Ratsherren zu schwören, sie wollten die Juden verbrennen und zweihundert Jahre lang keinen mehr in die Stadt lassen ...
An diesem Freitag fing man auch die Juden in Straßburg, und am Samstag verbrannte man sie auf einem hölzernen Gerüst in ihrem Kirchhofe, es waren an zweitausend. Wer sich taufen lassen wollte, durfte am Leben bleiben, es wurden auch viele kleine Kinder aus dem Feuer gegen ihrer Eltern Willen genommen, um sie zu taufen. Was man den Juden schuldig war, galt als bezahlt, alle Pfänder und Schuldbriefe wurden zurückgegeben. Das Bargeld der Juden nahm der Rat und verteilte es unter das Handwerk. Das Geld war auch die Ursache, warum die Juden getötet wurden, wären sie arm und die Landesherren ihnen nichts schuldig gewesen, so hätte man sie nicht verbrannt. Als nun das Geld verteilt war, gaben etliche es an Unser Frauen Werk oder als Almosen nach dem Rat ihrer Beichtväter." (5) Q

Straßburger Judenordnung vom 25. September 1383

„Unsere Herren, Meister und Rat, Schöffen und Amman, sind übereingekommen, daß alle Juden, Jüdinnen und ihre Kinder, die in unserer Stadt Straßburg seßhaft sind, in dieser unserer Stadt Frieden und Schirm haben und behalten sollen und daß man sie handhaben soll wie unsere anderen Bürger. Was ihnen geschieht, es sei durch Schlagen, Stoßen, Wunden, Totschlag oder andere Dinge, in welcher Weise es auch sei, darüber sollen Meister und Rat richten in gleicher Weise, als ob es einem anderen unserer Bürger geschehen sei. Auch sollen die Juden um aller Untaten willen, die sie begehen, vor Meister und Rat oder wohin diese sie weisen, zu Recht stehen und dann leiden und halten, wozu Meister und Rat, oder wer es an deren Stelle tut, sie verurteilen.
... Sie sollen auch aufpassen, ob gestohlenes Gut unter sie kommt ... Wird es offenbar, daß es gestohlenes Gut ist, so sollen sie es um so viel wieder geben, als sie darauf geliehen haben; sind es aber Kelche, Meßbücher, Altargewänder oder blutige Pfänder, so sollen sie sie umsonst wiedergeben. Verschweigen sie aber solche Sachen, und es kommt dann heraus, daß sie sie haben, so sollen sie fünfzig Gulden büßen.
Wenn sie einem unserer eingesessenen Bürger ein Pfand ein ganzes Jahr beliehen haben und das wird dann noch nicht eingelöst, so mögen sie es verkaufen. Doch sollen sie es vorher dem verkünden, dem das Pfand gehört. Auch sollen sie die Pfänder öffentlich auf offenem Markte verkaufen und nirgend anderswo, auch sollen die Pfänder vierzehn Tage auf dem Markte liegen, ehe man sie verkauft. Wer das bricht, der zahlt zwanzig Pfund." (6)
Q

(a) Berichtet anhand der Quellen, wie man gegen die Juden vorging.

(b) Erklärt den Anlaß und die Gründe der Judenverfolgungen.

(c) Sagt, was ihr vom Verhalten der Bürger (Ratsherren, Volk, Kaufleute) denkt.

(d) Welche Schlüsse erlaubt die Verordnung von 1383?

Die Buchmalerei von Jean Fouquet (um 1420–1480) zeigt eine biblische Szene: den Bau von Salomons Tempel. Tatsächlich aber ist der Bau eines gotischen Doms dargestellt. Ein Teil des „Tempels" ist vergoldet. Nur oben und rechts außen ist noch Naturstein sichtbar.

(8) Das Bauhandwerk im Mittelalter

(a) Schildert die einzelnen Tätigkeiten, die auf der Abbildung zu erkennen sind.

(b) Stellt aus der folgenden Beschreibung in drei Spalten diejenigen Stellen zusammen, die a) von technischen Erfindungen, b) von künstlerischen Leistungen, c) von schwerer körperlicher Arbeit handeln. Sagt, was euch davon am meisten beeindruckt.

„Der Platz für die *Kathedrale** glich einer gewaltigen Baustelle mit einem Gewirr von Kranen, Handwinden, Treträdern und anderen Hebewerkzeugen und unzähligen Karrenladungen von Steinen, aus dem nächsten Steinbruch in endloser Prozession herbeigeschafft. Die Arbeit am Bau war einer Gruppe von Handwerkern übertragen, die miteinander arbeiteten – Maurer, Zimmerer, Steinmetzen, Bildhauer, Bronzegießer und Glasmacher. Manche Gruppen blieben jahrelang zusammen und zogen auch wohl gemeinsam zu einem neuen Kathedralenbauprojekt, wenn das alte beendet war. Gewöhnlich standen einer solchen Bauhütte zwei Männer vor, ein Architekt, der alle Arbeiten überwachte, und ein Bauleiter, der Arbeit und Material einteilte. Entlaufene Leibeigene und Bauern bildeten das Heer der einfachen Arbeiter – derjenigen Männer, die Steine brachen, Holz transportierten, Fundamente aushoben und Schieferplatten für das Dach oder andere Materialien in Körben auf dem Rücken trugen ...

Die Anforderungen des Kathedralenbaues spornten alle Schichten des Handwerks an. Nie wieder wurden die juwelengleichen Farben der Glasfenster erreicht, die ihr funkelndes Licht auf den grauen Stein des Kircheninnern warfen. Die schweren Kirchendächer konstruierte man so, daß ein einzelnes defektes Stück für sich ausgewechselt werden konnte. Um von Dächern und Mauern das Regenwasser abzuleiten, setzte man Wasserspeier an die Gesimse, und nicht zufrieden damit, sie nur nützlich zu gestalten, verwandelten die Steinmetzen sie in phantastische Vögel oder steinerne Tiere, die das Wasser in sicherer Entfernung von der Kirche hinunterspien. Die Schmiede ersannen härtere Stahlwerkzeuge zum Zuschneiden der Steine, Eisenbänder zum Heben schwerer Gewichte und Eisenketten zur Verklammerung des Mauerwerks im Innern. Zimmerleute ersannen Rampen, um Wagenladungen mit Material auch auf steile Hänge heraufzufahren, und sie erfanden so erstaunliche Dinge wie die Schubkarre, mit der ein Mann die Arbeit von zweien verrichten konnte." (7)

(9) Der gotische Baustil

(a) Vergleicht das Freiburger Münster mit dem Dom in Speyer, S. 192. Was ist ähnlich, was anders?

(b) Nennt Merkmale der beiden Baustile „Romanik" und „Gotik".

Während man in Deutschland noch die schönsten Werke der romanischen Kunst schuf, z. B. St. Aposteln in Köln, kam von Frankreich ein neuer Baustil. Den Baumeistern gelang es, die Gewölbe steiler und spitzer zu bauen; das Gewicht leiteten sie auf mächtige Pfeilerbündel ab, nach außen durch Strebebögen und Strebepfeiler fortgesetzt. Dadurch wurden die Wände als Stütze des Gewölbes entlastet. Die spitzbogigen Fenster lösten das Mauerwerk weitgehend auf. Durch prachtvolle Glasmalereien drang das Sonnenlicht in die Kirchen. An den breit gelagerten und massigen romanischen Bauten gemessen, wirken die hochaufstrebenden Dome der „Gotik" kunstvoller und vielgestaltiger. Ein reichhaltiger Figurenschmuck erzählte den einfachen Menschen, die nicht lesen konnten, wie in einer Bilderbibel von den Heilstaten Gottes, seiner Kirche und den Heiligen.

Eine der schönsten gotischen Kirchen in Deutschland ist das Freiburger Münster. Das romanische Querschiff stammt noch aus dem 12. Jahrhundert. Das Langhaus wurde im 13. Jahrhundert gebaut, der Chor im 14. und 15. Jahrhundert. Im Gegensatz zum Münster von Ulm und dem Kölner Dom ist dieses Bauwerk bis zum Ende des Mittelalters ganz vollendet worden. Berühmt ist der völlig durchbrochene Turmhelm (um 1350 vollendet). Dieser Turm ist deshalb auch als „der schönste Turm der Christenheit" bezeichnet worden.

Im gotischen Baustil entstanden auch viele Stadttürme, Bürgerhäuser und Rathäuser. Bekannte Beispiele sind die Rathäuser in Braunschweig, Eßlingen, Münster, Lübeck, Brügge, Breslau und Thorn.

(10) Ein Stadttor aus dem Mittelalter

Das Holstentor in Lübeck wurde 1466–1478 erbaut.

(a) Beschreibt das Holstentor in Lübeck. (Form, Bestandteile, Baustil).

(b) Solche Tore dienten nicht nur dem Schutz; wozu noch? Warum baut man heute keine Stadttore mehr?

(c) Besorgt und besprecht Abbildungen von mittelalterlichen Stadttoren aus anderen Städten. Vielleicht könnt ihr mit Hilfe von Schnittbogen ein Tor nachgestalten.

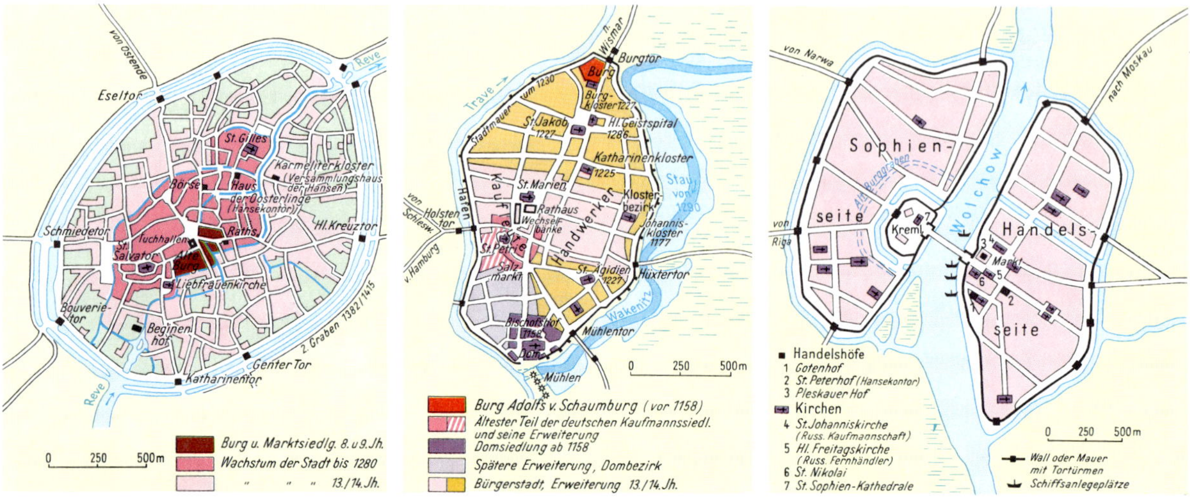

Pläne der Städte Brügge, Lübeck und Nowgorod.

1. Du kannst Gründe nennen, die zur Entstehung von Städten im Mittelalter führten.

2. Zeige anhand der Pläne, wie eine mittelalterliche Stadt gewachsen ist.

3. Welche geographischen Voraussetzungen begünstigten die Entstehung oder Entwicklung von Städten im Mittelalter?

4. Schildere, wie die Einwohnerschaft mittelalterlicher Städte zusammengesetzt war. Nenne Berufe und sage, welcher Schicht in der Stadt sie angehörten.

5. Lege eine Tabelle mit zwei Spalten an und trage links ein, was Bauern, rechts, was Handwerker und Kaufleute auf dem Markt anbieten konnten.

6. Nenne einige bekannte gotische Dome.

7. Zeichne, male oder bastle ein Stadttor und ein Stück Stadtmauer einer mittelalterlichen Stadt.

8. Die persönliche Freiheit unterschied den Stadtbürger vom Bauern. Lies noch einmal auf S. 169 f. und berichte, wie der Bauer an seine Herren gebunden war.

Bürger: Eine mittelalterliche Bezeichnung für größere befestigte Siedlungen war „burgus" (Burg), d. h. Stadt. Ihre Einwohner heißen Bürger. Sie bilden seit dem 12. Jh. einen eigenen Stand neben dem Adel und den Bauern. Vollberechtigte Bürger waren nur die Einwohner der Stadt, die hier Grund und Boden besaßen. Sie unterstanden nur der städtischen Gerichtsbarkeit. Man unterscheidet die Patrizier (die Oberschicht) und die Handwerker (Mittelschicht) von der Unterschicht (Arme), die nicht berechtigt war, an der Stadtregierung (dem Rat der Stadt) mitzuwirken.
In der Neuzeit änderte sich die Bedeutung des Wortes „Bürger". Einmal bedeutet es „Staatsbürger", dann auch Angehöriger der Mittelschicht, der „bürgerlichen" Klasse.

Kathedrale: Kirche, die mit einem Bischofssitz verbunden ist. In Deutschland nennt man sie auch Dom oder Münster.

Markt: Ort, an dem Käufer und Verkäufer, Erzeuger und Verbraucher „handeln", d. h. Güter austauschen. Die mittelalterlichen Könige verliehen das Marktrecht bis ins 11. Jh. vor allem an geistliche Herren, danach an Städte. Das Marktrecht garantierte den Marktfrieden (Verbot von Fehden und Streit) und regelte den Handel auf dem Markt; ein besonderes Marktgericht war zuständig.
Im weiteren Sinn bedeutet „Markt" den Waren- und Güteraustausch nach dem Gesetz von Angebot und Nachfrage.

Stadtrecht: Das innerhalb der Gemarkung bzw. Bannmeile einer Stadt geltende Recht, das die wirtschaftlichen und politischen Verhältnisse für die Bewohner regelt. Es enthält die Privilegien, die der König den Bürgern verliehen hat, und ist seit dem 13. Jh. von den Städten schriftlich zusammengefaßt worden. Die Stadtrechte enthalten z. B. das Marktrecht und das Recht, einen städtischen Rat zu bilden.

Aus dem 1.–4. Jh.	Römerstädte
8.–10. Jh.	Bischofsstädte, Städte bei Pfalzen
11./12. Jh.	Kaufmannssiedlungen
12./13. Jh.	„Gründerstädte“

Quellennachweis

(1) H. Pleticha: Bürger, Bauer, Bettelmann. Stadt und Land im späten Mittelalter. Würzburg 1971, S. 11.
(2) Pierre Abaelard, gest. 1142, über die Juden. Deutsche Übersetzung in: K. Thieme: Dreitausend Jahre Judentum. Paderborn 1960, S. 51.
(3) Nach W. Schlesinger: Zur Gründungsgeschichte von Freiburg, in: W. Müller (Hrsg.): Freiburg im Mittelalter. Bühl 1970, S. 48 f.
(4) Aubin/Zorn: Handbuch der deutschen Wirtschafts- und Sozialgeschichte, Band 1. Stuttgart 1971, S. 377.
(5) Geschichtliche Weltkunde, Quellenlesebuch, Band 1, a.a.O., S. 265 f.
(6) Materialien für den Geschichtsunterricht, Das Mittelalter, a.a.O., S. 310 f.
(7) A. Fremantle: Kaiser, Ritter und Scholaren. Hohes und spätes Mittelalter. Rowohlt Life 34, Reinbek bei Hamburg 1973, S. 136 f.

Lesetip

E. Bannwart: Auf den Spuren einer Stadt. Maier, Ravensburg (SB)
J. Grünefelder u. M. Wolgensinger: Die schönsten Kathedralen Europas. Rheingauer Verlagsgesellschaft (SB)
D. Macaulay: Sie bauten eine Kathedrale. dtv junior 680 (SB)
H. Pleticha: Ritter, Bürger, Bauersmann. Arena, Würzburg 1985 (SB)
D. Reiche: Der Bleisiegelfälscher. Anrich Verlag, Neunkirchen 1977 (JB)
R. Wilhelm: Die gotische Kathedrale. DuMont Kunstb. 78 (WD)

Links: Abwiegen von Handelsgut auf der Ratswaage von Nürnberg. Steinrelief von Adam Kraft (1497). – Rechts: Das Marktkreuz in Trier, im Hintergrund der Dom.

11.2. Arbeit, Besitz und Einfluß der Bürger

Ladenstraße in einer mittelalterlichen Stadt (aus der Handschrift „Le Gouvernement des Princes", Mitte des 15. Jh.). Auf der rechten Seite ist der Apotheker zu sehen, der vor Regalen mit Töpfen und Mörsern steht. Im Laden links der Schneider und sein Geselle im „Schneidersitz". Im Hintergrund der Laden des Baders, der an den aufgehängten Becken zu erkennen ist.

Nirgends gibt es mehr wirtschaftliche Möglichkeiten als in der Stadt. Nirgends ist das Warenangebot größer, aber auch nirgends ist der Konkurrenzkampf so scharf wie in den Städten. War das schon immer so, auch in den Städten des Mittelalters?

- Was gab es in einer mittelalterlichen Stadt zu kaufen, was wurde hergestellt – von wem und für wen?
- Wie hat sich der Handel entwickelt, und welche Stellung besaßen die Kaufleute?
- Wie haben die Handwerker sich organisiert und die Mitwirkung am Stadtregiment errungen?
- Nach welchen Regeln wurde die Stadt verwaltet: Wer hatte Einfluß und wer konnte entscheiden?

Die Stellung der Kaufleute. Zwei soziale Gruppen haben die europäischen Städte am meisten geprägt: Kaufleute und Handwerker. Die Kaufleute, die ursprünglich als „Reisende" lebten, machten sich seßhaft, wenn eine städtische Ansiedlung wuchs und der Handel mit Waren, die von weither kamen, lohnte. Wo sich Kaufleute niederließen, wuchs der örtliche Markt, denn sie konnten auch fremdartige, teure Waren anbieten. Das füllte die Kassen der Stadtherren, denn sie kassierten Gebühren und Zölle. Darum förderten sie die Einbürgerung von Kaufleuten. Welterfahrung, Wagemut und vor allem Geld sicherten den Fernkaufleuten einen großen Einfluß in der Stadt. Seit dem 11. Jh. schlossen sich Fernhändler zusammen und bildeten Kaufmannsgilden, denen sich bald jeder Kaufmann anschließen mußte. So entstand mit der Kaufmannschaft eine Gruppe in der Stadt, die sich gegenüber den übrigen Einwohnern abschloß und die Oberschicht bildete.

Patrizier regieren die Stadt. Es gelang den Kaufleuten nach und nach, die Verwaltung der Stadt in die Hand zu nehmen. Sie erließen Ordnungen für den Markt, für die öffentliche Waage, für Preise und Zoll, ja es gelang ihnen, Befugnisse der Polizei und der niederen Gerichtsbarkeit an sich zu bringen. Das war ein weiter Weg.

„Vom 12. Jahrhundert an . . . nahm der Einfluß des *Stadtrates**, der ehemaligen Konsuln und Senatoren [Vertreter der Bürgerschaft], die jetzt auch Ratsmannen und später allgemein Ratsherren genannt wurden, zu. Gegenüber dem vom Stadtherrn bestellten Schultheiß gewann der Bürgermeister als gewählter Vertreter des Stadtrates zunehmend an Macht. Schließlich traten die Rechte des Stadtherrn, also die Handels- und Gewerbeaufsicht, die Verleihung des Bürgerrechts und die aus diesen Rechten resultierende Strafgewalt, ganz zurück oder wurden mit Gewalt beseitigt. Auch die Marktgebühren und Verbrauchssteuern wurden schließlich von der Stadt erhoben und behalten.
Nur bei den Gründungsstädten [vgl. oben S. 231] brauchte um die Selbstverwaltung nicht gestritten zu werden. Sowohl die Zähringer als auch die Hohenstaufen und Welfen gaben den Neusiedlern oft sogleich das feierlich verbriefte Recht, ihren Rat selbst zu wählen und als Zeichen dieser Freiheit ein eigenes Rathaus zu bauen. In den meisten Städten aber, vor allem in den westlichen Bischofsstädten, die sich aus den alten Römerstädten entwickelt hatten, mußte die civitas (= die Bürgerschaft) hart und lange kämpfen, bis sie zu dem gleichen Ziele kam." (1)

Städte, deren Bürger das volle Recht der Selbstverwaltung erreichten und keinem Stadtherrn mehr unterworfen waren, nannten sich „freie Städte" oder – wenn sie auf königlichem Gebiet entstanden waren – auch *Reichsstädte**.

Bürgermeister, Ratsherr oder Vorsteher der städtischen Ämter konnten vor allem in den bedeutenden Handelsstädten nur Kaufleute werden. Sie nannten sich *Patrizier** und bildeten einen besonderen Stand, der vom späten Mittelalter an auf einer Stufe mit dem Adel stand, so daß Ehen zwischen Patriziersöhnen und Adelstöchtern keine Seltenheit waren. Patrizier waren die obersten Steuerbeamten, sie standen als Kriegsherren an der Spitze des städtischen Aufgebots und gingen als Gesandte zu den Reichstagen und an die Höfe des Kaisers, fremder Könige und Fürsten. Geschäft und Politik waren eng miteinander verwoben. → (1)

Handwerker und Zünfte. Die zweite große Gruppe innerhalb der Bürgerschaft bildeten die Handwerker. Sie lebten von den Aufträgen der weltlichen und geistlichen Stadtherren, der zahlreichen Klöster, der adligen Grundherren, der Bauern und vor allem der reichen Patrizier.

„Die Handwerker haben, was sie verkaufen, zuvor . . . aus gekauften Rohstoffen in der eigenen Werkstatt nach den Regeln einer ganz besonderen, nur ihnen anvertrauten Kunst selber hergestellt. Der Handwerker mit seinen Leuten hat mancherorts . . . mehr als die Hälfte der gesamten Einwohnerschaft ausgemacht, in Frankfurt und Heidelberg zuzeiten gar 60–70 v. H. Sein Stand ist der Stand der breiten Masse in den mittelalterlichen Städten, die ja freilich an Menschenzahl noch unmodern klein gewesen sind. Das Handwerk, in dem die selbständigen Meister an Zahl gar nicht oder nicht gar so viel zurückstehen hinter den Gesellen, ist Kernstück und Hauptbestand des gesamten Mittelstandes." (2)

Ähnlich den Kaufleuten schlossen sich auch die Handwerker in Vereinigungen, in *Zünften** zusammen. Es sollten in erster Linie auf das religiöse und gesellige Leben ausgerichtete Gemeinschaften sein. Neue Aufgaben kamen hinzu: Der Stadtherr übertrug ihnen die Kontrolle über die Qualität der angefertigten Waren und die Höhe der Preise; die Zunftmitglieder sahen darin die Möglichkeit, sich gegen Wettbewerb von außen zu schützen und die handwerklichen Fertigkeiten zu steigern. Die Folge war, daß sich das Handwerk auf dem Lande, wo es keine Zünfte gab, und in der Stadt auseinanderentwickelte. → (3)
In der Zunft fanden sich Handwerker eines Berufes zusammen, z. B. in der Bäcker-, Metzger-, Leineweber-, Goldschmiede- oder Gerberzunft. Sie wohnten jeweils in bestimmten Straßen und Gassen, wo auch das Zunfthaus stand, das vom wachsenden Wohlstand der Handwerker zeugte. Hier fanden frohe Feste, aber auch harte Debatten über Preise oder Löhne für die Gesellen statt, über den gemeinsamen Einkauf von Rohstoffen, über das Verbot, auf Vorrat

zu arbeiten, große Warenlager anzulegen und auf die Dauer die Preise zu drücken. Man sprach auch über das Wohl und Wehe der Stadt, denn die Zünfte waren verpflichtet, den zugewiesenen Teil der Stadtmauer zu unterhalten und im Kriegsfall zu verteidigen. Nur Meister konnten Mitglied der Zünfte sein. Um sich keine unliebsamen Konkurrenten zu schaffen, wurde die Zahl der Zunftmitglieder bewußt kleingehalten. → (4) (6)

Vom Lehrbub zum Meister. Die Zünfte regelten auch die Ausbildung der Lehrlinge und die Dauer der Lehrzeit, die meist vier Jahre währte. Der Lehrling wohnte – wie der Geselle auch – in der Familie des Meisters. Ein sauber angefertigtes Gesellenstück, zur Prüfung vorgelegt, beendete die Lehrzeit. Vor der versammelten Zunft seines Gewerbes sprach der Zunftmeister ihn „frei". Dann ging der frischgebackene Geselle auf die Wanderschaft; meist blieb er mehrere Jahre aus und kam in dieser Zeit nicht selten in fremde Länder, um auch dort seine Handwerkskünste zu verbessern. Ziel eines jeden Gesellen war es, auch eines Tages Meister zu werden. Weil die Zünfte aber nur eine beschränkte Zahl von Meistern zuließen, ging der Weg oft nur über die Heirat einer „ehrlichen" Meisterstochter.
Auch Frauen konnten Handwerksmeisterinnen werden, meist als Schneiderinnen oder Weberinnen. In manchen Zünften durften sie nach dem Tode ihres Mannes auch den Meisterbetrieb fortführen. Auch hier bot sich für manchen Gesellen die Möglichkeit, in einen Meisterbetrieb einzuheiraten und selbst Meister zu werden. → (5)

Neue Handwerkszweige. Mit den Städten hat sich das Handwerk entwickelt. Die Erzeugnisse sind immer feiner, immer vielfältiger geworden. Aus dem Orient übernahmen die Weber den Horizontalwebstuhl, der mit Pedalen bedient wird. Mit dem Spinnrad, das erstmals 1298 erwähnt ist, konnte man die Schafwolle rascher zu Fäden verarbeiten. Die Färber lernten, Stoffe mit immer kostbareren Farben einzufärben. Das Herstellungsrezept wurde sorgfältig bewahrt. Die Messing-, Bronze- und Zinngießer stellten Tafelgeschirr für den Haushalt von Adel, Geistlichkeit und vornehmen Bürgern her; Gold- und Silberschmiede fertigten Schmuck für geistliche und weltliche Kunden. So entstand ein hochentwickeltes Kunstgewerbe. Die Messer- und Waffenschmiede verkauften gut. Jeder Ritter brauchte sein eigenes Panzerhemd, seinen Helm mit Visier und zahlreiche Waffen. Mit der Erfindung des Schießpulvers (vor 1300) kamen „Feuerbüchsen" und schwere Kanonen auf, also auch weitere Handwerksberufe. In den großen Städten konnten sich die Handwerker immer mehr spezialisieren. Ein Nürnberger Handwerkerverzeichnis von 1363 zählt 1217 Meister in 50 verschiedenen Berufsgruppen auf.
Der wachsende Bedarf und die zunehmende Spezialisierung haben den Aufstieg des Handwerks gefördert. Später schlossen die Zünfte sich allerdings ab und sperrten sich gegen weitere Neuerungen.

Zunftmeister gegen Patrizier. Es gab mehr Handwerker als Kaufleute, und ihr Anteil am Steueraufkommen der Stadt war groß; sie festigten den guten Ruf der heimischen Erzeugnisse auf den großen Weltmärkten wie Venedig, Genua, Brügge, Gent, Lübeck oder London. Dennoch blieben sie lange von der Stadtregierung ausgeschlossen. Sie gehörten ja nicht zur städtischen Oberschicht. Im 13. und 14. Jahrhundert lehnten die Zünfte sich dagegen auf, z. B. in Köln, Frankfurt, Zürich, Ulm, Augsburg:

Am Sonntagabend, dem 22. Oktober 1368, versammelten sich die Zünfte unter der Leitung des Hans Weiß, Kellermeister der Weberzunft, wohlbewaffnet am Perlachturm. Sie schlossen alle Stadttore und besetzten alle Straßen und Plätze der Stadt. Den Stadtpflegern ließen sie sagen, die Gemeinde solle in Ruhe den Zusammentritt des Rates am folgenden Morgen abwarten.
Sturmglocken riefen in der Frühe des 23. Oktober die Ratsherren zu einer außerordentlichen Ratssitzung zusammen. Schweigend eilten die Ratsherren durch das Spalier der bewaffneten Handwerker dem Rathaus zu. Nachdem der Große und der Kleine Rat versammelt waren, besetzten Wachen der Zünfte die Rathauspforten und schlossen so die Falle.
Sechs ehrenwerte Meister traten vor den Rat, und Hans Weiß forderte in schlichten Worten die Teilnahme der Zünfte an der städtischen Regierung. Nach stundenlangen Debatten gaben die Ratsherren schließlich nach. Der auf dem Perlachplatz harrenden Menge verkündete man die alsbaldige Einführung der Zunftverfassung. Der Rat übergab als Unterpfand seines Wortes die Hoheitszeichen der Stadtregierung, die Torschlüssel und die Schlüssel zur Sturmglocke und zum Ratsarchiv, die Stadtsiegel und das Stadtrechtsbuch. Dann schworen „reich und arm", Patrizier und Handwerker, eine „zünftliche Regierung" einzuführen.
Zwei „Zunftbriefe" regelten die neue Stadtverfassung: Neben 15 Patriziern saßen 29 Zünftler im Kleinen Rat; beide Gruppen stellten je einen Bürgermeister. (3)

Die Zunftkämpfe endeten wie hier in Augsburg fast immer mit einem Vergleich: Die Hälfte oder mehr Handwerker saßen neben den Patriziern auf den Bänken des inneren Rates, dem wichtigsten Gremium der städtischen Selbstverwaltung, aus dem meist auch die Bürgermeister hervorgingen. Der äußere Rat nahm demgegenüber nur untergeordnete Aufgaben wahr und besaß auch keine Entscheidungsbefugnisse. Allerdings galten nicht alle Zünfte untereinander als ratsfähig, nur die angeseheneren Zünfte waren im Rat vertreten. → (7)

Öffentliche Einrichtungen. Für den Einzug der Steuern und Zölle und die Kontrolle der städtischen Aufgaben gab es verschiedene Ämter, an ihrer Spitze den Bürgermeister. In vielen Städten übten die Ratsherren selbst diese Ämter aus; sie kontrollierten sich im städtischen Rat also selbst. Die wichtigste Einnahmequelle waren Steuern, die die Bürger von ihrem Besitz oder Gewinn, aber auch in Form von Luxus- und Verbrauchssteuern abführen mußten. Daneben brachte der Zoll wertvolle Einnahmen. Ausgaben entstanden der Stadt für den Mauerbau, den Bau von Straßen und öffentlichen Gebäuden – Rathaus, Kirchen und Schule –, für die Polizei (Markt-, Bau-, Feuer- und Sanitätspolizei) und das städtische Personal.

Die größten Anstrengungen machten die Bürger im Mittelalter beim Bau ihrer Kirchen. Auf die wuchtigen Dome des romanischen Baustils folgten seit etwa 1200 die hohen gotischen Kathedralen (vgl. S. 236 f.). Viele gotische Türme sind Wahrzeichen der Städte geworden. → (7)
Im Stadtgebiet wohnten nicht nur wohlhabende Kaufleute und Handwerker, von denen bisher die Rede war. Auch damals lebten dort Arme, Schwache, Gebrechliche und Kranke. Die Städte sorgten – gemeinsam mit Kirche und Klöstern – für diese Menschen. Auch reiche Familien halfen durch großzügige Stiftungen. So entstanden *Spitäler** für Kranke (vgl. S. 139), Siechenhäuser für Gebrechliche und Alte. Außerhalb der Stadtmauer standen die Leprosenhäuser für Aussätzige, die sich nur mit einer Glocke oder Holzrassel in der Hand den bürgerlichen Wohnungen nähern durften.

(1) **Bürger zeigen, wer sie sind**

(a) An der Kleidung konnte man erkennen, welcher Schicht ein Bürger angehörte. Beschreibt die Tracht dieser Patrizier.

Tanz vornehmer Bürger im Tanzhaus am Weinmarkt zu Augsburg. Gemälde aus dem 15. Jh.

(b) Wie konnten Kaufleute im Mittelalter reich werden? Und heute?

(2) London um 1180: Speiselokale, Luxusgüter und Bürgerstolz

„Die in den einzelnen Gewerben Tätigen, die Warenverkäufer, die Lohnarbeiter, alle verteilen sich jeden Morgen je nach ihren Tätigkeiten auf verschiedene Stellen. Außerdem gibt es in London am Flußufer, dort wo auf Schiffen und in Weinkellern Weine zu kaufen sind, eine öffentliche Küche. Da kann man täglich je nach Jahreszeit Lebensmittel finden, ganze Gerichte, Gebratenes, Gebackenes, Geröstetes, Gesottenes, große und kleine Fische, zäheres Fleisch für die Armen, für die Reichen feineres von Wild und großen und kleinen Vögeln. Wenn reisemüde Freunde unerwartet einen Bürger besuchen und nicht hungrig warten wollen, bis neues Essen gekauft und gekocht ist und bis ‚die Diener Wasser für die Hände und in Körbchen Brote reichen' [Vergil], dann läuft man eben schnell zum [Themse-] Ufer und hat da alles Begehrenswerte zur Hand. So unübersehbar die Menge der Krieger und Reisenden ist, die bei jeder Tages- und Nachtzeit die Stadt betritt oder verlassen will, alle wenden sich, wenn sie mögen, hierher, damit die einen nicht zu lange fasten und die anderen nicht ohne Frühstück davonziehen; und jeder labt sich auf seine Art. Wer wählerisch für sich sorgen möchte, braucht nicht nach Stören, afrikanischem Geflügel oder jonischen Schnepfen zu suchen, wenn ihm die Leckerbissen vorgesetzt werden, die man hier findet. Diese öffentliche Küche ist in der Tat für die Gemeinde höchst bequem und für feine Lebensart dienlich ...
Nach glaubwürdigen Geschichtswerken ist London viel älter als die Stadt Rom. Beide wurden von den gleichen trojanischen Vätern gegründet, aber London durch Brutus früher als Rom durch Remus und Romulus. Von daher haben sie noch die gleichen alten Gesetze und gemeinsamen Einrichtungen. Wie Rom ist London in Bezirke eingeteilt; anstelle der Konsuln besitzt es Sheriffs, die jährlich wechseln; es hat einen würdigen Senat und kleinere Behörden, in den Straßen Abzugskanäle und Wasserleitungen; für die Prozeßarten, erwägende, beweisende, richtende, hat es zuständige Stellen und besondere Gerichtshöfe; es hat an festgesetzten Tagen seine Versammlungen." (4) Q

(a) Worin sieht der Geschichtsschreiber die Vorzüge der Stadt London?

(b) Arbeitet aus dem Text heraus, wie der Verfasser seine Stadt einschätzt.

(3) Eine Marktordnung: Was wird geregelt?

Der Herzog von Niederbayern erließ 1256 für seine Residenzstadt Landshut eine umfangreiche Marktordnung, in der es unter anderem heißt:

„2. Wir verordnen, graues Tuch herzustellen, das 5 Spannen in der Länge hat, und die beste Elle soll für 10 Pfennig verkauft werden.
3. Die Walker, die ungesetzlich walken, und die Weber, die ungesetzlich weben, werden 60 Pfennig zahlen.
5. Wir verordnen, $2^1/_2$ Pfund Rindfleisch für 1 Pfennig zu verkaufen und ebensoviel Hammelfleisch und 3 Pfund Ziegenfleisch. Die Leute, die es anders machen, werden der Stadt 6 Schilling und dem Richter 60 Pfennig zahlen.
11. Wir verordnen, daß zwei gute Würste, die in der Größe das vorgeschriebene Maß besitzen, für 1 Pfennig verkauft werden, sie dürfen aber nur aus reinem Schweinefleisch gemacht sein. Von einem Mutterschwein dürfen keine hergestellt werden. Zuwiderhandelnde werden 1 Pfund zahlen und ein Jahr lang von ihrem Handwerk ausgeschlossen sein.
12. Wir verordnen, daß aussätziges Fleisch und Fleisch von Mutterschweinen nur 7 Fuß vom Fleischmarkt verkauft werden darf und damit zusammen das Fleisch für die Juden. Die Übertreter werden 5 Pfund zahlen und ein Jahr lang dem Fleischmarkt fernbleiben.
18. Wir verordnen, daß alle Fischer ihre Fische öffentlich ausschütten und sie nicht am Ufer verbergen. Überschreiter werden 60 Pfennig zahlen.
20. Lotterbuben in jeder Art, fahrende Schüler mit langem Haar halten wir fern. Die Leute, die sie über eine Nacht hinaus beherbergen, verurteilen wir zu 1 Pfund." (5)

Q

(a) Vergleicht die genannten Preise für Nahrungsmittel mit den festgesetzten Strafgebühren. [1 Pfund = 20 Schillinge = 240 Pfennige].

(b) Was sagt euch die Marktordnung über die „Freiheit" des Handels im Mittelalter?

(c) Prüft, wem diese Marktordnung nützte.

(4) Wie arbeiteten damals die Handwerker?

(a) Beschreibt, was die Handwerker auf den beiden Abbildungen im einzelnen tun.

(b) Berichtet über Fortschritte und Spezialisierung im mittelalterlichen Gewerbe.

In Nürnberg gab es u. a.:

Schuhmacher	Schlosser
Schneider	Glaser
Bäcker	Nadler
Fleischer	Drahtschmiede
Kürschner	Hufschmiede
Weißgerber	Goldschmiede
Färber	Kannengießer
Messingschmiede	Kesselschmiede
Zinngießer	Klingenschmiede
Spengler	Pfannenschmiede
Mäntelmacher	Panzerhemdenmacher
Tuchmacher	Steinmetzen (6)

Zwei Handwerksbilder aus einer italienischen Handschrift (um 1400): Kleidermachen und Anfertigung bestickter Wandbehänge.

(5) Lehrlingsausbildung in alter Zeit

„Wie ist es damals den jungen Leuten ergangen, die ein Handwerk lernen wollten? Zunächst hatten sie Mühe, überhaupt als Lehrjungen angenommen zu werden. Wer nicht Sohn eines Handwerkers war oder nicht einmal Sohn eines Stadtbürgers, hatte es sehr schwer, eine Lehrstelle zu bekommen. Für ihre Lehre mußten die Lehrlinge ein Lehrgeld bezahlen, das dem Meister zustand als Entschädigung für die Mühe und Arbeit, die er mit der Lehrlingsausbildung hatte. Manchmal wurde auf das Lehrgeld verzichtet, wenn der Lehrling seine Lehrzeit über die vorgeschriebene Frist (3–4 Jahre) hinaus bis auf 5 Jahre verlängerte; denn dann konnte der Meister den Lehrling im letzten Lehrjahr als wertvollen Helfer einsetzen. Während der Lehrzeit gehörte der Lehrling zur Familie des Meisters. Er aß und schlief, ebenso wie die Gesellen, in des Meisters Haus. Der Meister hatte nicht nur für die Berufsausbildung des Lehrlings zu sorgen, sondern war auch anstelle des Vaters für die Erziehung zuständig. Er hatte gegenüber dem Lehrling das Recht der körperlichen Züchtigung. Der Lehrling hatte auf Anweisung des Meisters dessen Frau und den Gesellen bei allen Arbeiten zu helfen, die in der Werkstatt und im Haus anfielen.
Am Ende seiner Lehrzeit wurde der Lehrling feierlich ‚losgesprochen'. Nun war er Geselle. Seit dem 15. Jahrhundert begann gleich nach der Lossprechung eine etwa zweijährige Wanderzeit, in der die Gesellen weit herum kamen, Erfahrungen sammelten und sich in ihrem handwerklichen Können weiterbildeten. Bis ins 20. Jahrhundert war es üblich, daß die jungen Gesellen sich erst nach ihrer Wanderschaft eine Stellung für längere Zeit suchten." (7)

(a) Was gefällt, was mißfällt euch an der mittelalterlichen Lehrlingsausbildung?

(b) Beschafft euch Informationen über die Lehrlingsausbildung heute: Gesetzliche Bestimmungen, Lehrstellenangebot, Ausbildungsordnung (Arbeitsamt, Handwerkskammer, Gemeinschaftskundelehrer, Eltern können euch weiterhelfen!)

(6) Löhne und Preise im Mittelalter

Preise:

1 Doppelzentner Roggen kostete in Frankfurt a. M.	1350	78 Pfennige
	1450	58 Pfennige
	1455	127 Pfennige
1 Paar Schuhe kostete in Frankfurt a. M.	1453	108 Pfennige
	1455	85 Pfennige
1 Paar bessere Handschuhe kostete in München	1450	15 Pfennige
	1455	14 Pfennige
1 Hufeisen kostete in München	1453	5 Pfennige
	1455	5 Pfennige

Löhne im 15. Jahrhundert je Arbeitstag (Durchschnittswerte):

	München	Würzburg	Frankfurt a. M.
Maurer und Steinhauer			37 Pfennige
Zimmerer und Schreiner	22 Pfennige		41 Pfennige
Mörtelrührer	10 Pfennige		
Erdarbeiter, ungelernt		15 Pfennige	
Steinbrucharbeiter, ungelernt		14 Pfennige	
Mäher	22 Pfennige		
Stadtarzt (Gehalt 1451)	19 Pfennige	Diese Berufsgruppen hatten gewöhnlich noch Nebeneinnahmen (Wohnung, Heizung, Gebühren)	
Schulmeister (Gehalt 1479)	23 Pfennige		
Stadtschreiber (Gehalt 1450)	34 Pfennige		

Erläuterung zu den Löhnen:

Die Löhne sind in Pfennigen je Arbeitstag angegeben. Durch Sonntage und kirchl. Feiertage ruhte die Arbeit etwa an 85 Tagen im Jahr. Für diese Tage erhielt der Arbeiter keinen Lohn. Er durfte also an den Arbeitstagen höchstens drei Viertel seines Lohnes verbrauchen, wenn er auch an den arbeitsfreien Tagen seinen Unterhalt bestreiten wollte. Viele Arbeiter waren im Winter ohne Arbeit und Lohn. Die Winterlöhne waren immer wesentlich niedriger als die Sommerlöhne; denn im Sommer wurde sehr viel länger gearbeitet. (8)

(a) Errechnet, wie lange die Arbeiter in den genannten Berufen 1450 und 1455 für einen Doppelzentner Roggen arbeiten mußten.

(b) Vergleicht die Kaufkraft der damaligen Löhne mit heute.

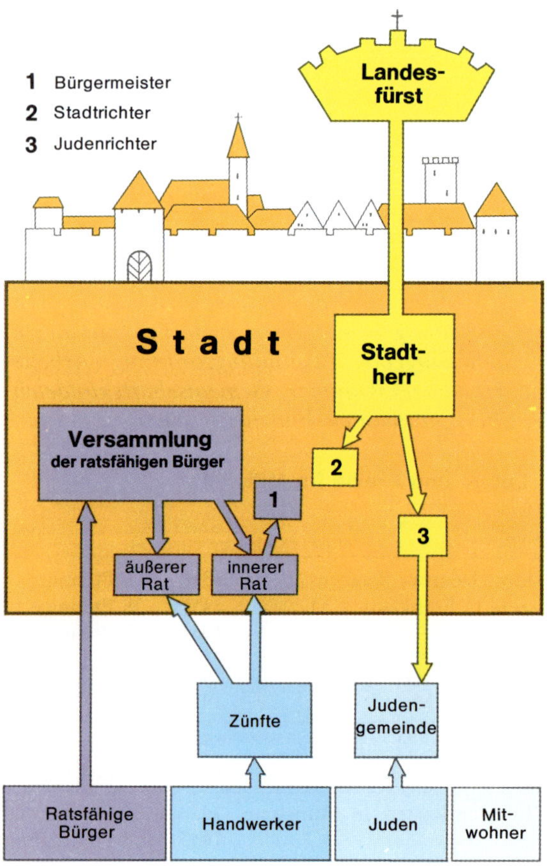

(7) **Das Stadtregiment – Aufbau und Wandel**

(a) Versucht, die einzelnen Angaben des Schaubildes zu erläutern. Sagt mit eigenen Worten, was die Bezeichnungen und die Pfeile bedeuten.

(b) Stellt fest, wer in der Stadt regierte, wer mitbestimmte und wer nicht mitbestimmen durfte.

(c) Schildert, was man auf den Bildern S. 247 erkennen kann.

(d) Berichtet, wie die Zünfte in Augsburg das Recht zur Mitwirkung im Stadtrat erreichten (vgl. S. 242).

Links: Der Bischof als Stadtherr. Ein Adliger, ein Bauer und ein Bürger als Lehnsempfänger vor den Mitgliedern der Eichstätter Kurie, dem Fürstbischof Gabriel von Eyb, Dr. Kilian Münch, dem Kanzler Wibolt Fischl und dem Hofmeister Hieronymus von Rosenberg. Buchmalerei von Ulrich Taler (um 1500). – Rechts: Rat und „Zünftliche Regierung" der Stadt Augsburg. Buchmalerei von Jörg Breu im Ratsbuch der Stadt Augsburg (erste Hälfte des 16. Jh.). Auf dem Kissen in der Mitte des Saales liegt die Bibel, die bei Eidesleistungen herangezogen wurde. Rechts daneben befinden sich die Schlüssel für die Truhe mit den Dokumenten und der Stadtkasse. Am Tisch sitzen zwei Protokollführer.

1. Nenne die Handwerksberufe, die mit den abgebildeten Zunftwappen dargestellt sind.

2. Kaufleute und Handwerker in der mittelalterlichen Stadt: was weißt du über sie?

3. Suche Straßennamen und Familiennamen, in denen einzelne Handwerksberufe „versteckt" sind, und lege eine Liste an.

4. Berichte über Aufbau und Zweck der Zünfte im Mittelalter und vergleiche die damaligen Möglichkeiten, einen Handwerksberuf zu erlernen, mit den heutigen.

5. Zeige anhand einer Skizze, wer im Mittelalter den Bürgermeister „machte". Informiere dich, wie das heute geschieht.

Patrizier: Im Mittelalter die städtische Oberschicht; dazu gehörten Kaufmannsfamilien mit großem Vermögen und Adelsgeschlechter, die in der Stadt wohnten. Ihre Mitglieder waren Ratsherren oder Inhaber städtischer Ämter. Erst im 14. Jh. mußten sie einen Teil ihrer Vorrechte mit den Handwerkern (Zünften) teilen.

Reichsstadt: Eine Stadt, die keinem Landesherrn oder Stadtherrn untersteht, die sich selbst verwaltet, die insbesondere eigene Gerichte hat und eigene Rechte (Stadtrechte). Die Reichsstädte sind auch auf den Reichstagen als eigener Stand vertreten.

Spital: von Hospital, Hospiz, d. h. Anstalt für Alte, Kranke, Fremde. Spitäler sind oft von Klöstern eingerichtet worden, seit dem 13. Jh. besonders vom Orden der Johanniter. In den Städten entstanden gut ausgestattete Bürgerspitäler, die in der Regel den wohlhabenden Leuten vorbehalten blieben, während man für die übrige Bevölkerung ein Armenspital baute.

Stadtrat: Der Rat der mittelalterlichen Städte bildete die leitende Behörde der städtischen Selbstverwaltung mit dem Sitz im Rathaus. Der Stadtrat beschloß über Stadt- und Markrecht, über Gebühren und Zölle, über die Besetzung städtischer Ämter und übte die oberste Gerichtsbarkeit aus. Als Ratsherren wirkten bis ins 14. Jh. nur Patrizier, danach auch Handwerker.

Zunft: Zusammenschluß der Handwerker eines Gewerbes in den mittelalterlichen Städten. Zünfte bestanden seit dem 12. Jh. und bis ins 19. Jh. In der Zunftordnung wurden Ausbildung, Löhne und Arbeitszeiten, Preise und Qualität der Waren geregelt.

seit dem 11. Jh.	Kaufmannsgilden (-genossenschaften)
seit dem 12. Jh.	Handwerkerzünfte
seit dem 12. Jh.	Patrizier bilden den städtischen Rat
seit dem 14. Jh.	Mitwirkung der Handwerker am Stadtregiment (Rat)

Quellennachweis

(1) F. Wurm: Vom Hakenpflug zur Fabrik. Diesterweg 7566, S. 48 f.

(2) M. Rumpf: Deutsches Handwerkerleben und der Aufstieg der Stadt. 1955, S. 19.

(3) Nach der Augsburger Stadtchronik von 1368 und dem Ehrenbuch der Augsburger Zunftregierung von 1545.

(4) W. Fitzstephan: Leben des heiligen Thomas. Deutsche Übersetzung in: Geschichtliche Weltkunde, Quellenlesebuch, Band 1, a.a.O., S. 274 f.

(5) Deutsche Übersetzung in: Weltgeschichte im Aufriß, Band 2. Diesterweg 7372, S. 73 f.

(6) Nürnberger Handwerkerverzeichnis von 1363. In: Chroniken der deutschen Städte, Bd. 2, 1864, S. 507 f.

(7) Curriculum Geschichte, II, 1, a.a.O., S. 59, gekürzt.

(8) Ebenda S. 66.

Lesetip

R. Dangel: Freie Reichsstädte anno dazumal. Stuttgart 1965

H. Heidtmann (Hrsg.): Meister & Gesellen. Thienemann, Stuttgart (SB)

H. Pleticha: Bürger, Bauer, Bettelmann, Würzburg 1976 (SB)

J. v. Roeder: Der Maler von Nürnberg, Arena Tb. 1119 (JB)

F. Stephan-Kühn: Viel Spaß im Mittelalter. Arena, Würzburg 1984 (SB)

Stadtführer und Stadtprospekte aus Städten, die ihre eigene Geschichte haben, erhält man über das jeweilige Verkehrsamt.

11.3. Fernhandel und politische Macht der Städte

Mittelalterliche Handelsstraßen und Handelsgüter.

Unsere Wirtschaft ist auf den Handel mit anderen Ländern angewiesen. Ohne Export „läuft nichts" in unserer Industrie. Welche Bedeutung hatte der „Fernhandel" früher?

- Was sagt diese Karte über den Handelsraum im Mittelalter, über den Verlauf der Handelsstraßen und die Herkunft einzelner Fernhandelswaren?
- Wo lagen die Umschlagplätze des Fernhandels? Wie haben sich Märkte und Messen, Transportmittel und Zahlungsmittel entwickelt?
- Wie war die Hanse, das größte Städtebündnis im Mittelalter, und wie war der Handel in Süddeutschland organisiert?

Das europäische Verkehrsnetz und das Warenangebot. Die großen Handelsstraßen gingen im Süden von Venedig aus: über Wien, Brünn, Krakau nach Kiew, über Bozen, Brennerpaß, Augsburg, Nürnberg nach Leipzig, über Mailand, Lyon, Troyes nach Paris. Köln war Schnittpunkt der Straßen von Südfrankreich, Basel, dem Rhein entlang bis Amsterdam und von Krakau über Breslau, Leipzig nach Brügge. Ähnlich wichtige Kreuzungspunkte waren Frankfurt und Nürnberg.

Zahlreiche Straßen stammten noch aus der Römerzeit. Der Straßenzustand war oft jämmerlich, obwohl sich die Landesherren oder Städte bemühten, die Zugangs- und Durchgangsstraßen in Ordnung zu halten, damit der Handelsverkehr nicht auf andere Verkehrsadern auswich. Dafür durften sie dann Straßen-, Ein- und Ausfuhrzölle erheben. Den Zöllen entgingen die Fernhändler auch auf den schiffbaren Flüssen nicht. Allein zwischen Bamberg und Frankfurt passierte ein Mainboot 25 Zollstätten. Dennoch blieben die europäischen Flüsse – Garonne, Loire, Rhône, Saône, Seine, Somme, Oise, Schelde, Maas, Rhein, Donau, Main, Weser, Elbe, Oder, Weichsel – für den Handel wichtig.

Noch wichtiger war der Seeweg. Von Lübeck nach Danzig brauchte man auf dem Landweg 14 Tage, mit dem Schiff dagegen nur 4 Tage. Die Fahrtzeiten verkürzten sich ganz beträchtlich, und gleichzeitig konnte ein einziges Schiff bis zu Hunderten von Wagenladungen aufnehmen.

„Im späten Mittelalter waren Schiffe von mehreren hundert Registertonnen nicht selten. Seit die Verwendung des Kompasses allgemein üblich geworden war, wagte man auch den Schritt von der Küstenschiffahrt zur Überseeschiffahrt. Vom frühen 14. Jahrhundert an segelten italienische Schiffe, die früher kaum je das Mittelmeerbecken verlassen hatten, regelmäßig nach Nordeuropa, wobei sie Brügge, London, Southampton und andere Häfen anliefen." (1) → (2)

„Güter des Fernhandels . . . waren in erster Linie Luxusgüter. Zum Beispiel war Köln der Umschlagplatz insbesondere nach England für glasiertes Steinzeug, das in Aachen, Siegburg, Frechen und im Westerwald hergestellt wurde. Frankfurt war der Hauptabsatzmarkt des mittelrheinischen Wolltuches, des sogenannten Frankfurter Tuches; außerdem war die Main-Metropole führend am Weinhandel beteiligt. Besonders begehrt waren orientalische Seide und vor allem Gewürze wie Safran, Pfeffer, Ingwer, Nelken und Muskat. Neben derartigen Luxusgütern wurden aber in immer steigendem Ausmaß auch Massenkonsumgüter zur Versorgung der Städte gehandelt wie Holz, Holzkohle, Textilien aller Art, Fische, Bier, Salz, Leder, Wolle und Leinen. Ferner wurden in allen Städten Metall und Metallwaren gekauft und verkauft . . . Vor allem gewannen die Getreideeinfuhren aus den landwirtschaftlichen Überschußgebieten Ostdeutschlands, Polens und des Baltikums eine immer größere Bedeutung. Unverändert bezog Mitteleuropa aus den Gebieten östlich der Oder Wachs, Honig, Pech und Pelze . . . Ferner wurde finnisches Eisen- und Kupfererz . . . nach Westen verschifft. Demgegenüber waren die wichtigsten Handelsgüter, die die deutschen Seeschiffe auf ihren Frachtschiffen nach Osten brachten, das französische Meersalz . . . und das Salz der Lüneburger Salinen, aber auch holländisch-flandrische Tuche und andere Erzeugnisse der gewerblichen Produktion. Vor allem das mitteleuropäische Salz war für den Osten lebenswichtig; es war damals nicht nur Genuß-, sondern auch das wichtigste Konservierungsmittel für die herbstlichen Schlachtungen. Aus dem Norden wurden vor allem getrocknete Fische, nämlich Stock- und Klippfische, sowie Salzheringe bezogen." (2) → (1) (3)

Wirtschaftliche Konkurrenz. In hartem wirtschaftlichem Wettstreit teilten sich Italiener, Deutsche, Franzosen und Holländer das europäische Wirtschaftsgebiet zwischen Afrika und Skandinavien, Rußland und Frankreich. Die Italiener beherrschten mit ihren venezianischen und genuesischen Seeflotten das Mittelmeer und das Schwarze Meer. Als Konkurrenten ließen sie bestenfalls die Franzosen gelten. So schlossen Genua und Marseille, die wichtigste Hafenstadt Frankreichs am Mittelmeer, 1211 einen Vertrag, durch den sie die Deutschen von der Mittelmeerfahrt ausschlossen. Im Binnenland entwickelten sich vor allem Mailand, Florenz und Bologna zu wichtigen Handels- und Gewerbestädten.

Eine im 13. Jh. entstandene Chronik „Die Wunder Mailands" hält fest: Es gab dort 12500 Häuser, 200 Kirchen, 10 Hospitäler, 300 Bäckereien, 440 Metzger, ca. 1000 Tavernen, 150 Herbergen, 80 Schmieden, 40 Buchschreiber. Auf dem Markt habe es eine Vielfalt heimischer Früchte und eingeführter Gewürze gegeben, aus denen man herrliche Eier- und Fleischspeisen zubereiten konnte.

Von jenseits der Alpen kamen die Fernhändler – Deutsche, Franzosen, Holländer – und kauften in Venedig und Genua die Ware auf, die italienische Seeschiffe aus den islamischen Ländern um das Mittelmeer, aus Griechenland und den Schwarzmeergebieten herangebracht hatten. 1228 wird erstmals der Fondaco dei Tedeschi in Venedig, ein Kauf- und Wohnhaus der Deutschen, genannt; dort lagerten sie ihre Ware vor dem Weitertransport ein (vgl. S. 267). Um sich auf den langen, mühseligen und oft auch gefährlichen Wegen gegenseitig zu schützen, zogen die Fernhändler meist in langen Trecks. Aus solchen gemeinsamen Geschäftsfahrten entstanden die ersten Handelsgesellschaften, in denen sich oft mehr als hundert Handelsherren zusammenschlossen. Neben solchen Gesellschaften behaupteten sich aber auch Unternehmerfamilien wie die Tucher (Nürnberg), Welser und Fugger (Augsburg), die

Welthandel trieben und außerdem teilweise als Finanziers von Kaisern und Königen die Weltpolitik beeinflußten.

Märkte, Messen, Bankgeschäfte. Je höher die Ansprüche der Verbraucher stiegen, desto wichtiger wurden die Märkte.

„Die bäuerliche Einwohnerschaft deckte den größten Teil ihres Bedarfs an Lebensmitteln, Textilien und so fort selbst. Ebenso konnten die Bewohner von Kleinstädten mühelos einen Teil ihres Lebensmittelbedarfs selbst erzeugen. Daneben waren die Bedürfnisse des mittelalterlichen Durchschnittshaushalts gering: Kleider, Möbel und andere Gegenstände des täglichen Gebrauchs erstand man verhältnismäßig selten . . . Der Markttag, einmal wöchentlich abgehalten, genügte in den meisten Fällen durchaus. Größere Städte hatten wohl häufiger Markttag, dazu meist auch Läden . . .
Der Fernhandel bedurfte eines größeren Rahmens: die halbjährlich oder jährlich in bestimmten Städten stattfindenden *Messen**, die jeweils mehrere Wochen dauerten. Auch das Recht, Messen abzuhalten, wurde durch königliches Privileg [wie bei den Märkten] verliehen.“ (3)

Das Zusammentreffen von Kaufleuten aus nah und fern, aus dem In- und Ausland, machte eigene Handelsordnungen und -gesetze erforderlich; die Messepolizei überwachte sie. Die Messebeamten überprüften auch die Qualität der Waren, der Maße und Gewichte. Es gab schon Qualitätssiegel.
Am erfolgreichsten waren Geschäftsleute und Unternehmer in den italienischen Städten, vor allem in Florenz und Venedig. Sie verstanden es, durch den Tuchhandel zuerst reich und dadurch auch mächtig zu werden. Sie kauften Wolle in England und unverarbeitete Tuche in Flandern, dann ließen sie die Rohware in Florenz und anderen Städten weiterverarbeiten und verkauften die veredelten Stoffe auf allen Märkten und Messen Europas und bis in den Orient. Die Tuchhändler waren jedoch nicht auf den Textilhandel spezialisiert, sondern handelten mit allem, was die Kundschaft verlangte: Rohstoffe für die Handwerker, Fertigwaren und Luxusgüter für die reicheren Leute. Zielstrebig vermehrten sie ihren Gewinn und nutzten jeden Vorteil planmäßig aus. Bald hatten die italienischen Unternehmer gelernt, daß mit dem Geldhandel noch mehr zu verdienen ist als mit dem Warenhandel.

„Bereits im Jahr 1282 war der Florentiner Wollhändler Bartolo de' Bardi zugleich Vorstand der Wechslerzunft. Die Wechsler hatten damals noch wie die Handwerker auf der Straße offene Buden, die man Banco nannte, nach dem Ladentisch, der dazu diente, die Gold- und Silbermünzen aufklingen zu lassen; am Klang erkannte man dann die Legierung. Aus dem Geldwechsel entwickelte sich das *Bankwesen**. Der fiorino d'oro, der goldene Florentiner oder Florin, war jahrhundertelang Europas angesehenste und stabilste Währung. Im Norden wurde daraus der Güldene oder Gulden, und noch heute ist das internationale Zeichen für den Gulden das fl. Zahllose Fachausdrücke der Handelssprache wie Konto, Giro, Bank, bankrott usw. erinnern an Italien als Ursprungsland des Bankwesens. Selbst das Zahlwort „Million“ stammt von dort . . . In Italien entwickelten sich auch die ersten *Monopole**, das erste Handelsgericht tagte in der Mercanzia [Kaufhaus] in Florenz. Wechselbriefe, Girokonten, Transportversicherungen und anderes boten sich als Neuerungen dem Handel an. Auf ihrer Bank an der Budenstraße hatten die Bardi begonnen – später besaßen sie die größte europäische Geld- und Kreditanstalt mit einem Kundenkreis in Frankreich, England, Flandern, Zypern und Kleinasien . . .“ (4) → (4)

Entstehung der Hanse. Im Mittelmeerraum beherrschten italienische Fernkaufleute auf italienischen Schiffen den Handel, in Nord- und Osteuropa erschlossen deutsche Händler neue Märkte, sie besaßen zu Land und Wasser ein Handelsmonopol. Mit neuartigen Schiffen, die man Koggen nannte – schnellen Segelschiffen mit hoher Bordwand und sicherem Steuerruder –, konnten die Fahrtzeiten verkürzt und die Ladung erhöht werden. Deshalb wurden seit dem 13. Jahrhundert die meisten Waren zur See gehandelt. Die Koggen kreuzten zwischen der flandrisch-niederdeutschen Küste und Dänemark, Norwegen, Schweden, dem Deutschordensland und Rußland. Wie im Mittelmeer, so waren auch hier die Schiffe durch Sturm und Seeräuber gefährdet, und die Kaufleute fanden auf fremden Märkten manche Schwierigkeit, die sie allein nicht bewältigt hätten.
Darum schlossen sich die Kaufleute zusammen und gründeten Genossenschaften, auch *Hansen** genannt. Der Zweck war, sich gegenseitig beizustehen, auf fremden Märkten gemeinsam Münzen, Gewichte und Maße festzulegen, gemeinsam die Handelsware anzubieten. Was in der Heimat selten gelang, geschah in der Fremde: Man überwand die Konkurrenzangst und handelte nicht gegeneinander, sondern im Einvernehmen, indem man z. B. seine Ware auf der gleichen Kogge verlud. So sparte man Geld und Leute und teilte das Risiko mit Geschäftspartnern.

Der Städtebund der Hanse. Auch in der Heimat stieg der Einfluß der Kaufleute, so daß sich aufgrund der gemeinsamen Handelsinteressen ein Zusammenschluß der Städte anbahnte. Aus den Hansen der Kaufleute entwickelte sich die Hanse der Städte. Die Mitgliedschaft brachte große wirtschaftliche Vorteile, denn man räumte sich gegenseitig Sonderrechte hinsichtlich der Zölle, der Märkte, des Gewichts, der Waage und Münzen ein. Man betrieb

eine vorausschauende Wirtschaftspolitik und regelte Warenausfuhr und Wareneinfuhr. Die Hanse war bald so stark geworden, daß sie sowohl den deutschen Landesherren wie dem Ausland gegenüber eine bedeutende Macht darstellte. Sie schloß Handelsverträge und entschied über Krieg und Frieden, z. B. als der Bund der Hansestädte unter der Führung Lübecks einen Krieg gegen den Dänenkönig führte.
Etwa 100 Städte hatten sich um 1400 in der Hanse zusammengeschlossen. Lübeck hatte den Vorsitz; daneben spielte Köln eine bedeutende Rolle. In unregelmäßigen Abständen versammelten sich die Mitglieder, um wichtige Angelegenheiten zu besprechen und gemeinsame Beschlüsse zu fassen. Wer solche Beschlüsse nicht einhielt, mußte mit wirtschaftlichen Nachteilen und Strafen rechnen. Der Ausschluß aus dem Hansebund („verhansen") bedeutete für viele Städte den wirtschaftlichen Niedergang.

Auslandsgeschäfte der Handelsgesellschaften. Deutsche Kaufleute erlangten an wichtigen Handelsplätzen des Auslands das Recht zur Anlage von Lager-, Stapel- und Verkaufshallen, sogenannten *Kontoren**. Es gab Hansekontore in London („Stalhof"), in Bergen („Deutsche Brücke"), in Nowgorod („Petershof") und in Brügge. Süddeutsche Kaufleute, die sich in der „Großen Ravensburger Handelsgesellschaft" zusammengeschlossen hatten, besaßen Niederlassungen u. a. in Mailand, Genua, Lyon, Valencia und Antwerpen. In diesen Außenstellen legten die Kaufmannssöhne ihre Bewährungsprobe ab, während die Väter das Geschäft aus der Heimatstadt lenkten. Mit Hilfe einer genauen Buchführung behielten sie den Überblick. Aus den „reisenden Kaufleuten" wurden allmählich „schreibende Unternehmer". In Ravensburg übertrugen die Mitglieder der Handelsgesellschaft die Geschäftsführung einem gewählten Gremium und kamen nur einmal im Jahr zur Hauptversammlung zusammen, um sich vom Vorstand Rechenschaft ablegen zu lassen, Einnahmen und Ausgaben zu prüfen und den Gewinn in Form von Dividenden zu verteilen. Man achtete darauf, die Transportkosten niedrig zu halten, indem man dafür sorgte, daß die Schiffe und Wagenzüge auf der Hin- wie auf der Rückfahrt vollbeladen waren. Die Handelsgesellschaften belieferten nicht nur den innerdeutschen Markt, sondern lieferten Waren z. B. von England und Flandern nach Italien, Frankreich und Spanien sowie umgekehrt. Der Gewinn war beträchtlich. Die Ravensburger Handelsgesellschaft errechnete ihr Vermögen im Jahre 1497 auf 137 837 Gulden. Die Hanse machte ihr bestes Geschäft mit dem Fischhandel. In Schonen (Südschweden) wurden jeweils ab Juli Tonnen von Heringen in die hansischen Koggen verladen. Der Hering wurde in alle Teile Deutschlands verkauft, denn gesalzen hielt er sich lange und war eine überall beliebte Fastenspeise. Nach 1500 sank die Bedeutung der Handelsgesellschaften und Städtebünde. Die Ravensburger Gesellschaft löste sich 1530 auf, die Hanse mußte ihr Kontor in Nowgorod 1494 schließen, später auch diejenigen in Schweden und England. → (5)

(1) Woher kamen, wohin gingen die Waren?

Warenumschlag im Lübecker Hafen vom 18. 3. 1368 bis zum 10. 3. 1369

Waren	Wichtigste Herkunftsgebiete	Einfuhr (in 1000 lübische Mark)	Ausfuhr
Tuche	Flandern (= westl. Belgien)	120,8	39,7
Fisch	Schonen (= Südschweden)	64,7	6,1
Salz	Lüneburg	–	61,6
Felle, Pelze	Rußland und Schweden	13,3	3,7
Getreide	Preußen (= Gebiet zwischen Weichsel und Memel)	13	0,8
Wachs	Rußland, Preußen	7,2	5,8
Flachs	Norddeutschland, Livland (= Gebiet zwischen Memel und Finnischem Meerbusen)	0,4	3
Wein	Rheinland	1,3	0,9
Bier	Wendische Städte (= zwischen Kiel und Stettin)	4,1	1,9

und verschiedene andere Waren
Einfuhr insgesamt: 338,9 } zusammen: 545,8
Ausfuhr insgesamt: 206,9 } (= 545 800 lübische Mark)

Wenn du dir eine Vorstellung von dem Lübecker Seehandel 1368/69 machen willst, solltest du folgendes beachten:
1. Eine lübische Mark hatte, ganz grob gerechnet, etwa die Kaufkraft von 500 DM heute.
2. Lübeck hatte Ende des 14. Jahrhunderts etwa 17 000 Einwohner. (5)

(a) Zeigt auf der Karte S. 249, woher die Waren stammten, die in Lübeck eingeführt wurden.
(b) Stellt fest, welche Waren die Lübecker wieder ausführten und welche sie selber verbrauchten.

(c) Errechnet, wie hoch der Umsatz pro Einwohner von Lübeck damals war (in lübischer Mark und in DM).

(2) Am Hafen einer Handelsstadt vor 500 Jahren

(a) Beschreibt die Schiffe, Geräte, Menschen und Waren, die auf dem Bild zu erkennen sind.

(b) Erklärt die Bedeutung des Zolls – damals und heute.

Eine Seite aus der reichbebilderten Handschrift des Hamburger Stadtrechts (1497). Auf der linken Bildseite ist ein Kran zu sehen, mit dem ein Schiff entladen wird. Im Vordergrund Kaufleute und Seefahrer vor dem Haus des Zollschreibers. Im Hafen selbst verschiedene Schiffsarten: Flußkähne, Jollen und Koggen.

(3) Massenware und Luxusgüter

„Salz – Man hat ausgerechnet, daß in der Mitte des 15. Jahrhunderts pro Kopf der Bevölkerung jährlich etwa 16 kg Salz verbraucht wurden. Dagegen betrug der Salzverbrauch in der Bundesrepublik im Jahre 1970 pro Kopf nur 5,7 kg. Wie kommt das?

Salz diente im Mittelalter nicht nur zum Würzen, sondern vor allem als Konservierungsmittel. Fisch und Fleisch wurden eingesalzen und so haltbar gemacht. Ohne Salz hätten die Heringe, die in riesigen Mengen vor Schonen gefangen wurden, nicht zum Volksnahrungsmittel in ganz Mitteleuropa werden können. Fisch aber brauchte man damals dringend, weil er eine eiweißreiche Nahrung darstellte, deren Genuß auch an den zahlreichen kirchlichen Fasttagen gestattet war.

Felle – Ihre Felle kauften die Hansekaufleute hauptsächlich in Nowgorod ein, und viele Felle verkauften sie in England. Hauptabnehmer waren dort der König und der Adel. Gefragt waren besonders Zobel, Hermelin und Eichhörnchenfelle. Sie wurden für Gewänder, Schuhe und Bettdecken verwendet. Von Michaelis (29.9.) 1390 bis Michaelis 1391 kaufte die königliche Kleiderkammer 350 000 Felle. Für ein einziges Futter brauchte man bis zu 1000 Felle, für ein ganzes Gewand über 10 000. Als 1406 der englische König Heinrich IV. seine 12-jährige Tochter mit dem König von Dänemark verheiratete, wurden für ihre Aussteuer und die Gewänder ihrer Begleitung über 32 000 Fehfelle verarbeitet. So wird der Pelz des roten Eichhörnchens genannt, das, im Winter erlegt, einen grauen Rücken und einen weißen Bauch hat." (6)

(a) Erklärt anhand der beiden Beispiele den Unterschied zwischen Massengütern und Luxuswaren.

(b) Erklärt, wie der Bedarf an Salz und Fellen im Mittelalter befriedigt werden konnte.

(c) Äußere deine Meinung zum Kleiderluxus im Mittelalter.

(4) Wie hat sich das Bankwesen entwickelt?

(a) Erklärt das Bild.

(b) Berichtet, wie das Bankwesen im Mittelalter entstanden ist und sich entwickelt hat.

(c) Sprecht über die Bedeutung der Banken damals und heute.

Kunden vor den Kontenbüchern einer italienischen Bank. Buchmalerei aus Genua (14. Jahrhundert).

(5) Handelswege und Hansestädte

(a) Erklärt: Vorteile und Nachteile des Transports zu Wasser und zu Lande. Denkt auch an das Be- und Entladen und an die Zustellung zum Kunden.

(b) Sprecht über die Ansicht, die Hansestädte verdankten ihren Reichtum dem Bau der Kogge und dem Heringsfang.

(c) Zeigt die genannten Städte auf der Karte S. 249 und erläutert, was die Bezeichnung der Städte meint.

Hansespruch:

Lübeck	ein Kaufhaus
Köln	ein Weinhaus
Lüneburg	ein Salzhaus
Hamburg	ein Brauhaus
Rostock	ein Malzhaus
Danzig	ein Kornhaus
Visby	ein Pech- und Teerhaus
Reval	ein Wachs- und Flachshaus
Riga	ein Hanf- und Butterhaus
Krakau	ein Kupferhaus

1. Zeige auf der Karte S. 249 heutige Großstädte, deren Bedeutung auf das Mittelalter zurückgeht.

2. Berichte über die Schiffahrt im Mittelalter, indem du Auskunft gibst über Form, Größe, Ladekapazität, Besatzung, Geschwindigkeit von Schiffen und über Schiffahrtsrouten.

3. Mache in Stichworten Angaben über Entstehung, Zweck, Organisation und Bedeutung der Hanse.

4. Äußere deine Meinung zur Frage, wem der Ausbau des Fernhandels im Mittelalter Vorteile, wem Nachteile brachte.

5. Erläutere, welche Haltung die folgende Geschichte ausdrückt, und sage, ob du sie für gut hältst oder nicht:

Ein Florentiner Handelshaus, das drei Brüdern gehörte, erhielt eines Morgens Bescheid, daß ein Schiff mit kostbarer Ladung aus dem Orient im Hafen von Pisa eingelaufen sei. Nun sollten umgehend die Preise festgesetzt werden, bevor die Konkurrenz mit ihrer Ware eintraf. Doch zwei Brüder wollten nicht auf ihre Mittagsruhe verzichten; da ritt der Jüngste allein nach Pisa – und machte allein das Geschäft; dabei erzielte er einen solchen Gewinn, daß er sich davon einen Palast bauen konnte, an dessen Giebel er den Spruch einmeißeln ließ „Schlafen bringt keinen Gewinn!“

Bank: Zuerst Wechslertisch auf den Märkten und Messen; daraus entwickelte sich das Geldgeschäft zur Bereitstellung von Krediten (Leihgeld) und Wechselgeld. In der Regel waren Banken im Mittelalter mit Handelshäusern verbunden.

Hanse: Zuerst (im 11.–13. Jh.) genossenschaftlicher Zusammenschluß von Kaufleuten; seit dem 14. Jh. Zusammenschluß von Städten überwiegend in Norddeutschland zur Erleichterung des Handels untereinander und zur Stärkung der Stellung im Auslandshandel, insbesondere im Ostseehandel. Führende Stadt („Vorort") der Hanse war Lübeck. Gemeinsame Beschlüsse wurden auf Hansetagen getroffen. Im 16. Jh. verlor die Hanse ihre Bedeutung.

Kontor: Handelsniederlassung einer Firma oder einer Stadt bzw. eines Städtebundes im Ausland mit Lagerplatz oder -gebäude, Verkaufs- und Büroräumen. Später nannte man nur noch das Büro Kontor.

Messe: Vom Wort „Heilige Messe" (Gottesdienst) kommt der Ausdruck „Messe" für große Jahrmärkte und Warenmessen, die vor allem seit dem 13. Jh. in Flandern, in der Champagne, aber auch in Frankfurt und Leipzig stattfanden.

Monopol: Wörtlich „Alleinhandel". Man spricht von Monopol, wenn eine Firma den größten Teil des Warenangebotes in einem Wirtschaftszweig besitzt und so den Preis diktieren oder kontrollieren kann.

1161	Gründung von Lübeck
1228	Niederlassung der Deutschen in Venedig
13. Jh.	Anfänge des Bankwesens
14. Jh.	Aufstieg der Hanse
um 1500	Niedergang der Hanse und der Ravensburger Handelsgesellschaft

Quellennachweis

(1) D. King: Kaufleute und Geldwirtschaft. In: Blüte des Mittelalters, München 1966, S. 271.

(2) F. Wurm: Vom Hakenpflug zur Fabrik, a.a.O., S. 65.

(3) D. King: Kaufleute und Geldwirtschaft, a.a.O., S. 270.

(4) W. Rüdiger: Die Welt der Renaissance. München 1970, S. 306 f.

(5) Curriculum Geschichte, Band II, 1, a.a.O., S. 61.

(6) ebenda, S. 64.

Lesetip

J.-R. Hale: Fürsten, Künstler, Humanisten. Rowohlt Life 35 (SB)

F. C. Lane: Seerepublik Venedig. Prestel Verlag, München 1980 (SB)

B. Lornsen: Gottes Freund und aller Welt Feind. Thienemann, Stuttgart (JB)

H. Schreiber: Fahrt auf freien Meeren. Die deutsche Hanse und ihre Zeit. Arena Würzburg 1967 (SB)

D. Zimmerling: Störtebecker und Co. Die Blütezeit der Seeräuber in Nord- und Ostsee. Ullstein Tb. 34149 (SB)

12. Europa im Spätmittelalter: Nachbarvölker und fremde Kulturen

12.1. Westeuropäische Staaten

Frankreich und England im Mittelalter.

Es wäre töricht, nur die Geschichte der Deutschen als „unsere Geschichte“ zu betrachten. Viel zu sehr sind die Völker untereinander verbunden. Das gilt besonders für die europäischen Völker, zu denen wir bis heute besonders enge Beziehungen haben.

- Warum sind England und Frankreich viel früher als Deutschland zu starken, zentral regierten Staaten geworden?
- Wie haben sich diese beiden Nachbarstaaten im Westen entwickelt? Warum haben sie im „Hundertjährigen Krieg“ gegeneinander gekämpft?
- Wie ist Spanien von den Mauren „befreit“ und zu einem geeinten Königreich gemacht worden?

England unter den Normannen und den Plantagenets. In Dänemark, Norwegen und Schweden lebten Nordgermanen, auch Normannen, Wikinger (= Buchtleute, Männer von den Fjorden) oder Waräger genannt. Seit dem 9. Jh. drangen sie als Krieger und Eroberer, aber auch als Kaufleute entlang der Küsten und Flüsse in Frankreich, England und Rußland ein (vgl. S. 159).
In manchen Gebieten, die sie eroberten, blieben sie als Herren und wurden dort heimisch. So gründeten sie 911 in der Normandie ein Herzogtum, das sie vom französischen König zu Lehen nahmen. Die Angelsachsen, die seit der Zeit der Völkerwanderung (vgl. S. 117) England beherrschten, wehrten sich zweihundert Jahre lang gegen die Einfälle der Normannen. Nach dem Aussterben des englischen Königshauses erhob der Normannenherzog Wilhelm ,,der Eroberer" Erbansprüche auf den englischen Königsthron. Mit 10 000 Mann kam er über den Kanal und siegte in der Schlacht von Hastings (1066). In Westminster ließ er sich zum König von England krönen. Alles herrenlose Land fiel an den König. Weite Teile von England (ohne Wales und Schottland) gehörten seitdem unmittelbar dem englischen König, der überdies noch Herzog der Normandie blieb.

Nach dem Aussterben des normannisch-englischen Königshauses fiel England einem mächtigen Lehnsträger des französischen Königs zu: Heinrich II., mit dem die Herrschaft des Hauses Anjou-Plantagenet in England beginnt (1154–1399). Um das Reich besser zu regieren, ersetzte der König die adligen Lehnsträger durch Beamte. Königliche Richter reisten durchs Land; sie trugen zur Vereinheitlichung des Rechts (Common Law) bei. Der Nachfolger Heinrichs II. verlor die französischen Besitzungen. Er mußte sogar nach einem Streit mit der Kirche sein eigenes Land zur Versöhnung vom Papst als Lehen nehmen. Man nannte ihn daher König Johann ,,Ohneland".

Der Adel war seiner Unfähigkeit überdrüssig. Vom Erzbischof von Canterbury angeführt, erzwangen die Barone und Prälaten, denen sich auch die Bürger Londons anschlossen, daß König Johann ihre Forderungen anerkannte. Im Großen Freiheitsbrief (Magna Charta) von 1215 sind sie aufgeschrieben. Ein Punkt der Magna Charta bestimmte, daß je zwei adlige Vertreter der Grafschaften und je zwei Bürger der wichtigsten Städte in den ,,Gemeinen Rat" kamen. Daraus entstand das englische *Parlament**, das 1295 erstmals in dieser Zusammensetzung tagte. Der niedere Adel und die Bürger arbeiteten mit Unterstützung des Königs zusammen; sie bildeten später im englischen Parlament das Unterhaus (House of Commons). Der Hohe Adel und die Bischöfe dagegen bildeten das Oberhaus (House of Lords). In der Magna Charta waren die Rechte des Königs, des weltlichen und geistlichen Adels, der Bürger und Freien des Landes festgeschrieben.
→ (1)
Nachdem die französischen Besitzungen der Plantagenets verloren waren, beschränkten sich König und Parlament auf den Ausbau des Inselstaates, der noch um die Grafschaft Wales und Teile Irlands erweitert wurde. Bevor es zu neuen, langwierigen Konflikten mit Frankreich kam, waren die Engländer eine *Nation** geworden.

Frankreich unter den Kapetingern. Dem westfränkischen König gehörte nach der Reichsteilung der Karolinger vor allem das Land um Paris. Paris – seit langem die größte Stadt des Königreichs und schon seit der Merowingerzeit bevorzugte Königsresidenz – war die Hauptstadt. Die französischen Könige teilten die Herrschaft mit über dreißig Lehnsfürsten; die mächtigsten waren die von Anjou und der Normandie. Nach dem Aussterben der Karolinger wurde der Herzog Hugo Capet zum König gewählt. Er ist Stammvater der Kapetinger (987–1328). Da sie während der ganzen Zeit direkte männliche Nachkommen hatten, war die dynastische Kontinuität (ununterbrochene Folge der kapetingischen Könige) gesichert und jeglicher Erbfolgestreit vermieden. Geschickt schirmten sich die Könige gegen jedes Risiko ab, indem sie ihre Nachfolger noch zu Lebzeiten krönen ließen. Daher war die Stellung des französischen Königs viel gefestigter als die des deutschen Kaisers (vgl. S. 207). Alle freien Lehen fielen an den König, der sie behielt; das Königsland breitete sich immer mehr aus. Die Franzosen fühlten sich wie die Engländer lange vor anderen europäischen Völkern als ein Staatsvolk, als eine Nation.
Ludwig IX. (1226–1270) gilt als Baumeister des französischen Staates. Er suchte statt Krieg den Verständigungsfrieden: außenpolitisch mit England und Aragonien, im Innern durch eine unparteiische Rechtsprechung, die auch vor dem fehdelustigen Adel nicht haltmachte. Die Kirche hat ihn schon bald nach seinem Tode heilig gesprochen.

Der Hundertjährige Krieg. Als die Kapetinger ausstarben, entbrannte um den französischen Thron ein Krieg, der hundert Jahre dauerte (1339–1453). Die Franzosen wehrten sich dagegen, daß der englische König als naher Verwandter der Kapetinger auch König von Frankreich werden wollte. Die Engländer landeten auf dem Festland und kämpften mit ihren Bogenschützen zu Fuß lange Zeit erfolgreich. Die schwergepanzerten französischen Ritter unterlagen der neuen, beweglicheren Kriegführung dieser bürgerlichen Fußtruppen.

„Die Eroberungspolitik des englischen Königs war unter seinem Volk populär. Alle Schichten versprachen sich davon einen Vorteil. Die Bürger, meist Tuchhändler, hofften auf einen neuen Absatzmarkt für ihre Stoffe, die Ritter und Großgrundbesitzer versprachen sich nach der Eroberung Frankreichs bessere Preise für ihre Wolle, das Haupthandelsprodukt der Insel, die Adligen erwarteten Lösegeld für Gefangene und die gemeinen Soldaten Beute, dem König aber winkten Ruhm und die französische Krone" (1)

Der englische König fand in den französischen Kronvasallen, die untereinander um die Erbfolge stritten, seine natürlichen Bundesgenossen. Die mächtigsten, der Herzog von Burgund und die Grafen von Flandern, standen auf seiner Seite. So brachte er fast ganz Nordfrankreich bis an die Loire in seine Hand.

Englische Truppen belagerten Orléans. Da erschien im Heerlager der bedrängten Franzosen ein Bauernmädchen aus Domrémy in Lothringen, später Jeanne d'Arc genannt. Es fühlte sich durch eine innere Stimme berufen, Frankreich von den Engländern zu befreien und den jungen französischen Thronerben Karl VII. nach Reims zur Krönung zu führen. Ihr Glaube an die Zukunft Frankreichs ermutigte die Soldaten.

An der Spitze des französischen Heeres befreite Jeanne d'Arc im Mai 1429 die Stadt Orléans. Der Jubel war groß. In einem Siegeszug führte sie wenig später den Dauphin (Thronerben) Karl VII. zur Königskrönung nach Reims, wo seit dem 12. Jh. die Könige Frankreichs gesalbt und gekrönt wurden.

Vergeblich versuchte die „Jungfrau von Orléans", Paris zu befreien. Die Burgunder nahmen sie gefangen und übergaben sie gegen hohes Lösegeld dem englischen König. Ein kirchlicher Prozeß mit Folter erpreßte von ihr das Geständnis der Zauberei und Ketzerei. Als *Hexe** wurde sie 1431 öffentlich auf dem Scheiterhaufen verbrannt. → (2)

Der Krieg endete für Frankreich siegreich; nur Calais blieb noch für zweihundert Jahre in englischer Hand. Den französischen Königen gelang es, die mächtigen Kronvasallen auszuschalten und mit Hilfe des kleinen Adels und der Städte einen straff regierten Staat aufzubauen.

In England dagegen führten Thronstreitigkeiten zu einem grausamen dreißigjährigen Krieg der Adelsparteien, die sich unter dem Zeichen der „weißen" und „roten" Rose bekämpften. Erst Heinrich VII. aus dem Hause Tudor ermöglichte seit Ende des 15. Jahrhunderts eine machtvolle englische Politik, die vor allem den wirtschaftlichen Aufschwung (Tuchhandel, Seeflotte) herbeiführte.

Die „Rückeroberung" Spaniens. Die Araber hatten seit 711 von Nordafrika aus die Iberische Halbinsel besetzt (vgl. S. 134). Wie alle Muslime unterstanden auch die spanischen Araber (Mauren) dem Kalifen von Damaskus. Spanien wurde von einem Statthalter, einem Emir, verwaltet. Ende des 8. Jh. machte sich das Emirat von Córdoba unabhängig; seit dem 10. Jh. war es ein selbständiges Kalifat, das aus etwa zwanzig Provinzen bestand, die sich weitgehend selbst verwalteten (vgl. Karte, S. 159).

Einige schwer zugängliche Gebiete im Norden der Iberischen Halbinsel blieben frei von der maurischen Herrschaft. Hier entstanden christliche Grafschaften; manche bezeichneten sich als „Königreiche". Sie stießen zuweilen in maurisches Gebiet vor. Im 11./12. Jh. begannen sie den langen Kreuzzug der „Rückeroberung" (*Reconquista**) Spaniens. Die Mauren verloren eine Provinz nach der anderen. Die christlichen Herrscher bekamen Hilfe vom Papst und den Ritterorden (vgl. S. 201). Zwei Königreiche taten sich hervor: das mit Katalonien vereinigte Königreich Aragon und das vereinigte Königreich Asturien (auch León genannt) – Kastilien; eine weniger wichtige Rolle spielten die christlichen Randstaaten Navarra und Portugal. Unaufhaltsam unterwarfen die Christen ganz Spanien, wobei die Kastilier im Innern der Halbinsel vordrangen, während Aragon die Mittelmeerküste einnahm und – entgegen den ursprünglichen Kreuzzugsabsichten – die Inselgruppe der Balearen, Sardinien, Sizilien und Neapel eroberte. Die letzte Bastion der Mauren, das Königreich Granada, fiel 1492 (vgl. Karte, S. 215). → (3)

1469 heiratete König Ferdinand von Aragon die Erbin Kastiliens, Isabella. Der Wunsch nach einer politischen Einheit der Halbinsel erwachte. Kastilien und Aragon blieben miteinander verbunden, 1512 kam Navarra hinzu; nur Portugal blieb eigenständig. Ferdinand und Isabella konnten die Opposition des Adels beseitigen und dessen Sonderrechte eindämmen, während sie das Bürgertum begünstigten. Das Land sollte auch im christlichen Glauben einig sein. Deshalb wurden Juden und Mauren mit grausamer Gewalt zum Christentum oder zur Emigration gezwungen. Fast eine halbe Million wanderte aus, die Juden nach Holland und Deutschland, die Mauren nach Nordafrika. Spanien entwickelte sich zu einem geschlossenen Reich, dessen Zentrum im 16. Jahrhundert Kastilien wurde.

Auf dem 70 m langen und 50 cm breiten Bildteppich von Bayeux (11. Jh.) wird die Geschichte der Eroberung Englands durch Wilhelm den Eroberer erzählt (Ausschnitt mit der Abbildung eines Normannenschiffs).

(1) Proklamation der Freiheit, die „Magna Charta"

„1. Wir haben Gott gelobt, daß die englische Kirche frei sei und ihre Rechte unversehrt und ihre Freiheiten unverletzt haben soll.

12. Es soll kein Schildgeld oder Hilfsgeld [d. h. Steuern] in unserm Königreiche ohne Genehmigung durch den Gemeinen Rat des Königreichs auferlegt werden.

13. Die Stadt London soll alle ihre alten Privilegien und freien Gewohnheiten sowohl zu Lande als auch zu Wasser behalten. Außerdem wollen wir und gestehen zu, daß alle anderen Städte, Flecken, Höfe und Häfen alle ihre Privilegien behalten.

14. Und zur Tagung des Gemeinen Rates des Königreiches ... werden wir die Erzbischöfe, Bischöfe, Äbte, Grafen und größeren Barone einzeln durch gesiegelte Briefe aufbieten [einladen] ... und alle andern unmittelbaren Vasallen aufbieten lassen auf einen bestimmten Tag.

39. Kein freier Mann soll verhaftet oder eingekerkert oder um seinen Besitz gebracht oder geächtet oder verbrannt oder sonst in irgendeiner Weise ruiniert werden, ... es sei denn auf Grund eines gesetzlichen Urteils von Standesgenossen oder gemäß dem Gesetze des Landes.

61. Die Barone sollen unter ihren Standesgenossen im Königreich 25 auswählen, welche sie wollen, und diese 25 sollen nach all ihren Kräften den Frieden und die Freiheiten ... wahren und festhalten und dafür sorgen, daß sie auch von anderer Seite gewahrt werden."

(2) Q

(a) Die Magna Charta gewährt verschiedene Rechte: Um welche handelt es sich, und wem werden sie zugebilligt?

(b) Die Engländer sehen in der Magna Charta die Grundlage ihrer Demokratie. Warum? Was meint ihr dazu?

Jeanne d'Arc wird bei ihrer Ankunft in Chinon von König Karl VII. begrüßt. Deutscher Wandteppich des 15. Jahrhunderts.

(2) Johanna von Orléans, Legende und Wirklichkeit

(a) Betrachtet die Darstellung: Welchen Eindruck machen Johanna und ihr Gefolge auf den König? Wie war es in Wirklichkeit?

(b) Berichtet über das Schicksal und über die Bedeutung von Johanna. Vgl. dazu den Text S. 258.

(c) Es gibt verschiedene Bühnenwerke über Johanna von Orléans. Wie lautet ihr Titel und von wem stammen sie?

(3) Kulturleistungen der Mauren

(a) Sprecht über die Eigenart maurischer Kunst anhand dieses Beispiels oder eines anderen (vgl. S. 140), das ihr kennt.

(b) Wie beurteilt ihr die Vertreibung der Mauren aus Spanien? Lest dazu S. 258.

Die Alhambra, das maurische Herrscherschloß in Granada. Ein Gebäudeviereck umschließt den hier abgebildeten Löwenhof (vollendet 1354). Leichte Bogengänge, die von 168 zierlichen Marmorsäulen getragen werden, umgeben ihn. In der Mitte steht der berühmte Löwenbrunnen. Zwölf Marmorlöwen tragen zwei prächtige Alabasterschalen.

1. Erläutere anhand dieser Skizze den Aufbau des englischen Parlaments im Mittelalter; berichte, wie das Parlament entstand.

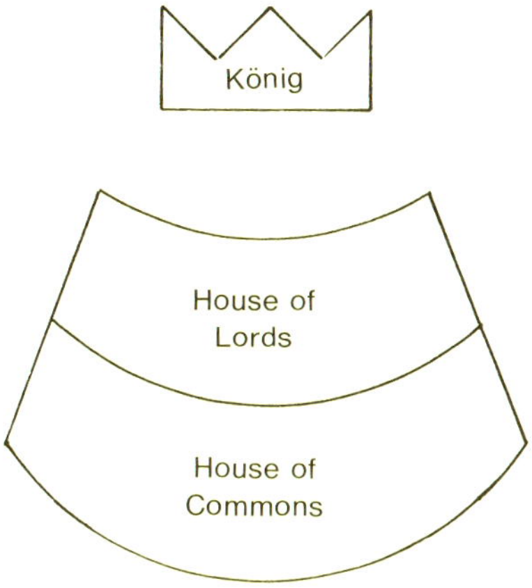

2. Schreibe in Stichworten auf, um was es im Hundertjährigen Krieg ging, welche Rolle Johanna von Orléans darin spielte und wie der Krieg endete.

3. Was erinnert im heutigen Spanien noch an den früheren Einfluß der Araber bzw. Mauren?

Hexen: Als „Hexen" galten damals Frauen, seltener auch Männer, von denen es hieß, sie hätten einen Bund mit dem Teufel geschlossen, um ihm ihre Seele zu verkaufen und dafür übernatürliche Fähigkeiten (z. B. durch die Luft zu reiten) von ihm zu erhalten. Der Hexenwahn verbreitete sich zeitweilig in ganz Europa. Die Gerichte konnten schon bei bloßem Verdacht eine „Hexe" zum Feuertod verurteilen.

Nation: Der Begriff bezeichnete im Mittelalter Verschiedenes, z. B. Studentengruppen mit gemeinsamer Herkunft. Allmählich setzt sich der Ausdruck als Bezeichnung für ein Volk durch, das durch gemeinsame Abstammung, Sprache, Kultur und Geschichte eine Einheit bildet und das auch durch eine einheitliche Rechtsordnung und eine gemeinsame Obrigkeit zusammengefügt wird.

Parlament: Von französisch „parlement", d. h. Besprechung. Als Parlament wird im Mittelalter die Vertretung der englischen Stände bezeichnet, in der Geistlichkeit, Adel und Städte dem König gegenübertrat und das Recht besaß, Steuern zu bewilligen und an der Gesetzgebung mitzuwirken.

Reconquista: Spanisches Wort für „Wiedereroberung"; gemeint ist die Rückgewinnung der seit 711 von den Mauren besetzten Gebiete der Iberischen Halbinsel durch christliche Heere. Sie wurde 1492 durch die Belagerung und Übergabe von Granada abgeschlossen.

1066	Normannen erobern England
1154–1399	Herrschaft der Plantagenets in England
1215	Magna Charta
1339–1453	Hundertjähriger Krieg zwischen England und Frankreich
1492	Mauren verlieren Granada

Quellennachweis

(1) H.-C. Kirsch: England aus erster Hand. Würzburg 1969, S. 50.

(2) Aus der Magna Charta von 1215. Deutsche Übersetzung in: Geschichtliche Quellenhefte mit Überblick, Heft 3, a.a.O., S. 83 ff.

Lesetip

England aus erster Hand, hrsg. v. H.-C. Kirsch. Arena, Würzburg 1969 (QS)

G. Faber: Die Normannen. Goldmann Sachbuch 11175 (SB)

Frankreich aus erster Hand, hrsg. v. H. Schreiber. Arena Würzburg 1970 (QS)

I. Ott: Geier über Montségur. Arena, Würzburg 1973 (JB)

W. Scott: Der Bogenschütze des Königs. Arena Würzburg 1976 (JB)

R. Sutcliff: Randal, der Ritter. Freies Geisterleben, Stuttgart 1982 (JB)

R. Sutcliff: Der Schildwall. Union, Stuttgart 1982 (JB)

12.2. Die Entwicklung Rußlands

Links: Das aufsteigende russische Reich hatte seinen Mittelpunkt in Moskau und sein Nationalheiligtum am Grabe des hl. Sergius in der Dreifaltigkeitskathedrale von Sagorsk. Dort malte Andrej Rublew um 1420 seine berühmten Ikonen (Heiligenbilder), darunter die hier abgebildete Dreifaltigkeitsikone. – Rechts: Die Uspenskij-(Himmelfahrts-)Kathedrale des Kremls in Moskau, erbaut 1475–1479.

Die Teilung Deutschlands und die Zugehörigkeit der osteuropäischen Völker zum „Ostblock" können den Eindruck einer tatsächlichen Trennung erwecken. Aber auch Osteuropa bildet einen Teil unserer gemeinsamen Geschichte.

- Was wissen wir über die Mongolen?
- Wie haben die Russen ihr Reich errichtet?
- Welche Bedeutung hatte damals Europa für Rußland, Rußland für Europa?

Das erste russische Reich. Ostslawische Stämme hatten das ganze Gebiet entlang der Wasserstraßen besiedelt, die zur Ostsee und zum Schwarzen Meer führen. In der Zeit nach 800 gewannen normannische Kaufleute, Waräger, Rus (Russen) oder auch Rhos genannt, die Macht in diesem Gebiet und schlossen die slawischen Stämme allmählich zu einem Staat zusammen (vgl. S. 159). An der Spitze stand der Großfürst von Kiew, darunter andere Fürsten und Adlige, die zusammen eine dünne Oberschicht über den slawischen Bauern und Fischern, Handwerkern und kleinen Händlern bildeten.
Kiew, die Hauptstadt des ersten russischen Reiches, war berühmt wegen ihrer Größe und Schönheit. Ein Bischof aus Merseburg schreibt 1018, in Kiew gäbe es 400 Kirchen und 8 verschiedene Märkte. Ein anderer Geschichtsschreiber aus jener Zeit vergleicht Kiew mit Byzanz, der einzigen Weltstadt des Mittelalters. Um 1100 hatte Kiew fast so viele Einwohner wie Paris, damals die größte Stadt in Westeuropa. Aus verschiedenen Gründen war Kiew zu dieser Bedeutung gelangt. Die Stadt war ein wichtiges Handelszentrum: Kaufleute brachten Waren aus Byzanz und Bagdad, ja auch aus Indien und dem Fernen Osten hierher, wo sie von Händlern aus anderen Städten Rußlands oder des Westens aufgekauft wurden. Die Kiewer Stadtherren – Großfürsten aus dem Geschlecht der Ruriks – waren selbst die größten Handelsunternehmer in Rußland. Zug um Zug hatten sie ihre Macht ausgedehnt und die anderen Städte und Fürsten gezwungen, sich ihrer Herrschaft zu beugen und ihnen Abgaben zu zahlen. So war der erste russische Staat entstanden. Das Christentum übernahmen die Russen nicht wie die Polen von Missionaren aus dem Westen, sondern vom Patriarchen in Konstantinopel. Deshalb schlossen sie sich auch ganz an die griechisch-byzantinische Kultur an, während der Westen für sie ziemlich fremd blieb. Byzanz war kulturell damals führend, und so zeigten sich auch die Russen in manchem dem Westen überlegen. Als um 1050 eine Tochter des Kiewer Großfürsten den König von Frankreich heiratete, konnte sie den Ehevertrag selbst unterschreiben, während der französische König nur ein Kreuz als Unterschrift machte. Die russische Schrift stammt aus dem Griechischen, und weil sie von dem Missionar Kyrill entwickelt wurde, nennt man noch heute die russischen Buchstaben ,,kyrillisch".

Die Russen nahmen das Christentum besonders ernst. Sie bauten zahlreiche Klöster und kunstvolle Kirchen. Das Volk zeigte bei der Feier der Gottesdienste und in der Verehrung der Heiligen eine tiefe Frömmigkeit. Die gemeinsame Religion und Sprache, die einheitliche Herrschaft und eine feste Rechtsordnung, die der Großfürst von Kiew für alle Russen verfügte, bildeten die Klammer um den russischen Staat. Wirtschaftliches und kulturelles Leben konnten sich hier ganz besonders in den Städten Kiew, Nowgorod und Smolensk entfalten. → (1)

Rußland unter Mongolenherrschaft. Niemand weiß, wie Rußland sich weiterentwickelt hätte, wäre es nicht plötzlich von den Mongolen überfallen worden. Reiterscharen dieses Steppenvolkes aus Zentralasien (vgl. S. 268) kamen über Persien und die Kaukasuspässe nach Westen, schlugen die Russen 1223 und besiegten 1241 bei Liegnitz das Heer der vereinigten schlesischen und polnischen Ritterschaft. Zwar zogen sich die Mongolen nach dem Tode ihres Herrschers zurück, behielten jedoch Rußland besetzt. Die russischen Fürsten mußten Sklaven und Soldaten stellen und regelmäßig Tribut zahlen. Im übrigen ließ man sie in Ruhe, solange sie demütig Gehorsam leisteten. Nach mehr als 100 Jahren gaben die Mongolen schließlich Westrußland auf. Kiew, Smolensk und die großen Wasserstraßen wurden frei, kamen allerdings bald darauf unter die Herrschaft des großpolnischen Reiches. Der größere Teil Rußlands blieb weiter unter mongolischer Oberhoheit. Das Zentrum der *Goldenen Horde** (so nannte man das Mongolenreich) lag im Südosten, etwa im Raum des heutigen Wolgograd.

Iwan III. befreit und einigt Rußland. Im Jahre 1480 gelang es den Russen endlich, die Fremdherrschaft abzuschütteln. Daß ganz Rußland befreit und wieder geeinigt wurde, war das Werk der Fürsten von Moskau. Zunächst verweigerten sie der Goldenen Horde den Tribut, und schließlich kam es so weit, daß sie das Heer der Mongolen, die untereinander zerstritten waren, in die Flucht jagten. Der Patriarch der russischen Kirche, der jetzt im *Kreml** in Moskau residierte, unterstützte die Ziele des Fürsten von Moskau, vor allem als Iwan III. (1462–1505) – ein Nachkomme der Ruriks – versuchte, Rußland unter seiner Macht zu vereinen. → (2)

,,Die Geschichte gab Iwan den Beinamen ‚der Große'. Ursprünglich regierte er nur über das Fürstentum Moskowien mit der Hauptstadt Moskau, doch begann er unverzüglich, Stadt um Stadt, Landstrich um Landstrich der anderen kleinen russischen Fürsten an sich zu ziehen. Die Bewohner dieser Städte und Fürstentümer stimmten ihm gewöhnlich zu, nur das stolze Nowgorod mit seinem unabhängigen Geist leistete ihm lange Zeit erfolgreichen Widerstand. Da Iwan aber von seinem Fürstentum aus die Nahrungsmittelzufuhr nach Nowgorod kontrollieren konnte, mußte sich die Stadt am Ende doch ergeben.
Und während er so gegen seine fürstlichen Rivalen vorging und auch Litauen und Polen bekriegte, gelang es ihm, sein Herrschaftsgebiet während seiner dreiundvier-

zigjährigen Regierungszeit zu verdreifachen. Sein Ansehen und das des ganzen Landes stieg, als er eine Nichte des letzten Kaisers von Byzanz, zugleich ein Patenkind des Papstes, heiratete. Er rief griechische und italienische Baumeister ins Land, die Kirchen und Paläste bauen sollten, und begann so dem armseligen Moskau einen gewissen Glanz zu geben.
Und doch legte Iwan unbeabsichtigt in diese neue russische Nation auch den Keim für eine gefährliche Schwäche hinein. Obwohl zum Großfürsten gekrönt, fing er an, sich *Zar** zu nennen, eine Vereinfachung des Wortes Caesar – Kaiser. Die unterworfenen Fürsten aber, die doch wie er von Rurik abstammten, degradierte er zu Bojaren [abhängige Gefolgsleute] . . . So führte Iwan Rußland hin zum absoluten Zarentum, und was er begonnen hatte, setzte sein Sohn Wassilij III. erfolgreich fort. Er fand dabei die Unterstützung der höheren Geistlichkeit, die wörtlich erklärte: ‚Dein, o Herrscher, ist die Macht, zu handeln, wie Gott es dir eingibt!'" (1)

(1) Zeugnisse mittelalterlicher Kultur Rußlands

(a) Versucht, anhand der Abbildungen auf S. 262 etwas über die Eigenart der Ikonenmalerei und der russischen Baukunst herauszuarbeiten.

(b) Ikonen sind auf dem modernen Kunstmarkt sehr begehrt. Warum?

(2) Moskau aus der Sicht eines deutschen Besuchers 1526

„Die Stadt Moskau ist ganz aus Holz erbaut, sehr groß und wirkt aus der Ferne noch größer, denn viele Häuser haben große Gärten und Höfe. Außerdem wohnen die Handwerker, die mit Feuer zu tun haben, alle außerhalb der Stadt, so daß für sie noch eine lange Straße erbaut

wurde. Jenseits des Flusses ist ein eigener Stadtteil, in dem ausländische Soldaten wohnen. Er trägt den Namen Schenkstadt, weil dem Volk das Trinken von Bier und Met verboten ist, die fremden Soldaten aber trinken dürfen. In einiger Entfernung von der Stadt liegen auch Klöster, die aber von weitem zur Stadt zu gehören scheinen. Moskau ist weder mit Mauern noch mit Graben befestigt, nur einige Straßen haben Holzgatter, die am Abend geschlossen werden, damit nicht jeder ungehindert aus- und eingehen könne. Wenn ein Unbekannter aufgegriffen wird, verprügelt man ihn, schiebt ihn ab oder setzt ihn zur Sicherheit gefangen.
Unterhalb der Stadt mündet ein Bach in die Moskwa, den man nur an wenigen Orten übersetzen kann. Dort stehen viele Mühlen. Vor sechs Jahren soll eine Hauszählung stattgefunden haben, die einundvierzigtausendfünfhundert Häuser ergab. Weil der Boden sandig ist, sind die Straßen grundlos, die Hauptstraßen sind Knüppeldämme. Das Schloß ist aus Ziegeln erbaut, mit einer Front grenzt es an die Moskwa, mit der anderen an einen Bach, der in einem unweit gelegenen Sumpf entspringt. Am Schloß wird er gestaut und sieht wie ein Graben oder Teich aus. Das Schloß mag seiner Größe nach eine kleine Stadt genannt werden. Der Großfürst hat mehrere gemauerte Gebäude, ebenso der Metropolit mit seiner Priesterschaft. Die Verwandten des Großfürsten, Räte und Handwerker des Fürsten, wohnen auch dort. Es gibt zwei schöne Kirchen darin, die Marienkirche und St. Michael, außerdem einige andere, an denen man zur Zeit meines ersten Besuches noch baute. Der Großfürst Iwan hat erst angefangen, aus Stein zu bauen, vorher war alles aus Holz. Das Land ist noch nicht lange urbar gemacht, das bezeugen die vielen großen Baumstümpfe, die ich vielerorten sah. Es gibt nur Getreidebau, kein Obst, höchstens Haselnüsse. Man bekommt keinen Honig und kein Wild außer Hasen. Das Vieh ist klein, aber nicht ohne Hörner, wie manche geschrieben haben." (2) Q

(a) Was fiel dem Besucher auf und warum hielt er es wohl für wichtig?

(b) Die Beobachtungen des Besuchers deuten an, daß sich Moskau erst am Beginn einer Entwicklung befindet. Inwiefern?

1. *Rurik – was sagt dir dieser Name?*
2. *Berichte anhand der folgenden Stichworte über die Geschichte Rußlands im Mittelalter:*
Ostslawen – Waräger – Kiew – Byzanz – Kyrill – Mongolen – Goldene Horde – Iwan III. – Moskau – Nowgorod.

Goldene Horde: Heerlager der mongolischen Tataren; dann Bezeichnung für die Herrschaft der Nachfolger Dschingis Khans in Osteuropa und Westsibirien im 13. u. 14. Jh.

Kreml: Befestigter Stadtteil, Mittelpunkt der Verteidigungsanlagen und Ort der zentralen Bauten für Verwaltung und Kirche in der Residenz des Zaren in Moskau.

Zar: Slawische Bezeichnung für den Herrscher, gebildet aus Caesar. Seit 1547 bis 1917 lautete so der Titel des russischen Staatsoberhauptes.

988	Taufe des Großfürsten von Kiew
1241	Sieg der Mongolen bei Liegnitz
1480	Ende der Mongolenherrschaft in Rußland

Quellennachweis

(1) H. Moscow: Rußland und die Zaren. Reutlingen 1962, S. 52.
(2) Zitiert nach: R. Federmann: Rußland aus erster Hand. Würzburg 1971, S. 65 ff.

Lesetip

H. Baumann: Steppensöhne. dtv junior 7072 (JB)
P. Brent: Das Weltreich der Mongolen. Bastei Lübbe 64047 (SB)
H. E. Dettmann: Auf dem Rücken ihrer Pferde. Der junge Dschingis Khan. Fischer, Göttingen 1970 (JB)
W. Heissig: Die Mongolen – ein Volk sucht seine Geschichte. dtv 1342 (SB)
Rußland aus erster Hand, hrsg. v. R. Federmann. Arena Würzburg 1971 (QS)

12.3. Jenseits der Grenzen Europas

Ein hoher kaiserlicher Beamter bei einer Inspektionsreise durch das chinesische Reich. Der Mantel mit den weiten Ärmeln gehört zu den Zeichen seiner Würde. In seinem Gefolge ein Diener, der einen Sonnenschirm über ihn hält.

Die Geschichte der europäischen Völker bildet nur einen Ausschnitt aus der Geschichte der Welt. Aus vielen Gründen wurde in diesem Band die Weltgeschichte nicht ausführlich behandelt. Dieses letzte Kapitel gibt einen Ausblick auf sie.

- Ist das christliche Abendland von fremden Völkern bedroht worden?
- Welche fremden, außereuropäischen Völker waren im Mittelalter in Europa bekannt?
- Welche Beziehungen hatten die Europäer zu fremden Völkern im Mittelalter?

Byzanz und Venedig: Brücken zum Orient. Europa reichte im Mittelalter so weit, wie sich das Christentum ausdehnte. Im Süden und Südosten lagen die arabischen Reiche, mit denen – zumal seit dem Ende der Kreuzzüge – ein lebhafter Handelsaustausch stattfand. Der Weg zu den Märkten im Nahen Osten führte über Byzanz; über Byzanz führte auch der Weg ins fernere Asien.

„Aus allen Richtungen strömten die Waren auf die Marktplätze in Konstantinopel: Seide und Porzellan aus China, Edelsteine und Gewürze aus Indien, Elfenbein und Ebenholz aus Afrika, Stickereien und Teppiche aus Persien, Perlen vom Persischen Golf, Textilien und Getreide aus Ägypten, Glas und Stahl aus Syrien, Pelze und Holz aus Rußland, Lederwaren aus Marokko; sogar Sklaven aus allen Teilen der Welt befanden sich unter den unzähligen Artikeln, die in der großen Stadt zum Kauf angeboten wurden. Darüber hinaus entfalteten sich in der Umgegend zahlreiche Gewerbe; hervorragende Handwerker und Künstler aus den angrenzenden Ländern siedelten sich in der reichen Hauptstadt an. Duftstoffe, Brokat- und golddurchwirkte Gewänder, Ikonen, Mosaike, Elfenbeinschnitzereien, Skulpturen und Steinschnitzereien, Schmuck, emaillierte Gold- und Silberarbeiten, mit Edelsteinen besetzte Kruzifixe und Bucheinbände sowie alle möglichen Luxusgegenstände wurden in Konstantinopel von hervorragenden Fachleuten angefertigt und von reichen Magnaten aus aller Welt gekauft. Außerdem wurden Handel und Gewerbe vom byzantinischen Staat so geregelt, daß sowohl Käufer und Verkäufer wie die Rechte des Kaisers geschützt waren . . . Konstantinopel blieb während dieser Periode [im Mittelalter] die wichtigste Stadt des christlichen Abendlandes und brauchte den Vergleich mit Bagdad und Kairo im islamischen Reich nicht zu scheuen.“ (1)

Als Byzanz 1204 beim 4. Kreuzzug von Venedig abhängig wurde, stieg Venedig zur führenden Handelsmacht in Europa auf. Auf internationalen Märkten zahlten Kaufleute nicht mehr mit byzantinischem Geld, sondern mit venezianischen Golddukaten. Der Stil der Markuskirche mit ihren fünf Kuppeln erinnert noch heute daran, wie eng Venedig mit Byzanz verbunden war. Dem Handel verdankte Venedig seinen Aufstieg zur reichsten und prachtvollsten Stadt in Europa. Die Gewürze und Luxuswaren Indiens gelangten von Byzanz oder Alexandria über Venedig nach Mittel- und Westeuropa. Auf Baumwolle aus dem Nahen Osten hatten die Venezianer das alleinige An- und Verkaufsrecht, das Monopol (vgl. S. 255). Die größte Fernhandelsstraße Europas führte von Venedig über Augsburg nach Brügge. Am Hohen Ufer des „Canale Grande“, am „Rialto“, trafen sich Händler und Geldwechsler; in den Speichern und Läden sammelten sich die Reichtümer aller Länder. Ein Fürst von Antiochien verkaufte der Stadt das Geheimrezept zur Herstellung von Glas, und sie behielt das Monopol der Glasherstellung bis in die Neuzeit. Um 1500 zählte die Stadt rund 150 000 Einwohner; sie besaß nicht nur den bedeutendsten Hafen Europas, sondern galt auch mit ihren Kanälen, Gondeln, Palästen und Kirchen als eine der schönsten Städte der Welt. → (1)

China, das „Reich der Mitte“. Venezianische Kaufleute – wie der durch seine Berichte berühmt gewordene Marco Polo – brachten außer Waren auch Nachrichten über das geheimnisvolle Reich im Fernen Osten mit, das die Europäer damals „Indien“ nannten. Sie meinten damit das Kaiserreich China, das schon im Mittelalter 50–100 Millionen Menschen zählte. Die Chinesen verstanden sich als „kulturtragendes Volk der Mitte“ und nannten ihren Staat „Reich der Mitte“. Das chinesische Wort für „Reich“ bedeutet so viel wie „Das unter dem Himmel“ oder einfach „Die Erde“. Die Kaiser Chinas galten als „Himmelssöhne“.

Die Religion gebot dem Volk, den Kaiser zu verehren und ihn als leuchtendes Vorbild zu sehen. Er zeigte sich bei feierlichen Anlässen hoch über den gewöhnlichen Menschen. Der Palast funkelte von Gold und leuchtender Seide. Zum Hofstaat gehörten Diener, hohe Offiziere, Schreiber, Bürovorsteher, Steuereinnehmer, Baumeister und Vertreter der staatlichen Handelsunternehmen. Bogen- und Speerträger in reichen Rüstungen und farbenprächtigen Mänteln, bestickt mit Abbildungen wilder Pferde und Leoparden, begleiteten den Kaiser.

Die Regierung bildeten Minister, zuständig für das Militär, die Wirtschaft und die Verwaltung; sie waren dem Kaiser verantwortlich. Ein Heer von Beamten verwaltete das Land. Anders als in Europa blieben die Ämter hier nicht dem Adel vorbehalten. Der Lehre des Gründers der chinesischen Staatsreligion, des Konfuzius (um 500 v. Chr.) folgend, machte man die Ernennung zum Beamten davon abhängig, daß der Bewerber ein „Staatsexamen“ ablegte; eine staatliche Prüfung, in der einer zeigen mußte, ob er die alten Schriften kannte und die Gesetze beherrschte.

Trotzdem entstand auch in China eine geschlossene Oberschicht, die es verstand, vom Kaiser immer mehr Vorrechte zu erwerben, zum Beispiel Steuerfreiheit, das Recht auf Großgrundbesitz und auf die Einkünfte aus staatlichem Handel. Diese Oberschicht der „Mandarine“, wie man die hohen Beamten nannte, sammelte Reichtümer und führte ein luxuriöses Leben.

„Im 9. Jahrhundert waren die Haushalte der Reichen in der Hauptstadt Changhan mit Bädern, Heizung, mechanischen Fächern, künstlichen Springbrunnen und eisgekühlten Räumen ausgestattet. Die Villen mancher Aristokraten verfügten über ‚Pavillons mit selbsttätigem Regen', und im Palast eines Kaisers gab es eine große Halle mit kompletter Klimaanlage." (2)

Kultur und Wirtschaft der Chinesen. China besaß eine hochentwickelte Wissenschaft und Technik. Schon in der Zeit vor 1000 Jahren kannten die Chinesen den Kompaß und die mechanische Uhr, sie hatten Schießpulver und Papier erfunden, konnten Bücher drucken und Porzellan herstellen. In der Himmelskunde und in manchen Bereichen der Medizin (z. B. bei der Narkose und in der Arzneimittelkunde) waren sie führend. Am meisten aber galten die Werke der Literatur und der Malerei. Die chinesische Schrift war nicht nur ein Verständigungsmittel, sondern zugleich eine schöne Kunst. Nur wer sie beherrschte, konnte am Leben der Oberschicht, der Gebildeten, teilhaben.
Der Hofstaat des Kaisers, das Militär und der gewaltige Beamtenapparat kosteten viel Geld. Den größten Teil der Steuern bezahlten die Bauern in Form von Abgaben für ihre Grundstücke, die sie zum Teil vom Staat erhielten. Die Bauern waren außerdem zu öffentlichen Arbeiten – zum Bau von Bewässerungsanlagen, Straßen, Befestigungsmauern – verpflichtet, konnten sich von der Dienstpflicht aber auch freikaufen. Sie bauten Hirse und Reis an, Weizen, Hanf, Bohnen, Rüben und Zuckerrohr, außerdem züchteten sie vielerlei Obst, darunter Orangen und Mandarinen. Mit ihren Produkten versorgten die Bauern auch die Bevölkerung der zahlreichen Städte: Residenzstädte des Kaisers, Provinzhauptstädte sowie Hafen- und Handelsplätze. Allein in der Hauptstadt lebten schon vor 1000 Jahren rund 2 Millionen Einwohner. → (2)
Für einen weiträumigen Warenaustausch sorgte ein gut ausgebautes Netz von Flüssen, Kanälen und Straßen. Es gab Schiffe, die 500 t Gewicht laden konnten; und damit der Straßenverkehr reibungslos lief, war für die Wagen eine einheitliche Spurweite vorgeschrieben. Auf den Märkten gab es z. B. Fleisch, Tee und Wein, Stoffe, Salz und Eisenwaren. Der Handel mit wertvolleren Gütern – Seide und Glas, Drogen und Duftstoffen, Kunst- und Gebrauchsgegenständen aus Edelhölzern oder feinen Metallen – war weithin dem Staat vorbehalten und brachte dem Kaiser und seinen Beamten zusätzliche Einnahmen.
Die engsten Beziehungen mit anderen Staaten unterhielt das chinesische Reich in der Zeit der Mongolenherrschaft. Danach begann das Land sich zu isolieren. Man wollte die Grenzen, besonders gegenüber den Mongolen im Norden des Landes, sichern und sich gegen die Außenwelt abschirmen. Deshalb wurde die kaiserliche Residenz 1421 nach Peking verlegt. Der nördliche Befestigungsgürtel, dessen Bau bereits um 200 v. Chr. begonnen worden war, wurde zu einer geschlossenen *Großen Mauer** ausgebaut. Das etwa 2500 km lange, mächtige Bauwerk besteht teilweise heute noch. → (3)

Die Mongolen, ein Reitervolk aus Innerasien, eroberten unter Führung ihres Herrschers Dschingis Khan in der Zeit nach 1206 große Teile Asiens und fast ganz China. Nach dem Sieg über ein russisches Heer drangen sie unaufhaltsam weiter nach Westen vor und besetzten weite Teile von Ungarn und Polen. In einer Schlacht bei Liegnitz (1241) versuchten schlesische und polnische Ritter vergeblich, die Mongolen zurückzuwerfen (vgl. S. 263). Nur der Tod des *Groß-Khans** veranlaßte sie, den Vormarsch abzubrechen, doch sie behielten Rußland jahrhundertelang unter ihrer Herrschaft. Unter Kubilai Khan und seinen Nachfolgern beherrschten die Mongolen auch China (bis 1368). → (4)
1370 kam in Samarkand ein mongolischer Herrscher namens Timurlenk an die Macht, der noch einmal die ganze Welt unter mongolische Führung bringen wollte. Er eroberte große Teile im mittleren Asien (von Persien bis Nordindien), starb aber auf dem Weg nach China, das er zum Islam bekehren wollte. Später zerfiel das Reich der Mongolen.

Das Reich der Osmanen. In der Zeit, als die letzten Kreuzfahrer das Heilige Land verlassen mußten, gewann ein türkischer Stamm unter Führung der „Osmanen" die Macht über Kleinasien. Von hier aus drangen die Türken auch auf dem Balkan vor und unterwarfen Bulgaren und Serben (Schlacht auf dem Amselfeld 1389). Im Jahre 1453 eroberten sie auch Byzanz.
Die Osmanen nannten die Stadt fortan Istanbul (oder Stambul) und machten sie zur Residenz des Sultans, zum neuen Mittelpunkt der islamischen Weltreligion und zum Zentrum eines gewaltigen Reiches. In der Zeit nach der Eroberung Konstantinopels hat sich das Osmanische Reich zu einer Großmacht entwickelt, die Südosteuropa bedrohte und fast das ganze Mittelmeer beherrschte.

„Es sind vorwiegend militärische Ereignisse, von denen die Geschichte [der Osmanen] berichtet: mit überlegener Artillerie wird immer wieder Persien niedergeworfen, wird Ägypten und der Balkan erobert, mit überlegener Flottenmacht werden die Inseln des Ägäischen Meeres und die Küste Nordafrikas erobert; mit einer außerordentlich geschickten Diplomatie werden diplomatische Verhandlungen geführt und Friedensverträge abgeschlossen; . . . Sultan Mehmet Fatih (1451–1481) hat die grundlegenden Staatsgesetze des Osmanischen Reiches geschaffen, die von Süleiman (1520–1566) erweitert und ergänzt wurden. Von jenem stammt der Begriff der *Hohen Pforte** als Sitz der Regierung, weil nach uraltem orientalischem

Brauch die Angelegenheiten der Völker vor den Toren der Paläste der Herrscher geregelt wurden.
Die Regierung bestand aus den vier Wesiren, deren erster als Großwesir (Ministerpräsident) die ausführende Staatsgewalt in der Hand hatte und mit unumschränkter Vollmacht der Stellvertreter oder gar das ‚sichtbare Ebenbild des Sultans' war. Hinzu kamen die Heeresrichter, die Buchführer des Staatshaushaltes, die Staatssekretäre, die das Siegel des Sultans bewahrten, und die Befehlshaber der Truppen . . ." (3) → (5)

(1) Licht und Schatten in der Weltstadt Byzanz

(a) Aufgrund der Abbildungen S. 269 und 271 kann man etwas über Lage, Aussehen und Befestigung der Stadt Byzanz sagen.

(b) Sprecht über den Zustand der Stadt, den der folgende Text schildert, und vergleicht mit den Informationen S. 267.

„Die Vorteile der Hygiene und Sauberkeit hat Byzanz natürlich nicht entdeckt. In den Straßen herrscht ein abstoßender Gestank. Menschen und Tiere versinken in den Exkrementen der Kamele, Esel und Pferde, zertreten faulendes Gemüse, gleiten aus auf dem Blut von Fischen und dem Abfall aller Art, der aus den Läden einfach auf die Straßen geworfen wird. Deshalb reiten die, die es sich leisten können, durch die Straßen, lassen sich in einer Sänfte tragen oder benutzen einen Wagen. Diese Unsauberkeit ist durch nichts zu entschuldigen, denn Byzanz hat, mehr noch als Rom, Überfluß an Wasser und Brunnen. Überall strömt das Wasser durch Aquädukte von den Bergen in die Zisternen." (4)

(c) Stimmt die schöne Darstellung der Stadt auf dem Bild nicht?

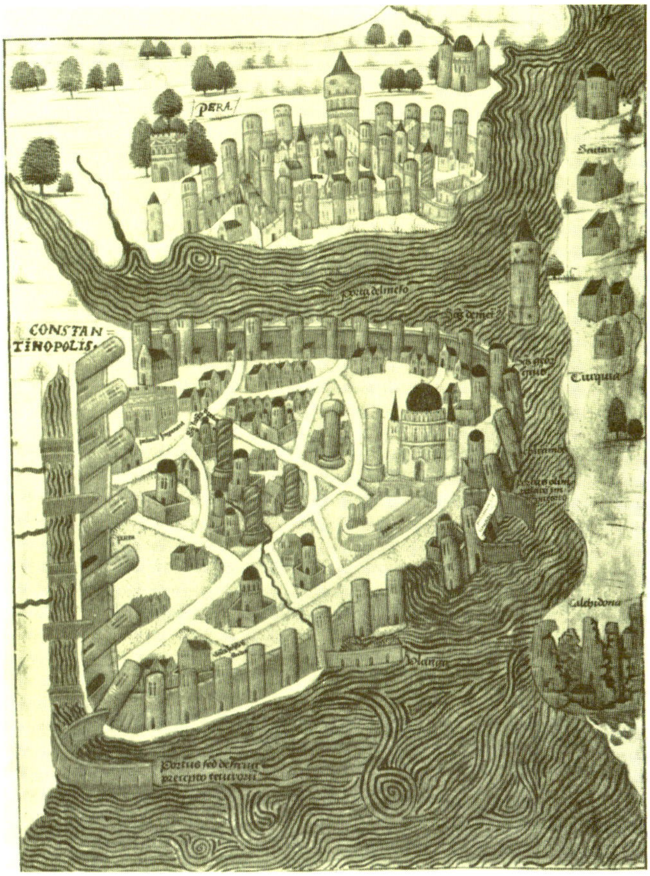

Stadtplan von Byzanz von Christoforo Buondelmonti. Die Zeichnung des florentinischen Reisenden zeigt die Stadt im Jahre 1422. Der große Kuppelbau rechts ist die Hagia Sophia. Deutlich zu erkennen ist auch die von Kaiser Theodosius II. errichtete Stadtmauer.

(2) Die Hauptstadt des Großkhans, wie Marco Polo sie sah

Marco Polo berichtet um 1290:

„Taido mißt sechs Meilen im Quadrat. Die Stadt ist von weißen zinnengekrönten Mauern umgeben, die zwanzig Fuß hoch und unten zehn Fuß breit sind. Auf jeder Seite sind drei Tore, die von Türmen überragt werden. Die Straßen der Stadt sind schnurgerade und sehr breit, so daß man von einem Ende der Stadt bis zum anderen hindurchschauen kann und von jedem Tor aus bis zum entgegengesetzten Tor sehen kann. An den Straßen liegen herrliche Paläste, Gasthäuser und Häuser mit Läden aller Art. Die Wohnviertel sind ebenfalls quadratisch angelegt und von schönen Straßen umgeben. So ist die ganze Stadt wie ein Schachbrett in Quadrate eingeteilt.
Jedes Tor wird von tausend Mann bewacht, die in Stadt und Land für Ordnung zu sorgen haben. In der Mitte der Stadt erhebt sich noch ein Palast mit einer Glocke auf dem Dach, die am Abend dreimal geläutet wird. Sobald die Glocke ertönt, darf niemand mehr, es sei denn in Notfällen, sein Haus verlassen." (5) Q

(a) Vergleicht nach den Beschreibungen die Stadt Byzanz und die Hauptstadt des Großkhans.

(b) Marco Polo wurde wegen seiner Berichte über den Fernen Osten von den Zeitgenossen als „Signore Millioni" verspottet. Warum wohl?

(3) Das chinesische Reich

(a) Zeigt an der Karte den Verlauf der „Chinesischen Mauer“ und erklärt, wozu sie diente.

(b) Vergleicht die Grenzen Chinas im 14. Jh., im 17. Jh., heute.

China zur Zeit der Ming-Dynastie.

(4) Wer sind und was wollten die Mongolen?

„Es ist die Absicht der Tataren [ein Mongolenstamm, nach dem man die Eroberer aus Asien meistens benannte], sich die ganze Welt zu unterwerfen. Und von Dschingis-Khan haben sie dazu den Auftrag. Ungefähr dasselbe schreibt auch ihr Kaiser in seinen Briefen: ‚Gottes Kraft, Herrscher über alles.‘ Auch auf seinem Siegel hat er diese Umschrift: ‚Gott herrscht im Himmel, Dschingis-Khan über die Erde.‘ Mit keinem Volk schließen sie Frieden, das sich ihrer Herrschaft nicht unterwirft. Und da es in der Welt außer der Christenheit keine Macht gibt, die sie fürchten, so bereiten sie sich gerade deshalb zu einem Krieg gegen uns vor.“ (6) Q

(a) Schildert anhand der Abbildung Aussehen und Kampfesweise der mongolischen Reiter.

(b) Prüft, inwieweit Dschingis Khan erreicht hat, was er wollte.

(c) Sucht weitere Informationen über dieses wichtige Volk.

Mongolische Reiter überfallen ein Zeltlager. Darstellung in einer persischen Handschrift.

Die Belagerung von Byzanz, 1453. Französische Buchmalerei, 1455.

(5) Imperium am Mittelmeer: Das Osmanische Reich

(a) Zeigt anhand der Karte, wie sich die osmanische Herrschaft ausbreitete.

(b) Besprecht, wie sich die Ausdehnung des Osmanischen Reiches auf Venedig und den Handel im Mittelmeerraum auswirkte.

(c) Was wissen türkische Mitschüler über das Osmanische Reich?

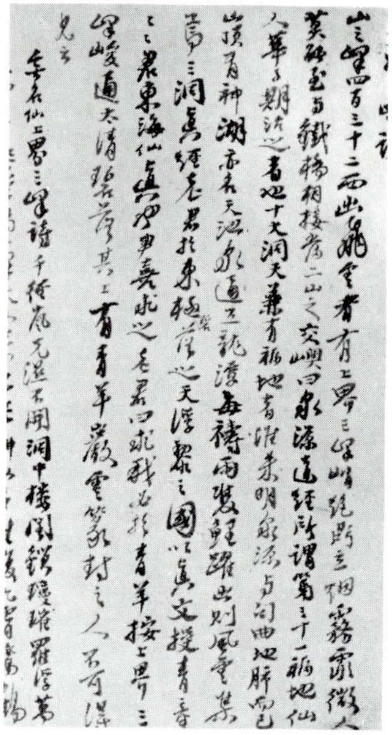

1. Berichte über die Entwicklung des Handels im östlichen Mittelmeerraum. Berücksichtige dabei die Bedeutung von Byzanz, Kreuzzügen, Venedig, Osmanen.

2. Nenne anhand der obigen Bildleiste einige Gebiete, auf denen die Chinesen besondere Leistungen vollbrachten.

3. Zähle Völker auf, über die die Mongolen längere Zeit herrschten.

4. Die heutige Türkei hat eine lange Geschichte. Was weißt du darüber?

5. Beantworte die Schlüsselfragen auf S. 266.

Großkhan: Der Titel asiatischer Reiter- und Nomadenfürsten ist „Khan“. Nachdem Dschingis Khan sich zum obersten Herrscher aller Mongolen gemacht hatte und einer seiner Nachfolger, Kubilai Khan, von China aus die übrigen Mongolenreiche unter seine Oberherrschaft stellte, sprach man vom „Großkhan“.

Große Mauer: Eine durchgehende Grenzmauer im Norden von China, entstanden seit 200 v. Chr. Sie wurde im Laufe der Zeit auf eine Länge von 2450 km in einer Breite von 16 m und einer Höhe von 8 m ausgebaut.

Hohe Pforte: Bezeichnung für die Regierung des Osmanischen Reiches, insbesondere für das Außenministerium; der Ausdruck kommt von der Eingangspforte des Sultanspalastes in Konstantinopel (Istanbul).

1204	Kreuzfahrer erobern Byzanz
1241	Tod Dschingis Khans
1260–1294	Kubilai Khan in China
1370–1405	Timurlenk
1453	Türken erobern Byzanz, Beginn des Osmanischen Reiches

Quellennachweis

(1) A.S. Atiya: Kreuzfahrer und Kaufleute. Stuttgart 1964, S. 148 f.
(2) E.H. Schafer: China, das Reich der Mitte. Rowohlt Life 25, Reinbek bei Hamburg 1971, S. 44.
(3) R. Peters: Geschichte der Türken. Urban Tb. 54, Stuttgart 1961, S. 60 ff.
(4) R. Guerdan: Himmel und Hölle von Byzanz, 1956, S. 57.
(5) Die Reisen des Marco Polo, übers. v. M. Neher. München o. J., S. 26 f.
(6) P. Carpini: Über die Tataren. Zitiert aus R. Federmann: Rußland aus erster Hand, a.a.O., S. 57.

Lesetip

China aus erster Hand, hrsg. v. J. Kwok. Arena, Würzburg 1973 (QS)
E. Hartenstein: Kaiser Wu-di kauft Pferde. Boje, Stuttgart 1972 (JB)
Robert Knox: Das alte China. Tessloff Wissen Bd. 20 (SB)
D. Kügler (Hrsg.): In der Gewalt des Khan. Kinderbuch Verlag (JB)
Th. Kunst: Von Venedig nach China. Erdmann (SB)
H. Schreiber: Marco Polo Karawanen nach Peking. Ueberreuther Verlag 1982 (JB)
L. Ugolini: Mit Marco Polo am Hof des Großkhans. Styria, Graz 1972 (JB)

Der im Jahre 976 niedergebrannte und seit 1050 nach oströmischen Vorbildern umgebaute Markusdom in Venedig.

Register der Begriffserläuterungen

Register der Orts-, Länder- und Personennamen

Verzeichnis der Karten

Bildnachweis

Alinari, Florenz (2). E. Andres, Hamburg (1). archivio foto B, Mailand (1). Archiv für Kunst und Geschichte, Berlin (6). W. Bautsch, Frankfurt (1). Bavaria, Gauting (6). Bayer. Staatsbibliothek, München (2). Bayer. Nationalmuseum, München (1). Bayer. Staatsgemäldesammlungen, München (1). Biblioteca Apostolica Vaticana, Rom (1). Bibliothèque Nationale, Paris (5). Bibliothèque Royale, Brüssel (1). Bildarchiv Preuss. Kulturbesitz, Berlin (10). E. Böhm, Mainz (2). Brit. Museum, London (4). Diesterweg-Archiv, Frankfurt (10). dpa, Frankfurt (4). P. Elek Ltd., London (2). W. Fix, Speyer (1). Foto Marburg (4). German. Nationalmuseum, Nürnberg (1). Giraudon, Paris (3). Glyptothek München (2). Glyptothek Kopenhagen (2). Dr. H. Hell, Reutlingen (1). Hirmer Fotoarchiv, München (16). Holle-Bildarchiv, Baden-Baden (3). Ikonen-Museum, Recklinghausen (1). Kunsthist. Museum, Wien (5). Kunstsammlung Augsburg (1). Laenderpress, Düsseldorf (6). Landesbildstelle Hamburg (1). Landesmuseum Trier (4). Librairie Hachette, Paris (2). R. Löbl, Bad Tölz (1). U. Lübbert, Garmisch-Partenkirchen (2). L. v. Matt, Buochs (1). Musée Historique & Archeologique d'Orléanais (1). Museum Wiesbaden (1). Nat. Museum Kopenhagen (1). Niedersächs. Staatsbibliothek, Göttingen (1). Piperdrucke, München (1). plusbild, Büttelborn (1). J. Remmer, München (1). Rhein. Landesmuseum, Bonn (2). roebild, Frankfurt (1). Röm.-German. Museum, Köln (2). Röm.-German. Zentralmuseum, Mainz (1). Scala, Florenz (1). R. W. Schlegelmilch, Frankfurt (1). I. Schneiders, Bad Schachen (1). Staatl. Museen Berlin (2). Staatl. Museum für Völkerkunde, München (1). Staatl. Münzsammlung, München (1). Staatsarchiv Nürnberg (1). Staatsbibliothek, Berlin (1). Stiftsbibliothek St. Gallen (1). Universitätsbibliothek Heidelberg (5). Uni-Dia-Verlag, Grosshesselohe (2). V-Dia-Agentur, Heidelberg (1). Württemberg. Landesmuseum, Stuttgart (1). Zefa, Düsseldorf (5).

987 654